岸江信介　太田有多子
中井精一　鳥谷善史　編著

都市と周縁のことば

紀伊半島沿岸グロットグラム

和泉書院

目　次

本書の企画と調査概要　　　　　　　　　　　　　　　岸　江　信　介　　　1

紀伊半島周縁部の方言分布と地域特性　　　　　　　　中　井　精　一　　　7

紀伊半島沿岸におけるアスペクト表現の変異　　　　　岸　江　信　介　　　31

紀伊半島沿岸部における打消表現　　　　　　　　　　太　田　有多子　　　63

無敬語地帯の素材待遇表現について　　　　　　　　　西　尾　純　二　　　91
　── 鳥羽市～田辺市間グロットグラムと『大阪のことば地図』からの考察 ──

引用形式「ト」相当形式の使用実態　　　　　　　　　朝　日　祥　之　　　115
　── GAJとの比較から ──

近畿周辺部におけるモダリティ表現の分布と変化　　　松　丸　真　大　　　137

紀伊半島沿岸の可能表現の地理的変異と多様性　　　　津　田　智　史　　　161

紀伊半島南部における原因・理由を表す接続助詞　　　峪　口　有香子　　　185
　── GAJおよび『近畿言語地図』との比較を通じて ──

紀伊半島南部における「疲れた」という意味を表す語の変遷について
　　　　　　　　　　　　　　　　　　　　　　　　　高木千恵　205

名古屋市―田辺市間における「運ぶ」「盛る」「小さい」「細かい」の分布
　　　　　　　　　　　　　　　　　　　　　　　　　余　　健　215

紀伊半島沿岸に見られる語彙　　　　　　　　　　　村田真実　241
　──「とげ（木片）」「とげ（棘）」「瀬戸物」「土竜」「松かさ」「蛞蝓」──

都市と周縁の語彙変化　　　　　　　　　　　　　　鳥谷善史　263
　── 名古屋―田辺グロットグラムの「パチンコ」「自転車」「マクドナルド」「お釣り」「青痣」──

ザ行音・ダ行音・ラ行音の混同　　　　　　清水勇吉・奥友里恵　291

地域のことばと意識　　　　　　　　　　　　　　市島佑起子　303
　── 紀伊半島沿岸地域における言語意識から ──

紀伊半島海岸部居住者の方言認知　　　　　　　　　朝日祥之　335
　── 方言認知地図を用いて ──

あとがき　　　　　　　　　　　　　　　　　　　　中井精一　357

本書の企画と調査概要

1．本書の企画

　本書は、南近畿地方に位置する熊野灘沿岸地域を対象としたグロットグラム調査の結果を論文集としてまとめたものである。

　2001年5月『名古屋―伊勢間グロットグラム図集』、同年10月から『地域語資料6　伊勢湾沿岸西部地域の社会言語学的研究』（近畿方言研究会刊）という2つの冊子を刊行した。これらは愛知県名古屋市から三重県伊勢市間で行ったグロットグラムの調査の報告をセットにしたものである。この調査報告を行ったメンバーが中心となって伊勢市からさらに南に位置する三重県鳥羽市を起点に熊野灘に沿った集落を対象にしたグロットグラム調査を行い、和歌山県田辺市までの調査を実施した。調査を実施した時期から刊行に至るまで長い歳月が経過してしまい、本来なら調査結果の報告をいち早くすべきであったと編者一同反省しなければならない。

　本書はこの調査の報告も兼ねており、調査項目を各執筆者が担当し、それぞれのテーマを設定している。

　本書を『都市と周縁のことば――紀伊半島沿岸グロットグラム――』と題したのは大阪・京都など関西の中央部や位置する都市部のほか、東海地方の中心である名古屋などの都市との比較を通じ、近畿地方の方言の宝庫とも呼べる南近畿地方の方言の実態に少しでも迫りたいという編者らの意図があったからである。執筆にとりかかる前にこのような点を執筆者全員で確認し合いながら、まず、日本の方言の中での近畿方言の位置づけを行った。また同時に近畿地方全体の方言を考慮することを念頭に置きながら南近畿の方言をより鮮明に浮き彫りにさせようと企画したつもりである。このような視点から本書をお読み頂ければ幸甚である。

岸　江　信　介

2．紀伊半島沿岸グロットグラム ── 調査概要 ──

2002年度に実施した愛知県名古屋市から三重県伊勢市までのグロットグラム調査では伊勢湾沿岸の19市町（但し合併前）、23地点で面接調査を行った。本書の企画のところでも述べたように鳥羽市―田辺市間の調査はこの調査に続くものであり、紀伊半島における地域言語の状況をさらに詳細に把握するため、伊勢湾からさらに熊野灘を南下し、和歌山県に至る紀伊半島南端の沿岸各地を調査対象地域に指定した。

「調査地点一覧」で示したように三重県鳥羽市から和歌山県田辺市までの紀伊半島南端地域を対象に23地点[1]で、原則として各地点で4世代の話者4名を選定し調査を実施した。地点毎の話者の世代区分は老年層（65歳以上）、壮年層（31～64歳）、青年層（19歳～30歳）、若年層（13歳～18歳）であり、各地生え抜きの話者を対象にした。

2.1．調査期間および調査員

調査は、2002年度に3回に分けて実施した。

①第1回調査

　調査時期：2002年8月8日-8月10日（2泊3日）

　調査地域：三重県鳥羽市～三重県尾鷲市

　調 査 者：岸江信介、中井精一、西尾純二、大阪府大学生3名（前田規
　　　　　　久子、阿部舞子、宮本亜紀）、徳島大学学生1名（山口陽子）

②第2回調査

　調査時期：2002年8月27日-8月30日（3泊4日）

　調査地域：三重県熊野市～和歌山県田辺市

　調 査 者：岸江信介、太田有多子、鳥谷善史、朝日祥之、徳島大学院生
　　　　　　6名（米麗英、波連ゆかり、邵力平、福本早矢賀、岩佐　舞、
　　　　　　大林佳代）、徳島大学学生14名（高石佳織、島崎恵梨、仲盛
　　　　　　綾子、川添香奈美、野口永津子、西村美保、吉田雅美、檜垣
　　　　　　智子、奥山純江、市原るみ、川添香奈美、新開香織、平井克

本書の企画と調査概要　3

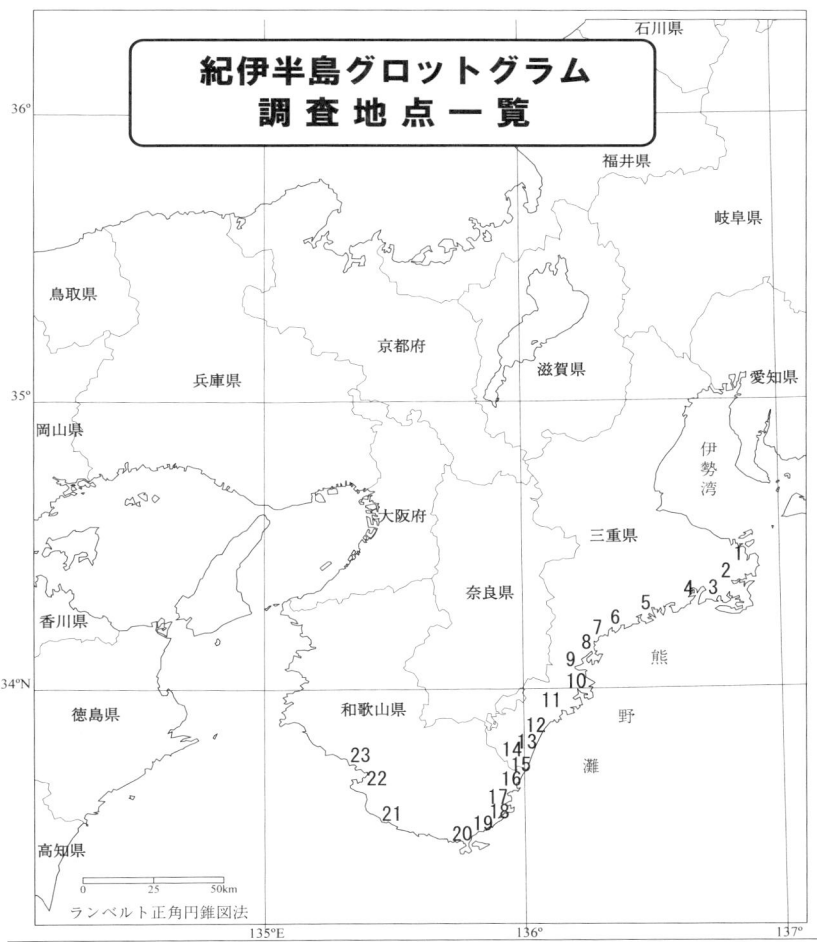

1 鳥羽市坂手　2 磯部町磯部（現、志摩市磯部町磯部）3 浜島町浜島（現、志摩市浜島町浜島）
4 南勢町田曽浦（現、南伊勢町田曽浦）　5 南島町古和浦（現、南伊勢町古和浦）6 紀勢町錦
（現、大紀町錦）　7 紀伊長島町東長島（現、紀北町紀伊長島区東長島）8 海山町相賀（現、
紀北町海山区相賀）9 尾鷲市旧市街　10 尾鷲市九鬼　11 熊野市飛鳥町　12 御浜町下市木
13 紀宝町井田　　14 那和町板屋（現、熊野市紀和町板屋）15 鵜殿村鵜殿（現、紀宝町鵜殿）
16 新宮市旧市街　17 那智勝浦町宇久井　18 太地町太地　19 古座町古座（現、串本町古座）
20 串本町串本　21 すさみ町周参見　22 上富田町朝来　23 田辺市上秋津

調査地点一覧

典、岩崎宏紀）四国大学学生2名（下川沙織、中野友博）
③第3回調査
　調査時期：2003年3月14日-3月17日（3泊4日）
　調査地域：三重県磯部町～三重県海山町
　調査者：余　健　岸江信介　三重大学学生6名（佐野仁美、城山　愛、
　　　　　　伊藤真理、前田昌里、南　順平、山下　咲）
　※調査者の学生・院生などの身分は2003年3月当時のものである。

2.2．調査項目

　調査項目は、音声・アクセント・語彙・文法・言語意識からなる。各質問項目は「名古屋―伊勢間グロットグラム調査」との比較が行えるように同じ項目も含まれるが、音声・語彙・文法等の項目で新たに追加したものも多く、全体的には少なからず異同がある。

2.3．調査方法

　市役所、教育委員会、公民館等の公共施設を調査場所としてお借りし、各調査員が話者の方々に面接し、調査票にもとづいて調査を実施した。

2.4．調査協力機関

　調査に際し、各地の地元話者の方々をご紹介頂いた各機関[2]は以下のとおりである。なお、これらの公的機関を通じて、地元公民館などをご紹介頂いた。

鳥羽市教育委員会、紀伊長島町教育委員会、南勢町教育委員会、紀勢町教育委員会、浜島町教育委員会、海山町教育委員会、南島町教育委員会、阿児町教育委員会、磯部町教育委員会、尾鷲市中央公民館、尾鷲市教育委員会、熊野市教育委員会、御浜町教育委員会、紀宝町教育委員会、紀和町教育委員会、新宮市教育委員会、那智勝浦町教育委員会、太地町教育委員会、すさみ町教育委員会、串本町教育委員会、古座町教育委員会、上富田町教育委員会、田辺市教育委員会。

なお、上記の機関のほか、当時、紀和町立入鹿(イルカ)小学校の鈴木幹夫先生にも調査に際し、大変お世話になった。

ここに記して感謝申し上げる次第である。

注
1) 但し、三重県鵜殿村、和歌山県新宮市、和歌山県串本町、和歌山県上富田町では話者数が4名を越えたり市町村内での地点が異なったりしたため、便宜的に鵜殿村1、鵜殿村2、鵜殿村3などのようにグロットグラム表では地点を分けて示すことにした。
2) 2002年〜2003年の調査時にご協力頂いた機関名で、これらの機関名は市町村合併によりすでに名称が変わっている機関もある。

紀伊半島周縁部の方言分布と地域特性

中 井 精 一

1. 紀伊半島周縁部で方言の研究をするとは

　方言の研究は、現地の人びとに聞き取りをしたり、彼らの暮らしや言語行動を観察したりすることによって得られたデータから問題を発見する。したがって方言研究では、ただ観念的に書物などを通して知っている表層の知と、実際に体験することによって得られる知とでは大きな相違があると考えていて、自身の観察をとおした第一次資料をなによりも重要な研究資料としてきた。

　方言研究とはある意味で調査をしながら研究する学問で、調査をすることが同時に研究することでもあって、フィールドワークはなによりも重要視されている。

　地域ごとのことばの違いを方言差と呼ぶが、方言研究は地域日本語のもつ音声的な特徴や文法的な特徴、語彙的な特徴をとりあげて、ことばのひろがりやその歴史、変化の方向や特徴について、その方言を使用している地域の自然環境や社会、歴史や文化といった言語外的要因との関係で解釈する[1]。このことは、フィールドワークを重視する方言研究にとってはある意味で必然とも言えよう。

　そこで本論では紀伊半島周縁部を走るJR紀勢本線や国道42号線沿線をルートに、三重県鳥羽市から和歌山県田辺市までを対象としたエリアの方言の特徴を考える前に、まず、当該地域の紀伊半島周縁部の三重県・和歌山県の地域区分や言語外状況を概観しておきたい。

紀伊半島は本州最大の半島で、和歌山県はその西と南を占め、三重県はその東を占める。奈良、京都、大阪からは相当な距離があり、その沿岸地域はまさに近畿中央部の周縁を形成している[2]。

始点である三重県鳥羽市は、太平洋に臨む志摩半島を中心に、伊勢湾、熊野灘と三方が黒潮の海に面していて、黒潮の影響から四季を通じて気候は温暖である。これに対して三重県西部地域は鈴鹿山脈や大台山系が走る山岳地帯で、近畿中央部への経路に伊賀盆地がある。伊勢平野や志摩地方は、伊勢神宮による文化的、経済的な影響を長く強く受けてきた。ともに戦後は、京阪神の影響力の低下に伴い名古屋を中心とした中京圏に組み込まれたが、伊賀地方は、古くは奈良東大寺の荘園があり、京都・奈良との交流が頻繁だったため、文化的には完全に近畿圏に属している。

自然条件、生産物の状態、行事、他地方との文化のかかわり方などから、地域区分をしてみると、三重県はおおよそ伊勢、志摩、伊賀の三国に、編入された旧紀伊国の熊野が入った旧国の区分そのままになってしまうと言われる。

和歌山県は木の国といわれ、山が多い。とくに紀南地方は平野が少ない。紀北は、紀ノ川に象徴される平野に恵まれ、水田耕作が発展し、良質の米が生産され、江戸時代から木綿栽培などの商業的農業が行なわれ、その豊かさは有吉佐和子の『紀の川』からもうかがい知ることができる。一方、紀南地方は、平野面積が少ないため漁業が発達し、熊野の捕鯨業は世界の捕鯨業のなかでも最もすぐれた歴史を持つ。また紀州の漁業は、この地の漁民たちが、関東から東北、四国、九州へまでも高度の技術をもって活躍した点で、日本国内の漁業先進地域として知られている。

われわれは、三重県志摩地方から南下しながら和歌山県田辺市にむけて調査をすすめたが、南下にしたがい日の光は輝きを増し、気温はより高まって景観は一変した。三重県北牟婁郡や南牟婁郡などの熊野地方は、まるで高知県や徳島県の太平洋沿岸や南九州のように、その沖には黒潮が流れマグロやカツオが回遊し、海岸にはハマユウが大きな花を咲かせていた。

三重県鳥羽市から和歌山県田辺市までの調査エリアは太平洋に面していて海と山が迫り、耕地が少なく漁業や紀伊山地から産出される良材をもと

にした製材業などが盛んな共通の基盤をもっている。そしてルート上には鳥羽市や尾鷲市、熊野市、新宮市、田辺市といった歴史的に形成された古いマチが周辺地域の経済や文化の拠点として、方言の受容や変容の起点となってきた。

　言語区画から考えてみよう。佐藤（1982）によれば、三重県方言は、大きくは伊勢・伊賀方言と熊野灘沿岸方言に大別される。熊野灘沿岸方言は志摩方言と牟婁方言に分かれ、牟婁方言はさらに南牟婁方言と北牟婁方言に分かれるという。また、村内（1982）によれば、和歌山県方言は、紀北方言、紀中方言、紀南方言に分かれ、紀南方言は西牟婁方言と東牟婁方言に分けることができるという。

三重県鳥羽市から和歌山県田辺市までの調査エリアで考えれば、

　　　三重県熊野灘沿岸方言　　　志摩方言……………………A
　　　　　　　　　　　　　　　　牟婁方言　　北牟婁方言……B
　　　　　　　　　　　　　　　　牟婁方言　　南牟婁方言……C
　　　和歌山県紀南方言　　　　　　　　　　　東牟婁方言……D
　　　　　　　　　　　　　　　　　　　　　　西牟婁方言……E

というような区画になる。

　このエリアは、南端の七里御浜を除いて、岬と入江が連続し、典型的なリアス式海岸である。この地方は一般に耕地が狭く、人々は林業と漁業を主業とし、沿岸の中心集落のほとんどが木材の集散地であり、また漁港でもある。長らく沿岸の交通や物資の運搬・連絡に当たっていたのは巡航船であり、1959年に紀勢本線が全通するまでは、ヒト・モノ・カネの移動・交流は巡航船がになっていた。このように他地域との交流が極めて不便であるとともに社会構造の変化が起こりにくい土地柄ゆえ、近畿地方のなかでも言語の変化が乏しく、古い形式の残存や閉鎖性ゆえ独自に変化成立したとみられる事象が数多く見受けられるといった特徴をもっている。

2．植物の地域名称から紀伊半島周縁部の方言を考えてみる

　私たちの身近な自然は、大部分が動植物によって構成されていて、その

多くは人間の営みと複合的に関わっている。特に植物は、気候や土壌といった自然環境が植生の違いを生み、寒い地域では生育しない植物もあれば、暑さを嫌う植物もあったり、酸性土壌を好む植物もあれば、発芽しない植物もある。また同じ植物でも生育する時期や量などは地域によってさまざまである。植生が地域によって異なるため、地域ごとで利用できる植物は違っていて、「食」で利用される植物にも差異がある。植物の量や質にも差があるため、調理方法にも違いが出てくる。日本各地に地域ならではの食文化が形成されていることは、周知のことでもあるが、「食」に焦点をあててみると、植物がいかに人々の暮らしと密接に結びついているかがわかってくる。

全国的な植物名の分布が示されているものに『日本言語地図』[3]がある。植物に関しては、『日本言語地図4』では「こめ」「うるち」「もちごめ」「はんまい」「じゃがいも」「さつまいも」「さといも」「かぼちゃ」「なす」「とうもろこし」「とうがらし」が、『日本言語地図5』では「すみれ」「たんぽぽ」「どくだみ」「すぎな」「つくし」「きのこ」「まつかさ」「たけ」が報告されている。

2.1.「かぼちゃ」の方言分布を考えてみる

「かぼちゃ」の地域名称をもとに考えてみよう。残念ながら鳥羽市〜田辺市を対象とした今回の調査からは、「カボチャ」「コボチャ」「ナンキン」の3語形しか報告されなかった。

「かぼちゃ（南瓜）」は、さつまいも（甘藷）、じゃがいも（馬鈴薯）、とうもろこし（玉蜀黍）などとともにアメリカ原産の植物で、日本に伝来したのは16世紀〜17世紀とほぼ同じ時期であるが、普及の仕方や伝来コースなどの差異により各地でさまざまの方言語形が生まれている。

「かぼちゃ」は、16世紀前半の戦国時代にポルトガル船によって九州にもたらされ、以後全国に広まった。『日本言語地図』（LAJ）第4巻180図および近年公開されたデータをもとに、近畿地方および調査地域である紀伊半島沿岸部に視点をおきつつ概観しておきたい[4]。

「ボブラ」および「ボーブラ」は、「かぼちゃ」を意味するポルトガル語

表 「南瓜」

項目名：【南瓜】

質問：＜絵＞これを何と言いますか。夏に取れる、つるになる大きな実です。(かぼちゃ)

		10代	20代	30代	40代	50代	60代	70代～
三重県	1 鳥羽市坂手町	/				/	/	
	2 磯部町		/	/		/		/
	3 浜島町	/				/		/
	4 南勢町	/		/	/			/
	5 南島町	/					/	/
	6 紀勢町	/	/		/			/
	7 紀伊長島町		/			/	/	
	8 海山町	/		/		/		/
	9 尾鷲市旧市街	/	/					/
	10 尾鷲市九鬼	/	/		/			/
	11 熊野市飛鳥町	/	/		/			/
	12 御浜町		/			/		L
	13 紀宝町	/		/		/	/	
	14 紀和町		/				/●	
	15 鵜殿村1	/						
	16 鵜殿村2			/		/		
	17 鵜殿村3	/						
和歌山県	18 新宮市1	/						/●
	19 新宮市2		/		/			
	20 新宮市3		/					/
	21 那智勝浦町		/	/		/		/
	22 太地町	/	/		/		/	
	23 古座町	/	/			/	/●	
	24 串本町1			/				
	25 串本町2		/					/
	26 串本町3			/				
	27 すさみ町	/	/		/			/
	28 上富田町1	/						
	29 上富田町2	/	/			/	/●	
	30 上富田町3	●						
	31 田辺市	/●	/	●			●	

凡例　／ カボチャ　　L コボチャ　　● ナンキン　　／● カボチャ・ナンキン併用

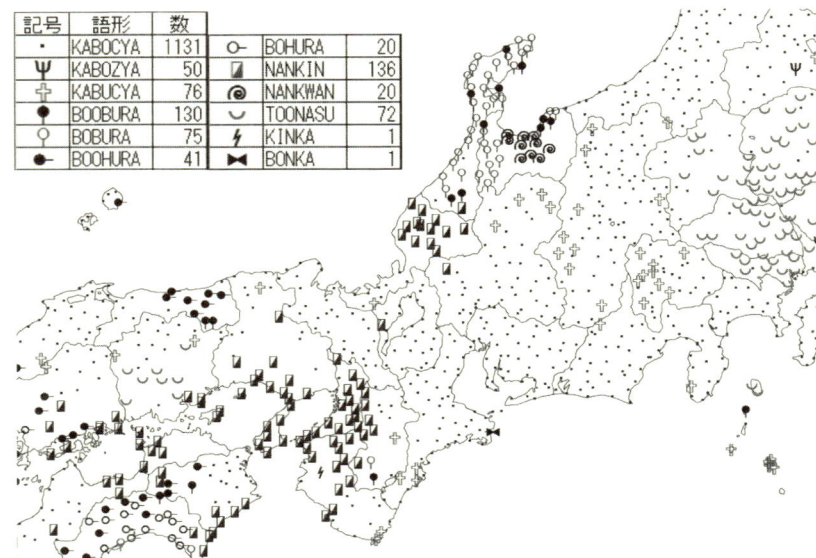

図1 「かぼちゃ」（『日本言語地図』元データより近畿地方に注目して作成。以下同）

図2 「ボブラ」および「ボーブラ」

紀伊半島周縁部の方言分布と地域特性　13

図3　「ナンキン」類

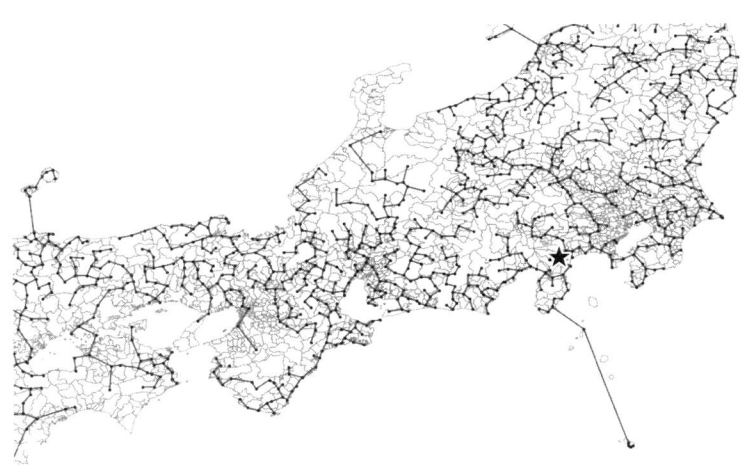

図4　「カボチャ」

aboboraに由来すると言われる。この語形は、北陸・中国・四国・九州など、主として西日本に分布するが、東日本でも秋田に集中的に見られる[5]。

　また、分布の地域的ばらつきを、データ解析ソフトRを利用し、分布の中心（★）を求めると、北九州市付近になることがわかる。

　「ナンキン」類は大阪を中心に北陸の福井や瀬戸内などの西日本に分布

図5 「トーナス」

図6 「ボンカ」

するほか、大分、宮崎などの東九州にまとまった分布が見られる。
　「カボチャ」はポルトガル語でいう「カンボジア産ボーブラ」、すなわち Cambodia abobora を省略したものといわれている。全国的にみると、東日本の大部分では「カボチャ」あるいは同系統の語形が分布しているのに

図7　「キンカ」

対し、西日本ではこれ以外の勢力も強く、バリエーションが豊かである。

「トーナス」は、関東地方および瀬戸内ならびに青森県津軽地方にまとまった分布領域をもっている。また、紀伊半島の先端の海岸部や奈良県十津川村などの辺境部で使用されている。

『日本言語地図』によれば、三重県鳥羽市から熊野市のエリアでは、志摩地方に「ボンカ」という特徴ある方言形を見せる以外には、「カボチャ」および「カブチャ」を使用していた。また、和歌山県新宮市から田辺市のエリアでは、新宮市に「トーナス」、田辺市周辺に「キンカ」、「トーナス」といった語形の報告があるとともに、和歌山県内のいくつかの地点では、「ナンキン」が近畿中央部の影響を受けて使用されていた。

今回の鳥羽市～田辺市を対象とした調査からは、「カボチャ」「コボチャ」「ナンキン」の3語形しか報告されず、当該地域の伝統的方言の衰退に驚くばかりであるが、かつては紀伊半島周縁部には、近畿地方中央部ではほとんど見られない「ボーブラ」や「トーナス」などの古い語形や「キンカ」や「ボンカ」など九州や琉球といった遠隔地域との交流を想定しうる語形があって、この地域の地域特性と方言の特徴を強烈に印象づける。

3．方言の分布からことばの歴史を推定する

　日本の方言研究では、方言の分布をもとにことばの史的変遷過程に関心をもつ「方言国語史」といった分析の視点がある。これは、白地図上に方言語形をプロットし、都市や中心部にある方言形は新しく、周辺あるいは周縁へと向かうほど古い方言形が残存するといった考え方にもとづき、方言の分布をもとにして、「どのことばが古くて、どのことばが新しいのか」という、ことばの新古や変遷の解明に重点をおくもので、最終的には文学作品や古辞書などとも対照して、対象地域のことばの史的変遷過程や中央語の歴史について論じるものである。

　「かぼちゃ」について考える場合は、18世紀後半に執筆された『物類称呼』[6]（1775）の記載が参考になる。これには「南瓜　ぼうふら　西国にてぼうふら、備前にてさつまゆふがほ、津国にてなんきん、東上総にてとうぐはん、大坂にてなんきんうり、又ぼうぶら、江戸にて先年はぼうふらといひ、今はかぼちやと云」とある。現在、大阪を中心に近畿中央部で使用される「ナンキン」は、かつて「ナンキンウリ」と言っていたことや、大阪でも、西日本で広く使用される「ボーブラ」を使用していたことがわかる。また江戸では「ボーフラ」が古く「カボチャ」が新しい方言形であったこともわかる。

　『物類称呼』以外の資料としては、『本草綱目啓蒙』[7]（1806）があって、これによれば「形長くくびありて壺の形の如して深緑色又熟して黄色になる者あり。是をトウナスビと云。一名カボチャ、カボチャボーブラ、ナンキンボーブラ」とあって、「カボチャ」や「ナンキン」は「カボチャボーブラ」、「ナンキンボーブラ」と言っていたことがわかる。

　『物類称呼』や『本草綱目啓蒙』をもとに推定してみるならば、
　　大阪では、1「ボーブラ」あるいは「ナンキンボーブラ」→2「ナンキン（ウリ）」
　　江戸では、1「ボーブラ」あるいは「カボチャボーブラ」→2「カボチャ」

という変遷が読み取れるが、これだけでは「ナンキン」と「カボチャ」の新古関係はよくわからない。

　近畿中央部に関する近世期のことばを調べる場合は、前田勇『近世上方語辞典』が参考になることが多い。そこから引用すれば、「皇都午睡[8]（こうとごすい）三下「かぼちやを南瓜」（上は京、下は大阪）文化十一年・大坂繁花風土記京大坂言葉違ひ「かぼちやヲ、なんきん」（上は京、下は大阪）享和三年・京緞子二「京にて棗補塞、大坂にて南京、畿内ボウフラ」安永四年」とある。近世後期の近畿中央部では、京都で「カボチャ」、大阪で「ナンキン」、その他の地域で「ボーブラ」と言っていたことがわかり、近畿中央部の京都で「カボチャ」と大阪で「ナンキン」とふたつの都市で使用される語形が違っていたことがわかる。

　こういった文献資料から得られる情報と方言分布にもとづく、「新しいことばは都市部や中心部で使用され、古いことばは周辺や辺境で使用され傾向がある」といった考え方を援用すれば、『日本言語地図』において「ナンキン」は近畿圏の中心地である大阪に分布の中心をもち、「カボチャ」はその周辺に分布することから「カボチャ」→「ナンキン」という変遷過程が想定される。つまり文献と方言分布によって近畿地方中央部およびその周辺では、1「ボーブラ」→2「カボチャ」→3「ナンキン」という変遷の仮説をたてることが可能であろう。ただ江戸のことについてはよくわからない。

　方言国語史とは近畿およびその周辺部をモデルとした日本語の史的変遷を考察する際に有効であるが、中央から遠く離れていて識字階層が少なかったり、文献資料の少ない、低人口低文化エリアではその有効性を発揮するのがむずかしい。つまり方言研究は地域の言語文化に焦点をあてて、歴史や風土といった関係で分析し、言語特性と地域特性とを浮かび上がらせることに特徴をもつが、方言国語史は地域の言語資料をもとに中央語の史的変遷過程の解明や都市部の言語変化について仮説を提示するが、調査の対象となる各地域の言語について語ることは少ない。

　当該地域の言語変化を検討するため、エリアをしぼり考えてみたい。
　ここでは、『日本言語地図』の分布から、対象地域において方言のバリ

エーションが豊かであった和歌山県田辺市で、1980年代に実施された老年層生え抜きの調査結果をもとに検討してみたい[9]。地図からは、「ボーブラ（ボブラ）」、「ボーフラ」、「ボーカン」、「カボチャ」、「ナンキン」の5語形（ボーブラとボブラは1語形とする。）が、今回の調査のおよそ25年前には使用されていたとわかる。ただ、およそ50年前の『日本言語地図』で回答のあった「キンカ」は報告されていない。また、『日本言語地図』では報告されていない「ボーカン」が多くの地点で使用されていたこともわかる。

「ボーブラ（ボブラ）」は、内陸の秋津川地区に3地点（2地点ボーカン併用）分布し、「ボーフラ」は、伏菟野地区、長野地区と言った内陸の辺境部で報告されている。この2語形が、この地域において最も古い層のものであると推定される。

「ボーカン」は、秋津川、上芳養両地区と上秋津、秋津町両地区に分布し、「カボチャ」は、上芳養地区に6地点と中芳養・芳養町・秋津川の地区一帯および長野地区に1地点、三栖、万呂、秋津町、稲成町、新庄町の各地区と市街地ほぼ一帯に分布し、「ナンキン」は、市街地に5地点分布している。

『日本言語地図』では、「ボーブラ（ボブラ）」は、富山県や石川県といった北陸地方や、奈良県吉野郡などの近畿地方の山間地、九州地方の山間部といった辺境地域で使用が確認される。また「ボーフラ」も鳥取、広島、島根、高知、徳島、香川といった中四国の辺境部で使用されていたことから、全国的にも古い語形であることはほぼ間違いない。

谷口（1990）では、市街地で「ボーカン」と回答した話者の、「昔祖母が『ボブラ』を使っていた。」という内省報告をもとに、過去においては田辺市の市街地でも「ボーブラ（ボブラ）」が使われていたと考えられ、「ボーカン」は、分布状況やインフォーマントの内省から「ボーブラ（ボブラ）」「ボーフラ」よりも新しい語形ではないかと判断している。

加えて市街地とその周辺部で「ボーカン」、「ボーフラ」を駆逐する格好で分布している「カボチャ」は、分布状況から判断して「ボーカン」よりも新しい語形であること、また、この「カボチャ」は、全国共通語のそれ

紀伊半島周縁部の方言分布と地域特性 19

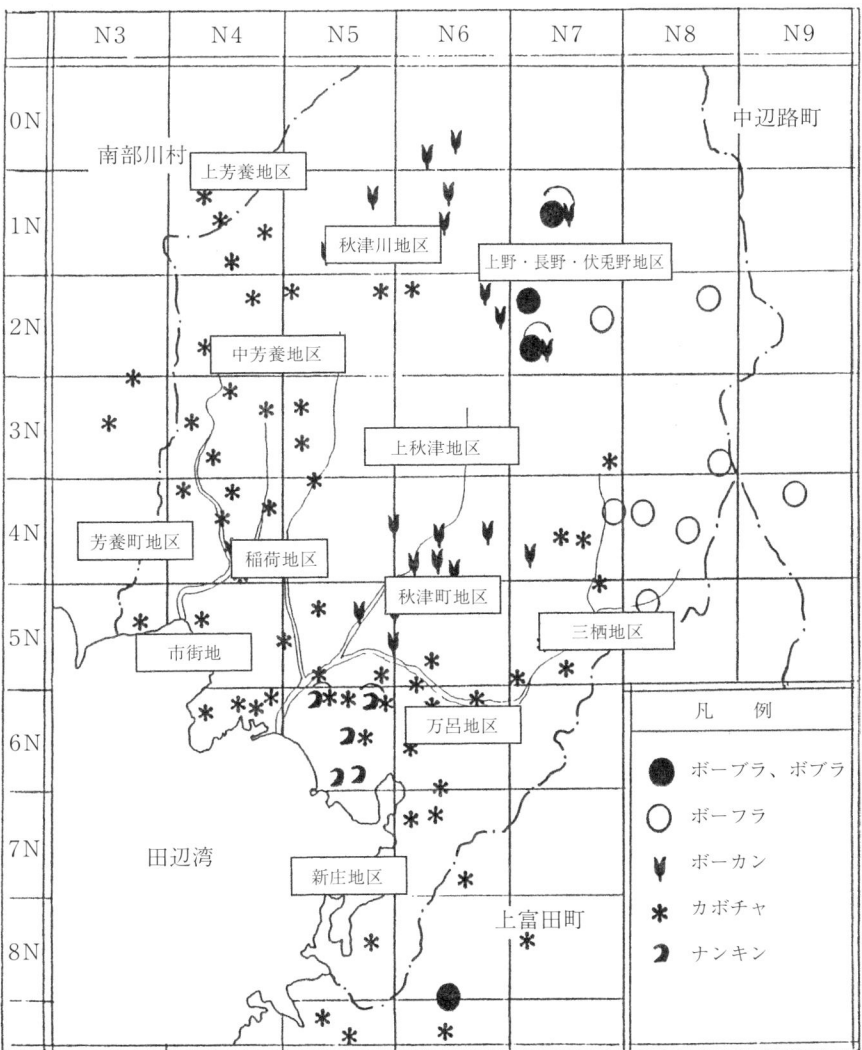

図8 田辺市における「かぼちゃ」の方言分布

と語形上同じであるが、周辺の分布状況から全国共通語として使われる以前の「カボチャ」ではないかと判断している。

加えて、「ナンキン」は関西中央部の影響を受けて拡大しつある新形式であるとし、田辺市域においては、1「ボーブラ（ボブラ）」・「ボーフラ」→2「ボーカン」→3「カボチャ」→4「ナンキン」の順に推移したと推定している。

4．再度グロットグラム図を考えてみる

『日本言語地図』ならびに田辺市域の方言調査データから、おおむね紀伊半島周縁部の「かぼちゃ」の方言形は1「ボーブラ（ボブラ）」・「ボーフラ」→2「ボーカン」→3「カボチャ」→4「ナンキン」といった変遷が推定された。

鳥羽市～田辺市のグロットグラム調査では、「カボチャ」とそれに類似する「コボチャ」および「ナンキン」のみの回答しかなかった。そこで、「カボチャ」と「ナンキン」に焦点をあてて、少し考えてみたい。今回の調査で回答された「ナンキン」は『日本言語地図』の調査時点と比較すると、明らかに東進している。かつて田辺市周辺で起こった「カボチャ」→「ナンキン」の変化と同様の変化が起こり、大阪を中心とした近畿地方中央部の方言形がこの地域に浸透したと言える。一方、田辺市周辺の若年層の回答を見れば、ほとんどが「カボチャ」を使用していて、1「ボーブラ（ボブラ）」・「ボーフラ」→2「ボーカン」→3「カボチャ」→4「ナンキン」→5「カボチャ」という変遷となろう。つまり若年層の5「カボチャ」は、伝統方言の3「カボチャ」ではなく、東京の影響を受けた共通語のそれであることに気がつく。このような動きは調査エリア全域に及んでいて、老年層が3「カボチャ」であるのに対し中・若年層は5「カボチャ」であって、田辺市のような都市では3「カボチャ」→4「ナンキン」→5「カボチャ」といった変化を見せることによってそのプロセスが明確になるが、周縁部では3「カボチャ」→5「カボチャ」と変遷するため、早い時期に急激に共通語化が進行したといった誤った判断につながることもある。

紀伊半島の周縁部であるこのエリアは、近畿中央部からは遠くその影響をゆるやかに受けてきたが、言語の東京化と言われる共通語化の勢いがすさまじく、伝統的な地方文化を跡形もなく消滅させていくことが今回の調査からもうかがえるであろう。

5．新しい方言研究に取り組むための残された課題

　方言研究は、研究者自らがフィールドに出向き収集した第一次資料をなによりも重要な研究資料とするため、方言研究者はたえずことばを使用する人とその人が所属する集団や日常を送る社会から目を離すことはない。紀伊半島周縁部というフィールドを対象に考えれば、三重県南部の志摩地方や熊野地方、和歌山県紀南地方はどのような人々がどのように暮らしていて、どのような特徴があるのか。そしてその特徴に変化があるのか。変化があるとすればどのように変化し、その変化を促した要因にはどのようなものがあるのか。またその変化は今後継続するのか、あるいはどのような方向に推移していくのか。そしてそういった社会の変化が、人の暮らしや行動、思考や価値観にどのような影響を与えそれが使用することばにどのように関わっていくのか。われわれは現地に出かけ目を凝らし耳をすまして注意深く調査をしつづけてきた。

5.1．交通体系の変化と方言について
　三重県鳥羽市から和歌山県田辺市のエリアについては、すでにその概要を述べたが、ことばは人の交流によって伝播普及することを考えれば、当該地域の言語動態を検討するためには、交通体系について今一度整理しておく必要を感じる。
　このエリアを結ぶ紀勢本線は、三重県の亀山駅を起点として尾鷲駅、新宮駅、紀伊田辺駅などを経て和歌山市駅に至る幹線鉄道である。亀山駅—新宮駅間はJR東海が、新宮駅—和歌山市駅間はJR西日本の管轄となっている。紀勢本線は、沿岸・辺境部を走ることから全線開通が幹線鉄道のなかでは最も遅く、このことは沿線がひとつの交通体系として成立する時

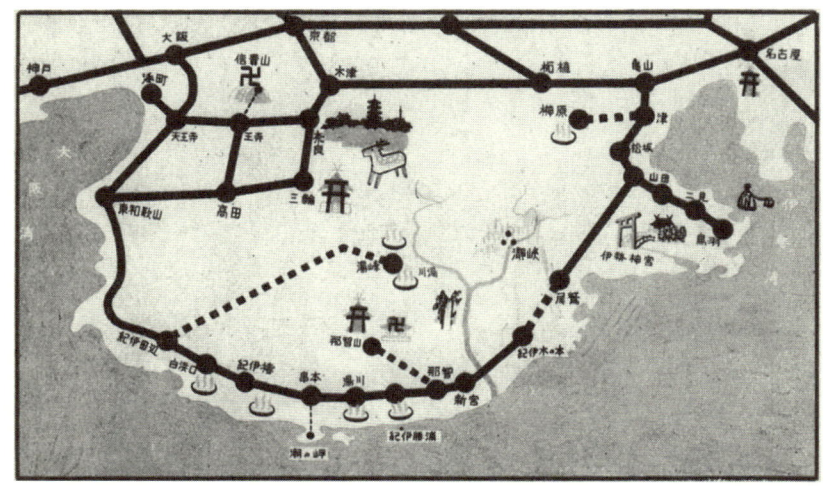

近畿地方の国鉄路線図（昭和27年）

期を遅らせ結果的にひとつのまとまりある地域となることを阻んだと言われている。

　昭和34年（1959）7月15日 三木里〜新鹿間の開業で、亀山〜和歌山間の紀勢本線が全通し、記念祝賀会が開催された。その前日である7月14日には、国鉄バス紀南線：矢ノ川峠越え、熊野商船：尾鷲港〜木本港定期航路、三重交通バス：木本三木里線のそれぞれが営業を終えた。およそ50年前にこのエリアでは、地域の交通体系に大きな変化があった。その模様を当時の新聞からひろってみよう。

5.2. 昭和34年7月16日伊勢新聞　熊野版

「南紀の歴史に輝かしい一ページを加える国鉄紀勢本線は十五日、喜びのうちに全通した。わらじがけの陳情を重ねて約四十年間「熊野に汽車が通じたら、東京へ直通できたら…」と夢にまで見た父祖三代の悲願がついに実を結んだ。大正九年に東と西から始まった紀勢線工事が最後の難工事であった新鹿〜三木里（一二・三キロ）の完工でめでたく終わった。この日から南紀の黎明を告げるスマートなディーゼルカー『DF50』が新しい鉄

路を突っ走るのだ。

大阪からも名古屋からもそして東京からも…。陸の孤島の呼び名はこの日限りで南紀の記録から消され"未明の宝庫のとびら"はひらかれた。

〇…午前七時十一分、始発亀山を発車した祝賀列車は、ちぎれるばかりに打ち振る沿線の旗の波をぬって長島、尾鷲から十時すぎ三木里を通過、生まれて初めて見る汽車の姿に狂気のように手を振る同地方の人たちに汽笛で答えながら走った。予定より三十分遅れた同十時四十五分、祝賀会場の熊野市駅にすべりこんだ。

大アーチに飾られた駅頭では全通の歌とともに自衛隊音楽隊のブラスバンドが高々と吹奏され、同時刻、上空には自衛隊機や各新聞社の飛行機が空から「おめでとう」を呼びかける。熊野灘に沿った海岸地帯では停泊する漁船が満船飾。空、海、陸あげての爆発的な歓迎だ。

〇…十四日未明から大雨模様だった天候はこの朝も降ったりやんだりの雨空だったが、午後からは晴れた。熊野の山々はしっとりと水を吸ってもやに煙っていた。駅頭を埋めた市民の頭上では景気よく花火が炸裂、その興奮の渦の中を降りた列車乗務員に花束が手渡された。「長生きしてよかった」と相好をくずして汽車に見とれる老人たち。「これからの修学旅行はどこへでもゆけるネ」と手を握りあう生徒たち。若い顔、年寄った顔、どの顔も涙と喜びで紅潮。バンザイ、バンザイの声はワーンというウナリとなっ

紀勢本線全線開通の一番列車を喜びで迎える二木島駅

熊野市駅に到着する東京からの急行「那智」

ていつまでも熊野の山々にこだましていった。」

　紀勢本線の全線開通がこの地域にとっていかに大きな意味をもっていたか。この記事を読み熊野地方の人々の気持ちに思いをはせると、感動を覚えずにはいられない。昭和34年（1959）7月15日の全線開通により、国鉄は、南近畿周遊券発売開始、臨時急行「那智」東京～新宮運転開始、準急「くまの」天王寺～新宮間を天王寺～名古屋間に変更する。南海難波からの直通臨時準急「第2きのくに」運転開始（南海の気動車初乗り入れ）。名古屋～紀伊勝浦　不定期準急「うしお」運転開始など、東京、大阪、名古屋などの大都市と調査エリアである熊野地方が直結され、経済活動はもとより文化や思想、価値観やことばが都市から急速に流入するようになった。

　日本言語地図の調査時に、「カボチャ」を回答していた地点で、紀勢本線全線開通の頃、10～20代であった現在の老年層は、当時近畿中央部で勢力のあった「ナンキン」を受容した。「ナンキン」の拡大には、こういった地域の交通体系の大きな変化に伴い、都市部の情報に接する機会が増加したり、アクセスが容易になったことでより積極的に関わろうとする人々も増加し、地域社会の変容と価値体系の変化を促し、そういった動きが新たな方言形受容につながっていったものと考えられよう。

5.3．かぼちゃの品種と地域名称について

　近年、総合地球環境学研究所[10]の大規模プロジェクトで「日本列島における植物の利用と地域名称」に関する研究を分担したが、「かぼちゃ」をはじめ「なす」や甘藷、馬鈴薯などの地域名称を調べるにあたり、人類学や民俗学、生態学の研究者から調査方法、特に植物の品種やその同定の方法についての質問・意見に加え、われわれがその「総称」を問としてきたことに疑問と批判が続出した。確かに「かぼちゃ」を例にとっても、『日本言語地図』に代表される方言調査では、話者に「かぼちゃ」の絵を見せてその「総称」を尋ねる方法をとっていて、「かぼちゃ」そのものを見せたり、栽培している畑に出向いて品種を確認することはおろか、調理や加

工の方法といった人の暮らしのうえで必要となる情報はほとんど確認してこなかった。

「かぼちゃ」の原産は南北アメリカ大陸であるが、世界各地では大きく５つの品種が栽培されていて、そのうち日本では西洋カボチャC. maxima、東洋カボチャC. moschata、ペポカボチャC. pepoの３種類が栽培されていて、品種はヘタの部分で見分けている。西洋カボチャC. maximaは、ヘタの断面が円形であり、主にアンデス山脈冷涼な土地で栽培化されてきた品種で、現在日本で広く栽培されている「みやこ」「えびす」などの黒皮栗種の「かぼちゃ」は西洋カボチャである。これらは一般に栗カボチャあるいは栗ナンキンとも呼ばれている。一方東洋カボチャC. moschataは、ヘタの断面が五角形で、メソアメリカの熱帯地方で栽培化された黒皮種で、「黒皮」「備前」「小菊」「鹿ヶ谷」のような日本カボチャがこれにあたる。またペポカボチャC. pepoは、北米南部の乾燥地帯で栽培化された種の小型のカボチャで、キンシウリ（ソウメンカボチャ）などがこれにあたるが、東洋カボチャは天文年間に日本（長崎県）にポルトガル人がカンボジアから持ち込み、ペポ種は中国を経由して伝来し、その経路から唐茄子と呼ばれてきた[11]。

徳川（1985）でも『和漢三才図会』[12]（1713）を資料に、「カボチャ」と「ボーブラ」は、はじめ異なる品種を指したという説があって、「カボチャ」は「末大本小」（ナスに似た形）で、「ボーブラ」は「正円大」（まんまるで大きい）であったとしている。また「トーナス」についても『嬉遊笑覧』（1830）を資料に「かぼちゃの小なるを唐茄子と名付、はやり出しは明和７・８年（1771、1772）の頃なり」とあり、『浮世床』（1814）にも「蕃南瓜と柬埔塞程違ふのは」とあって江戸では「カボチャ」と「トーナス」を種類の違うものとして使いわけていたと記している。ただ、品種の差異と名称との関係には強い関心ははらわれておらず、「このように二つの語形を使いわけていた地域でも、やがて一方の語形が勝利を占めて総称としての地位を得ることになる。」と結んでいる。

『日本言語地図』を企画した方言研究者たちが「総称」の変遷を知ることにどのような価値や意味をもとうとしていたのか、今ではよくわからな

いが、言語の研究者が言語体系を重要視するのと同様、人類学者や生態学者もそれぞれ作物の品種や栽培の経緯と時期、伝来方法や当該地域における食糧需給や生産の変化などについての体系的「知」に強い関心をもっている。われわれが、他の分野と協業し、その知の蓄積にアクセスし、方言研究をより発展させるために、先人たちが積み残した課題を放置しつづけてはならないように感じている。

6．とにかくフィールドに出て対象を長く見続けること

　方言の調査研究は手間のかかることも多いが、フィールドに出ることは楽しさと感動に満ちあふれている。また、他の研究分野との交流は時に手厳しい批判に出会うこともあるが、刺激と発見の連続である。

　人類学や民俗学、地理学や生態学の研究者から、われわれの調査方法とその分析のあり方に厳しい批判が繰り返されてきた。その一つとしては、言語のバリエーションを地域的変種のみを問題とし、社会的変種を考慮しないこと。また、ことばの史的変遷過程を提示すればそれ以上の分析はしないことへの批判である。特に後者は、フィールドワークにもとづき、そのデータをもとに組み立てられる方言研究＝フィールド言語学が、調査に行くことのない「国語史」の研究者と同じ分析レベルで満足していいのかといった批判である。このほか調査方法に対する批判もあって、詳細に見れば、調査エリアの設定や人数にはじまり、調査項目についてさえも語法や語彙などを総花的に盛り込んであるだけでは言語体系の全容が見えない。また、言語は地域社会の特質と大きく関わるはずであるのにそういった事項と連携した調査項目があまり設定されていないこと、特に地域社会には、性差や貧富の差、階層差、生業（職業）の差異、さらには信仰に由来する差異などがあるのにそれを無視している、と。確かにこのようなことに対応するかたちで社会集団や社会的カテゴリーが編成され、それがことばの変種を創出する背景になっているのは事実であり、われわれ方言研究者は、これらに耳を傾け、学の再生のために早急なる対応が迫られているように思う。

現在の方言調査の多くは、研究室などであらかじめ作成した調査票にしたがって現地の話者から情報を得、それを整理する方法をとっている。つまり事前に準備想定した仮説を現地にて検証するのが方言の調査とも言える。したがって準備段階での情報の整理と検討の多寡、調査者の能力が調査の成否に大きく関わっている。20代前半に徳川宗賢先生や真田信治先生に伴われて和歌山県田辺市とその周辺地域への方言調査に参加したが、調査中に先生方から聞いた「最良の調査票は調査が終わった時に完成します。」ということばは、現地に出向き、時間をかけ調査することで当該地域の言語特性が明確になり、準備段階での不備や検討の甘さ、新たな、より重要な調査事項が明らかになってくることを私たちに強く印象づけた。方言の研究はフィールドワークをする方法とその技量に、ほかの言語研究者との差異を明確にするが、人類学や民俗学の研究者に比べてひとつの地点やひとりの話者にかける調査時間は非常に短い。ある方言の研究者がひとつの地点での調査期間を人類学者から尋ねられ、指を3本たてて「3」と回答したところ最初に「3年ですか？」と、次に「3ヶ月ですか？」、そして「3週間ですか？」と問われ、3時間とは答えにくかったと回想している。調査時間の長短が調査データの質に必ずしも反映するわけではないが、現地に出かけ、その土地の景観や暮らしを見、人と対話することで方言の研究は成り立っている。調査データの精度をあげ、多様な分析をするためにも繰り返しの調査と十分な準備が肝要と感じている。

注
1)　こういった方言研究の方法は1980年代以降、徳川宗賢や真田信治らの研究者によって推進され、「社会言語学的方言研究」とも呼ばれている。
2)　紀伊半島南部の方言は、近畿地方中部との距離を反映し、古語の残存が多く見られる地域でもある。
3)　国立国語研究所によって1957年から64年にかけて離島を含む全国2400か所で実施された調査に基づいて作成された300枚の全国方言分布地図。
4)　国立国語研究所共同研究プロジェクト熊谷康雄代表の「大規模方言データの多角的分析」では、LAJの作成に用いた調査カードのデータベース化に取り組んでいてここではその成果を活用した。

5) データベースをもとに、国語研究所独自の「調査地点番号」を緯度経度情報に変換し、GIS ソフト Quantum GIS をもちいて地図化した。
6) 江戸時代の方言辞書。武蔵国越谷から江戸に移り住んだ俳諧師越谷吾山（1717-1787）が安永4（1775）年に江戸で刊行した。全5巻。諸国の方言約4000を天地・人倫・動物など7部門約500項目に分類し、解説している。
7) 日本を代表する本草書。小野蘭山の「本草綱目」の講義筆記を孫小野職孝（もとたか）や門人が整理刊行した書。48巻。1803年刊。
8) 江戸後期の考証随筆。3編9巻。西沢一鳳軒著。嘉永3年（1850）成立。歌舞伎狂言作者でもある一鳳軒の、見聞にもとづく考証随筆。芸能・文学・言語・風俗など対象は広く、京坂と江戸の比較をしている点に特徴がある。
9) 谷口（1990）「紀伊田辺方言の研究」『地域言語』1　天理・地域言語研究会による。
10) 湯本貴和代表「日本列島における人間―自然相互間の歴史的・文化的検討」をはじめ、総合地球環境学研究所や国立民族学博物館、国立歴史民俗博物館などの大学共同利用機関では、多分野総合型の大規模プロジェクトが実施され、分野間の垣根を越えた研究を推進している。
11) カボチャの品種およびその見分け方などについては、東京農業大学の湯浅浩史教授にご教示いただいた。
12) 江戸時代中期、正徳3（1713）年頃出版された挿絵入り百科事典。中国、明の『三才図会』（王圻編）にならい、大坂の医師寺島良安によって編纂された。所収項目は「天」「人」「地」の三才の大部に分類され、天文部から醸造部までの105部からなっている。九州大学総合研究博物館では、本の複写がデジタル保存されていて、全項目の内容をウェブサイト上で閲覧することができる。

〔参考文献〕

有吉佐和子（1959）『紀ノ川』中央公論社

楳垣実（1962）『近畿方言の綜合的研究』三省堂

小野蘭山（1992）『本草綱目啓蒙〈4〉（東洋文庫）』平凡社

加田芳英、乾誠二、平松豊作（2011）『きっぷと資料で見る紀勢本線の歩み―紀勢本線全線50周年記念―』（平成23年度科学研究費（基盤研究(B)(1)）中井精一代表「都市の地域中心性と敬語行動」報告書）　富山大学人文学部

国立国語研究所（1966-74）『日本言語地図　第1集～第6集』大蔵省印刷局

国立国語研究所（1989-2006）『方言文法全国地図　第1集～第6集』国立印

　　　　刷局
佐藤虎男（1996）「三重県の方言」『講座方言学7 近畿地方の方言』国書刊行
　　　　会
佐藤亮一（2002）『お国のことばを知る方言の地図帳』小学館
小学館（1989）『日本方言大辞典』
小学館（2002）『日本国語大辞典　第二版』
谷口弘直（1990）「紀伊田辺方言の研究」『地域言語』1　天理・地域言語研
　　　　究会
寺島良安（2004）『和漢三才図会』東京美術
東条操校訂（1941）『物類称呼』岩波文庫
徳川宗賢編（1979）『日本の方言地図』中公新書
徳川宗賢、真田信治（1988）「和歌山県中部域の言語動態に関する調査報告」
　　　　『日本学報』第7号　大阪大学文学部日本学科
徳川宗賢、真田信治編（1991）『新・方言学を学ぶ人のために』世界思想社
中井精一ほか（1990）「田辺市における方言分布の解釈」『田辺文化財』第33
　　　　号　田辺市教育委員会
日本方言研究会（1964）『日本の方言区画』東京堂
バーバラ・サンティッチ、ジェフ・ブライアント編（2010）『世界の食用植
　　　　物文化図鑑』柊風舎
平山輝男編（1994）『現代日本語方言大辞典』明治書院
前田勇（1949）『大阪弁の研究』朝日新聞社
前田勇（1964）『近世上方語辞典』東京堂出版
牧村史陽（1979）『大阪ことば事典』講談社
村内英一（1996）「和歌山県の方言」『講座方言学7 近畿地方の方言』国書刊
　　　　行会

紀伊半島沿岸におけるアスペクト表現の変異

岸 江 信 介

1. はじめに

　西日本諸方言の多くは、共通語や東日本の諸方言とは異なり、「シテイル（未完了／完了）」を異なったアスペクト形式で表現するという特色がある。例えば、
　例　①「来ている（来つつある）」　　　→進行態（未完了）
　　　②「来ている（既に到着している）」→結果態（完了）
において西日本の多くの方言で①キヨル、②キトル、高知市方言では①キュー、②キチュー、宮崎市方言では①キヨル、②キチョルというように使い分ける。
　一方、東日本の諸方言にはこのような使い分けがない。西日本の方言においても近畿中央部の方言や三重県北中部方言などには使い分けがない方言も存在する。このようなアスペクト形式の使い分けをさして以下、「アスペクト対立」と呼ぶことにする。

2. 近畿地方にみられるアスペクト形式の対立について

　近畿地方の方言では、西日本の多くの方言と同様、アスペクト対立のある方言と、近畿中央部や三重県北中部方言などのように対立のない方言に分けられる。京都や大阪など、近畿の中央部方言にはこの対立がみられないのに対して兵庫県北西部をはじめ淡路島地方、大阪府南部地方、和歌山

県のほぼ全域、三重県南部地方、奈良県十津川地方の方言などでは形式に差があるものの、この対立がみられる。以下では、まず、近畿地方の方言のアスペクト対立の状況を概観することにしたい。

国立国語研究所編『方言文法全国地図』(以下、GAJと呼ぶ)第4集にはこのアスペクト対立の全国の状況を示す分布図が掲載されている。「散っている(第198図)」が進行態、「散っている(第199図)」が結果態の調査結果である。この両図を改めて近畿地方の部分を取り出して地図化した結果が図1と図2である。図1は、チリヨル、チットルなど、アスペクト形式に着目して描き直したものである。これらの形式のなかには、チリヨル、チリヤルなどのように動詞連用形に各地の存在動詞の方言形式が結びついたものと、チットル、チッタールなどのように動詞連用形に「て」を介して存在動詞と結びついてできた形式がみられるが、西日本のアスペクト対立が認められる方言では一般にチリヨルのように動詞連用形に存在動詞の「おる」が付いた形式で「進行」を、動詞連用形に「て」を介した形式で「結果」をそれぞれ表し、アスペクト対立を示す。図1・図2を比較すると、図1で兵庫県や奈良県南部などにみられるチリヨル類、和歌山県南端にチリヤルを回答した地点では図2でそれぞれチットル類、チッタールを回答しており、これらの大半の地域は、西日本の多くの方言と同様にアスペクト対立を示す地域であるということができる。一方、京阪の中央部から北東部の滋賀県、南部の和歌山県にかけて図1に広くみられるチッテルは、図2においても使用範囲はかなり狭くなるが、同地域にみられる。これらの地域ではチッテルで進行と結果の両方を表し、アスペクト対立を欠いているものとみられる。また、図1で三重県北中部のほか、兵庫県北部から京都府北部さらに福井県嶺南地方にかけてみられるチットルが図2においても使用される地域がある。これらの地域ではチットルで進行と結果の両方を表し、アスペクト対立を欠いている可能性があるとみられる。

図1・図2を総合して興味深い点は、近畿中央部から周辺地域にかけて表1のような分布となっており、近畿中央部のテル統合領域はその外側のトル統合領域に挟まれている。また、ヨル・トル分化領域は中四国や岐阜などの中部地方の状況も考慮すると、トル統合領域のさらに外側に分布す

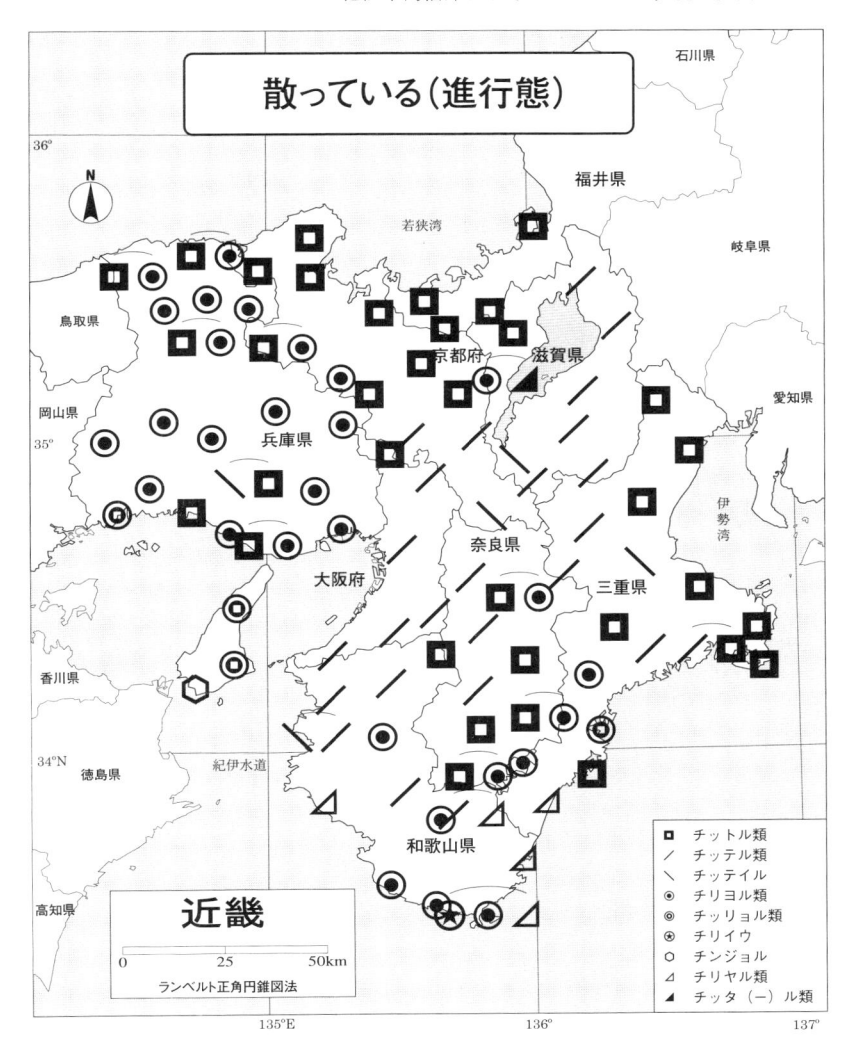

図1 （GAJ第4集・第198図により作図）

るとみられる。和歌山南部のヤル／タールの領域はちょうど近畿南端に封じ込められたような分布の様相を呈している。これらの対立の状況をさら

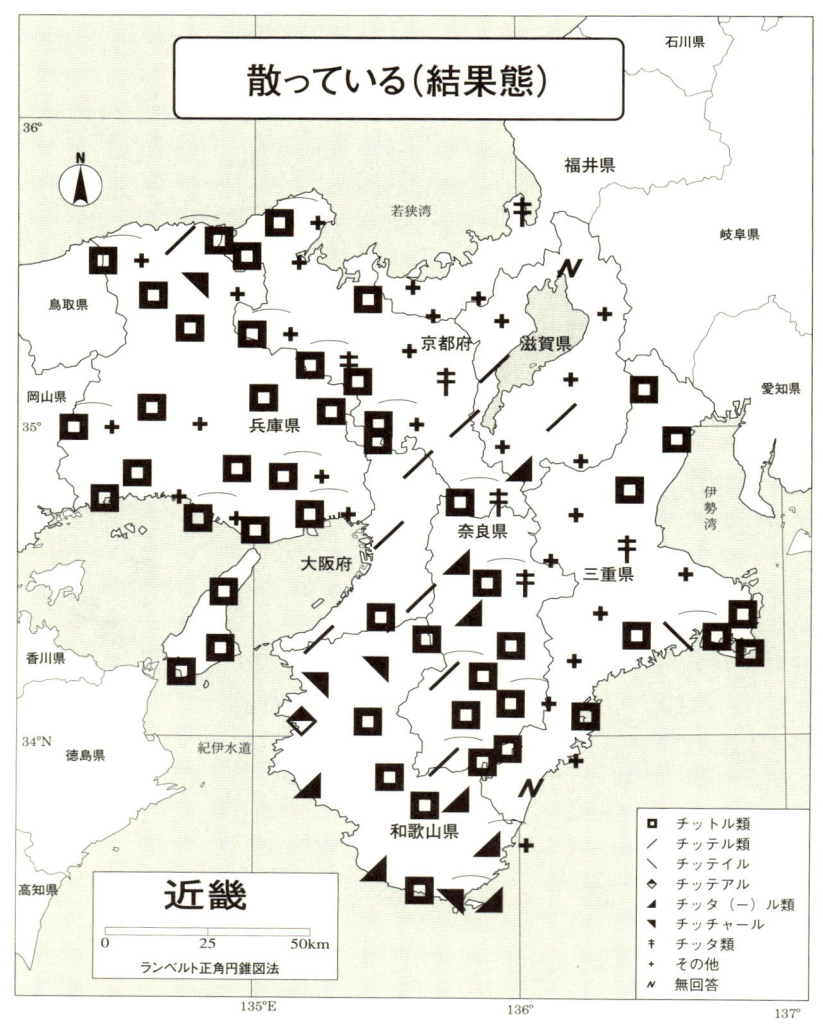

図2　(GAJ 第4集・第199図より作図)

に詳細にみるため、以下では近畿地方（2府6県、但し福井県は嶺南地方のみ）で行った方言通信調査[1]の結果を示すことにしたい。同調査は、

表1　近畿地方におけるアスペクト対立の有無

	近畿中央部	三重北中部および京都北部・兵庫北部	兵庫西部・三重南部・奈良南部	和歌山南部
進行	テル	トル	ヨル	ヤル
結果	テル	トル	トル	タール
アスペクト対立	なし	なし	あり	あり

GAJの調査から約30年近くを経ており、話者（回答者）の多くはGAJ話者のほぼ子供世代にあたる。

　図3は、図1と同様、「散っている（動作過程）」すなわち、進行態の結果である。図1と比較しても全体的な分布傾向はほぼ同じであり、通信調査の有効性を物語ると思われる。図3において図1と異なる点は近畿中央部、特に大阪にチリヨルの分布がみられる点である。近畿中央部でのヨルは文法化により卑語化しており、アスペクト形式を示すものではない。図1で近畿中央部にこれらの回答が見られないのは当時の調査者がヨルの回答を卑語形式として避けた可能性があるのかも知れない。

　図4は、図2と同じ「散っている（動作結果）」すなわち、結果態を示している。これら両図の比較においても全体的に大きな差は認められないが、いくつか注目すべき点がある。まず、図1の近畿中央部にみられるチッテルが図4では領域を拡大させ、北は滋賀北部から南は和歌山中部にかけて分布していることである。例えば、図2の結果には表れていないが、大阪南部から和歌山中部にかけての地域には伝統的な形式としてチッチャールという形式があり、もともと動作結果で使用される形式であった。これらの地域ではテル／チャールといったアスペクト対立が存したが、近畿中央部と同様、テルに一本化していく傾向が強いようである。また、近畿中央部においても動作結果で主語が無情の場合、一時代前にはタールという形式が使用されていたが、大阪では河内地域や和泉市以北の地域にまばらにみられる程度となっている。図4では滋賀北中部にまとまってみられるが、これはかつての近畿中央部の分布を髣髴させるものである。このような点で近畿中央部のテルが拡大し、周辺部に向けてアスペクト対立の消

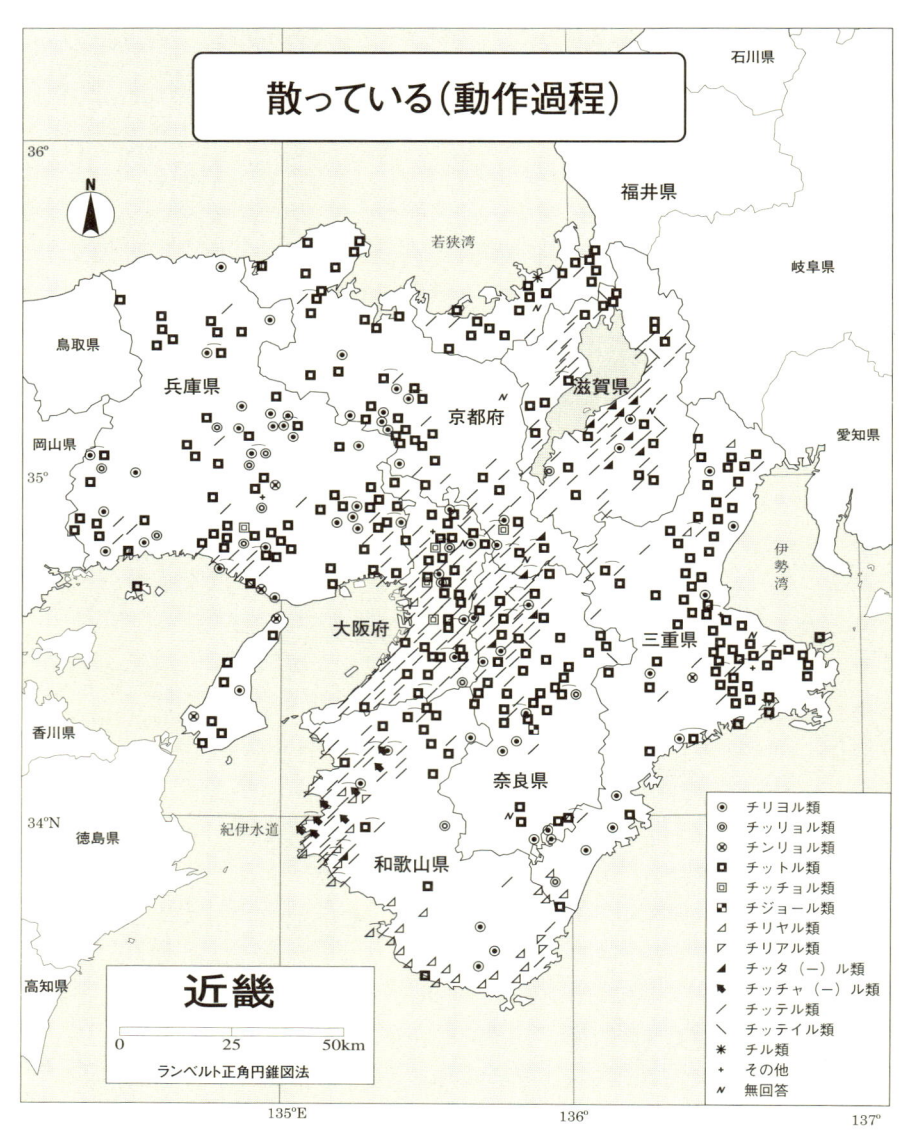

図3 アスペクト項目（進行態）（近畿通信調査 2010年）

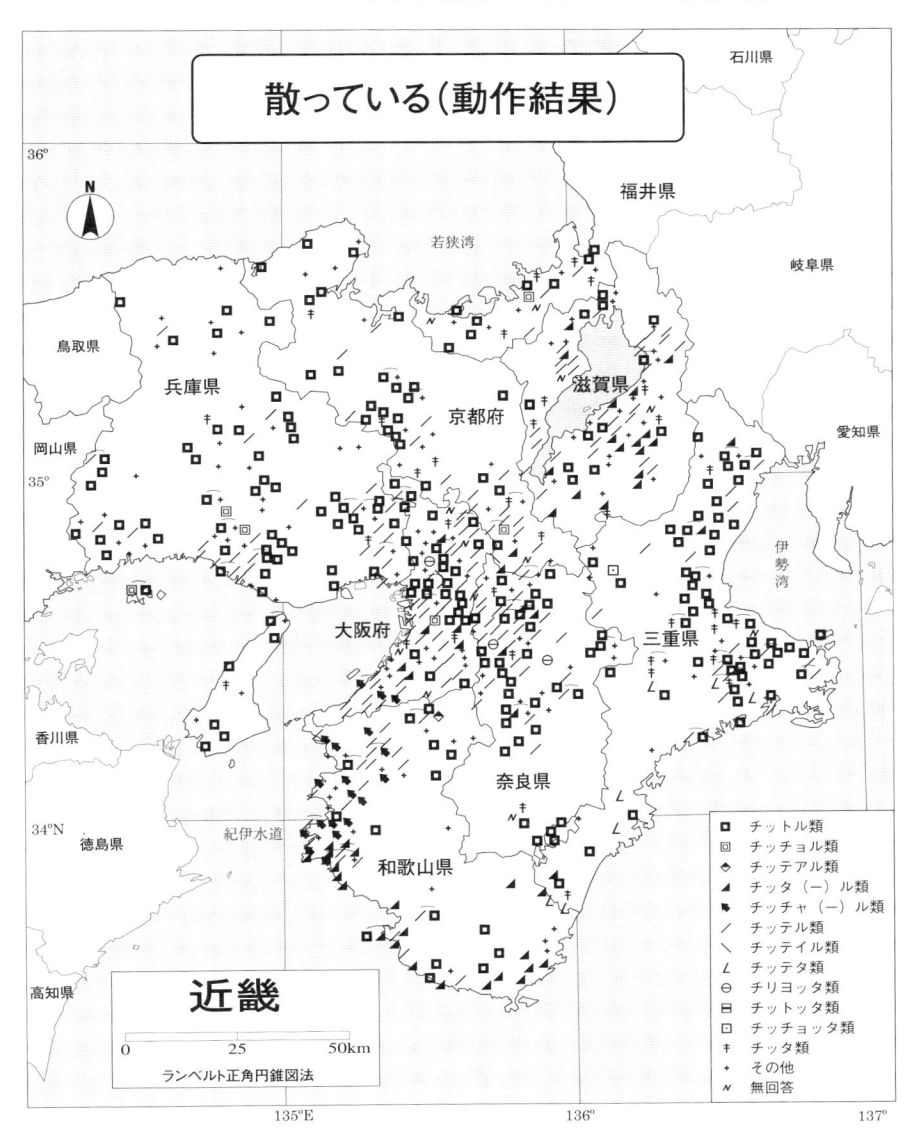

図4 アスペクト項目（結果態）（近畿通信調査 2010年）

失を誘う結果となっている。兵庫南部地域をはじめ、福井県嶺南地方、三重県中部域へのテルの進出もこの一環であると思われる。

さらに図4と図2で注目されるのは、近畿中央部のトルの有無である。調査地点数の問題も関係してこようが、図4ではトルがテルの分布の中にかなりみられる。この形式は近畿中央部ではやはり図3のヨルと同様、卑語化しており、純粋にアスペクト形式として使用される近畿周辺各地のトルとは一線を画している。これもまた、近畿中央部の特色の一つであるとみられる。

3．紀伊半島沿岸諸地域におけるアスペクト形式の動向

以下では、熊野灘沿岸諸方言のアスペクト形式を取り上げ、先行研究との比較において地理的かつ世代的変異の両側面から言語変化の動向を探ることにする。

3.1．アスペクト関連形式の動向── 先行研究との比較 ──

当地域におけるアスペクト形式に関する研究には、夙に村内（1962・1982）があるほか、最近では井上（1989・1998）、大野（1988）、工藤（2000）、佐藤（2009）等による詳細な調査にもとづく論考がある。井上（1989・1998）によると、紀伊半島沿岸諸地域のアスペクト形式は、当地域の存在動詞の変異形「アル・イル・オル」にほぼ対応しており、アスペクト体系として、進行態と結果態において未完了／完了の対立がある方言と、部分的に対立のある方言、対立がまったくみられない方言が存在し、大阪・名古屋から最も遠い三重・和歌山県境付近と紀伊半島最南端に多くみられるアスペクト対立がある型が最も古いタイプであると推定した。

井上（1989）の調査は、三重県度会町から大阪府貝塚市までの42地点に及んでおり、各地点老年層のみを対象としており、当地域において用いられるアスペクトの伝統的な形式の地域差について体系的な視点から考察している。これに対して、当グロットグラム調査では、老年世代を含めた各世代の動向を考慮し、当地域における存在動詞およびアスペクト形式の変

異から地域的な特徴を探り、将来的な予測を行おうとするものである。

3.2. 存在動詞の変異 ── 世代×地理の観点から ──

　アスペクト形式は、存在動詞の文法化により派生したものであり、紀伊半島沿岸諸方言におけるアスペクト形式は当地域の存在動詞アル・イル・オルに対応しているとすでに述べた。これは、アスペクト形式としてアル、ヤル、タールなどを用いる地域では存在動詞アルが用いられ、同様にヨル、トルなどを用いる地域では存在動詞オルを、テル、テイルなどを用いる地域では存在動詞イルをそれぞれ用いる傾向が強く、各地方言のアスペクト形式の変異形が生じた背景には当地域においても存在動詞の諸形式が直接関与していることになる[2]。

　まず、当地域における存在動詞の調査結果から見ていくことにしたい。
　表2はテンス非過去「（私は改札口に）いる」のケースである。鳥羽市から田辺市に至るほぼ全地点の全世代でオルの使用が確認された。一方、三重県紀宝町から和歌山県上富田町までの60歳以上の世代でアルの使用がみられるが、この形式は使用する地域と世代が限定され、衰退の一途を辿っている。これはアルからオルへの変化が著しいためである。これら南近畿の沿岸地域では文法化の後、存在動詞はアルからオルへと変化を遂げつつある一方で、これとは対称的にアスペクト形式ヤル・タールは今なお全世代で優勢であることが指摘できよう。なお、表の掲載は控えるが、テンス過去「（私は改札口に）いた」のケースの場合、アッタは紀宝町の北隣の阿田和町〜すさみ町間の60代以上にみられた程度でオッタがほぼ全地点、全世代で回答された。このことは表2のオルの結果と軌を一にする。ただ、表2と異なる点として、紀和町、串本町、上富田町、田辺市の60代以上にイタ・イタッタ等の形式がみられる点である。表2では上富田2の60代にイルが1地点みられるに過ぎないが、まとまった使用が確認できた。これらの形式については共通語を回答した可能性も否めないが、楳垣（1962）、大野（1988）、井上（1998）等で指摘された、当地特有の伝統的な形式を回答したものであると思われる[3]。

　表3は、人と同様、有情に属する「魚」に対して「いる」をどういうか

表2 「(行こうと) 思っている」

項目名：【いる】

質　問：「私は改札口にいる」という場合、「いる」の部分をどう言いますか。

		世代 地点	10代	20代	30代	40代	50代	60代	70代〜
三重県	1	鳥羽市坂手町	l	l			l	l▲	
	2	磯部町	l	l		l			l
	3	浜島町	l				l		l
	4	南勢町	l		l	l			
	5	南島町	l					l	
	6	紀勢町	l	l		l			l
	7	紀伊長島町	l	l		l		l	
	8	海山町	l		l		l		l
	9	尾鷲市旧市街		l		l			l
	10	尾鷲市九鬼	l	l					
	11	熊野市飛鳥町	l			l			
	12	御浜町	l				l		
	13	紀宝町	l	l			l	●	
	14	紀和町		l					
	15	鵜殿村1	l						
	16	鵜殿村2					l		
	17	鵜殿村3							
和歌山県	18	新宮市1	l						
	19	新宮市2		l		l			
	20	新宮市3	l						
	21	那智勝浦町	ⁿ			l			●
	22	太地町		l	l	l		●	
	23	古座町	l	l		l			l
	24	串本町1			l				
	25	串本町2							l
	26	串本町3			●●				
	27	すさみ町	l⊗	l		l			●
	28	上富田町1	l						
	29	上富田町2	l		l		l	▲●	
	30	上富田町3	l						
	31	田辺市	l	l	l		l		

凡例　▲ イル　l オル　● アル　▽ イテル　▶ イトル　ⁿ NR

を尋ねた結果である。本来、人を含む有情のものに対してはイル・オルが用いられ、無情のものに対してはアルが用いられるが、少なくとも当該地

表3 「(魚が)いる」

項目名:【魚がいる】

質　問:「この川にはたくさんの魚がいる」という場合、「いる」の部分をどう言いますか。

		地点＼世代	10代	20代	30代	40代	50代	60代	70代～
三重県	1	鳥羽市坂手町	◉	l			l	l	
	2	磯部町	l	l		l			l
	3	浜島町	l				l	l	
	4	南勢町	l		l			l	
	5	南島町	l					l	l
	6	紀勢町	l	l		l			l
	7	紀伊長島町		l					l
	8	海山町	l						l
	9	尾鷲市旧市街	l	l		l			l
	10	尾鷲市九鬼	l	l		l			l
	11	熊野市飛鳥町	l	l		▲l			
	12	御浜町	l				◉		◉
	13	紀宝町	l	l				N	
	14	紀和町		l				◉l	
	15	鵜殿村1	l						
	16	鵜殿村2		l			l		▲
	17	鵜殿村3	l						
和歌山県	18	新宮市1	l						◉
	19	新宮市2		l		◉l			
	20	新宮市3	l						◉
	21	那智勝浦町	N	l		◉			◉
	22	太地町	l	l		◉		◉	
	23	古座町	▲	l		◉		◉	
	24	串本町1			l				
	25	串本町2		l▲					◉
	26	串本町3			l				
	27	すさみ町	l	l		l			◉
	28	上富田町1	l						
	29	上富田町2	l	◉l			◉	▲	
	30	上富田町3	l						
	31	田辺市	l	l		◉		l	

凡例　▲ イル　l オル　◉ アル　N NR

域ではイル・アル・オルのどの形式も用いることができるといえよう。ただし、若年世代では、オルの使用が拡大するとともに共通語イルの浸透も

進みつつある。

　注目されるのは、人の場合と比べ、アルと回答した話者が多いという点である。60代以上の話者に限らず、青年層にもアルの使用がみられる。ここでアルを回答した話者のうち、特に20代～50代の話者の中には、人にアルを用いることができないが、魚には可能だとする報告が比較的多くあった。この世代の人々には、「人にはオル、それ以外にはアルを用いる」という図式が形成されている。なお、この傾向は「(私は改札口に)いた」「(魚が)いた」のテンス過去の場合もほぼ同じ結果となった。

　紀伊半島南端の地域では一時代前までは有情物に対して存在動詞アルが主流であったが、オルの進出によってアルが衰退する傾向が著しくなっている。この衰退の過程では、まず、人にアルを使うことが少なくなり、次第に人以外のもの(魚など)にも波及していくという傾向があるということができよう。

　図5は、上記、2つの項目のほか、「私は改札口にいた」「先生は今、職員室にいる」「この川にはたくさんの魚がいた」の3項目の計5項目を対応分析(コレスポンデンス分析)[4]にかけた結果を掲げたものである。

　この図によると、原点付近には、オル・オッタ・イトル・イトッタ・イテルなどの形式が密集しており、多くの回答者が集中している。これは原点付近のこれらの形式が紀伊半島沿岸諸方言の存在動詞として最も多用され、ほぼ全地域の話者に使用されていることを意味する。また、原点右上には、イル・イタがポジショニングされ、近くに上富田町や田辺市、鵜殿村などの老年層話者が位置づけられている。また、その下にはアル・アッタのグループがあり、阿田和―田辺間の主として壮・老年層話者が近くに布置されている。このことから各地域のどの世代の話者がどういう形式を回答したかを見ることができる。特徴的な点としてイル・イタ付近の上富田老(上富田町老年層を意味する)から原点付近の上富田少(上富田町少年層を意味する)までを点線の矢印で示したが、この矢印の途中には上富田壮(上富田町壮年層を意味する)、上富田青(上富田町青年層を意味する)が並んでおり、これは世代変化を示すものである。那智勝浦町老年層では同様にアル・アッタの回答から原点付近の当地方の標準的な形式を回答し

紀伊半島沿岸におけるアスペクト表現の変異　43

図5　存在動詞諸形式×話者全地点の対応分析

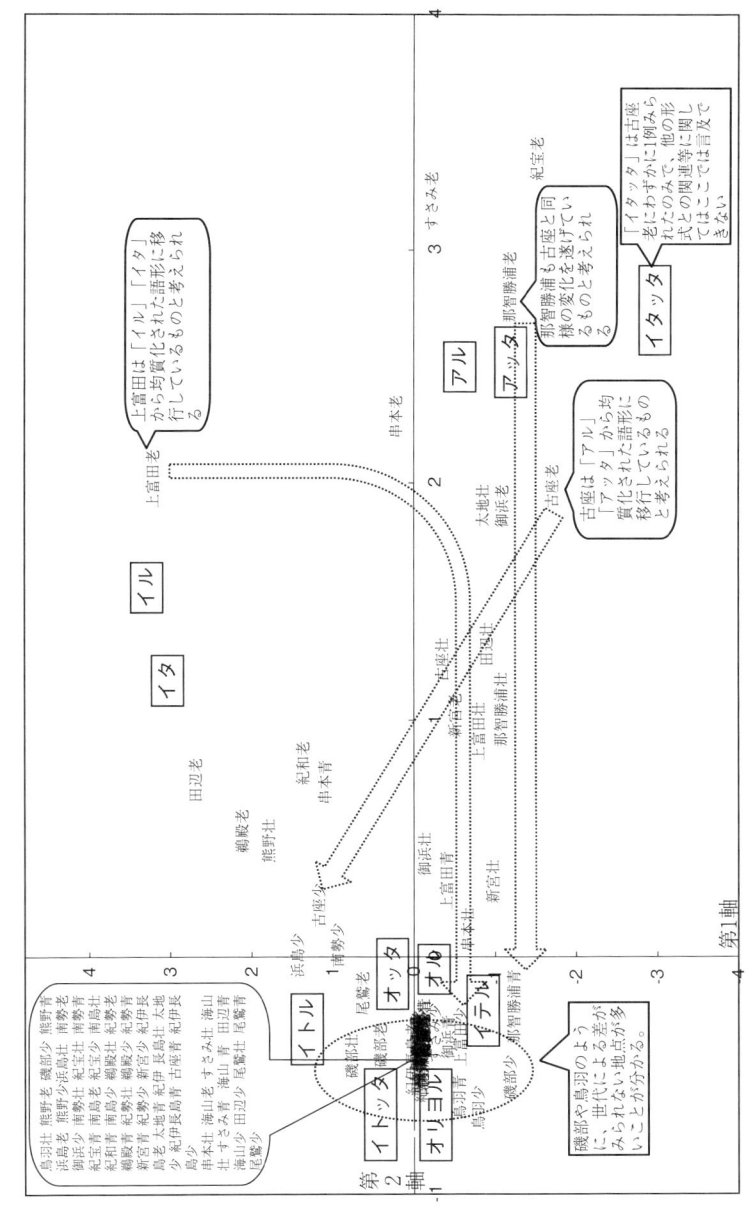

た那智勝浦町青年層に至るまでに那智勝浦町壮年層があり、これも世代変化を裏づけている。アル・アッタに関しては古座町の場合も同じであるが、イタッタという形式は古座の老年層にわずか1例みられた回答である。これらの結果から1軸は世代差を表しており、当地方の存在動詞の変化は世代差が大きく関与していることを物語っている。

3.3. アスペクト形式の地理的・世代的変異

未完了／完了のアスペクト対立の観点から述べる前に進行態と結果態それぞれについて行った調査結果を掲げ、紀伊半島沿岸地域における地理的かつ世代的変異の状況について解説することにしたい。

3.3.1. 進行態にみられる変異

進行態の調査結果として、表4「来ている（進行態）」の結果からみていく。まず、地域差として、大きく3地域に異なったアスペクト形式が分布している。北部の鳥羽市から南島町にかけてキトル、紀勢町から熊野市飛鳥にかけてキ（ー）ヨル、御浜町から田辺市にかけてキ（ー）ヤ（ー）ルがそれぞれまとまった分布域をみせている。キ（ー）ヨルの表記は、キヨルとキーヨルという回答とを併せて示したものであり、以下、これをヨル系と呼ぶ。同様にキ（ー）ヤ（ー）ルは、キヤル、キーヤル、キーヤールの3つの形式を一つに整理して示したものであり、以下、これをヤル系と呼ぶ。このほか、キトルをトル系、キイルをイル系、キテルをテル系と呼ぶことにする。

当地域の進行態を表すアスペクト形式は、北から南にかけて順にトル系、ヨル系、ヤル系が並んでいることになる。なお、これら以外にも地理的にまとまった分布こそ持たないが、古座町のキイル、紀勢町、すさみ町、上富田町のキテルはそれぞれイル系、テル系を回答した。

表4で注目されるのは、地域差が際立っている反面、ほとんど世代差がみられないという点である。先の存在動詞のケースとは対称的であるといってよいであろう。

表5の場合も表4と同じでやはり地域差が明瞭であり、北からトル系、

表4 「来ている（進行態）」

項目名：【来ている（進行態）】

質　問：「太郎は今こっちに来ている最中だ」という場合、「来ている」の部分をどう言いますか。

		世代 地点	10代	20代	30代	40代	50代	60代	70代〜
三重県	1	鳥羽市坂手町	■	■			□	<u>◉</u>■	
	2	磯部町	∨	■			■		■
	3	浜島町	N				✱		■
	4	南勢町	■		✱	■			✱■
	5	南島町	■					ǀ	✱
	6	紀勢町	■	／		◉			◉
	7	紀伊長島町	■	◉		◉		◉	
	8	海山町	✿		◉		◉		◉
	9	尾鷲市旧市街	◉	◉		◉			◉
	10	尾鷲市九鬼	◉	◉		◉			◉
	11	熊野市飛鳥町	■<u>◉</u>	◉		△			◉
	12	御浜町	■	■			△	△	△
	13	紀宝町	△		△		△		
	14	紀和町		△				<u>△■</u>	
	15	鵜殿村1	△				△		
	16	鵜殿村2					△		
	17	鵜殿村3	△						
和歌山県	18	新宮市1	△			△			△
	19	新宮市2		△		△			
	20	新宮市3	△			△			△
	21	那智勝浦町	△	N		△			△
	22	太地町	△	△		△		△	
	23	古座町	■△	△		✤△		△	
	24	串本町1			△				
	25	串本町2		△					△
	26	串本町3			△				
	27	すさみ町	／■	△		△			△
	28	上富田町1	／						
	29	上富田町2	△	△		△	△		
	30	上富田町3	△						
	31	田辺市	△	△		△		△	

凡例　　◉ キ（ー）ヨル　　■ キトル　　□ キカケトル　　✤ キイル
　　　　／ キテル　　✱ クル　　△ キ（ー）ヤ（ー）ル　　ǀ キソーヤ
　　　　✿ キチュー　　∨ コヨートシテイル　　N NR

表5 「開けている（進行態）」

項目名：【開けている（進行態）】
質　問：「太郎が窓を開けている最中だ」という場合、「開けている」の部分をどう言いますか。

		地点 ＼ 世代	10代	20代	30代	40代	50代	60代	70代～
三重県	1	鳥羽市坂手町	■	■			■	■	
	2	磯部町	／	＼			■		■
	3	浜島町	／				■		■
	4	南勢町	■		■	■			／
	5	南島町	■					■	■
	6	紀勢町	■	■		◉■			◉■
	7	紀伊長島町	◉	◉		◉		◉	
	8	海山町	◉		◉		◉■		◉
	9	尾鷲市旧市街	◉	◉		◉■			◉
	10	尾鷲市九鬼	■	◉		◉			■
	11	熊野市飛鳥町	◉	◉◿		◿			◉
	12	御浜町	◿	■		◿		◿	◿
	13	紀宝町	◿	◿			◿	◿	
	14	紀和町		◿			◨◿		
	15	鵜殿村1	◿						
	16	鵜殿村2		◿		◇			
	17	鵜殿村3	◿						
和歌山県	18	新宮市1	◿						◿
	19	新宮市2		◿		◿			
	20	新宮市3	◿						◿
	21	那智勝浦町	N	◿		◿			◿
	22	太地町	◿			◿		◿	
	23	古座町	◿			◿		◿	
	24	串本町1			◿	◿			
	25	串本町2		◿					◿
	26	串本町3			◿				
	27	すさみ町	＼	◿		◿			◿
	28	上富田町1							
	29	上富田町2	■	◿			＊	▲	
	30	上富田町3	◿						
	31	田辺市	◿	◿		◿			◿

凡例　◉ アケ（ー）ヨル　　■ アケトル　　◿ アケヤ（ー）ル　　ヒ アケリャール
　　　▲ アキャル　　　　　◇ アケアル　　◨ アケタ（ー）ル　　／ アケテイル
　　　＼ アケテル　　　　　＊ アケル　　　N NR

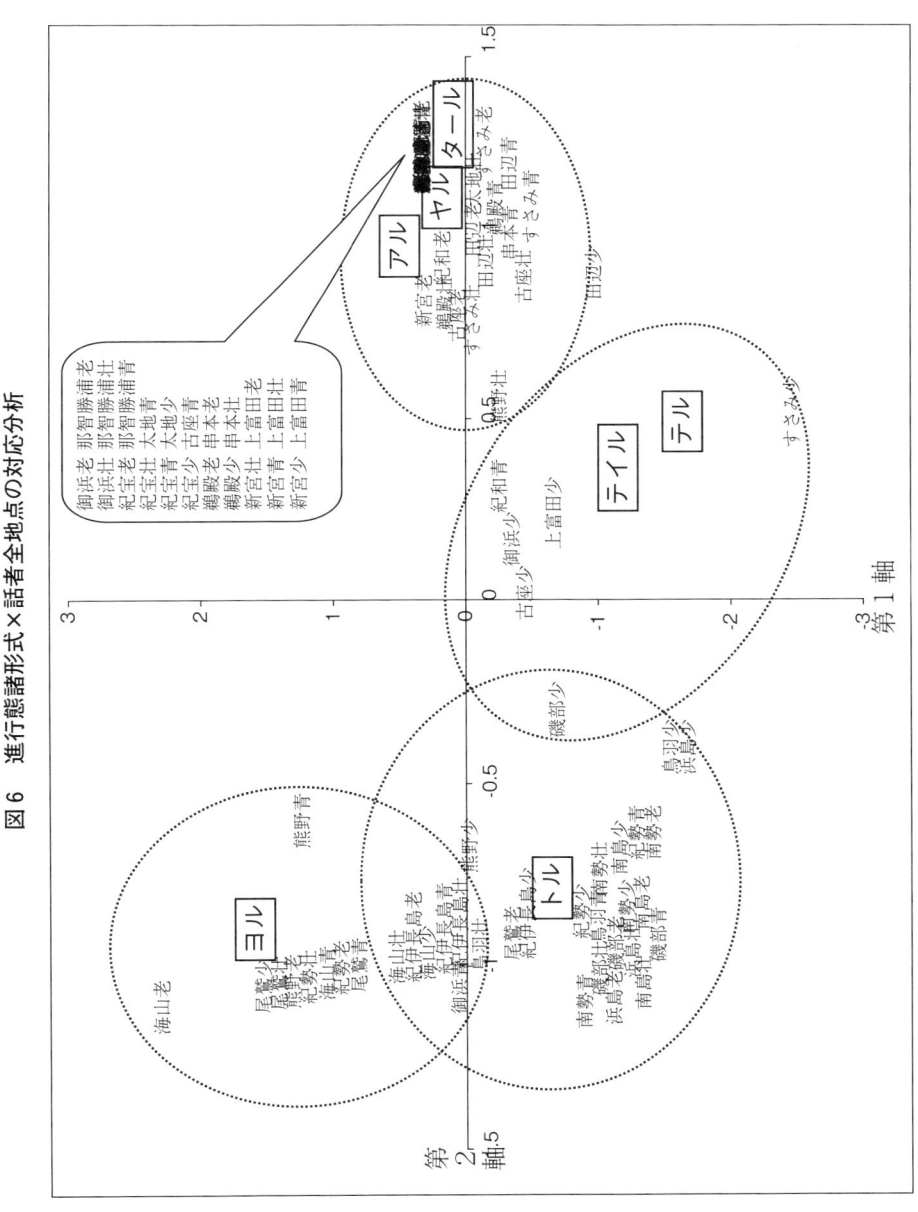

紀伊半島沿岸におけるアスペクト表現の変異　47

図6　進行態諸形式×話者全地点の対応分析

ヨル系、ヤル系という順で並んでいる。表4・表5と図3とを比較すると、その分布領域はほぼ合致するといってよい。

図6は、表4・表5の2項目に「太郎がビールを飲んでいる」「子供が公園で遊んでいる」「雨が降っている」「金魚が死につつある」「思っている」（いずれも進行態）の5項目を加えて対応分析（コレスポンデンス分析）にかけた結果を示したものである。この分析結果から各形式によって4つのグループに分かれることが明らかとなった。表5・表6などのグロットグラムの結果から最も北に分布がみられたトル系は原点左付近に布置されるのに対し、トル系の南にみられたヨル系はトル系のすぐ上に位置していることがわかる。また、グロットグラム結果でトル系とヨル系の使用が混在した紀伊長島町や海山町などはそのちょうど中間にプロットされている。一方、原点から少し離れて右の1軸の右側に中心があるのはアル系、ヤル系、タール系のグループである。グロットグラム結果では最も南に位置している。ヨル系、トル系とアル系、ヤル系、タール系のちょうど中間にテイル系、テル系がポジショニングされている。これらの近くには若年層のグループがプロットされており、若年層や青年層の回答を反映したものであるということができよう。なお、1軸は地域差を反映したものと判断することが可能である。

分析方法をかえ、別の角度から各形式の樹形図（クラスター分析）を描いた結果を掲げることにする。図6の対応分析で得られたカテゴリスコアをクラスター分析にかけた結果が図7の樹形図である。最下位のグループ

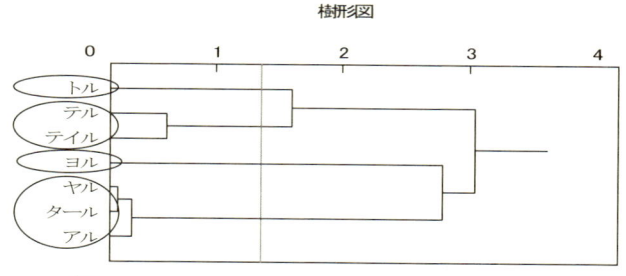

図7　クラスター分析結果（ウォード法による）

として、トル系、テル・テイル系、ヨル系、ヤル系・タール系・アル系のやはり４つのグループが形成されている。

3.3.2. 結果態にみられる変異

ここでは結果態に関する調査結果を参照しつつ、その特徴について探ってみることにしたい。表６は「来ている（結果態）」の調査結果を示したものである。あわせて図２・図４とも比較願いたい。北から南にかけてトル系とタール系が対立し、地域差が鮮明である。世代差はさほど顕著とはいえないが、比較的若い世代にキテル系の回答がみられる。

同じく表７は「開けている（結果態）」の調査結果である。トル系とタール系が対立している点で表６と同じだが、アケタの回答が若い世代にみられる。

図８は、結果態の対応分析の結果である。トル系、タール系、テル系、テイル系、テアル系、トー系のグループに分かれているが、話者の多くはトル系およびタール系それぞれの直近に密集した形でポジショニングされており、事実上、トル系とタール系の対立であるとみてよいと思われる。このことから先の図６と同様、１軸は地域差を反映しているとみられる。一方、トル系、タール系各々を回答した話者の世代をみてもわかるように老年層から若年層までの全世代で世代差があまりみられないという特徴が窺える。２軸は世代差を反映したものとみられるが、テル系、テアル系に比較的若い層が集まっている程度で全体的には世代差が大きく反映してはいないようである。

なお、テアル系は、テル系、トル系、テイル系に比較的近いところに布置されており、むしろこれらと歩を一にした形式であることからタール系との結びつきは少ないと思われる。

図９は各形式間の関係を対応分析のカテゴリースコアにもとづき、結果態の諸系式をクラスタリングしたものである。この結果から４つのグループに分けられることがわかる。テル系・テアル系が一つのグループをなし、他のグループと隔たりがみられるが、これはテル系・テアル系が比較的若い世代に使用される傾向があるのに対し、他の３グループ（トル・テイル

表6 「来ている（結果態）」

項目名：【来ている（結果態）】

質　問：「（太郎が次郎の家でくつろいでるのを見て）太郎は次郎の家に来ている」という場合、「来ている」の部分をどう言いますか。

		世代	10代	20代	30代	40代	50代	60代	70代～
		地点							
三重県	1	鳥羽市坂手町	■	ㅂ■			ㅂ	■	
	2	磯部町	／	■			■		■
	3	浜島町	■				■		■
	4	南勢町	ㅂ■		■	■			ㅂ■
	5	南島町	■					■	■
	6	紀勢町	■	＊		■			■
	7	紀伊長島町	■	■			♀	♀■	
	8	海山町	■		■		■		■
	9	尾鷲市旧市街	＊	■		■		■	
	10	尾鷲市九鬼	■	ㅂ					■
	11	熊野市飛鳥町	■	■		／			■
	12	御浜町		■		▲			▲
	13	紀宝町	▲		▲		▲	▲	
	14	紀和町		■				▲	
	15	鵜殿村1	▲						
	16	鵜殿村2			△		▲		
	17	鵜殿村3	▲						
和歌山県	18	新宮市1							▲
	19	新宮市2		▲		▲			
	20	新宮市3	▲					▲	
	21	那智勝浦町	N	▲		▲⊛			▲
	22	太地町	▲	／▲				▲	
	23	古座町	▲			▲		▲	
	24	串本町1			▲				
	25	串本町2		／					▲
	26	串本町3			▲				
	27	すさみ町	／■	▲		▲		▲	
	28	上富田町1	▲						
	29	上富田町2	▲		■		▲	⊛	
	30	上富田町3	■						
	31	田辺市	▲／	▲		▲		▲	

凡例　■ キトル　△ キヤル　▲ キタ（―）ル　／ キテル
　　　ㅂ キトッタ　⊛ キテオル　⊛ キタアッタ　＊ キタ
　　　♀ その他の形式（オル・イル等）　N NR

表7 「開けている（結果態）」

項目名：【開けている（結果態）】

質　問：「(開いている窓を見て) 太郎が窓を開けている」という場合、「開けている」の部分をどう言いますか。

	世代 地点	10代	20代	30代	40代	50代	60代	70代〜
三重県	1 鳥羽市坂手町	■	✱			◆	✱■	
	2 磯部町	■	■			■		■日
	3 浜島町	\				■		■
	4 南勢町	■		■	■			N
	5 南島町	◆					△	■
	6 紀勢町	✱■	✱		◆			
	7 紀伊長島町	✱	■		▲		回◆	♀
	8 海山町	◆		■		✱		⊙
	9 尾鷲市旧市街	✱	■		✱			■
	10 尾鷲市九鬼	■	■	■				/
	11 熊野市飛鳥町	■	■					■
	12 御浜町		✱	\		⩒		▲
	13 紀宝町		▲		▲	▲	▲	
	14 紀和町		✱					▲
	15 鵜殿村1	▲						
	16 鵜殿村2		✱			▲		▲
	17 鵜殿村3	✱						
和歌山県	18 新宮市1	▲						
	19 新宮市2		✱		✱			
	20 新宮市3	▲						▲
	21 那智勝浦町	N	▲		▲			▲
	22 太地町	▲	⩒		⩒		▲	
	23 古座町	▲	▲		▲		▲	
	24 串本町1			▲				
	25 串本町2		▲					▲
	26 串本町3			▲				
	27 すさみ町		✱	▲		⩒▲		▲
	28 上富田町1	⩒						
	29 上富田町2	■		⊿		△	△	
	30 上富田町3	✱						
	31 田辺市	✱▲	▲		▲		▲	

凡例　　⊙ アケヨル　　■ アケトル　　回 アイトル　　日 アケトー
　　　　⊿ アケヤル　　▲ アケタ（ー）ル　　⩒ アイタ（ー）ル　　△ アケタッタ
　　　　▲ アケタータ　　/ アケテル　　\ アケテイル　　◆ アケテアル
　　　　✱ アケタ　　♀ アケッパナシ　　N NR

図8 結果態諸形式×話者全地点の対応分析

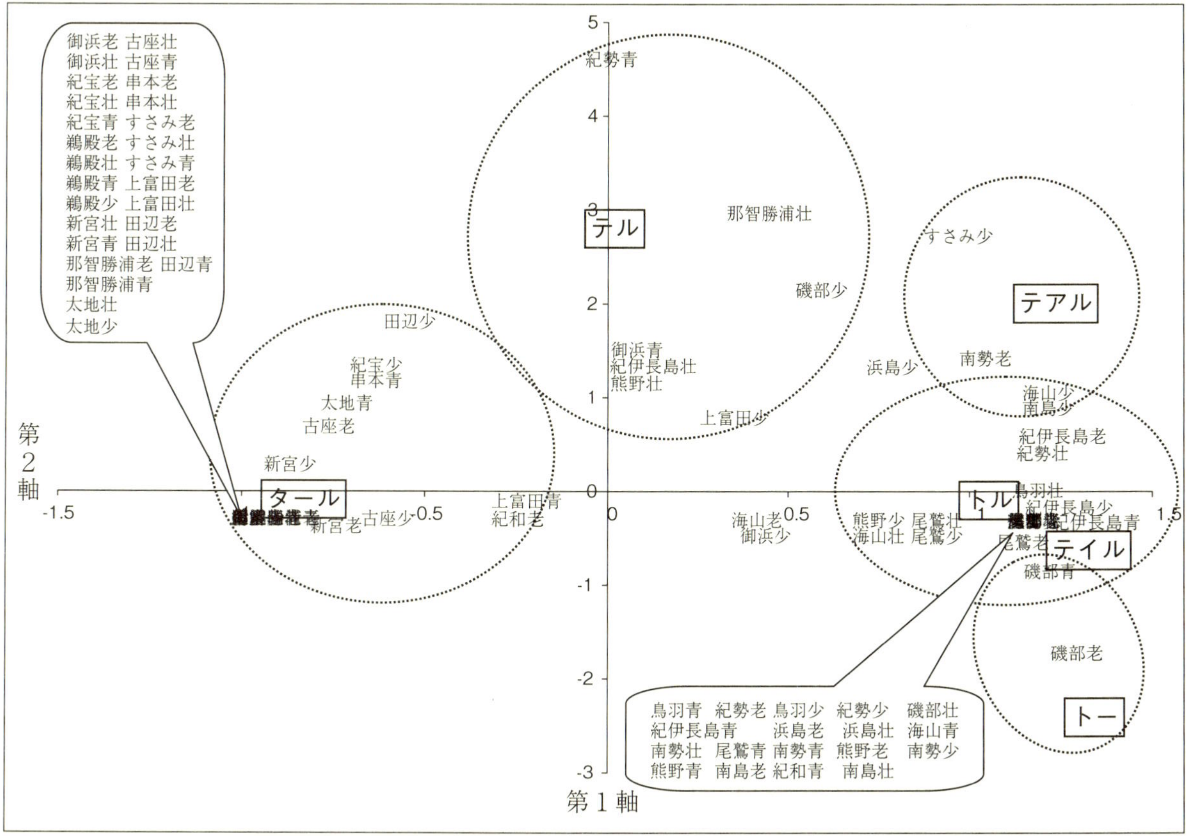

樹形図

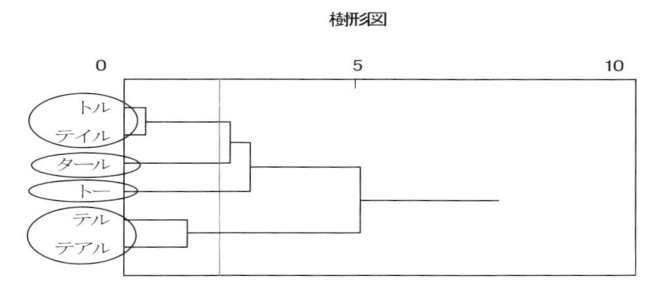

```
        0              5              10
     ┌─トル
    ─┤
     └─テイル
    ───タール
    ───トー
     ┌─テル
    ─┤
     └─テアル
```

図9　クラスター分析結果（ウォード法による）

系、タール系、トー系）はあまり世代差が反映していないことによるものと考えられる。

3.4. アスペクト形式の対立

調査結果にもとづき、存在動詞、進行態、結果態の順に分布傾向と世代差の観点でみてきた。ここでは、進行／結果の対立状況と、これらの形式に対応する存在動詞の関係を総合的にみていくことにする。

今回の調査地域である三重県鳥羽市から南島町の諸方言では、未完了と完了をトル一本で表す。これは名古屋方言や三重県津・伊勢方言等と同じタイプである[5]。以下、これらのタイプをⅠ型と呼ぶことにする。

紀勢町錦（ただし、老年層のみ）から熊野市飛鳥町に至る諸方言は進行と結果をヨル／トルで表す。中四国や九州方言など、西日本諸方言でみられるものと同じタイプのものである。以下、これらのタイプをⅡ型と呼ぶことにする。

ちなみにこのⅠ型とⅡ型の地域である鳥羽市-熊野市飛鳥町間では前述のとおり、存在動詞はオルを使用する。

御浜町から田辺市までは、進行と結果をヤル／タール（タル）で表す。以下、これらのタイプをⅢ型と呼ぶことにする。

存在動詞のバリエーションとアスペクト対立（完了／未完了）の対応関係を図示すると、図10のようになる。

ちなみに、この地域の存在動詞については前節で見たとおり、伝統的形式はアルであったが、オルの進入によって世代的対立が著しくなっている。なお、前節で見た存在動詞イルに対応するとみられるアスペクト形式は未完了／完了において今回の調査では、壮年層にキイルが1地点のみ回答があっただけである。これとは別に若年層にキテイル、キテルが認められたが、その他の年層では皆無であったため、ここでは取り上げないことにした。

　さて、Ⅰ型・Ⅱ型・Ⅲ型の各タイプは、北から南へと分布しているが、たとえば、Ⅰ型とⅡ型の接触地域である紀勢町錦では、若年層・青年層と壮年層・老年層間に表8のような世代的対立がみられた。

　青年層以下では進行態でヨルが用いられず、「死ぬ」の場合を除いてトルが用いられる。

　結果態ではトルのほか、テンス過去などによる回答が目立った。これに対し、壮年層以上では進行態にヨルが用いられる傾向がみられ、結果態でのトルと一応の使い分けが見られた[6]。このような世代的な対立が生じた原因としては、各グロットグラム表から、アスペクト対立のないⅠ型地域からの影響が大きく作用していることが考えられる[7]。つまり、Ⅰ型地域における進行態トルの南下によってこのようなアスペクト対立のある世代とない世代といった世代的な差異が生じた。

　このⅠ型地域からの影響というのは、Ⅰ型とⅡ型との接触地域に属する紀勢町錦のアスペクト体系にとどまらず、ヨルとトルの対立が紀勢町錦よ

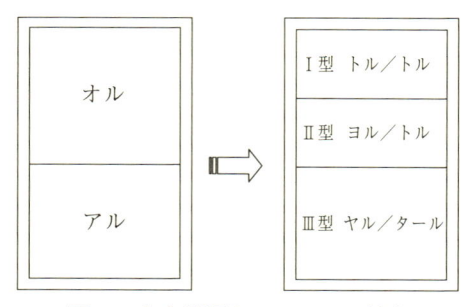

図10　存在動詞とアスペクト対立

りもさらに鮮明であるⅡ型地域の大半の地点にも及んでいる。

　Ⅱ型の地域における進行態では動詞による差はあるものの、特に若年層ではトルの使用がみられ、特に「飲む」・「遊ぶ」・「降る」ではヨル・トルの併用が著しい。これらの動詞は、工藤（1998）で述べられているように、いずれも非限界の動詞であり、動詞の中でも西日本諸方言でアスペクトにおける対立を失い、各地で競合が起きている動詞群である。これら以外の動詞、たとえば、限界動詞の「開ける」（主体動作客体変化動詞　工藤1998）でも若年層に限らず、トル・ヨルの競合がみられる。ただし、同じく限界動詞の「来る」（主体変化動詞　工藤1998）では対立が少なく、若年層の一部にキヨル／キトルの競合がみられる程度である。

　Ⅱ型地域は、先の紀勢町錦の例でみたようにⅠ型地域からの進行態トルの影響を受け続け、地理×世代の視点からもやがてアスペクト対立が失われると予想される。

　Ⅲ型地域は、図1〜図4でも示したように、進行と結果をヤル／タールで区別する地域でシアル／シテアル、すなわち、かつては存在動詞アルにアスペクト形式が対応した形となっていた地域であろう。井上（1989）は、紀伊半島沿岸でのアスペクト形式に存在動詞が対応しないケースを取り上

表8　紀勢町錦におけるアスペクト体系の世代対立

	若年層（昭62生）	青年層（昭52生）	壮年層（昭28生）	老年層（昭2生）
死ぬ（進行態）	シンデットル	NR	シンデク	シンデク
死ぬ（結果態）	シンドル	シンドル	シンドル	シンドル
来る（進行態）	キトル	キテル	キーヨル	キーヨル
来る（結果態）	キトル	キタ	キトル	キトル
開ける（進行態）	アケトル	アケトル	アケーヨル・アケトル	アケヨル・アケトル
開ける（結果態）	アケタ・アケトル	アケタ	アケテアル	アケトル
飲む（進行態）	ノンドル	ノンドル	ノンミョル	ノンミョル・ノンドル
飲む（結果態）	ノンドッタ・ノンドル	ノンダ	ノンドル	ノンダ・ノンドル
遊ぶ（進行態）	アソンドル	アソンドル	アソッビョル	アソッビョル
遊ぶ（結果態）	アソンダ	アソンドッタ	アソンドル	アソンドル
降る（進行態）	フットル	フットル	フリヨル・フットル	フリヨル・フットル
降る（結果態）	フッタ	フッタ	フッタ	フッタ

げる中でこのⅢ型地域の状況を詳しく報告し、この地域では、存在動詞ア
ルがオルに変わり、ヤル／タールの形式とそぐわない対応を示しているこ
とを指摘した。アルを用いずにオルを用いるとした地点としては、北山村
大沼、古座川町三尾川、古座川町佐田（ただし、これら3地点はいずれも
山間部に位置する）、すさみ町江住である。また、アル・オルを併用する
とした地点は、新宮市大橋通、上富田町朝来、田辺市上秋津である。井上
のデータはいずれも老年層のものであるが、今回のグロットグラム調査の
結果ともほぼ一致する。すでに述べたように、グロットグラム調査にもと
づき、世代差を考慮すると、このⅢ型地域の存在動詞は全域においてアル
に代わって、オルが主流となりつつある。つまり、図2にみた存在動詞の
バリエーションは失われ、Ⅰ～Ⅲ型地域は近い将来、ほぼオル一色で統一
されることが予想される。

　次にアスペクト対立の観点からⅢ型地域の状況をみることにしたい。
　まず、Ⅱ型地域でアスペクトの競合が著しかった非限界動詞「飲む」・「遊
ぶ」・「降る」からみると、進行態でのタールの進出は「降る」の場合の一
部を除いてほとんどないといってよい。ほぼ完全な形で進行／結果はヤル
／タールでアスペクト対立を示している。限界動詞である「開ける」「来る」
も当然、鮮やかな対立を示しており、工藤（1998）の用語を借りれば、Ⅱ
型地域が「部分対立型」の地域であるならば、Ⅲ型の地域は「完全対立型」[8)]
に属するということになろう。ただ、完全対立型といってもあらゆる種類
の動詞で対立を示すかといえば、必ずしもそうではない。たとえば、「思う」
などの心理動詞では、他の動詞と同じように、進行態においてヤルが表れ
るということはなさそうである。かといって結果態のタールが進行態にお
いてヤルと競合するということもない。ここで注目したいのは、進行態に
おけるオモートル、オモットルなどのトル系およびオモーテル、オモッテ
イル、オモッテル、オモテルなどのテイル・テル系の進出である。トル系
はこの「思う」の場合、図3からⅠ型地域は言うに及ばず、Ⅱ型地域でも
すでに主流となっており、それがさらに南下し、このⅢ型地域にも侵入し
つつあることを物語る。若年層のみならず、鵜殿村、古座町の壮年層や古
座町の老年層にもみられる。一方、テイル・テル系は、京阪中央部および

表9 「(行こうと)思っている」

項目名：【(行こうと) 思っている】
質　問：「おれは、東京に行こうと思っている」と言うとき、「東京に行こうと思っている」のところをどのようにいいますか。

		世代 地点	10代	20代	30代	40代	50代	60代	70代〜
三重県	1	鳥羽市坂手町	N	■			■	■	
	2	磯部町	I	■			■		■
	3	浜島町	／				N		■
	4	南勢町	■		■	■			
	5	南島町	I					■	■
	6	紀勢町	■	■		■			◉
	7	紀伊長島町	■	■		■		■	
	8	海山町	■		■		■		■
	9	尾鷲市旧市街	◉	■		◉			
	10	尾鷲市九鬼	■	■		◉			◉
	11	熊野市飛鳥町	■	■		／			■
	12	御浜町	△	■			▽		▽
	13	紀宝町	△			△		△	
	14	紀和町		■				▽	
	15	鵜殿村1	▲						
	16	鵜殿村2		／			■		△
	17	鵜殿村3	△						
和歌山県	18	新宮市1	△						／
	19	新宮市2		▲		△			
	20	新宮市3	△					◉	
	21	那智勝浦町	N	△		△			△
	22	太地町	△	▲		▲		▲／	
	23	古座町	■	△		I		■	
	24	串本町1			△				
	25	串本町2		／					▲
	26	串本町3			△				
	27	すさみ町	I	／		■			／
	28	上富田町1	■						
	29	上富田町2	■	▲			▽	▽	
	30	上富田町3	／						
	31	田辺市	／	▲	I			I	

凡例　　■　オモ(ー、ッ)トル　　◉　オモイヨル　　▲　オモ(ッ)タール
　　　　△　オモイヤル　　　　▽　オモヤル　　　▲　オモワ(ー)ル
　　　　I　オモッテイル　　　　／　オモ(ー、ッ)テル　　ǂ　オモーテル
　　　　N　NR

和歌山市など紀北方言の進行態で用いられる形式であり、トル系以上にこの地域では根付いている。

　このⅢ型地域においては、当面、アスペクト対立が揺らぐということはなさそうであるが、今後「思う」以外の動詞においても進行態に変化が生じるとすれば、結果態の意味を担うタールが進行態の意味分野にまで張り出すという可能性は少ないように思われる。少なくとも、「思う」でみられたトル系やテイル・テル系の形式がヤルに代わり、その他の動詞においてもその意味を担うことになると考えられる。これは、内的要因による変化を中心に考える立場からすると、相反する予想となるが、グロットグラムなど、外的要因（主に伝播）による変化を考える立場からすれば当然のことといえよう。

　以上、アスペクト形式の変異とその動態についてみてきたが、進行と結果の部分のみに注目し、将然態＜動作開始直前＞に関する言及をしないまとなっていた。

　将然態＜動作開始直前＞の調査結果では、Ⅰ型地域では進行態においてアスペクト形式がトルであり、動作開始直前でアスペクト形式が使用されることはない。ただ、Ⅰ型地域の鳥羽市坂手60代に「死ぬ」「来る」でヨルがみられた。また、Ⅱ型地域では、動詞の種類によって将然態にアスペクト形式が現れるものとそうでないものとに差が認められた。「来る」「開ける」などにおいてヨルがみられたが、「死ぬ」「遊ぶ」「降る」などでは、ほとんど皆無に近く、アスペクト形式の使用は認められなかった。動作開始直前では西日本一般にシニカケル、アソボートスルなどの形式で表現することが多く、工藤（2001）は、これらの形式を「分析的形式」と呼んでいる。この形式にヨル、トルなどのアスペクト形式を用いてシニカケヨトショル、アソボトショルと表現することが多いようである。Ⅲ型地域においてもほぼⅡ型地域に準じ、アスペクト形式による直接の回答は少なかった。

　この将然態の調査結果は、井上（1989）の結果と大きく食い違うものであった。今回のような多人数の調査員によるグロットグラム調査では、調査での回答の求め方を事前に確認しあっても意思統一することは至難の業

なのであろう。たとえば、話者の回答として、「アケヨートシトル」というような回答が得られれば「アケヨル」という形式を用いるかどうか、確認しないまま、次の質問に移るという調査員もいたに違いない。調査員が多い場合には、常にこのような問題が横たわっており、これを回避するためにはさらに入念な打ち合わせが必要となるのは必須である。

4．おわりに

　ことばの地理的変異の解明のためにグロットグラムは、有効な手法であると思われる。地域差と同時に世代差を考慮することで言語変化の状況や言語伝播のありさまが手に取るように分かることがよくあるからである。
　今回、地理的変異とグロットグラムという観点で紀伊半島におけるアスペクト形式を取り上げ、アスペクト体系の変化に地理的な伝播が関与していることに触れた。一方、方言内での変化が自律的に生じ、体系変化に至るという考え方があるが、グロットグラムの手法にもとづくと、地理的に連続した状況を観察することによって変化の過程をより詳細に説明することが可能となる。

注
1) 2011年8月から同年10月にかけて調査票を近畿地方各地の市町村教育委員会やコミュニティーセンター等へ約900部送付し、約600地点から調査票を返送して頂いた。なお、この調査は原則として、近畿地方各地の60歳（2010年8月現在）以上の各地生え抜きの方々を対象とした。
2) 井上（1989）参照。一般的に全国諸方言のアスペクト形式は存在動詞の形式がベースとなっている。
3) 老年層の回答にみられたイルは、共通語の移入によるものではなさそうである。有情物に対してともに用いられるアルとは意味分担が認められるという指摘（村内1982・大野1988・井上1989）があるが、「先生がいる」の場合でアルとイルを併用しているすさみ町70代、上富田60代などの話者からは使い分けに関する情報は得られなかった。
4) この手法は、全体を統合して互いに近い関係にあるものをカテゴリー（形

5) 丹羽 (2000) によると、たとえば、三重県志摩町方言では、進行／結果の使い分けはないものの、過去の習慣を回想して表現するのに「オッタ」「ヨッタ」を用いることがあり、昔は「ヨル」を用いたであろうと述べている。鳥羽市坂手町—南島町間の諸方言においてもこれと同じで過去の習慣回想時に「ヨッタ」を用いる方言がみられる。
6) ただし、進行態ではヨルとトルとの併用が多くみられ、トル・ヨルいずれでも進行態を表せるという報告を受けている。紀勢町錦では、青年層以下の若年世代のみならず、壮年層以上の世代も南島町以北、すなわちⅠ型地域からの影響を少なからず受けているものとみられる。
7) 西日本諸方言一般には、工藤 (1998) が指摘しているようにアスペクト対立に関して変化が各地で起きている。動詞の種類（限界、非限界）によってヨル系とトル系の全面対立型から部分対立型への移行がみられ、ヨル系とトル系との競合の末にトル系への一本化が起きるという仮説が出されているが、工藤自身も述べているように、体系内的要因の究明のみならず、体系外的要因による社会言語的調査の必要性を説いている。
8) 井上 (1989) によると、紀伊半島最南端（串本付近）と三重・和歌山県境付近（鵜殿村・新宮市付近）はⅢ型地域の中央部にあたるが、この地域では調査語として用いた動詞は、完全にアスペクト対立を示したと報告している。

〔参考文献〕

楳垣　実（1961）「西部方言概説」『方言学講座3　西部方言』東京堂
村内英一（1962）「和歌山方言」『近畿方言の総合学的研究』三省堂
村内英一（1982）「和歌山県の方言」『講座方言学7　近畿地方の方言』国書刊行会
丹羽一彌（1985）「紀伊半島の「アル」と「オル」」名古屋・方言研究会会報第2号
丹羽一彌（2000）『三重県のことば』日本のことばシリーズ24（編集代表平山輝男）明治書院
大野仁美（1988）「串本方言の『イル』・『ヤル』・『タール』―その意味と機能―」日本方言研究会第46回研究発表原稿集

井上文子（1989）「紀伊半島海岸部方言におけるアスペクト表現―イル・オル・アルに焦点をあてて―」『日本学報』8　大阪大学

井上文子（1993）「関西中央部における「オル」・「～トル」」軽卑化のメカニズム」『阪大日本語研究』5

井上文子（1998）『日本語方言アスペクトの動態』秋山叢書

工藤真由美（1998）「西日本諸方言と一般アスペクト論」月刊『言語』Vol.27 No.7

工藤真由美（2000）「アスペクト表現の地域差」『国文学　解釈と鑑賞』65-1

工藤真由美・木部暢子編集（2000）『方言のテンス・アスペクト・ムード体系変化の総合的研究』科研報告書

工藤真由美（2001）『方言のテンス・アスペクト・ムード体系変化の総合的研究』科研報告書

岸江信介・太田有多子・武田拓・中井精一・西尾純二・半沢康（2001）『名古屋-伊勢間グロットグラム図集』摂河泉文庫

近畿方言研究会編（2001）『地域語資料6　伊勢湾岸西部地域の社会言語学的研究』

井上史雄（2003）『日本語は年速1キロで動く』講談社現代新書

佐藤嘉ン奈（2009）「和歌山県東牟婁郡方言の動詞のアスペクト体系」『日本方言研究会第88・89回研究発表原稿集』

紀伊半島沿岸部における打消表現

太田有多子

1. はじめに

　ここでは、「紀伊半島沿岸グロットグラム」をもとに、当該地域の打消表現について考える。このグロットグラムは、三重県鳥羽市から和歌山県田辺市の間の23地点（調査2002年）[1]での調査資料であり、その中で「書かない」「来ない」「着ない」「見ない」及び過去形「書かなかった」「来なかった」「着なかった」「見なかった」について見ていく。なお、「見ない」「見なかった」には愛知県名古屋市東区から三重県伊勢市の間の24地点の資料（調査1999年）[1]を加えた[2]。調査はどちらも各地点で4世代に区分して資料収集を行った[3]が、ここでは10-20代、30-50代、60代-に分けまとめた表を作成し、若年層、壮年層、高年層の3年層を比較しつつ、当該地域における打消表現の特徴をみる。

2.「ン」と「ヘン」について

　当該地域の打消表現を考察する前に、打消の助動詞「ン」と「ヘン」の扱いについて述べておく。日本方言を東西に二分し、西日本方言の特徴の一つである打消の助動詞「ない」のンは、関西方言圏ではヘンとの関係において論じられてきた歴史がある。前田勇（1955）は「どんな場合の「ん」でも普遍的に、機械的に「へん」と入れ替えができるわけではないからである。」とし、双方に置き換えられない例を挙げて「「ん」は元来、論理価

値を主とする言表であるのに対して、「へん」は本来、感情価値を主とする言表だからである。」と違いを述べている。また、大阪方言において、「ん」で言ったならば、きっぱりと否定しすぎるという印象を相手に与えるので、本来の打消「ん」を避けて婉曲的に「へん」を使うとも述べている。「～はせぬ」という強めの打消から変化した「へん」が機能面で「ん」と入れ替わっているのである[4]。「本来の打消」であるンと「本来の強消」であるヘンには機能や用法において違いがある。当該地域が関西方言圏にあり、京都や大阪などの方言の影響を考えると、ンとヘンの意味の違いや使い分けも注意しなければならない。しかし、高木千恵（1999）によって、近年の関西方言圏での調査から「若年層においてはほとんどの場合において―ン・―ヘンが意味的に完全に同一である」という報告もなされている。本調査では、例えば調査項目「書かない」では「「今日は手紙を書かない」という場合、「書かない」の部分をどう言いますか。」という質問文[5]から資料収集を行い、考察においてはンとヘンを同様に扱い、当該地域での世代差や地域差に重点をおいた[6]。

3．「書かない」「来ない」「着ない」「見ない」について

本調査では、五段動詞「書く」、カ変動詞「来る」、一段動詞「着る」「見る」の否定形とその過去形を調査した。まずは、グロットグラムから「書かない」「来ない」「着ない」「見ない」の表現形式とその広がりをみる。

3.1. 書かない

表1「書かない」の表現形式では、カカンとカカヘンにまとまった広がりがみられる。まず、カカヘンは三重県25鳥羽市坂手町と26磯部町の3年層で出現し、以南で高年層に出現するのは33尾鷲市旧市街まで、壮年層での出現は42/43/44新宮市まで、若年層での出現は47古座町までである。それに対して、カカンは27浜島町から和歌山県55田辺市までの地域で、カカヘンを混在させながらも、3年層に広がっている。47古座町より以西では全地点で3年層に出現している。双方の広がりは、三重県側のカカヘンと

表1 【書かない】

県名	地点番号	地点名	10-20代	30-50代	60代-
三重県	25	鳥羽市坂手町	▲▲	▲	▲
	26	磯部町	▲▲	▲	▲
	27	浜島町	◎	▲	―●
	28	南勢町	▲	▲▲	
	29	南島町	▲		▲▲
	30	紀勢町	◎ ▲	▲	◎
	31	紀伊長島町	◎◎	◎	◎
	32	海山町	◎	▲ ＊	▲
	33	尾鷲市旧市街	◎◎	◎	▲
	34	尾鷲市九鬼	◎ ▲	▲	n
	35	熊野市飛鳥町	◎◎	◎	◎
	36	御浜町	◎◎	◎	◎
	37	紀宝町	◎◎	▲	―●
	38	紀和町	◎		◎
	39/40/41	鵜殿村	◎◎◎ ＊	―●	◎
和歌山県	42/43/44	新宮市	◎◎◎	▲	◎◎
	45	那智勝浦町	◎◎	◎	◎ ―○
	46	太地町	◎◎	―●	
	47	古座町	◎ ▲	◎	
	48/49/50	串本町	◎	◎ ＊	
	51	すさみ町	◎◎	◎	
	52/53/54	上富田町	◎◎◎ △	◎	◎
	55	田辺市	◎◎	◎	◎

凡例　◎ カカン　▲ カカヘン　△ カケヘン　―● カカセン
　　　―○ カケセン　＊ カカナイ　n 無回答

　和歌山県側のカカンの緩衝地帯のようにみえる。その他、カカセンが27浜島町、28南勢町、37紀宝町の高年層、39/40/41鵜殿村、46太地町の壮年層に出現している。助動詞センは「～はせぬ」の音訛であり、それがさらに変化してヘンになる[7]。わずかではあるが、カカセンが壮年層以上にみられ、カカヘンよりも古い表現として残存する様を見ることができる。
　「書かない」では、語幹部カカを持つ表現とカケを持つ表現が出現している。五段動詞「書く」に助動詞ヘンが接続する仕方は2種類あり、ア段接続のカカ＋ヘンとエ段接続のカケ＋ヘンである[8]。当該地域においては、京都に使用が多く、本来の言い方と言われるア段接続カカ＋が主流である。

近年の大阪で使用の多いエ段接続カケ＋の出現は少ない。今後はエ段接続の表現がどのように影響してくるのか。今はまだ、カケヘンの滲透を予想させるのみである。

3.2．来ない

表2「来ない」の表現形式では、コン、コーヘン、キヤヘン、キヤセンにまとまった広がりがみられる。まず、キヤセンが壮年層以上に出現しており、古い表現が保持されていることが分かる。キヤヘンとコンは3年層に出現しているが、どちらかというとキヤヘンは25鳥羽市坂手町から34尾

表2 【来ない】

県名	地点番号	地点名	10-20代	30-50代	60代-
三重県	25	鳥羽市坂手町	※※	※	※
	26	磯部町	▲▲☆	※	※◎
	27	浜島町	☆	※	➖●
	28	南勢町	❖	☆　➖●	➖●
	29	南島町	☆		※※
	30	紀勢町	◈	◎	※
	31	紀伊長島町	☆	◎	◎
	32	海山町		◎	※◎	※
	33	尾鷲市旧市街	☆☆	※	※
	34	尾鷲市九鬼	☆☆	◎	☆※	n
	35	熊野市飛鳥町	◎◎	◎	➖●
	36	御浜町	☆	◎	◎
	37	紀宝町	☆	◎◎	n　◎
	38	紀和町			
	39/40/41	鵜殿村	⋈	◎◎	◎
和歌山県	42/43/44	新宮市	◎◎◎	◎	⋈
	45	那智勝浦町	◎　n	◎	➖●	➖●
	46	太地町	◎	◎	◎
	47	古座町	⋈	◎	➖●	※
	48/49/50	串本町	n	※※	◎
	51	すさみ町	◎◎	◎	◎
	52/53/54	上富田町	☆	◎◎◎	★	⋈
	55	田辺市	◎◎	◎	★

凡例　◎ コン　☆ コーヘン　▲ コヤン　❖ コヤヘン
　　　★ キーヘン　※ キヤヘン　➖● キヤセン　● キヤシェン
　　　⋈ ケーヘン　◈ コラヘン　n 無回答

鷲市九鬼に、コンは30紀勢町から55田辺市にそれぞれが広がっており、「書かない」のカカヘンとカカンの広がりに似ている。そして、主に若年層に出現しているコーヘンは、新たな広がりをみせる表現のようだ。助動詞ヘンを持つ「来る」の打消表現の歴史的変遷は「来（き）はせぬ」から始まるが、これが変化したキヤセンがキヤヘンになり、さらに各地で様々に変化している。当該地域でも、さらに変化したキーヘン、ケーヘンが、またコ（来）にも影響を与えて変化したコーヘン[9]などが出現している。

3.3. 着ない

　表3「着ない」の表現形式では、キヤン、キヤヘンにまとまった広がりがみられる。助動詞センの接続するキヤセンは、「書かない」「来ない」同様に壮年層以上にみられ、古い表現の残存とみる。そして、「書かない」のカカンとカカヘンのような広がりをみせているキヤンとキヤヘンだが、表現形式としてはカカ・ンに対応するキ・ンの出現は少なく、そこにはキヤンが占めている。キヤヘンが、25鳥羽市坂手町から34尾鷲市九鬼まで、三重県側の3年層でまとまった広がりがみられる。それに対して、キヤンは三重県境から和歌山県側に広がっており、どちらかというと和歌山県側の勢力のようだが、当該地域のほとんどの地点の若年層に出現している。村内英一（1962）によれば、ヤンの付く表現は和歌山県西・東牟婁郡それも沿岸部に多いということだ[10]。当該地域ではキヤンがキンという古い表現に代わって、勢力を持ち、さらには三重県側に浸入しているようにみえる。三重県側の若年層に広がるキヤンはキヤヘンの勢力圏に侵入しているのか、キヤン自体が勢力ある表現のためキヤヘンの侵入を受けながらも共存しようとしているのか。キヤンとキヤヘンの動きは定めがたい。

表3 【着ない】

県名	地点番号	地点名	10-20代	30-50代	60代-
三重県	25	鳥羽市坂手町	▲　　※　　n	※	※
	26	磯部町	※　　＊	※	※
	27	浜島町	▲	※	ー●
	28	南勢町	▲	※　ー●	ー●
	29	南島町	n		※※
	30	紀勢町	▲　　※	※	※
	31	紀伊長島町	▲　　※	※	▲　※
	32	海山町	▲	▲　※	※
	33	尾鷲市旧市街	▲▲	※	※
	34	尾鷲市九鬼	◎▲　※※	※	▲
	35	熊野市飛鳥町	▲▲	▲	◎
	36	御浜町	▲▲	▲	ー●
	37	紀宝町	◎◎	※	ー●
	38	紀和町	▲		▲
	39/40/41	鵜殿村	▲▲▲	ー●	
和歌山県	42/43/44	新宮市	▲▲▲	★	
	45	那智勝浦町	▲▲	▲	
	46	太地町		ー●	▲
	47	古座町	◎　　※	▲	▲
	48/49/50	串本町	▲	▲　※	◎
	51	すさみ町	◎▲　　＊	◎	◎
	52/53/54	上富田町	▲▲◇　☆	▲	☆
	55	田辺市	▲◆	▲	▲

凡例　◎ キン　　　▲ キヤン　　　◆ キラン　　　☆ キーヘン
　　　ー● キヤセン　※ キヤヘン　　★ キエヘン　　◇ キラヘン
　　　＊ キナイ　　n 無回答

3.4. 見ない

　表4「見ない」では、愛知県1名古屋市東区から55田辺市までの「見ない」の表現形式を見ていく。ここでは、ミン、ミヤン、ミヤセン、ミヤヘン、ミーセン、ミーヘンに注目する。まず、愛知県側で、ミーヘンが若年層に出現し、ミーセンが壮年層以上に出現している。そして、ミヤヘンの広がる三重県を挟み、和歌山県側で再び若年層にミーヘン、壮年層以上にミヤセンではあるが助動詞センが出現する。また、ミーセンやミヤセンに隣接するような形で、愛知県寄りの三重県及び和歌山県寄りの三重県の地点で、ミヤンが高年層まで広がっている。南北の二カ所の地域で、ミヤン

紀伊半島沿岸部における打消表現　69

表4　【見ない】

県名	地点番号	地点名	10-20代	30-50代	60代-
愛知県	1	名古屋市東区	◎◎　☆		◎
	2	名古屋市中村区	＊n	◎●●	●●
	3	佐屋町	◎　☆　●	●●	●●　▌
	4	蟹江町	◎　n	●	●
	5	弥富町	◎　☆	☆	●●　▌
三重県	6	長島町北部	▲▲	☆※　　＊	▲　▲
	7	長島町南部	◎▲　　n	●	●
	8	桑名市旧市街	※※	※　●	▲
	9	朝日町	▲▲	▲	▲　　＊
	10	川越町	◎▲　※※	※	＊
	11	四日市市富田	▲　※※	▲　※　＊	※※
	12	四日市市旧市街	▲▲　☆※	▲	▲　※
	13	鈴鹿市	▲　※	n	▲▲　●
	14	河芸町	▲▲　※	▲	※
	15	津市白塚	▲▲　☆※	※	
	16	津市柳山	▲　※　＊	※	●　＊
	17	香良洲町	▲　※※	※	●　＊
	18	三雲町	▲　☆※	※	※
	19	松阪市旧市街	※	▲　※	※
	20	松阪市駅部田	▲	※	◎　　＊
	21	明和町	▲▲　※	▲	※
	22	小俣町	☆☆	※※	※
	23	御薗村	☆※	※	※
	24	伊勢市	▲　☆※	☆	n
	25	鳥羽市坂手町	※※	※	※
	26	磯部町	▲▲　※	※	※
	27	浜島町	▲　　＊		●
	28	南勢町	▲		●
	29	南島町	※		※※
	30	紀勢町	◎　※	※	※
	31	紀伊長島町	▲	※	※
	32	海山町		※※	※
	33	尾鷲市旧市街	▲▲	※	※
	34	尾鷲市九鬼	◎　※※	※	n
	35	熊野市飛鳥町	◎▲	▲	▲　●
	36	御浜町	▲　※	▲	▲　●
	37	紀宝町	◎◎	★	●
	38	紀和町			●
	39/40/41	鵜殿村	▲▲▲	●●	▲　　＊
和歌山県	42/43/44	新宮市	▲▲　　＊	★	●●
	45	那智勝浦町	▲　n	▲	●
	46	太地町	◎▲	●	◎
	47	古座町	◎▲	●	※
	48/49/50	串本町	☆	※※	◎
	51	すさみ町	▲　☆　＊	◎	◎
	52/53/54	上富田町	◎　☆☆☆	☆	☆
	55	田辺市	◆◆	◆	◆

凡例　◎ ミン　　▲ ミヤン　　◆ ミラン　　● ミーセン　　● ミヤセン
　　　● ミヤシェン　　☆ ミーヘン　　※ ミヤヘン　　★ ミエヘン　　▌ ミーシン
　　　 ミーヒン　　＊ ミナイ　　n 無回答

が古い表現のミーセンやミヤセンとともに出現していることから、ミヤン
が三重県のほとんどの地点に広がるミヤヘンの侵入を受けて、分断された
と考えたいがいかがであろう。ただ、三重県から和歌山県に至るまでの若
年層においては、ミヤンがミヤヘンとともに出現している。ミヤヘンが、
若年層にだけミヤンを残して、壮年層以上に広がるだろうか。ミヤンが、
地理的には東西から、年層的には若年層からミヤヘンを取り囲んでいるよ
うにも見える。この点については、五段動詞以外のヤの付く「来ない」の
キヤヘンとコン及びコヤン、「着ない」のキヤヘンとキヤン及びキンとと
もに、「6．セン類・ヘン類及びン類について」で取り上げる。

4．「書かなかった」「来なかった」「着なかった」 「見なかった」について

　「書かなかった」「来なかった」「着なかった」「見なかった」の過去形は、
例えば「書かなかった」でいえば、「書かない」のカカンに対応する過去
形の表現にはカカナンダ、カカンダ、カカンカッタがある。つまり、語幹
カカに続く後部部分にナンダ、ンダ、ンカッタなどがあり、これらに助動
詞セン、ヘン、シン、ヒンなどが加わって、打消の過去形の表現を豊富に
している。本調査では、「書かない」6表現―「書かなかった」13表現、「来
ない」10表現―「来なかった」17表現、「着ない」9表現―「着なかった」
20表現、「見ない」12表現―「見なかった」21表現が出現した。表5・6・
7・8で「書かなかった」「来なかった」「着なかった」「見なかった」の
各表現の広がりを見ていくが、「5．ナンダ類・ンダ類・ンカッタ類」で、
当該地域に広がる打消の過去形の表現形式について考えたい。

4．1．書かなかった

　表5「書かなかった」では、主にカカナンダ、カカヘンダ、カカンカッ
タの広がりにまとまりがある。カカヘンダが、主に25鳥羽市坂手町から31
紀伊長島町の3年層に、カカナンダが、主に31紀伊長島町から55田辺市の
3年層に広がっており、カカヘンダとカカナンダに地域差がみられる。ま

表5 【書かなかった】

県名	地点番号	地点名	10-20代	30-50代	60代-
三重県	25	鳥羽市坂手町	★★	●	☆
	26	磯部町	○ ★★	★	●
	27	浜島町	* ▯	Y	
	28	南勢町	* ☆ ★	▼Y	
	29	南島町	☆		★ ●●
	30	紀勢町	☆○	★	☆
	31	紀伊長島町	★ ●	★	●
	32	海山町	●	●●	★
	33	尾鷲市旧市街	●●	●	●
	34	尾鷲市九鬼	●●	◆	●
	35	熊野市飛鳥町	○ ●		●
	36	御浜町	☆ *	*	●
	37	紀宝町	○○	●	●❛
	38	紀和町	●		●
	39/40/41	鵜殿村	○○○	●	● *
和歌山県	42/43/44	新宮市	○○○		●●
	45	那智勝浦町	○	n ●	●
	46	太地町	●	★	●
	47	古座町	○○	●	●
	48/49/50	串本町	○	●●	●
	51	すさみ町	○○	●	●
	52/53/54	上富田町	○○○☆	●	●
	55	田辺市	○○	●	●

凡例　● カカナンダ　❛ カカセナンダ　★ カカヘナンダ
　　　○ カカンダ　　☆ カカヘンダ　　◆ カカランダ
　　　▼ カカダッタ　Y カカザッタ　　Y カカッタ
　　　○ カカンカッタ　☆ カカヘンカッタ　★ カケヘンカッタ
　　　* カカナカッタ　n 無回答

た、カカンカッタが35熊野市飛鳥町から55田辺市の若年層に出現しており、これがほとんどの地点で壮年層以上に広がっているカカナンダとの間に世代差がみられる。

4.2. 来なかった

表6「来なかった」では、主にコナンダとコンカッタの広がりにまとまりがある。34尾鷲市九鬼から55田辺市では、壮年層以上に出現しているコ

表6 【来なかった】

県名	地点番号	地点名	10-20代	30-50代	60代-
三重県	25	鳥羽市坂手町	☆♪	◪	◪
	26	磯部町	○ ⊡	◪	▶
	27	浜島町	☆♪	n	n
	28	南勢町	△	○- ☆ †	▼
	29	南島町	☆♪		●●
	30	紀勢町	●◆	◪	◪
	31	紀伊長島町	●◪	●	●
	32	海山町	●	●●■	■
	33	尾鷲市旧市街	●●	●	●
	34	尾鷲市九鬼	○ ●●	◆	●
	35	熊野市飛鳥町	○○	n	●
	36	御浜町	○☆	●	●
	37	紀宝町	○○	●	●
	38	紀和町	●	●	●
	39/40/41	鵜殿村	○○○	●	n
和歌山県	42/43/44	新宮市	○○○	●	●●
	45	那智勝浦町	○ n	●	●
	46	太地町	○ ●	▲	●
	47	古座町	○ ●	●	●
	48/49/50	串本町	○	●	●
	51	すさみ町	○○	●	●
	52/53/54	上富田町	○○☆☆	●	●
	55	田辺市	○○	●	●

凡例
● コナンダ　▲ キヤナンダ　▶ キャナンダ　■ キヤヘナンダ
○ コンダ　☆ コーヘンダ　⊡ コヤヘンダ　◆ コランダ
◆ コラヘンダ　† ケーセンダ　♪ キーヒンダ　◪ キヤヘンダ
▼ キヤダッタ　○ コンカッタ　☆ コーヘンカッタ
△ コヤンカッタ　○- キヤセンカッタ　n 無回答

ナンダと、若年層に出現しているコンカッタの間で世代差を生んでいる。25鳥羽市坂手町から31紀伊長島町ではキヤヘンダ、コーヘンダ、キーヒンダなど様々な表現が出現しているものの、31紀伊長島町以西で出現するコナンダがほとんど出現していないという点で地域差がある。

4.3. 着なかった

表7「着なかった」では、主にキヤヘンダ、キヤナンダとキナンダ、キ

表7　【着なかった】

県名	地点番号	地点名	10-20代	30-50代	60代-
三重県	25	鳥羽市坂手町	◪ ♪	◪	▲
	26	磯部町	◫ △ ◫	◪	◪
	27	浜島町	◇　　　＊	n	n
	28	南勢町	△	⊶ ◪	▼
	29	南島町	n		▲▲
	30	紀勢町	◪△	◪	◪
	31	紀伊長島町	◪△	◪	●
	32	海山町	▲	▲▲	◫
	33	尾鷲市旧市街	▲▲	▲	▲
	34	尾鷲市九鬼	●▲	◆	▲
	35	熊野市飛鳥町	○△ ●▲	▲	●
	36	御浜町	○△	▲	n
	37	紀宝町	○△	◪	➡
	38	紀和町	▲		●
	39/40/41	鵜殿村	△△ ●	●	▲
和歌山県	42/43/44	新宮市	○△△	▲	●▲
	45	那智勝浦町	△　　n	▲	●•
	46	太地町	○	▲	●
	47	古座町	○	●	●
	48/49/50	串本町	○	● n	●
	51	すさみ町	○　＊	●	●
	52/53/54	上富田町	☆✗△ ◆	◆	●
	55	田辺市	◇	●	●

凡例
- ● キナンダ
- ▲ キヤナンダ
- • キヤセナンダ
- ◫ キヤヘナンダ
- ➡ キヤヒナンダ
- ◆ キラナンダ
- △ キヤンダ
- ◪ キヤヘンダ
- ◫ キナヘンダ
- ♪ キーヒンダ
- ◇ キヤランダ
- ▼ キヤダッタ
- ○ キンカッタ
- △ キヤンカッタ
- ⊶ キヤセンカッタ
- ◫ キヤヘンカッタ
- ☆ キーヘンカッタ
- ◇ キランカッタ
- ✗ キラヘンカッタ
- ＊ キナカッタ
- n 無回答

ンカッタとキヤンカッタの広がりにまとまりがある。25鳥羽市坂手町から31紀伊長島町にキヤヘンダが広がっており、主に32海山町から46太地町に広がるキヤナンダとの間に地域差がある。また、キナンダは32海山町から46太地町にも出現しているが、47古座町から55田辺市に多く、キヤナンダとキナンダの新旧はどうであろう。35熊野市飛鳥町から55田辺市では、キンカッタとキヤンカッタの2表現が若年層に出現しており、2表現の出現

のないという点で壮年層以上との間に世代差が生じている。

4.4. 見なかった

　表8「見なかった」では、「見ない」同様に1名古屋市東区から55田辺市までを見ていく。主にミナンダ、ミヤナンダ、ミヤヘンダ、ミンカッタとミヤンカッタの広がりにまとまりがある。まず、ミナンダが愛知県及び愛知県寄りの三重県の高年層に出現しており、これが1名古屋市東区から7長島町南部の壮年層以下に出現しているミンカッタとの間に世代差が生じている。ミナンダとミンカッタの世代差は、和歌山県では48/49/50串本町から55田辺市の壮年層以上と若年層との間でみられる。また、ミヤナンダがミナンダに隣接する形で、32海山町から46太地町に広がっており、8桑名市旧市街から31紀伊長島町に広がっているミヤヘンダとの間に地域差がある。愛知県側の三重県にもミヤナンダは出現しているが少ない。ミンカッタやミヤンカッタは多くの地点の若年層に広がっているが、壮年層以上に広がるミヤヘンダやミヤナンダとともに出現している。

紀伊半島沿岸部における打消表現　75

表8 【見なかった】

県名	地点番号	地点名	10-20代	30-50代	60代-
愛知県	1	名古屋市東区	○○	○☆	●
	2	名古屋市中村区	*n	♀　　　*	●　　*
	3	佐屋町	○○☆♀	♀●―	●
	4	蟹江町	○　　　*	○☆	●
	5	弥富町	○○　　●	○	◐
	6	長島町北部	○△	△□	●
	7	長島町南部	△△　　n	○	●　*
三重県	8	桑名市街	⊡　　n		▲
	9	朝日町	△　▲	*	▲
	10	川越町	△　⊡	⊡	●
	11	四日市富田		⊡　　　*	○　⊡
	12	四日市旧市街	○△　▲⊡	⊡	▲
	13	鈴鹿市	△　▲	n	△●　*
	14	河芸町	▲▲⊡	⊡	⊡
	15	津市白塚	△⊡　　n	⊡	
	16	津市柳山	△　⊡⊡	⊡	*
	17	香良洲町	△　▲⊡	△	*
	18	三雲町	□	⊡	⊡
	19	松阪市旧市街	⊡	□　▲⊡	△
	20	松阪市駅部田	△	⊡	△　　*
	21	明和町	□　▲△⊡	⊡	△
	22	小俣町	○　☆	⊡⊡	△
	23	御薗村	⊡⊡　　n		△
	24	伊勢市	⊡⊡	⊡	○
	25	鳥羽市坂手町	⊡⊡	⊡	▲
	26	磯部町	□□　⊡		⊡
	27	浜島町	*	n	n
	28	南勢町	△	□　⊡	▼
	29	南島町	⊡		△　▲
	30	紀勢町	▲⊡	●	⊡
	31	紀伊長島町	▲▲	●	n
	32	海山町	▲	▲▲	■
	33	尾鷲市旧市街	▲▲	▲	▲
	34	尾鷲市九鬼	△　▲▲	△	▲
	35	熊野市飛鳥町		▲	▲
	36	御浜町	○△	▲	n
	37	紀宝町	○○	▲	▲●―
	38	紀和町	▲		▲
	39/40/41	鵜殿村	△△　●	●	▲　　*
和歌山県	42/43/44	新宮市	△△△		▲▲
	45	那智勝浦町	△	▲	●―
	46	太地町	○　▲	n	●
	47	古座町	○　　●	●	●
	48/49/50	串本町	○	●●	●
	51	すさみ町	○○	●	●
	52/53/54	上富田町	○☆◇◈	◆	●
	55	田辺市	◇◇	◆	●

凡例
● ミナンダ　　　▲ ミヤナンダ　　　♀ ミーセナンダ　　●― ミヤセナンダ
■ ミヤヘナンダ　　🌙 ミーシナンダ　　◆ ミラナンダ　　△ ミヤンダ
　　ミヤセンダ　　☆ ミーヘンダ　　⊡ ミヤヘンダ　　△ ミヤランダ
▼ ミヤダッタ　　○ ミンカッタ　　△ ミヤンカッタ　　♀ ミーセンカッタ
☆ ミーヘンカッタ　　□ ミヤヘンカッタ　　◇ ミランカッタ　　◈ ミラヘンカッタ
* ミナカッタ　　n 無回答

5．ナンダ類・ンダ類・ンカッタ類

「見なかった」の後部分「なかった」をナンダ類（ミナンダ・ミヤナンダ・ミーセナンダ・ミヤセナンダ・ミーシナンダ・ミラナンダ）、ンダ類（ミヤンダ・ミヤセンダ・ミーヘンダ・ミヤヘンダ・ミヤランダ）、ンカッタ類（ミンカッタ・ミーセンカッタ・ミーヘンカッタ・ミヤヘンカッタ・ミランカッタ・ミラヘンカッタ）に三分類して、その広がりをみる。

25鳥羽市坂手町から55田辺市までの「見なかった」の主な表現ミヤナンダとミナンダ、ミヤヘンダとミヤンダ、ミヤンカッタとミンカッタ、つまりナンダ類／ンダ類／ンカッタ類の広がりは、他の項目「書かなかった」のカカナンダ／カカヘンダ／カカンカッタ、「来なかった」のコナンダ／キヤヘンダ・キーヒンダ・コンダ・コヤヘンダ／コンカッタ、「着なかった」のキナンダ・キヤナンダ／キヤヘンダ／キンカッタ・コヤンカッタの広がりとほぼ対応する。当該地域において、項目に関わらず、語幹部分の形の違いに関わらず、同じような広がりをみせるナンダ類、ンダ類、ンカッタ類について考える。表9「「見なかった」：ナンダ類・ンダ類・ンカッタ類」から、まずはナンダ類とンダ類をみる。ナンダ類が、三重県の北側と南側の二カ所に広がっている。二カ所とも県境を越えて一方は愛知県にも、もう一方は和歌山県にも広がっている。北側では主に高年層に、南側では3年層に多く広がっていることが、南北の違いと言える。その間ではンダ類が3年層に広がっているが、ナンダ類との緩衝地点での双方の出現はどうであろう。北側の8桑名市旧市街でンダ類が若年層に、ナンダ類が壮年層以上に出現し、10川越町や11四日市市富田ではンダ類が若年層と壮年層に、ナンダ類が高年層に出現している。さらに南に向けて、ンダ類が3年層に広がっているが、25鳥羽市坂手町や29南島町でナンダ類が再び高年層に出現し、31紀伊長島町で壮年層に、32海山町から和歌山に向けては3年層に出現する形で広がっている。新しい表現が、まずは若年層から広がることを考えると、北側でも南側でもンダ類が若年層から順に出現しており、逆にナンダ類が、ンダ類の広がりに押されて下の年層から消えている様がわ

紀伊半島沿岸部における打消表現　77

表9　【見なかった】：ナンダ類・ンダ類・ンカッタ類

県名	地点番号	地点名	10-20代	30-50代	60代-
愛知県	1	名古屋市東区	◎◎	◎◎	▲
	2	名古屋市中村区	・・	◎・	▲・
	3	佐屋町	◎◎◎◎	▲▲	▲
	4	蟹江町	◎◎・	◎◎	▲
	5	弥富町	◎◎　▲	◎	▲
三重県	6	長島町北部	◎◎	◎◎	▲
	7	長島町南部	◎◎・	◎	▲
	8	桑名市旧市街	※・	▲	▲
	9	朝日町	◎　▲	・	▲
	10	川越町	◎　※	※	
	11	四日市市富田		※　・	◎　※
	12	四日市市旧市街	◎◎　※※	※※	▲
	13	鈴鹿市	◎　※	・	※※　・
	14	河芸町	※※※	※	※
	15	津市白塚	◎◎　・	※	・
	16	津市柳山	※※		
	17	香良洲町	※※		
	18	三雲町	◎　※	※	※
	19	松阪市旧市街	※	◎　※※※	※
	20	松阪市駅部田	※	※	※
	21	明和町	◎　※※※	※	※
	22	小俣町	◎　※	※※	※
	23	御薗村	※※		※
	24	伊勢市	※※	※	◎
	25	鳥羽市坂手町	※※	※	▲
	26	磯部町	◎◎　※	※	※
	27	浜島町	・	・	・
	28	南勢町		◎　・	
	29	南島町	※		※　▲
	30	紀勢町	※※	※	※
	31	紀伊長島町	※※	※　▲	・
	32	海山町	▲	▲▲	▲
	33	尾鷲市旧市街	▲▲	▲	▲
	34	尾鷲市九鬼	◎　▲▲	※	▲
	35	熊野市飛鳥町	◎　▲	▲	▲
	36	御浜町	◎◎	▲	
	37	紀宝町	◎◎	▲	▲▲
	38	紀和町	▲		▲
	39/40/41	鵜殿村	◎◎　▲	▲	▲
和歌山県	42/43/44	新宮市	◎◎◎	▲	▲▲
	45	那智勝浦町	◎　・	▲	▲
	46	太地町	▲	・	▲
	47	古座町	◎　▲	▲	▲
	48/49/50	串本町	◎	▲▲	▲
	51	すさみ町	◎◎	▲	▲
	52/53/54	上富田町	◎◎◎◎	▲	▲
	55	田辺市		▲	▲

凡例　▲ ナンダ類　※ ンダ類　◎ ンカッタ類　・ その他（無回答含む）

かる。つまり、ナンダ類が南北から侵入しているのではなく、ンダ類に侵入され、南北に分断された様といえる[11]。当該地域において、関西都市部から発信される新しい表現は、どのような経路で伝播しているのか。紀伊半島沿岸を北回り及び南回りに伝播しているのか。ンダ類が3年層にもっとも広がっている地点は18三雲町から22小俣町である。関西都市部からの主要な道路に東海道があり、四日市から名古屋方面に向かっているが、亀山から南下する伊勢別街道を経由して伊勢方面へ向かう人の流れもある。従って、ンダ類は関西都市部から東海道を経由して当該地域に入り、一方は鈴鹿、四日市へ、もう一方は津、松阪、伊勢へ広がったであろうと推察される。ンダ類はまさに地を這うように伝播した表現である。それに対して、ンカッタ類は、全国的にも各地で出現している新しい表現[12]であり、当該地域でもほぼ全地点の若年層に広がっており、各地点で世代差となっている。若者世代に広がる新しい表現は、近年において地を這うことなく、メディアなどを通じて広がることが多い。そして、それはその世代の中で一気に急速に広がる様となる。当該地域におけるンカッタ類の広がりも、そのようである。また、それぞれの地点において動詞語幹や打消の助動詞が様々に変わっても、それに接続する部分ナンダ類、ンダ類、ンカッタ類はほとんど変わっていない。これは安定した形式を保持しているためであり、接続部分での新旧交代には時間がかかると思われる。そのために、若年層では古い表現と新しい表現が並び立つことになった。ここでは、時間をかけて道路伝いに伝播した新しい表現ンダ類が、古くからの表現ナンダ類を押す姿と、メディアなどの強力な力で一斉に広がった表現ンカッタ類に押される姿を見た。加えて、当該地域において最も古い表現ナンダ類が若年層も含めた3年層で出現している32海山町から47古座町付近が、紀伊半島沿岸部の南端となるようだ。

6．セン類・ヘン類及びン類について

「見ない」で出現した表現形式を、否定の助動詞部分ン・ヤンをン類、セン・ヤセン・ヤシェンをセン類、ヘン・ヤヘンをヘン類に分類し、セン

表10 【見ない】：セン類・ヘン類

県名	地点番号	地点名	10-20代	30-50代	60代-
愛知県	1	名古屋市東区	○・・	・□	・
	2	名古屋市中村区	・・	・□	・□
	3	佐屋町	○・□	□	・□
	4	蟹江町	・・		
	5	弥富町	○・	○	・
三重県	6	長島町北部		○●・	・
	7	長島町南部	・・・	□	・□
	8	桑名市旧市街	●●	● ■	・
	9	朝日町	・・	・	・・
	10	川越町	●・・	●	・
	11	四日市市富田	●●	●・・	●●
	12	四日市市旧市街	○●・・	・	●・
	13	鈴鹿市	●・	・	・・■
	14	河芸町	●・	●	●
	15	津市白塚	○●・	●	・
	16	津市柳山	●	●	・
	17	香良洲町	●・	●	・
	18	三雲町	●●・・	●	●
	19	松阪市旧市街	●	●・	●
	20	松阪市駅部田	・		
	21	明和町	●・	●	●
	22	小俣町	○○	●●	●
	23	御薗村	○●・	●	●
	24	伊勢市	○・	○	・
	25	鳥羽市坂手町	●●	●	●
	26	磯部町		●	
	27	浜島町	・・		■
	28	南勢町	・	●●	▫
	29	南島町	●		●●
	30	紀勢町	●・		・
	31	紀伊長島町	●・		・
	32	海山町	・	●●	・
	33	尾鷲市旧市街	・・	●	・
	34	尾鷲市九鬼	●●・	●	・
	35	熊野市飛鳥町	・・	・	・■
	36	御浜町	●・		・
	37	紀宝町	・・	○	・
	38	紀和町	・		・
	39/40/41	鵜殿村	・・	■	・・・
和歌山県	42/43/44	新宮市	・・	○	■■
	45	那智勝浦町	・・	・	■
	46	太地町	・・	・	・
	47	古座町	・・	■	●
	48/49/50	串本町	○	●●	・
	51	すさみ町	○・・	・	・
	52/53/54	上富田町	○○○・	・	○
	55	田辺市	・・		・

凡例　□ センが接続する語　■ ヤセンが接続する語　▫ ヤシェンが接続する語
　　　○ ヘンが接続する語　● ヤヘンが接続する語　・ その他（無回答含む）

類とヘン類、さらにン類からヤンについて考える。

6.1. セン類とヘン類

　まず、「表10「見ない」：セン類・ヘン類」をみると、セン類は南北の二カ所、県境をはさんだ愛知県と三重県、やはり県境をはさんだ和歌山県と三重県にみられる。北では主にセン、南ではヤセンであるが、どちらも壮年層以上に出現し、セン類の古さが分かる。セン類の内側に広がるのはヘン類である。三重県ではほとんどの地点、そして3年層にヘン類が広がっている。ヘン類の中でもヤヘンが多く、高年層では全く出現していないヘンが、年層が下がるほどに出現していることからも、ヘンがヤヘンよりも新しいことが分かる。大阪方言において、ヘンが元は「～はせぬ」という強消の否定であり、強調部分であった「は」には「ヤ」から「ャ」へ変化し、やがて消えるという推移がある。当該地域のヤセン、ヤヘン、そしてヘンの広がりに、その歴史を見ることができる。また、セン類とヘン類の広がり方が、ナンダ類とンダ類に似ており、北側を見ると、セン類が3佐屋町では若年層までの3年層に出現、4蟹江町や7長島町南部では壮年層以上に出現、13鈴鹿市では高年層のみに出現し、徐々に上の年層に残す形だが、ヘン類は1名古屋市東区、3佐屋町では若年層のみに出現、5弥富町、8桑名市旧市街、10川越町では若年層と壮年層に出現、11四日市市富田町では高年層にまで出現し、逆に下から上の年層に広がっている。南側でもセン類の広がりが、北に向かって壮年層に出現するのが39/40/41鵜殿村まで、高年層に出現するのが27浜島町までである。ここでも、ヘン類がセン類の広がりの中に割って入り、南北にセン類を残す形となっていることが分かる。関西都市部から東海道を経て当該地域へ入り、湾岸沿いを南北に広がったと思われるヘン類の中で、ヘンはまだ主に若年層での出現で、確かにヤヘンよりも後からの侵入と思われる。しかし、ヤヘンの及ばない愛知県や和歌山県でのヘンの広がりは早いようだ。ヤヘンの後から東西に広がったとは思えない。愛知県側はもともとヤの入らない地域であり、センからヘンの移行がみられる。和歌山県でのヘンは湾岸南回りの伝播であろうか。近年は半島南側湾岸道路の整備も進み、和歌山市や田辺市方面か

らの伝播も速やかになるであろう。加えて、若者世代でのメディアによる伝播力も考慮にいれなければならないため、新しい表現形式の広がりを読むのは難しい。

6.2．ン類

次に、「表11「見ない」：ン類」をみると、ン類には、ンとヤンがあるが、愛知県と和歌山県に主に出現しているンに対して、三重県にはヤンが出現している。しかし、ヤンの広がり方は、愛知県寄りの三重県と和歌山県寄りの三重県では高年層にまで及ぶが、その内側の14河芸町から34熊野市九鬼では少ない。ここには、表10のヤヘンが広がっているためだ。ところが、三重県から和歌山県の多くの地点の若年層ではヤンが、ヤヘンとともに出現している。表10、11をみると、全体の広がりとしてはヤンが古く、ヤヘンが東海道や伊勢別街道を経て、鈴鹿、津、松阪から新しく侵入した様なのに、なぜ若年層にヤンが残っているのだろうか。そこで、『方言文法全国地図』（1991）より作図した図1「書かない」、図2「見ない」[13]の当該地域をみる。この分布図の資料収集は1980年前後に行われ、話者が50～70歳代だったということで、今回の調査対象者の高年層よりさらに一世代上になる。そのような条件を踏まえて、双方の資料を比較する。

図1「書かない」では、紀伊半島沿岸の該当地域にカカンが広がっており、カカヘンは京都から奈良県、和歌山県北部に広がっているものの、まだ三重県、和歌山県には広がっていない。図2「見ない」でも、当該地域にはミンやミヤンが広がっており、ミヤヘンは京都、奈良、さらには県境の三重県東部に広がっているものの、当該地域の沿岸部には見られない。表1「書かない」ではカカヘンが25鳥羽市坂手町から33尾鷲市旧市街までの高年層に出現しており、表4「見ない」でも、ミヤヘンが11四日市市富田から33尾鷲市旧市街までの高年層に出現しており、双方とも、ほぼ一世代の時間をかけて、当該地域に到達した様をみることができる。図1「書かない」では、カカンが先に湾岸部に広がっており、カカヘンがその後ろに広がっていることから、表1「書かない」のカカンとカカヘンの関係は、和歌山県側に広がるカカンの後に、三重県側からカカヘンが広がったこと

表11 【見ない】：ン類

県名	地点番号	地点名	10-20代	30-50代	60代-
愛知県	1	名古屋市東区	△△・		△
愛知県	2	名古屋市中村区	・・	△・	・
愛知県	3	佐屋町	△・・	・	・・
愛知県	4	蟹江町	△・	・	・
愛知県	5	弥富町	△・	・	・
三重県	6	長島町北部	●●	・・	●
三重県	7	長島町南部	●△・	・	●・
三重県	8	桑名市旧市街	・・	・	●
三重県	9	朝日町	●●	●	●
三重県	10	川越町	●△・	・・	・
三重県	11	四日市市富田	●●	●・・	●
三重県	12	四日市市旧市街	●●・・	●	●
三重県	13	鈴鹿市	●	・	●●・
三重県	14	河芸町	●●	●	・
三重県	15	津市白塚	●●	・・	・
三重県	16	津市柳山	●	・	・
三重県	17	香良洲町	●	・	・
三重県	18	三雲町	●・・・	・	・
三重県	19	松阪市旧市街	・	●	・
三重県	20	松阪市駅部田	・・	・	△・
三重県	21	明和町	●●・	●	・
三重県	22	小俣町	・・	・・	・
三重県	23	御薗村	・・	・	・
三重県	24	伊勢市	・・	・	・
三重県	25	鳥羽市坂手町	・	・	・
三重県	26	磯部町	●●	・	・
三重県	27	浜島町	●	・	・
三重県	28	南勢町	●	・・	・
三重県	29	南島町			
三重県	30	紀勢町	△・	・	・
三重県	31	紀伊長島町	●	・	・
三重県	32	海山町	●	・・	・
三重県	33	尾鷲市旧市街	●●	・	・
三重県	34	尾鷲市九鬼	△	・	・
三重県	35	熊野市飛鳥町	●・	●	●・
三重県	36	御浜町	●・	・	●
三重県	37	紀宝町	△△	・	●
三重県	38	紀和町	●	・	●
和歌山県	39/40/41	鵜殿村	●●●	・	●・
和歌山県	42/43/44	新宮市	●●	・	・
和歌山県	45	那智勝浦町	●	●	・
和歌山県	46	太地町	●△	・	△
和歌山県	47	古座町	●△	・	・
和歌山県	48/49/50	串本町	・	・・	△
和歌山県	51	すさみ町	●・・	△・	△
和歌山県	52/53/54	上富田町	△・	・	・
和歌山県	55	田辺市	△△	△	△

凡例　△　ンが接続する語　　●　ヤンが接続する語
　　　・　その他（無回答含む）

紀伊半島沿岸部における打消表現　83

書かない

凡例

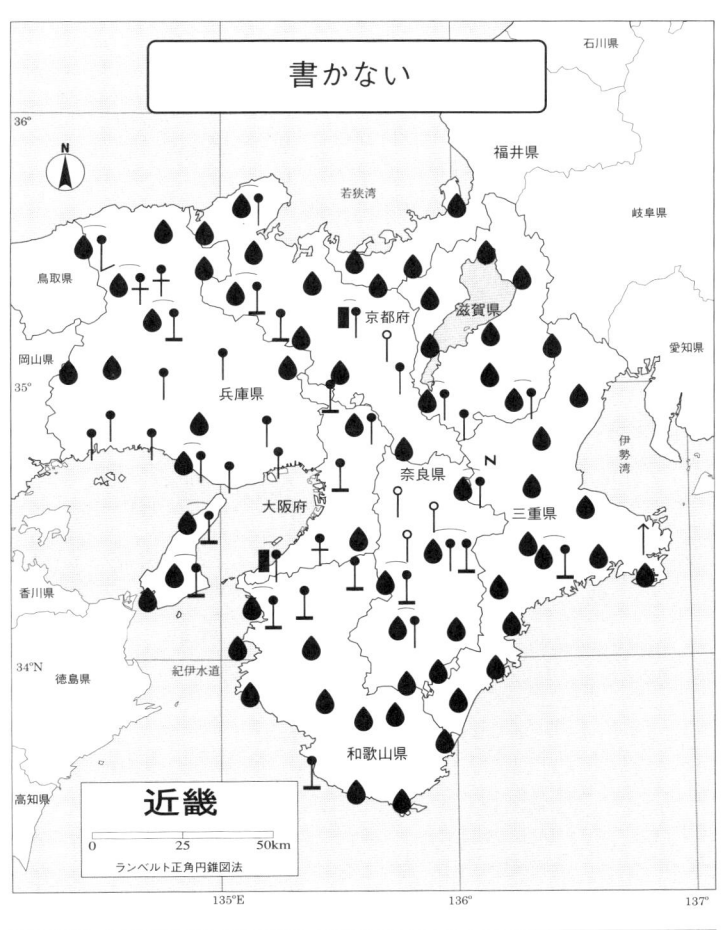

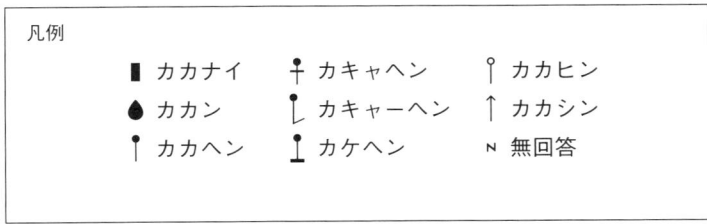

■ カカナイ　　† カキャヘン　　⚲ カカヒン
● カカン　　　└ カキャーヘン　↑ カカシン
† カカヘン　　⊥ カケヘン　　　N 無回答

図1　書かない

見ない

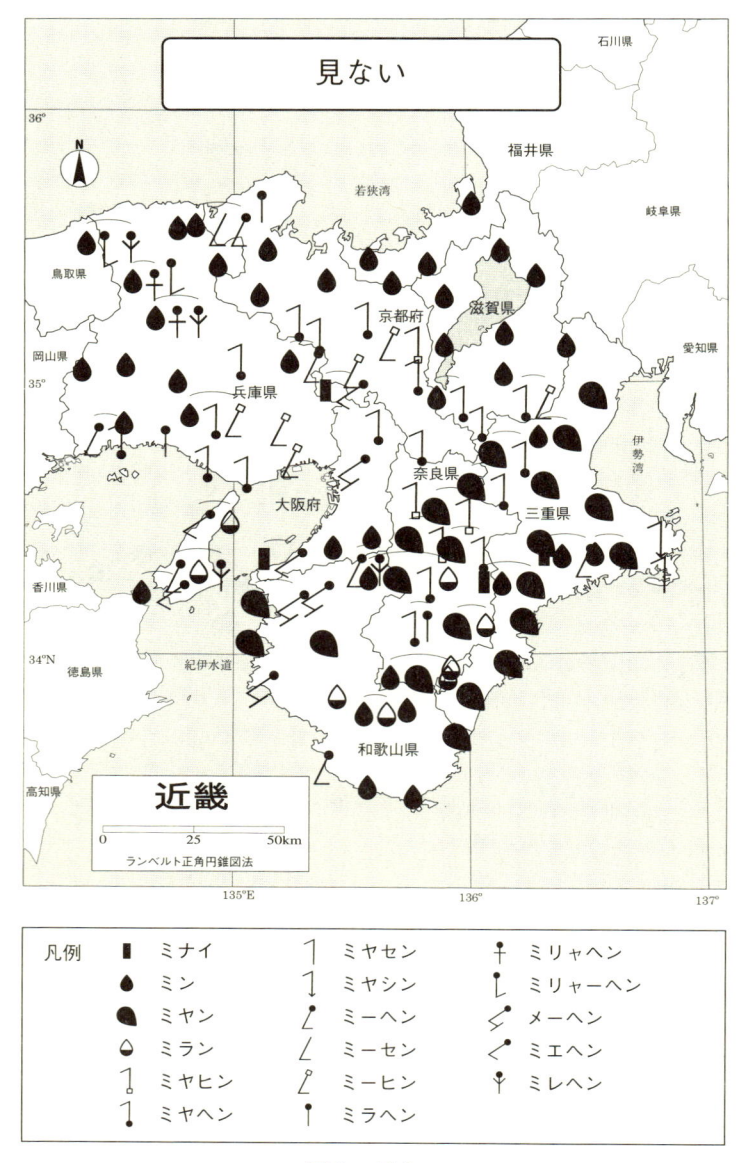

凡例		
■ ミナイ	⌐ ミヤセン	✝ ミリャヘン
● ミン	⌐ ミヤシン	ㄴ ミリャーヘン
◖ ミヤン	ˌ ミーヘン	⌐ メーヘン
◊ ミラン	⌐ ミーセン	✓ ミエヘン
⌐ ミヤヒン	⌐ ミーヒン	¥ ミレヘン
⌐ ミヤヘン	ˌ ミラヘン	

図2　見ない

がわかる。また、「見ない」も同様で、図2「見ない」で紀伊半島東側の沿岸部に多く広がっているのはミヤンであるが、表4「見ない」ではミヤンが後から侵入してきたミヤヘンによって、愛知県寄りと和歌山県寄りに分断されたことがわかる。ミヤンはミヤヘンに分断されたのであるならば、古くからのミンがミヤヘンなどのヤの影響を受けてミヤンになったのではないといえる。また、「見はせぬ」からの変化の過程で、強調の「は」が「ヤ」となり、ミヤ・セン、ミヤ・ヘンになったのであるならば、ヤとは関係のないミンの変化過程上にミヤンはない。

6.3．ヤンについて

　ヤンはンとともにありながら、それが変化した形でもなく、古くから出現していながら、若年層にもっとも多く、広がっている。矢野文博（1956）によれば、ヤンは三重県下に広く出現しながらも、その出現は劣勢であるという。また、一段動詞に多く出現し、その他の活用にはほとんど出現しないようである。本調査でも、一段動詞ミヤン（見ない）とキヤン（着ない）は3年層に出現し、なおかつ若年層で勢力ある広がりだが、カ変動詞コヤン（来ない）はわずか2地点の若年層に出現しているのみである。矢野（1956）の調査は1953年に行われたものであり、劣勢とはいえ、すでに全域で出現しているのだから、ヤンは古い存在である。当該地域において、ミヤンやキヤンが高年層に出現しているのもうなずける。そして、表10「セン類・ヘン類」と表11「ン類」をみれば、ヤンはセン類とヘン類の間にあり、セン類に次ぐ古さである。それが、なぜ若年層において、高年層や壮年層に勝る勢力があるのか。ヤンの広がり方はンカッタ類に似ている。新しい表現が、メディアなどを通じて、一気に広がったと思われるパタンである。ミヤン（見ない）、キヤン（着ない）、コヤン（来ない）のヤンは、当該地域の若年層世代には、当該地域に古くからあった表現というだけではないようだ。メディアなどを通じて、関西都市部の若者世代が使う「そうやんか」（いいじゃないか）「ええやん」（いいじゃない）などの「やん」の影響を受けて、関西都市部の都会的な感覚を持ちつつ、かつ聞き慣れた表現でもあり、受け入れやすかったのであろう。メディアを通じて広がっ

たというよりは、メディアの影響を受けて、若年層で復興した表現といえる。そして、その影響は、もともと高年層になかったコヤン（来ない）まで派生させている。

7．まとめ

①「5．ナンダ類・ンダ類・ンカッタ類」を参考にした「書かなかった」「来なかった」「着なかった」「見なかった」の主な表現の推移である。

「書かなかった」カカナンダ→カカヘンダ／カカンカッタ
「来なかった」コナンダ→キヤヘンダ他ンダ類／コンカッタ
「着なかった」キナンダ→キヤナンダ→キヤンダ／キンカッタ・キヤンカッタ
「見なかった」ミナンダ→ミヤナンダ→ミヤヘンダ・ミヤンダ／ミンカッタ・ミヤンカッタ

当該地域において、新しい表現は関西都市部より東海道を経由して、津市近辺に入る。ここから、湾岸沿いを南北に広がるため、先に広がっていた表現は南北に分断されるパタンが多い。そして、二カ所に分断された表現の外側がさらに古い表現といえる。ただし、最新の表現の広がりに関しては、従来の伝播経路に沿わないことも多い。メディアの影響はもちろんのこと、近年の道路開発によって、紀伊半島南回りの伝播速度も早くなるであろう。

②「6．セン類・ヘン類及びン類」を参考にしつつ「書かない」「来ない」「着ない」「見ない」に出現する表現の広がり方から、今後の推移をも予想する。

「書かない」カカセン→カカン→カカヘン→（カケヘン）
「来ない」キヤセン→コン→キヤヘン→コーヘン→（コヤン）
「着ない」キヤセン→キヤン→キヤヘン→（キヤン）
「見ない」ミヤセン→ミヤン→ミヤヘン→ミーヘン→（ミヤン）

当該地域において、関西都市部からの伝播や影響で広がりつつある様々な表現、カケヘン（書かない）—カケヘンカッタ（書かなかった）、コー

ヘン・コヤン（来ない）―コーヘンカッタ・コヤンカッタ（来なかった）、キヤン（着ない）―キヤンカッタ（着なかった）、ミヤン（見ない）―ミヤンカッタ（見なかった）なども含めて、今後の打消表現がどのような様相をみせていくのか、注目していきたい。

注

1) 地点名は1999年及び2002年の調査時による。その後、佐屋町は愛西市へ編入（2005）。長島町は桑名市へ編入（2004）。河芸町、香良洲町は津市へ編入（2006）。三雲町は松阪市へ編入（2005）。小俣町、御薗村は伊勢市へ編入（2005）。磯部町は志摩市へ編入（2004）。紀勢町は度会郡大紀町へ編入（2005）。南勢町、南島町は度会郡南伊勢町へ編入（2005）。紀伊長島町、海山町は北牟婁郡紀北町へ編入（2005）。紀和町は熊野市へ編入（2005）。鵜殿村は南牟婁郡紀宝町へ編入（2006）。古座町は東牟婁郡串本町へ編入（2005）。
   2002年調査地点は「紀伊半島グロットグラム調査地点」を参照のこと。
2) 1999年調査の資料は『名古屋―伊勢間グロットグラム集』（2001）及び『伊勢湾岸西部地域の社会言語学的研究』（2001）を参照のこと。
3) 『名古屋―伊勢間グロットグラム集』「2．調査概要」を参照のこと。
4) 前田（1955）は「本来の打消」である「ん」と、「本来の強消」である「へん」を次のように図式化している。

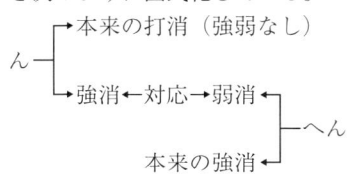

   ん ―→ 本来の打消（強弱なし）
      ―→ 強消 ←対応→ 弱消
             本来の強消   へん

5) 「書かない」以外の項目の質問文
   「来ない」……「今日、あの人はここには来ない」という場合、「来ない」の部分をどう言いますか。／「着ない」……「今日はこの服を着ない」という場合、「着ない」の部分をどう言いますか。／「見ない」……「今日はテレビを見ない」という場合、「見ない」の部分をどう言いますか。／「書かなかった」……「昨日は手紙を書かなかった」という場合、「書かなかった」の部分をどう言いますか。／「来なかった」……「昨日、あの人はここには来なかった」という場合、「来なかった」の部分をどう言いますか。／「着なかった」……「昨日はこの服を着なかった」という場合、「着な

かった」の部分をどう言いますか。／「見なかった」……「昨日はテレビを見なかった」という場合、「見なかった」の部分をどう言いますか。
6)　岸江信介（1992）「大阪方言における打ち消し表現」の中でも「意味・用法上の微妙な差異に着目して、大阪方言の打ち消し表現について考察する方向は重要であると思われる」と述べつつ、ンとヘンを同様に扱って、世代差・地域差について分析することの重要性を指摘しており、今回の資料の扱いもそれに従う。
7)　ヘンの歴史的変遷に関する先行研究も多い。ここでは、山本（1981）の「本来「強消」である「ヘン」が、「ン」という単純な動作の否定の言い方と混同して用いられるようになったのは、近世末期ごろからであるらしい」から始まるヘンの歴史的変遷を引用させていただく。「「動詞連用形─はせん」という言い方の、「は」が「ヤ」となり、あるものはさらに「─ャ」と拗音化する。そして「せん」は「ヘン」となるのである。この「─ヤヘン」、「─ャヘン」の間に母音の逆行同化が起こって、「（エ段音）─ヘン」という言い方が生じる。」

　　　　買いはせん・ありはせん・着はせん……
　　　　　　　　↓
　　　　買エヘン・アレヘン・着エヘン……

8)　五段動詞に助動詞ヘンが接続する仕方「ア段接続」についても、山本（1981）は「五段活用動詞の場合においては、さらに「-ャ」が直音化して「（ア段音）-ヘン」という言い方も生じてくる。この言い方は、まず「足る」、「有る」などラ行五段活用動詞に起こって、次第にラ行以外の五段活用動詞にも波及していったようである。こうして、結果的には、五段活用動詞にはエ段音接続とア段音接続の二形がみられるようになる。」と述べている。
9)　コーヘンは、近年の関西都市部において若年層に広がった表現であり、真田信治（1987）「標準形式「コナイ」の干渉を受けて成立した」という説や都染直也（2006）「打消辞「ヘン」と「ン」とが接触する地域における「混交形」」という説などあるが、当該地域の若年層に出現しているコーヘンはどうであろう。
10)　村内（1962）「ヤンを否定形に使うのは、（略）紀南では有田、日高、西・東牟婁郡の諸郡にあるが、海岸とか河に沿った地方に多く、山間僻地といわれるところはランが多い。しかも、次第にヤンに侵蝕されていく傾向にある。」当該地域でも、一段動詞が五段活用化したキラン（着ない）、ミラ

ン（見ない）などが、54上富田町や55田辺市に出現しているが、多くはない。
11）ナンダについて、前田（1949）は「買はなんだ」が「買えへんなんだ」に代わる経緯を説明し、山本（1962）も「元来ンの過去がナンダであり、（略）否定面が強調されると、ヘ˙ン˙ナンダとなり、ナンダはそのあらわす意味内容の否定面をヘンに譲り、専ら過去面をうけもつことになる。」と述べ、ナンダが他の打消の助動詞と結合して、様々な打消表現の過去形が派生することを説明している。
12）ンカッタの成立については定かでなく、楳垣（1962）は「京阪の若い世代に昭和初年頃から盛んに使われるようになったものだが、（略）おそらく「なかった」への類推から自然発生的に生まれたものだろう。」と述べ、奥村三男（1962）は京都の行カ（ヘ）ンカッタを例に「共通語行カナカッタの影響であろうか。それとも、形容詞カリ活用の語尾カッタ（これは京都地方でも使用）の勢力拡大であろうか。」と問うている。
13）図1「書かない」は『方言文法全国地図　第2集　80書かない（否定形）』、図2「見ない」は『方言文法全国地図　第2集　74見ない（否定形）』より作成（岸江信介氏による作図）。

〔参考文献〕
前田勇（1949）『大阪弁の研究』朝日新聞社
前田勇（1955）「大阪方言における動詞打消法」『東條操先生古稀祝賀論文集』
山本俊治（1952）「大阪方言における否定法」『近畿方言』14
山本俊治（1981）「「ン」・「ヘン」をめぐって―大阪方言における否定法―」『藤原与一先生古稀記念論集「方言学論叢Ⅰ」』三省堂
矢野文博（1956）「打消の助動詞の一系譜―ヤンについて―」『三重大学学芸学部研究紀要』16
中井精一（1997）「大阪型打消表現の成立とその特質」『日本語学報』16
楳垣実（1962）「三重県方言」『近畿方言の総合的研究』三省堂
村内英一（1962）「和歌山県方言」『近畿方言の総合的研究』三省堂
奥村三雄（1962）「京都府方言」『近畿方言の総合的研究』三省堂
山本俊治（1962）「大阪府方言」『近畿方言の総合的研究』三省堂
岸江信介（1992）「大阪方言における打ち消し表現」『国語表現研究』5
岸江信介（2003）「京阪方言にみられる動詞打消形式の差異と成立事情」『国語語彙史の研究』22
高木千恵（1999）「若年層の関西方言における否定辞ン・ヘンについて―談

　　　　　　　話から見た使用実態―」『現代日本語研究』6
真田信治（1987）「ことばの変化のダイナミズム」『言語生活』429
都染直也（2006）「山陰・山陽から関西における方言の分布と動態について」
　　　　『日本のフィールド言語学』桂書房
近畿方言研究会（2001）『伊勢湾岸西部地域の社会言語学的研究』地域語資
　　　　料6
岸江信介他（2001）『名古屋―伊勢間グロットグラム集』
徳川宗賢・真田信治他（1986）「和歌山県紀ノ川流域の言語調査報告」『日本
　　　　学報』5
国立国語研究所（1991）『方言文法全国地図』2

無敬語地帯の素材待遇表現について

―― 鳥羽市～田辺市間グロットグラムと『大阪のことば地図』からの考察 ――

西 尾 純 二

1. 無敬語地帯の待遇表現の諸問題

1.1. 無敬語地帯の待遇表現研究上の関心

　無敬語地帯と言われる鳥羽市―田辺市間には、待遇表現研究上、いくつかの関心事が存在する。この地域で敬語表現が存在しないのは、敬語を使用するような人間関係が存在しないからなのか。あるいは人間関係のあり方はさほど他地域とは変わらないが、敬語以外の表現手段によって待遇表現行動を行っているのか。後者の場合、話者たちは上下や親疎などの人間関係を、敬語形式以外のどのような待遇表現によって表現しているか。関心事の一つは、こういった言語行動論的な問題である。

　この無敬語地帯と言われる地域では、終助詞による待遇行動が多く報告されている。たとえば、方言文法全国地図6（国立国語研究所2006、以下GAJ6）では、疑問の終助詞が対人関係に応じて使い分けられる様子が観察できる。「書きますか」の疑問の終助詞部分は、三重県紀伊長島町では友人に尋ねるときはカクドイとなり、土地の目上に尋ねるときはカキマスカとなる。三重県熊野市では友人にはカカナーシ、土地の目上にはカカノシと、ナシとノシが使い分けられている。ノシが目上に用いられる現象は、三重県尾鷲市でも確認できる。また、余（2005）は、共通語の終助詞ネにあたる熊野市の終助詞が、目上にはノシ、同等にはノ、目下にはネと使い分けられることを指摘した。相手との親疎関係によってイントネーションも使い分けられるという。

ただし、終助詞やイントネーションは聞き手に直接働きかける表現要素であるため、その使い分けは対者待遇の言語行動にのみ有効であり、話題の人物を待遇する、素材待遇の言語行動としては意味をなさない。本論で考察する、無敬語地帯における素材待遇場面の待遇表現行動については、未だ不明な点が多いのである。

　無敬語地帯の待遇表現研究上のもう一つの関心事は、言語接触論・言語変化論的なものである。近隣方言や共通語の待遇表現体系が、無敬語地帯に根付いていくプロセスはどのようなものか。無敬語地帯の待遇表現の使用状況は、地域社会が敬語体系を備えていく最も初期の段階を具現している可能性がある。

　こういった関心がもたれる無敬語地帯の鳥羽市―田辺市間の沿岸部（以下、鳥羽市―田辺市間と略記する）で、2002年から2003年にかけてグロットグラム調査が行われた。しかも、北に隣接する有敬語地帯の名古屋市―伊勢市間では、先に同じ質問項目での聞き取り調査が行われており（岸江ほか2001）、両調査の結果を対比することで、有敬語地帯と無敬語地帯の連続と断絶のあり方に迫ることができる。

　本稿では、これらの関心事について、グロットグラム調査から得られた知見を報告する。

1.2. 鳥羽市―田辺市間での待遇表現使用の状況―

　鳥羽市―田辺市間の大部分は、無敬語地帯であると言われている。まずは、その具体的な状況を先行研究から確認したい。

　三重県方言を概説した佐藤（1982）では、「先生が本を読んでおられる」はヨンダル（紀宝町）、ヨンドル（紀伊長島町、鵜方町、南勢町）と記録されているが、これらはアスペクト形式であり尊敬語ではない。また、ヨンデナサルが南勢町に記録されているものの、目上の人物に対して「極めて稀に使用する」と報告されるのみである。他に矢野（1956）には、大和地方で用いられる、ヤイスなどの敬語助動詞が紀伊半島東部で用いられるという報告がある。

　しかし、この地域では敬語表現を用いず、終助詞やイントネーションに

よる待遇法が優勢であるとの見方が多い（楳垣1962、佐藤1982、丹羽2000、余2005）。GAJ6では、土地の目上の人に対して非常に丁寧に「書きますか」と尋ねる対者待遇場面での言い方が地図化されている（271図）。この地図での鳥羽市―田辺市間の回答の分布状況は次のとおりである。

　まず、尊敬語が分布するのは、次の5地点にすぎない。以下（三）は三重県、（和）は和歌山県を意味する。

　　南勢町（三）、大宮町（三）、尾鷲市（三）……カカレマス
　　古座町（和）、白浜町（和）………………………オカキニナリマス

これらはいずれも共通語形である。これら以外の地点では尊敬語を含まない回答が分布する。さらに、大王町（三）、熊野市（三）、尾鷲市（三）の回答は、次のように丁寧語マスをも含まない。

　　大王町（三）……カク（カナ）
　　熊野市（三）……カク（カノシ）・カク（ンカノシ）
　　尾鷲市（三）……カク（カノシ）

このように尊敬語が出現しないだけでなく、「非常に丁寧に話す」という場面設定でありながらも、丁寧語の使用が見られない地点がある。余（2005）に示されている三重県熊野市飛鳥町の談話例（老年層話者）でも、目上に対しての丁寧語使用は見られない。

　素材待遇場面に関してはGAJ6では、友人に対して「（あの先生は）行くのか」と尋ねる場合の言い方が問われている（295、296図）。その中で尊敬語を含む回答は、和歌山県側の古座町、白浜町、すさみ町の3地点のみである。

　古座町と白浜町では、三河地方と南海道（紀伊半島南部と愛媛を除く四国）に分布するオイデル系の形式が分布し、すさみ町では共通語形のイカレルが分布している。この3地点以外での回答は全て尊敬語を含まない。

　このように鳥羽市―田辺市間では、敬語形式の分布がわずかに報告されるものの、その使用は頻繁ではない。また、丁寧語形式が回答されない地点も存在した。そして、敬語助動詞を用いる少数派の話者と、用いない多数派の話者とが近隣地域に居住している。その両者が暮らしている状況は、この地域では上位者に敬語を使用しないことが強い非難の対象になりにく

いという、無敬語地帯としての素地を備えていることを示している。
　以上から、この地域は無敬語を基層とし、その上に近隣地域に分布する敬語形式が散見されるが、それらの敬語形式は地域に根付いてはいないと概観できるであろう。こういった状況を踏まえて、鳥羽市―田辺市間の調査結果を検討していく。

2．調査の形式

2.1．場面設定

　鳥羽市―田辺市間での待遇表現に関するグロットグラム調査は、初めての試みである。調査は名古屋市―伊勢市間のグロットグラム調査と同様に、次の場面設定で方言翻訳の回答を得る形式で行った。
1　親しい友人に対して、「校長先生[1]は公園に行った」ということを伝えるとき、どのように言いますか。
2　配偶者[2]に対して、「自分の祖父が公園に行った」ことを伝えるとき、どのように言いますか。
3　配偶者に対して、「自分の父親が公園に行った」ことを伝えるとき、どのように言いますか。
4　配偶者に対して、「自分の親しい友人が公園に行った」ことを伝えるとき、どのように言いますか。
5　親しい友人に対して「近所の犬が公園のほうに行った」ということを伝えるとき、どのように言いますか。
6　「汚い犬に餌をやろうとしたのに無視して向こうに行った」ということを腹立たしい感情をこめて伝えるとき、どのように言いますか。

このうち、本稿では6を除いた場面での回答を分析対象とする。場面設定は、話題の人物が主語となる素材待遇場面に限定している。述部の「行った」が、どのような待遇表現形式で方言翻訳されるかが、分析の対象である。以下、この方言翻訳式の回答を「翻訳回答」と呼ぶ。また、先行研究で確認される敬語形式について、回答者に「使う」「聞いたことがある」「他の地域で使っている」「聞いたことも使うこともない」かについて確認

している。本稿では、これらの使用意識についての回答を「確認回答」と呼ぶことにする[3]。インフォーマントに確認した敬語形式は、次のようなものである。

【確認した敬語形式】
　　ゴザル・─テゴザル（ゴザル、イッテゴザルなど）　　─ス（～サスなど）　　─カス（イカス、イカシタなど）　　─ハル（イキハル、イカハルなど）　　─テヤ（イッテヤなど）　　─サル（イカッサルなど）　　─シャル（イカッシャルなど）　　─ナハル（イキナハルなど）　　─ナサル（イキナサルなど）　　ミエル・─テミエル（ミエル、イッテミエル）など　　─ヤース・─キャース（イキヤース、イキャースなど）　　─イス（イカイス）　　─ヤイス（イキヤイス）　　─ヤス（イキヤス）

　質問文の1～5では、話題の人物と回答者との関係性を変化させている。1の質問文は、話題の人物が目上のときである。質問文2と3は、身内敬語用法の有無を確かめる調査項目であるが、このときの聞き手は配偶者としている。

　身内敬語用法は、①身内の上位者を言語的に高く待遇する。②聞き手が身内の人物であっても、非身内の人物であっても①が適用される。という2つの特徴を備えた用法である。したがって、身内尊敬用法の有無を確認するには、聞き手を配偶者ではなく、非身内の人物に設定するのが望ましい。しかし、各地で急速に身内敬語用法が消滅しており、その要因として非身内に身内の上位者を高く待遇することを規範的としない共通語の影響があると考えられた。

　よって、聞き手が身内であるほうが、身内の上位者を高く待遇する用法（①）が根強く残ると考え、聞き手を身内の人物である配偶者としたのである。また、核家族化が進む近年にあっては、身内の上位者といえども、同居率が少ない祖父と同居率の高い父親とでは、身内意識が異なる可能性がある。祖父のほうが父親よりも身内意識が低く、上位者として待遇される可能性が高い。このため、祖父と父親の両者を話題の人物として設定した。

質問文4は話題の人物を友人に設定した待遇的にニュートラルな場面設定である。質問文5は犬という人間以外の存在を話題にした下位待遇の場面設定である。

2.2. 調査形式の性質

これまであまり注目されなかったことであるが、前節で述べたような方言翻訳式の待遇表現の調査には注意すべき点がある。それは、この方言翻訳式の調査は、待遇表現の体系的記述というよりも、むしろ場面設定という刺激に対する、回答者の反応のあり方を見ているという点である。

場面設定という刺激に、敬語形式以外の待遇表現形式が回答される確率は、敬語形式の場合とは異なってくる。敬語形式の使用義務は一般的に強い。使うべき相手に敬語を使用しないことは、社会的に非難される行為であるからである。いっぽう、敬語形式以外の待遇表現形式には、使用しなくても強い非難の対象にならない場合もあるだろう。

質問文1〜5の素材待遇場面を刺激として、得られる反応に例外が少ないほど待遇表現としての使用義務性は強いと言えるだろう。しかし、無敬語地域では、有敬語地域の敬語ほどは強い使用義務性を持たない待遇表現形式が存在することも考えられる。このために、場面設定という刺激への反応（回答）として、待遇表現形式が得られなかったとしても、インフォーマントは実生活で何らかの待遇表現形式を「使用するときもある」可能性がある。

よって、話題の人物の違いによる使い分けを個々人で見るよりも、地域としての使い分けの「傾向」に注目するのが分析方法として適切である。無敬語地帯では特に、そのような分析手法を重視することが有効だろう。

以上のことを踏まえて、本調査の結果を分析していくことにする。

3. 鳥羽市──田辺市間グロットグラムに見る無敬語の状況

3.1. 敬語助動詞の不使用状況

もっとも敬語形式が頻出した、「校長先生」を話題の人物とした場面で

回答された述部形式は、主に表1のようなものであった。表2は表1の作成元となったグロットグラム（翻訳回答）である。さらに、確認回答の状況も部分的に表1に反映させている。

表1　鳥羽―田辺間グロットグラムの待遇表現形式群とその分布状況

形式	語例	場面1での分布状況
ミエル（本動詞）	ミエタ、ミエマシタ	尾鷲市九鬼壮年、御浜町高年に1件ずつ。
テミエル（補助動詞）	イッテミエル、イッテミエマス	翻訳回答では尾鷲市青年に1件のみ。確認回答では、鳥羽から御浜町間に10件「使う」の回答がある。
レル	イカレタ	全翻訳回答93件中、三重県側の7件のみ。中高年層を中心に分布。三重県内の分布地域に偏りは見えにくい。
テオラレル	イットラレ	南勢町老年層に一件のみ。
ヤル（？）	イキヤッタ、イキャッタ	三重県御浜町から和歌山県上富田町までの幅広い世代に分布。
サル	イカサッタ	鳥羽市老年に1件のみ。確認回答ではほかに、鳥羽市青年にも1件。
ル	イカッタ	太地町老年に1件のみ。
ハル	イッテハッタ	紀宝町の少年に1件のみ。
テ敬語（？）	イテダ	尾鷲市老年に1件のみ。このインフォーマントは確認回答でテヤを使わないし聞いたこともないとしている。確認回答では紀勢町に「使う」が一件。

（？）は待遇表現形式かどうか疑わしいもの。

翻訳回答で回答があったテミエル形式は、名古屋市―伊勢市間調査の確認回答では、ほぼ全地域の全世代に分布していた（岸江ほか2001）。テミエル形式は、伊勢市―名古屋市間では、地域共通語的な存在であった。これに対して、鳥羽市―田辺市間の調査ではテミエルを「使う」とする確認回答でも、10件とまばらであり、三重県の紀宝町以南と和歌山県側では出現しなくなっている。

表2　校長先生が話題の人物のとき （鳥羽市―田辺市間）

項目名：【校長先生】

質　問：親しい友人に対して、「校長先生（inf が中年老年の場合＝子息・孫の校長先生）は公園に行った」ということを伝えるときどのように言いますか。

		地点 / 世代	10代	20代	30代	40代	50代	60代	70代～
三重県	1	鳥羽市坂手町	＝	＝			＝	⇧	
	2	磯部町	＝	＼			＝		‖
	3	浜島町	＝						
	4	南勢町	＝			‖			＝Y
	5	南島町							＝
	6	紀勢町	＝	⊟					
	7	紀伊長島町	＝	＝			＝	＼	
	8	海山町	−		＝		＼		＝
	9	尾鷲市旧市街	＝	◆		＝▮			❖
	10	尾鷲市九鬼	＝	＝		◇◆			
	11	熊野市飛鳥町	＝	＝		＝			▮
	12	御浜町		⊗	▮		−		◈
	13	紀宝町	＊	＝			⊗	＝⊗	
	14	紀和町		＝				＝＼	
	15	鵜殿村1							
	16	鵜殿村2					＼		
	17	鵜殿村3	＝						
和歌山県	18	新宮市1	⊗						＝
	19	新宮市2		＝		＝			
	20	新宮市3							−
	21	那智勝浦町	N	≋		＝			＝
	22	太地町	＝	＝				⊟	
	23	古座町	＝			⊗		⊗	
	24	串本町1			＝				
	25	串本町2		＝					Ⅰ
	26	串本町3			＝				
	27	すさみ町	▢			N			
	28	上富田町1	＝						
	29	上富田町2	◂				＝	⊗	
	30	上富田町3							
	31	田辺市	＝	＝	＝		＝		

凡例　　＝　イッタ（ゾ、デ（−）、ヨ（−）、ド（−））　　−　イッタン（ヤトー、ヤッテ）
　　　‖　イタ（ゾー）　　Ⅰ　イタン（ナー、ヤトー）　　◆　イッテミエル
　　　◇　イッテミエマス　　◈　ミエタ　　▮　ミエマシタ　　＼　イカレタ（ワ、ヤロ）
　　　⊗　イキヤッタ　　▮　イキヨッタ　　▮　イッキョッタ　　◂　イキヨル
　　　⇧　イカサッタ　　⊟　イカッタ　　≋　イッタール　　＊　イッテハッタ
　　　▢　イッテル　　⊟　イットル　　⊟　イットッタ　　❖　イテダ
　　　Y　イットラレ　　N　NR

鳥羽市―田辺市間では敬語助動詞があまり使用されず、その使用に強い義務性が働いているとは言いにくい。また、後述するが、御浜町（三）から和歌山県側に分布する「イキヤッタ」などのヤル形式は、京阪地域では待遇表現形式であると認識されることが多い。しかし、この地域でのヤル形式に待遇性はほとんどなく、尊敬語ではないと見られる。

敬語助動詞の分布においてもう一点注目すべきは、共通語形のイカレルも、回答者93人中7件（7.5％）と少ないことである。名古屋市―伊勢市間では、回答者100人中30人（30.0％）がイカレル・オイキニナルという共通語形を翻訳回答で回答した。このことを踏まえると、この地域では、敬語助動詞の共通語化が進んでいないことがよく分かる。

以上のような敬語助動詞の出現頻度の低さには、2つの解釈を与えうる。一つは、「上位者を待遇する言語行動」自体が盛んでないため、隣接方言・共通語の敬語体系が定着しにくいという解釈である。もう一つは、上位待遇の言語行動自体は存在し、何らかの待遇表現形式による上位待遇行動は行われているが、「敬語助動詞を用いる」という上位待遇行動自体に馴染みが薄いため、隣接方言や共通語の敬語受容が進まないという解釈である。

これら2つの解釈のうち、どちらがより実情に沿った解釈であるかはすぐには判断できない。先述したように、対者待遇場面では終助詞による上位待遇行動が報告されている。よって、後者の解釈の妥当性が高いが、今回の調査においては、疑問の終助詞による待遇行動は全く確認できなかった。いずれにしても、この地域では「敬語助動詞による」上位待遇行動の義務性は小さく、さほど浸透していないことは、本調査でも指摘できるであろう。

3.2. 敬語助動詞の不使用の地域的連続性

表1、表2をより詳しく見ると、鳥羽市―田辺市間にも有敬語・無敬語の連続と非連続を見て取ることができる。表1や表2で敬語助動詞が、わずかながら現れるのは三重県側の地域である。有敬語地帯に隣接する三重県側で、伊勢市―名古屋市間に優勢なテミエル形式や、共通語のイカレルが散見される。この様子は、この地域には無い敬語助動詞を、隣接地域か

ら受け入れるか、それとも共通語から受け入れるかと、手探りしているかのようである。

いっぽう、和歌山県側では敬語助動詞の使用を受け入れる気配が見られない。GAJ6で見られた古座町（和）、白浜町（和）で見られたオイデル系の敬語助動詞も今回は確認されていない。共通語形のイカレタも三重県側には回答が見られるが、和歌山県側では一件の回答も見られなかった。今回の調査では和歌山県側では敬語形式の分布は皆無に近いのである。

鳥羽市─田辺市間では、共通語化のように、若い世代からいっせいに敬語形式が使用され始めるのではなく、有敬語地帯に隣接する三重県側で敬語使用が散見され、その状況は和歌山県との県境で途切れる。このような敬語使用そのものの名古屋市─伊勢市側との連続性と、三重県と和歌山県境との間の非連続性とが見られる。

4．素材待遇場面でのアスペクト形式

4.1．ヤル形式の用法と分布

京阪地域におけるヤル形式の待遇性の分析は、ハル敬語やヨル卑語、さらにはテ敬語に比べても研究が進んでいない。それゆえに、御浜町（三）以南の幅広い世代で、イキヤッタが回答されていることが注目される。設定した1～5の場面で、いずれかの場面でヤル形式を回答した話者数は14名であった。他の述語形式の使用者数に比べると多い。

そこで、ヤル形式の待遇性を把握するために、御浜町（三）から上富田町（和）の間でヤル形式を回答した全14名が、設定場面1～5のどの場面でヤル形式を回答しているかを、表3にまとめた。ヤル形式以外に、なんらかの待遇表現形式が回答されている場合は、これも表に含めた。

表3から、ヤル形式の回答状況を検証すると、この形式には上下関係を直示する関係性待遇（西尾2005）の性質がほとんどないことがわかる。校長先生を話題の人物としたとき、ヤル形式は7人の回答があるのに対して、友人に対して6件、犬に対して10件の回答がある。

一人ひとりのヤル形式の使い分けパターンを見ても、ヤルの上位待遇性

表3　ヤル形式使用者の述語助動詞の使い分け

地点	世代・性	校長	祖父	父親	友人	犬
御浜	少年女	ヤッタ	ヤッタ	ヤッタ	ヤッタ	ヤッタ
御浜	壮年男	—	—	—	ヤッタ	—
御浜	老年男	—	—	—	—	ヤッタ
紀宝	少年男	ハッタ	—	—	—	ヤッタ
紀宝	壮年男	ヤッタ	ヤッタ	ヤッタ	ヤッタ	ヤッタ
紀宝	老年女	ヤッタ	—	—	—	ヤッタ
鵜殿	少年男	—	—	—	—	ヤッタ
新宮	少年男	ヤッタ	ヤッタ	ヤッタ	ヤッタ	ヤッタ
新宮	老年男	—	ヤッタ	—	—	—
古座	壮年男	ヤッタ	—	—	—	—
古座	老年男	ヤッタ	ヤッタ	イカッタ	ヤッタ	ヤッタ
上富田	少年男	ヨッタ	—	—	ヤッタ	—
上富田	壮年男	—	—	—	—	ヤッタ
上富田	老年男	ヤッタ	ヤッタ	ヤッタ	—	ヤッタ

—：待遇表現の助動詞不使用

を裏付ける「目上の人物だけにヤル形式を使用する」という回答パターンはほとんどない。新宮（和：老年男）が祖父にのみ使用しているパターンと、古座（和：壮年男）が校長先生にのみ使用するという2パターンのみである。全体の回答パターンに関係性待遇の性質が見られないことからも、この2パターンは偶然目上の人物にヤル形式を用いたと考えられる。

　以上から、対人的な上下関係を直示する関係性待遇の性質を、ヤル形式が持っているとは認められない。

4.2. ヤル形式と存在動詞アルの分布

　表4を見ると、ヤル形式の分布が、御浜町（三）から上富田町（和）に分布するアル形式の分布と地域的に一致していることが分かる。そして、この地域間では、アスペクトのなかでも、進行態を中心にヤル形式が分布している。テル・トルが「て＋いる」「て＋おる」、ヨルが「五段動詞イ段・

表4　鳥羽市―田辺市間の「魚がいる」の分布

項目名：【（魚が）いる】

質問：「この川にはたくさんの魚がいる」と言う場合、「いる」の部分をどう言いますか。

		地点 \ 世代	10代	20代	30代	40代	50代	60代	70代〜
三重県	1	鳥羽市坂手町	●	|			|	|	
	2	磯部町	|	|		|			|
	3	浜島町	|				|		|
	4	南勢町	|		|	|			|
	5	南島町	|					|	|
	6	紀勢町		|		|			|
	7	紀伊長島町	|					|	
	8	海山町	|		|		|		
	9	尾鷲市旧市街	|	|		|			
	10	尾鷲市九鬼	|			|			|
	11	熊野市飛鳥町	|			▲|			
	12	御浜町	|	|			●		●
	13	紀宝町	|		|		|	N	
	14	紀和町		|				●|	
	15	鵜殿村1	|						
	16	鵜殿村2		|			|		▲
	17	鵜殿村3	|						
和歌山県	18	新宮市1	|					●	
	19	新宮市2		|		●|			
	20	新宮市3	|					●	
	21	那智勝浦町	N	|		●			●
	22	太地町	|	|		●		●	
	23	古座町	▲	|		●		●	
	24	串本町1			|				
	25	串本町2		|▲					●
	26	串本町3			|				
	27	すさみ町	|	|		|		●	
	28	上富田町1	|						
	29	上富田町2	|	●|			●	▲	
	30	上富田町3	|						
	31	田辺市		|	|	●		|	

凡例　▲ イル　\| オル　● アル　N NR

上一段動詞＋オル（読み＋オル＝ヨミヨル）」の文法化によって成立したのと同様にヤル形式は「五段動詞イ段・上一段動詞＋ある（読み＋アル＝ヨミヤル）」が文法化を起こして成立したことが、本グロットグラムからも推定される。文法化によってヤル形式は、アスペクトの意味を得た。そのヤル形式が、これらの素材待遇場面で、御浜町（三）から上富田町（和）間で多く使用されるのである。まずは、この事実を確認しておきたい。

4.3. アスペクト形式の出現状況とヤル形式の待遇表現化

　ヤル形式がアスペクト形式であると判断された上で、改めて先に示した表2を見直すと、ヤル形式以外にもアスペクト形式の回答が多いことに気づく。テ形に敬語助動詞が接続する回答を含めると、その内訳は次のとおりである。

　　イキヤッタ　　　　7人
　　イキヨッタ・イッキヨッタ・イキヨル　　4人
　　イッタール　　　1人
　　イッテル　　　　1人
　　イットル・イットッタ　　2人
　　イッテミエル・イッテミエマス　　2人
　　イッテハッタ　　1人
　　イットラレ　　　1人

　鳥羽市―田辺市間調査で設定された質問文の方言翻訳では、必ずしもアスペクト形式で回答する必要はない。しかし、92人の回答者のうち延べ19件、18人（19.6%）が、このようなアスペクト形式を回答している。ヤル形式が出現する御浜町（三）―上富田町（和）に限定すれば、アスペクト形式の出現率は48人中12件で25.0%となる。

　いっぽう、同じ場面設定で調査した名古屋市―伊勢市間グロットグラムでは、校長先生に対してアスペクト形式が回答されるケースは、100人の回答者のうち次の7人（7.0%）に過ぎない。

　　イッテミエル　　2人
　　イッテゴザル　　1人

イッテマッタ　　　1人
　　　イットル　　　　　3人
　これらを除けば、名古屋市—伊勢市間では、イッタ、イカレタ、イカシタ、イキナシタなどのアスペクト形式を含まない表現が回答されている。同じ場面設定であるにもかかわらず、アスペクト形式の回答は名古屋市—伊勢市間では少ないのである。
　この状況と比較すれば、御浜町（三）—上富田町（和）間でアスペクト形式が20％程度回答されるのは、偶然ではなく、素材待遇場面という刺激に対する、回答者の反応として生じた「緩やかな傾向」（§2.2参照）であると考えられる。
　そして、有敬語地帯で敬語助動詞が使用されるところを、無敬語地帯では敬語助動詞の代わりに、アスペクト形式で補っているかのように見える。
　時間把握にかかわるアスペクト形式が「話し手寄りの事態把握」、「主体的な認識の仕方」にかかわる形式として用いられるようになる変化は、多くの方言で見られる（青木2008）。本調査の素材待遇場面に対する反応として出現した、アスペクト形式による話し手の時間把握も、話し手寄りの把握、主体的な認識によるものである。そして、そのような話し手の主体的な事態把握は、眼前で事態が確認できる対者待遇場面よりも、事態把握が発話現場を手がかりにしにくい素材待遇場面で行われやすいと考えられる。
　以上から、「話し手寄りの事態把握、主体的な認識」を表出するために、無敬語（助動詞）地域では敬語助動詞に代わって素材待遇場面でアスペクト形式が多用されることを指摘しうる。ただし、この可能性をより確かなものとするためには、少なくとも次の2点の検証を待たねばならない。
　　1．対者待遇場面では、アスペクト形式が多用されないこと。
　　2．他の地域でも、素材待遇場面でアスペクト形式が多用されること。
　1について、この調査では対者場面を設定していなかったことが悔やまれるが、対者場面で「公園に（聞き手＝二人称が）行ったか」の設問文を「行っていたか」相当の方言に翻訳することは、かなり不自然であると感じられる[4]。2については、有敬語地帯の熊本県天草で待遇表現の記述調

査を行った結果が示唆的である。この調査では、アスペクト形式のヨルが含まれる「行きヨラッタ」は素材待遇場面では回答されるが、対者待遇場面では出現しないと話者に内省された（西尾・朝日ほか2001）。今後、さらなる調査と事例による検証が待たれる。

4.4．大阪方言と御浜町―上富田町間のヤル形式の異同

『大阪のことば地図』（岸江ほか2009）では、素材待遇場面のヤル形式は、139地点中目上の人物に23地点（図１）、同等の人物には20地点（同地図p.45）、目下の人物にも15地点（同地図p.46）に分布している[5]。つまり、ヤル形式は大阪方言でも目上のみを待遇する上位待遇性が希薄であり、この点において、今回の調査地域である御浜町―上富田町の状況と一致している。

さらに、『大阪のことば地図』で注目したいことが３点ある。まず第一点は、アスペクト形式を尋ねる調査場面では、ヤル形式が全く分布していないことである。大阪のヤル形式は、御浜町（三）―上富田町（和）では確認されるアスペクトの意味が、極めて希薄になっている。

２つ目の注目点は、同言語地図では、主語が目上のときは、対者場面では河内地域を中心に目上に対するヤル形式は９地点にしか見られないことである（図２）。しかし先に述べたように、素材待遇場面では約2.5倍の23地点にヤル形式の回答が見られる（図１）。大阪府のヤル形式は、アスペクトの意味は希薄になっている点は御浜町（三）―上富田町（和）の状況とは異なり、素材待遇場面で出現しやすい性質は御浜町（三）―上富田町（和）の状況と一致している。

第３点目に注目したいのは、対者場面でのヤル形式は目上には９地点の分布があるが、同等や目下の話し相手には１地点しか分布しないという点である（図３）。図３は同等の人物相手の場合の言語地図であるが、ヤル形式はキャハッタが大阪北部の豊能町に１地点分布するのみである。目下の場合も、キャハッタが１地点、枚方市に分布するにとどまる。

これら同等、目下が相手の場面での分布状況と比較すれば、目上に対してヤル形式が９地点回答されることは、ヤル形式の上位待遇性を示唆して

106

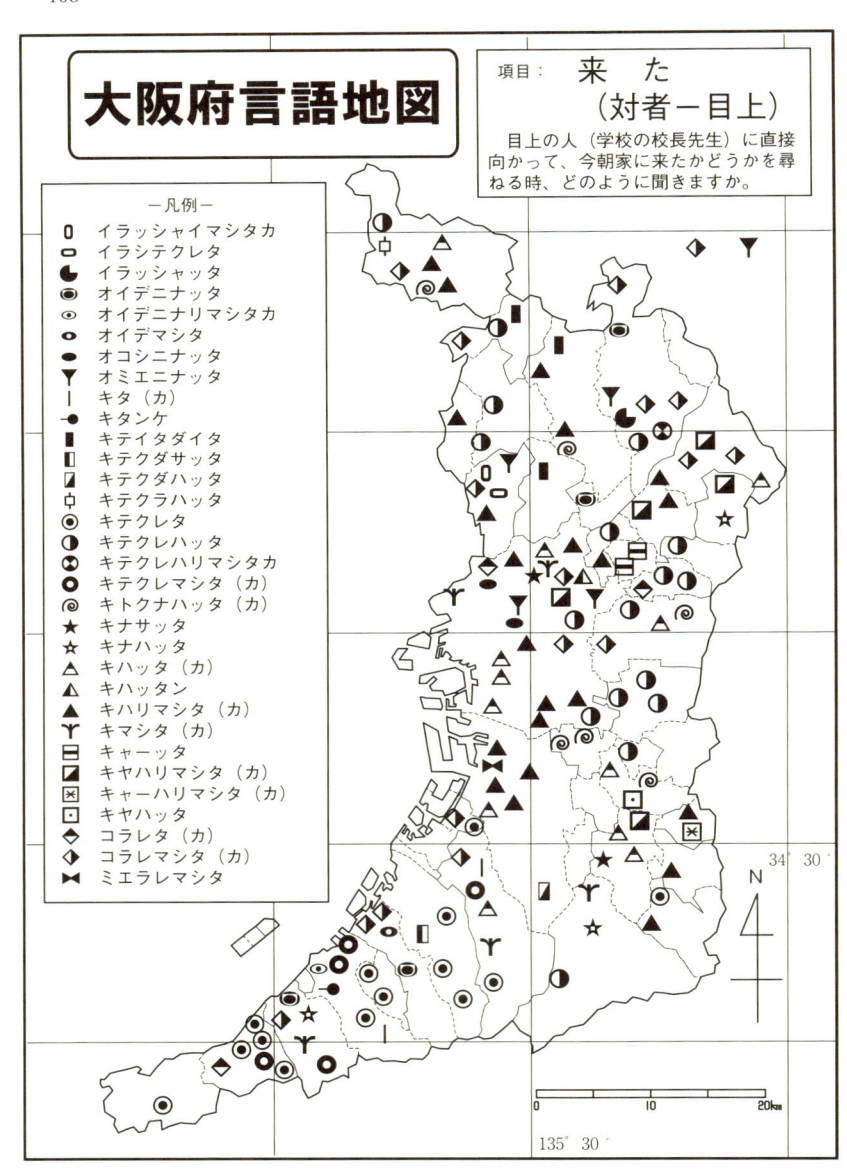

大阪府言語地図

項目： 来　た
（対者―目上）

目上の人（学校の校長先生）に直接向かって、今朝家に来たかどうかを尋ねる時、どのように聞きますか。

―凡例―
- イラッシャイマシタカ
- イラシテクレタ
- イラッシャッタ
- オイデニナッタ
- オイデニナリマシタカ
- オイデマシタ
- オコシニナッタ
- オミエニナッタ
- キタ（カ）
- キタンケ
- キテイタダイタ
- キテクダサッタ
- キテクダハッタ
- キテクラハッタ
- キテクレタ
- キテクレハッタ
- キテクレハリマシタカ
- キテクレマシタ（カ）
- キトクナハッタ（カ）
- キナサッタ
- キナハッタ
- キハッタ（カ）
- キハッタン
- キハリマシタ（カ）
- キマシタ（カ）
- キャーッタ
- キヤハリマシタ（カ）
- キャーハリマシタ（カ）
- キヤハッタ
- コラレタ（カ）
- コラレマシタ（カ）
- ミエラレマシタ

図1　『大阪のことば地図』の「来た」(対者待遇場面：目上)

無敬語地帯の素材待遇表現について　107

大阪府言語地図

項目：　来　た（総合図）
　　　　　　（第三者―目上）
目上の人（学校の校長先生）が「今朝家に来た」と、近所の親しい人に言う時、どう言いますか。

―凡例―

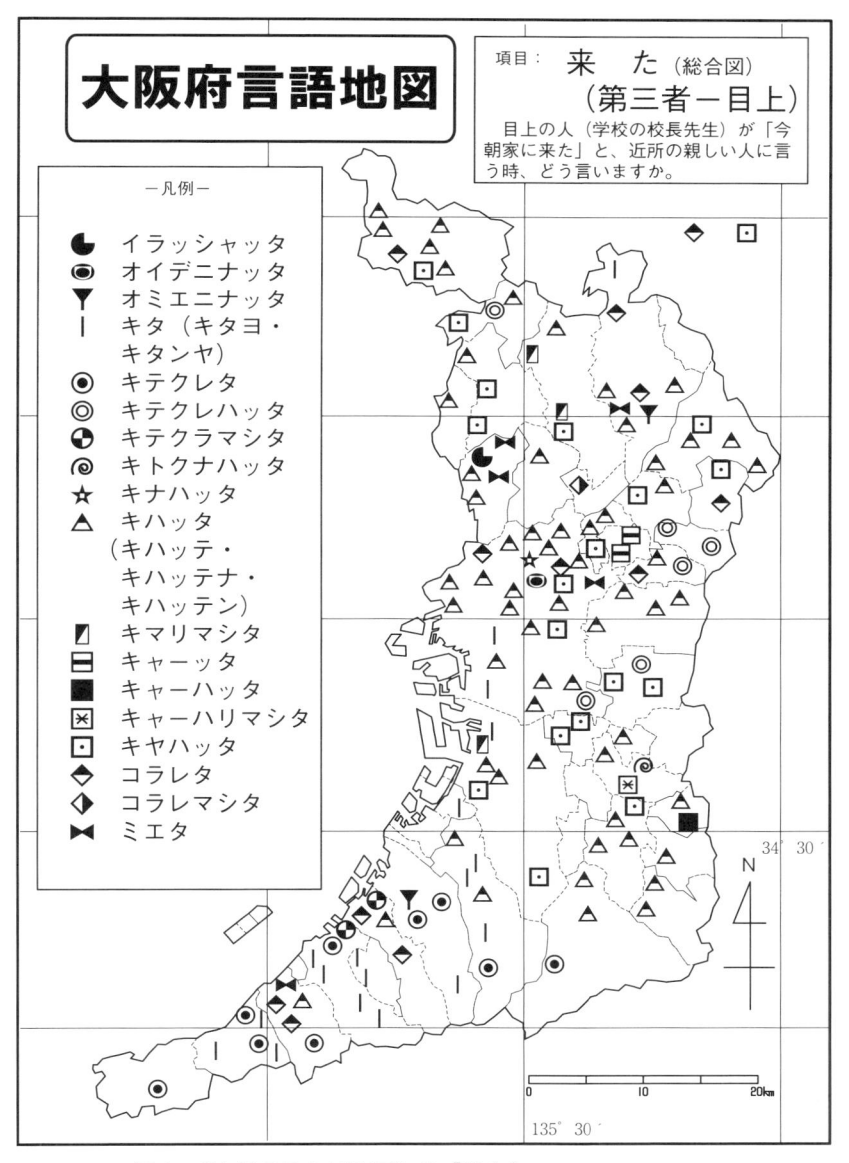

- ◖ イラッシャッタ
- ◉ オイデニナッタ
- ⍢ オミエニナッタ
- ｜ キタ（キタヨ・キタンヤ）
- ⊙ キテクレタ
- ◎ キテクレハッタ
- ◓ キテクラマシタ
- ◕ キトクナハッタ
- ☆ キナハッタ
- △ キハッタ（キハッテ・キハッテナ・キハッテン）
- ◪ キマリマシタ
- ⊟ キャーッタ
- ■ キャーハッタ
- ⊠ キャーハリマシタ
- ⊡ キヤハッタ
- ◆ コラレタ
- ◆ コラレマシタ
- ⋈ ミエタ

図2　『大阪のことば地図』の「来た」（素材待遇場面：目上）

いるかのようにみえる。ただし、目上に対するヤル形式は「キヤハッタ」「キャーッタ」のように、全てがハル敬語と共起して「ヤハル」の形で用いられている。したがって、ヤルそのものに関係性待遇の性質があるとは言いにくい。素材待遇場面で多用されるヤハル形式が、ひとまとまりの敬語形式として認識され[6]、それが対者待遇場面でも使用されていると考えるのが妥当であろう。

このような成立過程を見ると、ヤル＋ハル敬語の関係性待遇としての性質は、あくまでハル敬語に由来するものである。ゆえに、ヤハル敬語はハル敬語の一種であり、ヤル敬語と呼ぶにはふさわしくない。「ヤハル敬語」と呼ぶべきであろう。

以上から、ヤル形式の待遇表現化について、以下のような段階性を仮設することができる。

【御浜町—上富田町段階】
　　ヤル形式はアスペクトとしての意味を保持している。待遇性はないが、素材待遇場面で多用される。

【大阪方言段階】
　　ヤル形式がアスペクトの意味を失い、はっきりとした関係待遇性も持たないまま、素材待遇場面で多く出現する。さらにヤル形式はハル敬語と共起してキヤハル、キャールなどの「ヤハル敬語」を形作り、対者場面でも敬語として目上に使用される。

【待遇表現化完了段階：未発見】
　　ヤル形式はアスペクトの意味を失い、はっきりとした関係待遇性を有し、素材待遇場面だけでなく、対者場面でも用いられる。

待遇表現化完了段階は、未だ発見されていない。辻（2009）には、京都市方言における待遇表現の使用状況が大量の談話資料から整理されている。しかしそこでも、ヤル形式が待遇表現として使用される事例は皆無に近い。また、ヤル形式が待遇表現化している現象を発見したとしても、そのヤル形式がヤハル形式の音声的変異である可能性を考慮しなければならない。① jaharu ＞ ② jaRru ＞ ③ jaru という声門摩擦音［h］の弱化（①→②）、子音母音連続への類推のための長音短呼（②→③）という変化をたどり、

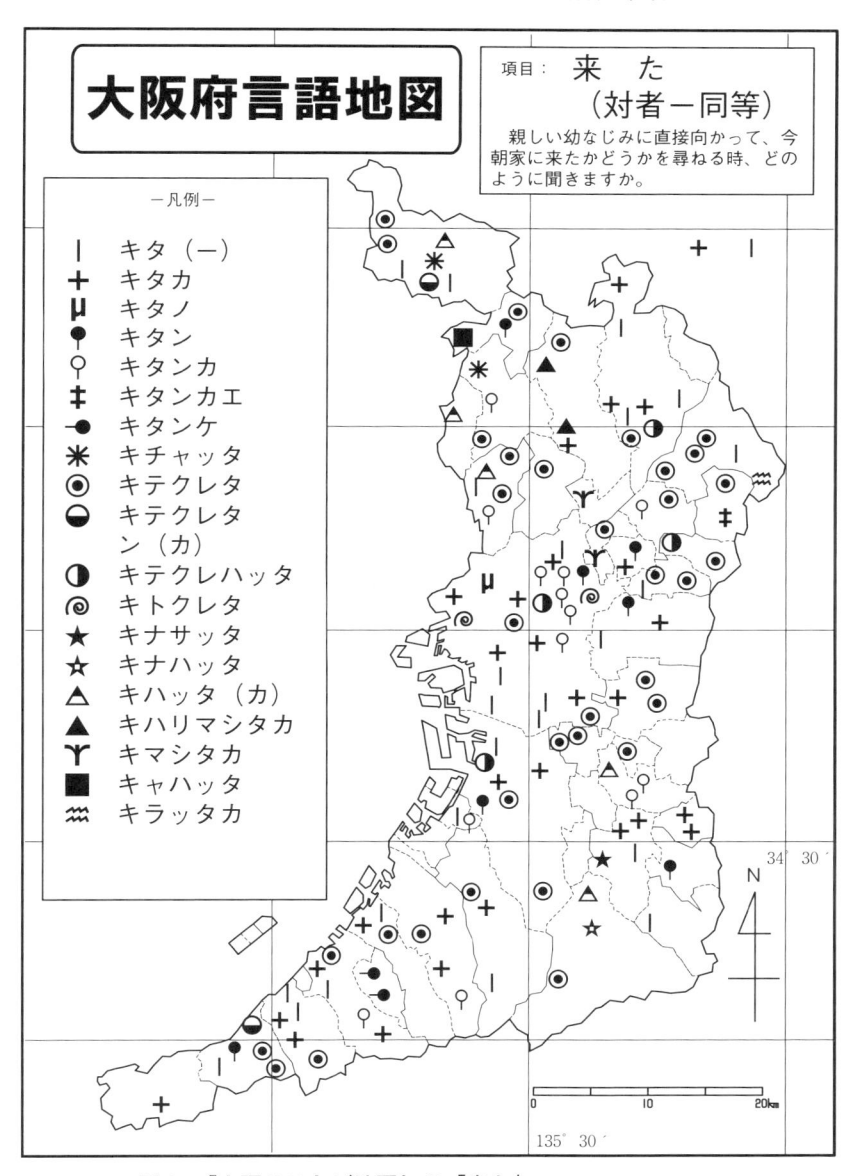

無敬語地帯の素材待遇表現について 109

大阪府言語地図

項目： 来　た
（対者一同等）

親しい幼なじみに直接向かって、今朝家に来たかどうかを尋ねる時、どのように聞きますか。

— 凡例 —

| キタ（ー）
+ キタカ
⊔ キタノ
● キタン
○ キタンカ
⧧ キタンカエ
• キタンケ
✳ キチャッタ
⊙ キテクレタ
◐ キテクレタン（カ）
◑ キテクレハッタ
◉ キトクレタ
★ キナサッタ
☆ キナハッタ
△ キハッタ（カ）
▲ キハリマシタカ
Υ キマシタカ
■ キャハッタ
〰 キラッタカ

34°30′
135°30′
0　10　20km

図3　『大阪のことば地図』の「来た」（対者待遇場面：同等）

ヤハル形式が再び「ヤル」の姿をとる可能性は十分にある。つまり、待遇表現化したヤル形式は、アスペクト形式由来である可能性とヤハル形式の音声的変異である可能性とが考えられるのである。

4.5. 素材待遇場面における関西方言の待遇表現

アスペクト形式に由来する関西方言の待遇表現として、ほかに「行きヨル」などのヨル形式がある。ヨル形式は対象を低く待遇するマイナスの待遇表現であるが、この形式は素材待遇場面でのみ出現する。

テ敬語もアスペクト性を有していたとされる（村上2009）が、このテ敬語は「先生、どこ行ってですか？」のように対者待遇場面でも多用される。テ敬語が対者待遇場面でも多用されるという事実は、素材待遇場面でアスペクト形式が待遇表現化を起こしやすいという仮説と、一見、矛盾するように見える。しかし、「待遇表現化の契機」となりうる「話し手寄りの事態把握、主体的な認識」の表出が素材待遇場面で起こりやすいことと、「現在」のテ敬語が対者待遇場面で多用されるという事実は両立しうる。テ敬語がアスペクト性を失った後、敬語形式へと変化を遂げ、対者待遇場面でも使用されるに至ったと考えることができるからである。

さらに、アスペクト形式に由来する形式ではないが、ハル敬語も素材待遇場面に使用が偏ることが知られている（宮治1987）。辻（2009）でも明らかにされているように、とくに京都語におけるハル敬語は上位待遇性が希薄である。この現象は、待遇表現のなかの関係性待遇の性質が希薄化し、「話し手寄り事態把握、主体的な認識」を表現する性質が残存している状況であるとは考えられないだろうか[7]。

無敬語地帯の鳥羽市―田辺市間で、素材待遇場面でアスペクト形式が多用されることは、「話し手寄りの事態把握、主体的な認識」が、待遇表現化の契機になることを示唆している。

5. おわりに

今回の調査では、鳥羽市―田辺市間の無敬語の状況が改めて確認された。

伝統的な方言敬語形式はほとんど見ることができないものの、隣接地域のテミエル形式や共通語のラレル形式が散見され、無敬語地帯での敬語使用の浸透の端緒を確認することができた。

　名古屋市―伊勢市間のグロットグラムで優勢であったテミエル形式が、三重県と和歌山県の県境にまで伝播しつつある。それと同時に共通語形のラレル形式も同じ地域で使用の兆しを見せている。いっぽう、今回の調査地点のうち和歌山県域では、その兆しを見せていない。共通語形のラレルだけが、和歌山県域に分布するということは確認されなかった。このことは、無敬語地帯への敬語形式の伝播が、言語形式の問題だけではなく、敬語による待遇行動そのものの伝播と関係することを示唆している。

　また、アスペクト形式であるヤル形式が素材待遇場面で、有敬語地域よりも多く出現することが確かめられた。そして、大阪方言のヤル形式の分布と対照させることで、ヤル形式の待遇表現化のプロセスを仮説として提示することができた。

　アスペクト形式の待遇表現化については、これまでにも「話し手寄りの事態把握」「主体的な認識」「複数のアスペクト形式の競合による脱・アスペクト」などの観点から論じられてきた。これらの観点に加えて、素材待遇場面でアスペクト形式が多用されるという現象が、待遇表現形式の発達にどう関与するかという観点も興味深い。

　素材待遇場面でアスペクト形式が多用されるという結果は、無敬語地帯の調査であったがゆえに際立ったものであろう[8]。ただ、今回の考察は談話資料や記述的な調査によって、更なる検証を必要とする。今後、多様な文脈における、素材待遇場面と対者待遇場面でのアスペクト形式の使用について、明らかにしていきたい。

注
1)　インフォーマントが校長先生よりも年上の中高年の場合、子息・孫の通う学校の校長先生とした。
2)　配偶者がいないインフォーマントには親や兄弟を聞き手として設定して

もらった。
3) ただし、これらの敬語形式の確認は全調査員に徹底されていなかった。このため、確認回答の結果は論旨に大きく影響しないところで参考にするにとどめる。
4) とはいえ、「昨日どこに行った？」に問いに対する「初詣に行っていた」は、さほど不自然ではないだろうか。単に主語が二人称であるというだけで、この不自然さを説明することはできない。
5) 各地図は岸江ほか（2009）を参照してほしい。この言語地図のハル敬語などの敬語形式には、このような話し手と主語との上下関係の希薄さは見られにくい。なお、ここでいう「ヤル形式」には「キヤハッタ」「キャーッタ」など、ハル敬語の前にヤルが含まれている形式も含めている。
6) もし御浜—上富田町間のように、大阪でヤルにアスペクト性が強く残っていれば、ヤルとハルとは意味を明確に分担するため、「ヤハル」がひとまとまりの敬語形式として認識されることはなかったであろう。
7) 奇しくも、宮治（1987）はハル敬語を「関係把握の表現」と位置づけている。
8) 余談ではあるが、筆者はこの地域の調査企画当初、調査項目として、待遇表現項目を取り入れることに積極的ではなかった。筆者に「無敬語地帯だから、待遇表現項目は不要である」という先入観があったことは否めない。調査企画代表者の岸江信介氏の待遇表現を調査項目に採用する決断がなければ、本稿をまとめることはできなかったであろう。

〔参考文献〕

青木博史（2008）「補助動詞「〜オル」の展開」『和漢語文研究』6：89-101、京都府立大学国中文学会

楳垣 実（1962）「三重県方言」『近畿方言の総合的研究』pp.91-157、三省堂

岸江信介（代表）・太田有多子・武田拓・中井精一・西尾純二・半沢康 編（2001）『名古屋—伊勢間グロットグラム集』私家版

岸江信介・中井精一・鳥谷善史（2009）『大阪のことば地図』和泉書院

辻加代子（2001）「京都市方言・女性話者の「ハル敬語」—自然談話資料を用いた事例研究—」『日本語科学』10：56-79　国立国語研究所

辻加代子（2009）『「ハル」敬語考—京都語の社会言語史』ひつじ書房

西尾純二（2005）「大阪府を中心とした関西若年層における卑語形式「ヨル」の表現性」『社会言語科学』7-2：50-65 社会言語科学会

西尾純二・村上智美・辻加代子・朝日祥之・金美貞（2001）「待遇表現」真田信治編『消滅する方言文法・表現法の緊急調査研究　方言調査項目リスト—天草篇—』科研費成果報告集

丹羽一弥（2000）『日本のことばシリーズ24　三重県のことば』明治書院

宮治弘明（1987）「近畿方言における待遇表現運用上の一特質」『国語学』151：38-56国語学会

村上　謙（2009）「近世上方における尊敬語化形式「テ＋指定辞」の変遷」『日本語の研究』5-1：1-14日本語学会

梁井久江（2009）「テシマウ相当形式の意味機能拡張」『日本語の研究』5-1：15-30日本語学会

矢野文博（1955）「三重県方言に於ける敬語の助動詞の系譜」『三重県方言』2：35-41三重県方言学会

余　健（2005）「熊野の終助詞の特徴—待遇表現の実態と使い分けの要因について—」『名古屋・方言研究会会報』22：59-66名古屋・方言研究会

引用形式「ト」相当形式の使用実態
——GAJ との比較から——

朝 日 祥 之

1. はじめに

　本稿では、鳥羽・田辺間グロットグラム調査で設けられた質問項目のうち、動詞「言う」「思う」の前に出現する引用相当形式の使用実態について報告を行う。本稿が扱うのは、三つの質問項目である。
（1）「あの人は酒が嫌いだと言っていたよ」と言うとき、「嫌いだと言っていたよ」のところをどのようにいいますか。
（2）「昨日、田中という人が来た」と言うとき、「田中という人」のところをどのようにいいますか。
（3）「おれは、東京に行こうと思っている」と言うとき、「東京に行こうと思っている」のところをどのようにいいますか。
これらの項目を取り上げた狙いは次の4点にある。
（Ⅰ）　当該地域の中には、動詞「言う」「思う」に前接する引用相当形式（「ト」「ッテ」）が脱落する現象（以下、「ト抜け」と称する）が確認される地域がある。この現象が確認できる地域・話者の年齢に見られる特徴を明らかにする。
（Ⅱ）「ト抜け」が観察される動詞（「言う」「思う」）に見られる特徴を明らかにする。中でも「言う」に引用形式「ト」が前接した「という」は、「言う」の意味が漂白化（bleaching）した形式（つまり文法化が生じた形式）である。動詞本来の意味の程度による「ト抜け」の実態を明らかにする。

(Ⅲ) 上に挙げた、質問項目のうち（1）と（2）は、国立国語研究所による『方言文法全国地図』（以下、GAJ）で採用された項目でもある。「鳥羽・田辺グロットグラム調査」では、GAJ作成のための調査が実施された時期からの経年的な変化の姿を明らかにする。

 以下では、まず2節で「ト抜け」に見られる全国的な分布を概観する。その後、近畿地方における「ト抜け」の分布を見る。それを踏まえ、上に挙げた三つの調査項目に関するグロットグラムを用いた分析を試みる。最後に、本稿のまとめを行う。

2.「ト抜け」の定義づけと全国的分布

 本節では、「ト抜け」の定義づけを行った上で、当該現象が観察される地理的分布を見る。前節でも触れたように、「ト抜け」は、動詞「言う」「思う」に先行する引用相当形式が脱落する現象である。具体的には例文（4）（5）のようなものである。

 （4） たしか、太郎が神戸に行く |ッテ／ト／φ| 言ったな。
 （5） 明日は雨になる |ッテ／ト／φ| 思う。

 例文（4）（5）から、引用相当形式としては「ッテ」「ト」が主要な形式である。なお、例文（6）に示すように動詞「言う」と引用相当形式が融合した「チュー」が用いられる場合もある。

 （6） たしか、太郎が神戸に行くチュータな。

 また、「言う」に前接する引用形式「ト」で構成される「トイウ」は、動詞の語彙的意味が希薄化したものとして使われる傾向がある。例文（7）、（8）のように「同格」「提題」を表すことができる。いずれにおいても、「トイウ」の「イウ」の語彙的意味が弱化し、「トイウ」で一形式となるものである。なお、例文（7）（8）いずれの場合においても「ト抜け」は観察される。

 （7） このあいだ、田中太郎 |φユー／トユー／ッテユー／ッテ／チュー| という人が訪ねてきた。
 （8） そもそも、税金問題 |φユーノハ／トユーノハ／ッテユーノハ／

引用形式「ト」相当形式の使用実態　117

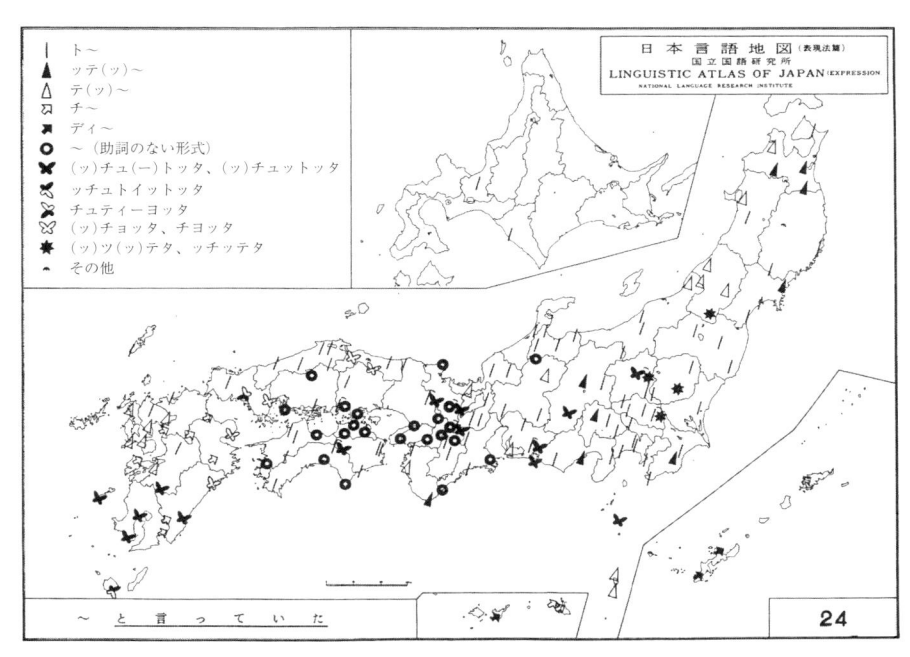

図1　「〜と言っていた」の「と」が脱落する地域

ッテ」、たえず問題になっていたはずだ。

　では、この現象は全国的に見るとどのような分布となっているのであろうか。ここでは、『全国方言文法地図』の準備調査で質問された項目（「〜と言っていた」）に見られる全国分布を図1に示す。

　図1から「ト抜け」、つまり助詞がない形式が使われる地域を見ると、大阪府と中心とした近畿地方、中国・四国地方で観察されるのがわかる。この他にも、GAJの1巻に採録されている「田中という人」、6巻に採録されている「と思っている」の図を見ると、「ト抜け」が観察される地域はこれらの地域とほぼ同じである。

　なお、「ト抜け」以外の形式として用いられるのは、「言う」の場合は「ッテ」、「思う」の場合は「ト」であることが指摘されている（朝日2008など）。その意味でも、「ト抜け」が観察されない場合には、「ッテ＋言う」「ト＋

思う」となる可能性が高いことが予想される。

3．近畿地方における「ト抜け」

　本節では、近畿地方における「ト抜け」現象を見る。前節で挙げたように、「方言文法全国地図」を見ると、当該現象は近畿の広範囲で用いられている。だが、すべての地域で見られるとは限らない。鳥羽・田辺グロットグラム調査がなされた地域でも、図2に示すように、この現象が確認できる地域は、三重県尾鷲市から新宮市にかけての地域に限定される。この意味で「ト抜け」が観察される地理的分布に見られる特徴については、考察が必要であろう。

　ここで、近畿地方の方言で「ト抜け」を分析対象にした先行研究を見る。他の文法カテゴリーに関する研究（例えば否定辞「ヘン」「ン」、アクセントなど）と比べ、この現象を分析の中心に据えた論考は数少ない。これまで当該現象を分析したものには前田（1977）、岸江（1992）、朝日（2003, 2008）、小西（2010）などがある。

　岸江（1992）では大阪市方言における「ト抜け」現象を、関西中央部の方言的特徴の一つとして取り上げている。GAJで採用された質問文（「昨日、

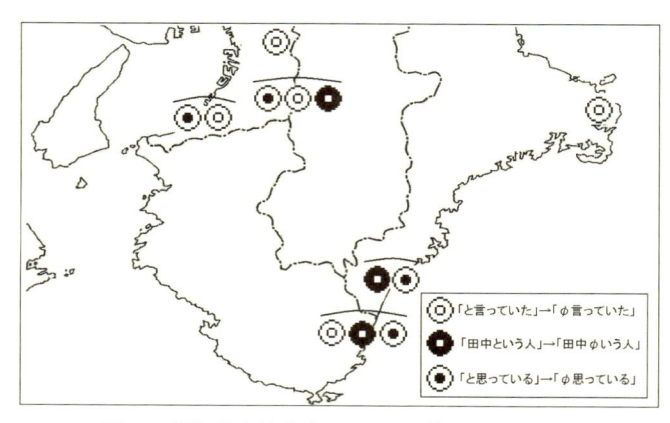

図2　紀伊半島海岸部における「ト抜け」現象

田中という人が来た」）と同じ質問文を用い、調査を実施した。その結果、老年層の間では「ト抜け」形（例「田中ユー人」）の「チュー」（例「田中チュー人」）が用いられたのに対し、若年層では「ッテユー」「トユー」が用いられていることが明らかとなった。大阪方言を対象にした考察を行った前田（1977）ではこの他に「くだけた場面」の方が「改まった場面」より「ト抜け」が観察されやすいことが指摘されている。小西（2010）では西日本諸方言（富山県、京研府、大阪府、兵庫県、広島県、愛媛県、高知県）における「ト抜け」を既存する方言資料を活用しながら通方言的な観点から考察している。「言う」と「思う」の別、「と言う」の意味・複合辞化という観点で分析を行っている。

朝日（2003, 2008）は、神戸市西区にある西神ニュータウンの居住者による自然談話資料に見られる「ト抜け」について、分析を行ったものである。この分析では西神ニュータウンの居住者に見られる特徴を説明するために、西神ニュータウンに隣接し、農業を基盤産業とする旧来からの集落である櫨谷町（はぜたにちょう）に居住する人たちによる自然談話資料に見られる「ト抜け」に着目している。関西中央部で使われてきた「ト抜け」の状況を知るうえでは、本稿に関連するものである。

図3は、三つの年齢層（老年層・中年層・若年層）による引用相当形式の使用実態である。ここでは動詞「言う」に前接する引用相当形式に着目

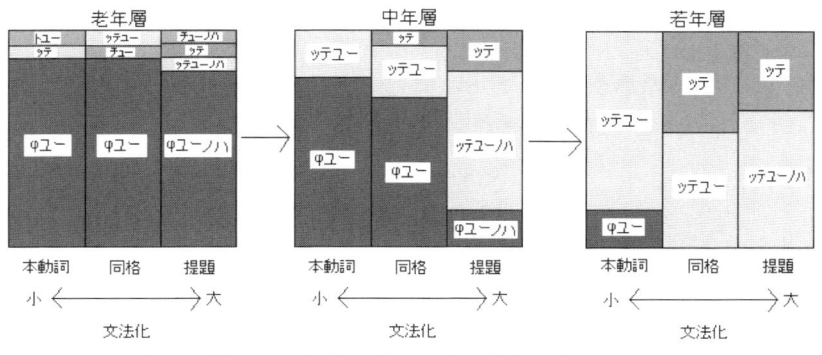

図3　櫨谷町居住者の引用形式の使用実態（朝日2008）

し、それぞれの使用率を算出している。また、前節でも触れたように、「言う」の語彙的意味が希薄化した「トイウ」の意味を分けて示している。

　図3からも明らかなように、老年層では「言う」の語彙的意味にかかわることなく「ト抜け」が観察された。それが中年層になると「言う」の語彙的意味が希薄化すると「ト抜け」が観察されなくなり、「ッテ系」の形式（ッテユー／ッテ／ッテユーノハ）が優勢になるのである。さらに、若年層になると「言う」が本動詞として使われる時に限定されるのである。

　これらの研究から、「ト抜け」という現象は、
　（Ⅰ）「ト抜け」という現象は高年層で主に観察されるものである。
　（Ⅱ）中年層・若年層になるにつれて使用が見られなくなる。
　（Ⅲ）文法化が生じたときに見られなくなるものである。
ということになる。

4．グロットグラムに見る鳥羽・田辺地域における「ト抜け」

　本節では、鳥羽・田辺グロットグラム調査の結果から、「ト抜け」に関する質問項目の結果を取り上げる。分析にあたっては、前節の最後に掲げた三つの項目をそれぞれ検討する。具体的には、
　（a）「言う」「思う」に関する質問項目（例文（1）（3））
　（b）「田中という人」に関する質問項目（例文（2））
の順に見る。

4.1.「言う」「思う」と「ト抜け」

　まず、「言う」「思う」のそれぞれに前接する引用相当形式の使用実態から見る。

4.1.1. 動詞「言う」の場合

　表1は、動詞「言う」に前接する引用形式を示したものである。表1から指摘できることは、次の3点にまとめられる。
　（1）「ト抜け」が観察される地域はGAJ調査時よりも広い。

表1　動詞「言う」に前接する引用形式

項目名：【〈前半部〉きらいだと】

質問：「あの人は、酒がきらいだと言っていたよ」と言うとき、「きらいだと言っていたよ」のところをどのように言いますか。

		地点 \ 世代	10代	20代	30代	40代	50代	60代	70代～
三重県	1	鳥羽市坂手町	‖	‖			‖	μ	
	2	磯部町	+	‖			μ		μ
	3	浜島町	‖				▼		∧
	4	南勢町	μ		▼	▼			∧
	5	南島町						‖	+
	6	紀勢町	‖	‖		+			‖
	7	紀伊長島町	‖	▼			‖	‖	
	8	海山町	‖		‖		μ		▼
	9	尾鷲市旧市街	‖	‖		‖			‖
	10	尾鷲市九鬼	‖			‖			+
	11	熊野市飛鳥町	‖	‖		‖			+
	12	御浜町		‖	μ		▼		▼
	13	紀宝町	μ	▼			μ	▼	
	14	紀和町		‖▼				‖	
	15	鵜殿村1	▼						
	16	鵜殿村2		▼			μ		
	17	鵜殿村3	‖						
和歌山県	18	新宮市1	‖						μ
	19	新宮市2		μ	μ				
	20	新宮市3	‖						▼
	21	那智勝浦町		‖		+			
	22	太地町	‖	▼		‖		‖	
	23	古座町	‖	▼		μ		▼	
	24	串本町1		+					▼
	25	串本町2		‖					▼
	26	串本町3		+					
	27	すさみ町	▼	μ		+			μ
	28	上富田町1	‖						
	29	上富田町2	μ	+			+		
	30	上富田町3	▼						
	31	田辺市	‖	+	▼			‖	

凡例　μ　ト　　‖　ッテ　　+　テ　　▼　φ　　∧　NR

　表1を見ると、「ト抜け」が確認できる地域（表の▼）は、三重県浜島町から田辺市にかけてである。GAJの準備調査（図1）では、尾鷲市・

新宮市で「ト抜け」の使用が確認されたにすぎなかった。これと比べれば、「ト抜け」の使用域は広いと言える。

（2）若年層にかけてその使用範囲に広がりがある。

高年層で「ト抜け」が使われるのは、海山町から串本町にかけての地域であるのに対し、若年層では紀伊長島町から田辺市にかけての地域である。若年層での「ト抜け」の使用は、大阪府との距離が関わっていそうである。関西中央部からの影響とも受け止められよう。

（3）共通語形「ッテ」の使用も見られる。

若年層を中心に共通語形の「ッテ」が用いられている。三重県の鳥羽市から熊野市にかけての地域でこの傾向が顕著である。浜島町から紀伊長島町にかけての地域では、中年層での「ト抜け」であるが、若年層ではほとんど場合、「ッテ」が使われている。

（4）「テ」の使用も見られる。

和歌山県那智勝浦町以西の地域において、「テ」の使用が観察される傾向が見られる。三重県尾鷲市、熊野市の高年層話者にも同様の傾向が見られる。「ト抜け」の形式と同様、関西中央部からの影響である可能性も考えられる。

4.1.2. 動詞「思う」の場合

次に、動詞「思う」に前接する場合の引用相当形式について見る。表2に結果をまとめた。前節同様、表2から指摘できることを4点にまとめる。

（1）「ト抜け」が起こる地域は広範囲にある。

表2から「ト抜け」が観察される（▼で記された地点）のは、浜島町から上富田町にかけての地域と広い。4.1.1節で述べたように、GAJの調査時と比べると、「思う」においても、「ト抜け」の地域は広くなったと言える。

（2）「ト抜け」は高年層・中年層で見られる。

「ト抜け」を用いる話者の多くが高年層、または中年層である。この年齢層で「ト抜け」が観察されるのは、南勢町から那智勝浦町にかけての地域である。それ以西の地域では観察されない。また、若年層ではほとんど

表2　動詞「思う」に前接する引用形式

項目名：【〈前半部〉行こうと】

質　問：「おれは、東京に行こうと思っている」と言うとき、「東京に行こうと思っている」のところをどのように言いますか。

		地点＼世代	10代	20代	30代	40代	50代	60代	70代〜
三重県	1	鳥羽市坂手町		μ			μ	μ	
	2	磯部町	μ	μ			μ		μ
	3	浜島町	▼						μ
	4	南勢町	μ		▼	μ▼			μ
	5	南島町	μ					μ	μ
	6	紀勢町	μ	‖		μ			μ
	7	紀伊長島町	μ	μ			μ	μ	
	8	海山町	μ			▼			μ
	9	尾鷲市旧市街	‖	μ		‖			μ
	10	尾鷲市九鬼	▼	μ		μ			μ
	11	熊野市飛鳥町	μ	μμ		μ			μ
	12	御浜町	‖	μ			▼		μ
	13	紀宝町	μ	▼			▼	μ	
	14	紀和町		μ				μ	
	15	鵜殿村1	μ						
	16	鵜殿村2		μ			▼		
	17	鵜殿村3	μ						
和歌山県	18	新宮市1	μ						▼
	19	新宮市2		μ		▼			
	20	新宮市3	μ						▼
	21	那智勝浦町		μ		▼			μ
	22	太地町	μ	▼		μ		μ	
	23	古座町	μ	▼			μ	μ	
	24	串本町1			μ				
	25	串本町2		μ					μ
	26	串本町3			μ				
	27	すさみ町	μ	μ		μ			μ
	28	上富田町1	▼						
	29	上富田町2	μ	μ			μ	μ	
	30	上富田町3	μ						
	31	田辺市	μ	μ	μ			μ	

凡例　μ ト　‖ ッテ　▼ φ

の場合、「ト抜け」が観察されない。「言う」の場合と比べて、「思う」の場合の「ト抜け」の現れ方が異なると言える。

（3）新宮市域で古くから使われる。

　GAJの調査結果から、「思う」の「ト抜け」は尾鷲市から新宮市にかけての地域であった。鳥羽・田辺グロットグラム調査の結果から、高年層で「ト抜け」が観察されるのは新宮市の話者である。他の地域では60代以上の話者すべてで観察されなかった。新宮市とその周辺地域では、中年層・若年層の間でも「ト抜け」が観察されるケースがある。その意味でも、動詞「思う」の「ト抜け」は、より「新宮弁」的であると言えよう。

（4）若年層のほとんどでは「ト」が用いられる。

　「ト抜け」が生じない場合の多くは、「ト」が用いられる傾向が強い。思考内容を表すことを記す形式は、共通語の場合「ト」である。この形式がこの地域では広く使われている。なお、高年層の間でも当該形式が使われている。したがって、この形式が多く用いられるようなったことを「共通語化」と呼ぶのは性急であろう。GAJが行われた年代ですでに「ト」の使用域は広かったことは留意すべきである。

（5）「ッテ」が使われる場合もある。

　思考内容を表すことの形式として、「ッテ」が用いられる場合が紀勢町、尾鷲市内で確認できた。表1で見たように、「言う」に先行する形式として「ッテ」が多いことは確認できた。この形式が「思う」にも用いられるのは興味深い。それぞれの形式の持つ意味機能を分析する必要はあろう。

4.2.「という」と「ト抜け」

　本節では、「言う」の文法化が生じた形としての「という」における「ト抜け」の使用実態について見る。前節同様、「田中という人」における「という」について、「いう」に先行する引用相当形式の中でもどの形式が使われる傾向にあるのだろうか。表3は、「田中という人」の「という」について整理したものである。表3から指摘できることを次の5点にまとめる。

（1）「ト抜け」が観察される範囲は広い。

　動詞「言う」「思う」同様、「ト抜け」が観察される地域は、磯部町から上富田町にかけてである。この項目に関してもGAJ調査の結果より「ト

表3 「という」に相当する形式一覧

項目名:【田中という人】

質問:「昨日、田中という人が来た」と言うとき、「田中という人」のところをどのように言いますか。

		地点 \ 世代	10代	20代	30代	40代	50代	60代	70代〜
三重県	1	鳥羽市坂手町	◇				‖	μ	
	2	磯部町	▼	‖‖			μ		μ
	3	浜島町	‖				▼		▼
	4	南勢町	‖		▼	▼			▼
	5	南島町	‖					‖	
	6	紀勢町	‖	‖		μ			‖
	7	紀伊長島町	‖	‖			‖	▼	
	8	海山町	‖		‖		◇		
	9	尾鷲市旧市街	‖	‖		‖			‖
	10	尾鷲市九鬼	▼	‖		‖			◇
	11	熊野市飛鳥町	‖	‖		‖			‖
	12	御浜町	‖	▼			▼		▼
	13	紀宝町	‖	▼			▼	▼	
	14	紀和町		‖‖					
	15	鵜殿村1	‖						
	16	鵜殿村2		‖			μ		
	17	鵜殿村3	‖						
和歌山県	18	新宮市1	‖						μ
	19	新宮市2		‖					
	20	新宮市3		‖					▼
	21	那智勝浦町			‖	＋		‖	‖◇
	22	太地町	‖	‖		‖		‖	
	23	古座町		▼		▼		▼	
	24	串本町1			‖				
	25	串本町2		‖					＋
	26	串本町3			＋				
	27	すさみ町	μ	◇		◇			μ
	28	上富田町1	‖						
	29	上富田町2	◇	▼				＋	‖
	30	上富田町3	◇						
	31	田辺市	◇	◇	◇			‖	

凡例　μ　トイウ/トユー　　▼　φイウ/φユー　　‖　ッテイウ/ッテユー/ッテ
　　　＋　テユー　　　　　◇　チュー/ッチュー/ツー

抜け」の範囲が広い。

（2）「言う」における「ト抜け」に類似した傾向がある。

高年層においても「ト抜け」が観察される地域が浜島町から古座町にかけて認められる。「思う」の場合、高年層では新宮市でしかこの現象が観察されなかったことと比べると、「言う」に近い傾向が得られる。

（3）文法化した方がより「ト抜け」が生じやすい。

表1と表3を見比べると、「ト抜け」が生じやすいのは、文法化が進んだ場合における「という」の方である、という印象を受ける。その傾向は、50代以上の年代に観察される。これまでの研究（岸江1992，朝日2008など）では、「ト抜け」が生じやすいのは、文法化が生じない場合、つまり、動詞「言う」本来の語彙的意味で用いられる場合であることが指摘されてきた。表3の使用域を見る限りでは、これとは反対の結果が得られたのである。これについては、5節で取り上げることにしたい。

（4）「ッテイウ／ッテユー／ッテ」が用いられる傾向は若年層に強い。

表3から、主に若年層において、「ッテ」を含んだ形式を多用する傾向が見られる。これは表1の場合と同じである。当該形式を用いる地点において、高年層の話者の間では「ト抜け」が使われている地点もいくつかある。少なくとも、その地点では、「ゼロ形＞ッテ」への変化が生じたものと考えられる。

（5）「テユー」「チュー／ッチュー／ツー」が田辺市域で主に使われる。

「テユー」、または「チュー／ッチュー／ツー」が用いられるのは太地町以西の地域の若年層に多いことが見て取れる。三重県の2地点（海山町、尾鷲市九鬼）での使用が認められるが、基本的には田辺市域の特徴であろう。この地域では若年層に当該形式の使用が多く見られる。関西中央部から流入した形式の一つであるように考えられる。

5．同一話者内の引用形式の使い分け

前節では、鳥羽・田辺グロットグラム調査の質問項目ごとに結果を見た。その際、動詞「言う」「思う」に先行する引用相当形式の調査結果、動詞「言

う」の語彙的意味が希薄化した「いう」に引用形式「と」が結合した「という」における「ト抜け」の調査結果を取り上げた。分析の結果、それぞれの項目で「ト抜け」が出現する姿に差異が認められた。

本節では、この差異に潜むメカニズムを解明する手がかりの一つとして、同一話者の回答パターンに見られる分析を行う。具体的には、二つの項目における回答の分布を図表化する。その二つの項目とは、(1)動詞「言う」「思う」(2)動詞「言う」、「という」である。

(1)は「ト抜け」が観察されうる動詞間での引用形式の使い分けについて、(2)は文法化の有無による形式の使われ方について、それぞれ明らかにするのが目的である。以下、この順に見ていく。

5.1.「言う」と「思う」

本節では、二つの動詞における引用形式の使われ方を見る。ここでは、「ト抜け」、「ッテ」「ト」の三つの形式の使われ方を見る。同一話者が「言う」「思う」にどの形式を用いるのだろうか。

表4は、本調査の対象者が回答した「言う」と「思う」に前接するものと回答した形式の組み合わせをまとめたものである。表4から、形式の組み合わせとしてもっとも割合の高かったのが、「言う：思う＝ッテ：ト」である。この形式の組み合わせ自体、全国共通語的であると言える。その意味では全国共通語形の使用が広まりを見せつつあると言えよう。ここで見落としてはいけないのが、この組み合わせの使用率（37.6％）である。

表4 「言う」「思う」に前接する形式の組み合わせ

言う	思う	人数	割合(%)
ッテ	ト	32	37.6
φ	ト	12	14.1
ト	ト	11	12.9
テ	ト	11	12.9
φ	φ	7	8.2
ト	φ	5	5.9
ッテ	ッテ	4	4.7
ッテ	φ	2	2.4
テ	φ	1	1.2

128

この割合は決して高いとは言えない。他の組み合わせの存在を窺わせる。
　次に、形式の使用率が高い組み合わせを見ると、「言う：思う＝φ：ト」（14.1％）、「言う：思う＝テ：ト」「言う：思う＝ト：ト」（各12.9％）である。この組み合わせに特徴的なのは、「思う」には「ト」がほぼ専用されているのに対し、「言う」に前接する形式は複数あるということである。「ッテ：ト」の使用率も含めると、「言う」に前接する「φ、ッテ、テ、ト」と多様である。
　次に、「ト抜け」が「言う、思う」のそれぞれについてどのようなパターンで出現するのかを見る。「言う」「思う」ともに「ト抜け」が生じるケースは、全体の8.2％であった。この使用率から、全体的に「ト抜け」自体が観察されなくなっていることが窺える。
　では、この「ト抜け」が「言う」と「思う」に出現する時のパターン自体を見てみよう。図4は、「ト抜け」を（1）「言う」「思う」ともに「ト抜け」が生じる、（2）「言う」のみ「ト抜け」が生じる、（3）「思う」のみ「ト抜け」が生じる、と三つに分けた場合の割合を示している。
　図3から、「ト抜け」は、（2）が44.4％ともっとも割合が高い。（3）が29.6％と続き、（1）は25.4％ともっとも低い。ここから、「ト抜け」が

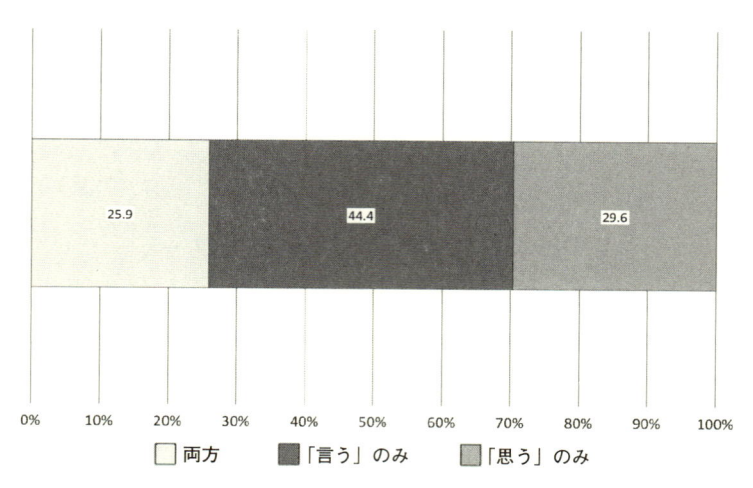

図4　「言う」「思う」に「ト抜け」が出現するパターン

共通語形に置き換えられる変化が、動詞の種類に関係なく同時に生じるのではなく、「思う」に前接する引用形式の方が「言う」のそれよりも先に始まっていると言えそうである。

次に、ここで見た二つの動詞に前接する引用形式の組み合わせをめぐる地域差、年齢差を見る。表4にその結果をまとめた。表4から指摘できることを以下の5点にまとめておく。

（1） 地域に関係なく「言う：思う＝ッテ：ト」となる場合が若年層に多い

表5を見ると、表4でもっとも使用が多かった引用形式「言う：思う＝ッテ：ト」（表5の▲）が若年層に出現している。そこには地域差は認められない。

（2） 三重県の一部で年齢に関係なく「言う：思う＝ッテ：ト」となる

この引用形式の組み合わせは、南島町から紀和町にかけての地域で若年層から高年層の中に該当する人が多い。和歌山県では、太地町、田辺市でも高年層の回答者に該当する人が認められるが、地域的にも離れた地域であるため、この組み合わせが伝播した可能性は低いと考えられる。

（3） 「言う：思う＝φ：φ」となるのは中年層以下に観察される

いずれの動詞とも「ト抜け」が観察されるケース（表5の▼）は、中年層以下の年齢層に見られる。当初、この組み合わせが伝統的であると考えられていたが、表5を見るかぎり、そうではないようである。高年層で該当するのは新宮市の一人だけである。

（4） 高年層は「言う：思う＝φ：ト」となる場合が多い

「ト抜け」が「言う」のみ出現するケース（表5のⅠ）は、高年層に見られる傾向が得られる。もちろん、若年層の中にもこのパターンでの使用も確認できる。ただ、（3）で指摘したように、高年層では、動詞「言う」「思う」ともに「ト抜け」が生じることはほとんどない。可能性として、そもそも当該地域には、この組み合わせが旧来から存在しているとも考えられる。

（5） 「思う」に「ト抜け」が生じるのは特定の地域である

表5　「言う」「思う」に前接する引用形式の組み合わせ

項目名：【〈前半部〉きらいだと】

質　問：「あの人は、酒がきらいだと言っていたよ」と言うとき、「きらいだと言っていたよ」のところをどのように言いますか。

		地点＼世代	10代	20代	30代	40代	50代	60代	70代〜
三重県	1	鳥羽市坂手町		▲			▲	μ	
	2	磯部町	Y	▲			μ		μ
	3	浜島町	▲						
	4	南勢町	μ			▼	▼		
	5	南島町						▲	Y
	6	紀勢町	▲	‖		Y			▲
	7	紀伊長島町	▲	I			▲	▲	
	8	海山町	▲		▲		◨		I
	9	尾鷲市旧市街	‖	▲		‖		▲	
	10	尾鷲市九鬼	＝	▲	▲				Y
	11	熊野市飛鳥町	▲	▲	▲				
	12	御浜町	‖	μ		▼			
	13	紀宝町	μ	▼			◨	I	
	14	紀和町		▲					▲
	15	鵜殿村1	I						
	16	鵜殿村2					◨		I
	17	鵜殿村3	▲						
和歌山県	18	新宮市1	▲						◨
	19	新宮市2		μ		◨			
	20	新宮市3	▲						▼
	21	那智勝浦町			▲		⊛		
	22	太地町	▲	▼		▲		▲	
	23	古座町	▲	▼			μ		
	24	串本町1			Y				
	25	串本町2		▲					I
	26	串本町3			Y				
	27	すさみ町	I	μ		Y			μ
	28	上富田町1	＝						
	29	上富田町2	μ	Y			Y		
	30	上富田町3	I						
	31	田辺市	▲	Y	I			▲	

凡例　▼　φイウ／φオモウ　　I　φイウ／トオモウ　　＝　ッテイウ／φオモウ
　　　▲　ッテイウ／トオモウ　‖　ッテイウ／ッテオモウ　◨　トイウ／φオモウ
　　　μ　トイウ／トオモウ　　⊗　トイウ／ッテオモウ　　Y　テイウ／トオモウ
　　　⊛　テイウ／φオモウ

一方、「思う」のみ「ト抜け」が生じるケース（表5の=）が海山町から新宮市にかけての中高年層に見られる。この地域では（4）のケースも観察されることから、「言う」または「思う」のどちらかに「ト抜け」が見られる、まさに「ゆれている」状態にあると考えられる。

5.2. 動詞としての「と言う」と複合辞としての「という」

次にもう一つの組み合わせである、本動詞「言う」に前接する引用形式と、文法化が進んだ「という」の「ト」に相当する形式との組み合わせ方を取り上げる。まずは、前節同様「と言う」と「という」に相当する形式の現れ方から見よう。表6に結果をまとめた。

表6からまず指摘できることは、「と言う：という＝ッテユー：ッテユー」という組み合わせが最も多い、ということである。その割合も、全体の35.7％と他の形式の組み合わせより高い。5.1節と同様、引用（相当）形式の「ッテ」が多用される傾向が強い。いわゆる共通語形である「ッテ」

表6　「と言う」「という」の引用（相当）形式の組み合わせ

「と言う」	「という」	人数	割合(％)
ッテユー	ッテユー	30	35.7
φユー	φユー	11	13.1
トユー	トユー	7	8.3
トユー	φユー	4	4.8
ッテユー	ッテ	3	3.6
φユー	ッテユー	2	2.4
トユー	ッテユー	3	3.6
トユー	チュー	3	3.6
テユー	テユー	3	3.6
テユー	チュー	3	3.6
φユー	トユー	2	2.4
φユー	チュー	2	2.4
ッテユー	φユー	2	2.4
ッテユー	チュー	2	2.4
テユー	φユー	2	2.4
テユー	ッテユー	2	2.4
φユー	テユー	1	1.2
テユー	トユー	1	1.2
φユー	ッテ	1	1.2

の広まりがやはりここでも確認できる。

　その一方で、二番目に多い組み合わせは「と言う：という＝φユー：φユー」(13.1%)である。文法化の有無にかかわらず「ト抜け」となるケースである。大変興味深い結果である。多くの場合、文法化の進んだ「という」から当該現象は見られなくなるのである（朝日2002など）。表2では、このような形での変化は基本的には認められない。

　三番目に多いのは、「と言う：という＝トユー：トユー」であった。これは引用（相当）形式が「ト」になったものである。この使用も8.3%観察された。

　ここで、「と言う」「という」のいずれかに「ト抜け」が生じるケースについて見てみたい。図5に「ト抜け」が生じる場合の、「と言う」と「という」の関係をまとめた。

　図5から、「と言う」と「という」に生じる「ト抜け」をめぐっては、ほぼ同じであることがわかる。つまり、「と言う」のみ「ト抜け」が生じる場合、「という」のみ「ト抜け」が生じる場合の使用率はいずれも29.6%である。先にも述べたように、「ト抜け」は文法化が生じると観察され

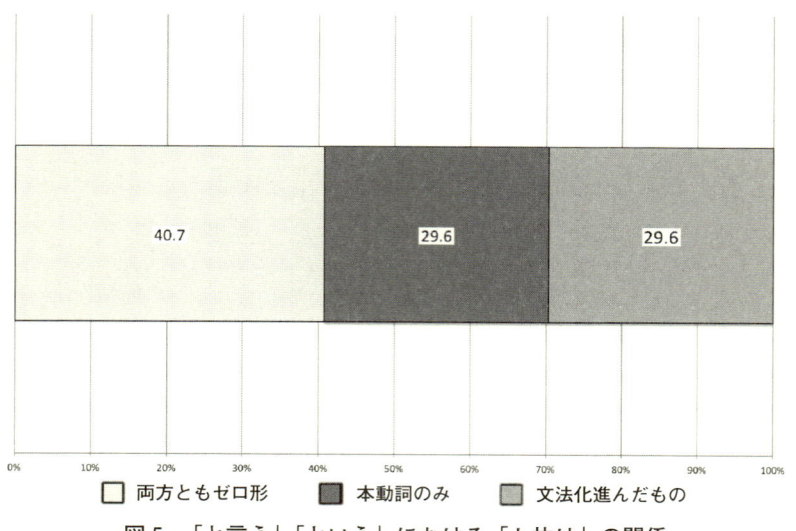

| 40.7 | 29.6 | 29.6 |

□ 両方ともゼロ形　■ 本動詞のみ　■ 文法化進んだもの

図5　「と言う」「という」における「ト抜け」の関係

引用形式「ト」相当形式の使用実態　133

表7　「と言う」「という」の引用（相当）形式の組み合わせ

項目名：【「と言う」「という」の引用（相当）形式の組み合わせ】
質　問：

		世代	10代	20代	30代	40代	50代	60代	70代～
		地点							
三重県	1	鳥羽市坂手町	○				‖	μ	
	2	磯部町	☻	‖			μ		μ
	3	浜島町	‖				▼		
	4	南勢町	⊗		▼	▼			
	5	南島町						‖	
	6	紀勢町	‖	‖		Y			‖
	7	紀伊長島町	‖	−			‖	=	
	8	海山町	‖		‖		●		
	9	尾鷲市旧市街	‖	‖		‖			‖
	10	尾鷲市九鬼	=	‖		‖			⌒
	11	熊野市飛鳥町	‖	‖		‖			★
	12	御浜町		‖	◨		▼		▼
	13	紀宝町	⊗		▼		◨	▼	
	14	紀和町		‖					
	15	鵜殿村1	−						
	16	鵜殿村2			⊗		μ		
	17	鵜殿村3	‖						
和歌山県	18	新宮市1	‖						μ
	19	新宮市2		μ		◨			
	20	新宮市3	‖						▼
	21	那智勝浦町			‖	+			
	22	太地町	‖	−		‖			
	23	古座町	‖	▼			◨	▼	
	24	串本町1			⊛				
	25	串本町2		‖					●
	26	串本町3			+				
	27	すさみ町		●			⌒		μ
	28	上富田町1	‖						
	29	上富田町2	●		☻		+		
	30	上富田町3	⋈						
	31	田辺市	○	⌒	⋈			‖	

凡例
| | φユー／トユー | ▼ φユー／φユー | − φユー／ッテイウ／ッテ
● φユー／テユー | ⋈ φユー／チュー | = ッテユー／φユー
‖ ッテユー／ッテイウ／ッテ | ○ ッテユー／チュー |
μ トユー／トユー | ◨ トユー／φユー | ⊗ トユー／ッテイウ／ッテ
● トユー／チュー | Y テユー／トユー | ☻ テユー／φユー
⊛ テユー／ッテイウ／ッテ | + テユー／テユー | ⌒ テユー／チュー

にくくなる。それとは異なる結果が得られた。

では、これらの形式の組み合わせ方をめぐる、年代差、地域差に見られる特徴はどのようなものか。その結果が表7である。表7から指摘できることを次の5点にまとめておく。

（1） 若年層は地域によらず「ッテユー：ッテユー」が多い

表7から若年層においては、地域に関係することなく、「と言う：という＝ッテユー：ッテユー」を使用するケース（表7のⅡ）が多くなる。「ト抜け」自体、全体的に使用されなくなる傾向が得られる。中年層、高年層の中にも、「と言う」にも「という」にも「って」が用いられる場合も認められる。「ト抜け」から「ッテ」に変化する傾向が抽出できる。

（2） 「と言う：という＝φユー：φユー」は高年層でも観察される

「ト抜け」がいずれの環境にも生じるケースである（表7の▼）。5.2節とは異なり、二つの環境で「ト抜け」が観察されるのである。「ト抜け」自体、やはり調査対象地域では、「言う」に前接する形式として「ト抜け」は、旧来から使われているものと言えよう。

（3） 「ト抜け」が観察される地域は御浜町以西の地域である

「ト抜け」が見られる地域は調査全域にわたっているというわけではなく、御浜町以西の地域に見られるものである。もちろん、浜島町、南勢町でもその使用は認められるが、ほとんどの場合、御浜町以西の地域が主である。高年層の「ト抜け」も御浜町から串本町にかけての地域に顕著に見られる。なお、串本町以西では、例えば、上富田町、田辺市居住の中若年層の間で「ト抜け」が観察される。

（4） 「と言う」のみ「ト抜け」が生じるケースは主に若年層に見られる

表7から「と言う」のみに「ト抜け」が生じる（表7－）は、1例（串本町2・70代）を除けば、若年層で観察される。先に触れたように、若年層の多くは「と言う：という＝ッテユー：ッテユー」と「ト抜け」を用いないケースがほとんどである。またいわゆる動詞に前接する引用形式が脱落し、文法化のすすんだ「という」で脱

落現象が生じないというのは、従来の指摘（岸江1990，朝日2002，2008，小西2010など）と共通する。
（5）「という」のみ「ト抜け」が生じるケースは主に中若年層に観察される

　「という」のみ「ト抜け」が観察されるのはほとんどの場合、中若年層である。地域的には紀伊長島町と御浜町から古座町にかけての地域である。これらの地域に共通しているのは、高年層と若年層で「と言う：という＝φユー：φユー」となっているということである。御浜町では高年層と中年層で「ト抜け」が生じているが、若年層で「という」のみ「ト抜け」が生じたと考えられる。それに対して、紀伊長島町では高年層では「という」のみに、若年層では「と言う」に「ト抜け」が観察される。（4）で述べたことをふまえれば、使い分け自体の変化にはさまざまな方向性がありうるということであろう。

6．まとめと今後の課題

　本稿では、鳥羽・田辺地域における、「ト抜け」の使用実態について報告を行った。先行研究を踏まえた上で、当該現象に関する地域差・年齢差、また言語変化の方向性について、以下の点が明らかとなった。
（1）GAJで示された「ト抜け」が観察された地域には、調査時点においても確認できることが明らかとなった。その使用される地域もGAJで報告されている地域よりも広いことがわかった。
（2）「ト抜け」の使用地域は、動詞「言う」「思う」に前接する場合の「ト抜け」といわゆる「同格」を表す「という」における「ト抜け」とではその出現の仕方が異なることが明らかとなった。全体的に「言う」「という」の方が「思う」よりも多くこの現象が観察されることが判明した。
（3）「と言う」の場合よりも文法化のすすんだ「という」で「ト抜け」がより頻繁に生じることがわかった。これは先行研究で指摘された

点とは異なる。先行研究では当該地域の「ト抜け」を取り上げているわけではないので、当該地域に特有の現象なのかどうかを検証する余地が残る。

（４）　同一話者による「言う」「思う」と「と言う」「という」における「ト抜け」の使用を見ると、「と言う」と「という」に共通して「ト抜け」が生じる場合が数例確認された他は、すべての環境で同じように当該現象が観察されるとはかぎらないことが明らかとなった。その使い分けのパターンから言語変化の方向性も検討したが、その方向性は一様ではなく、むしろ調査地点の特徴、または個人レベルの特徴と判断した方がいいものが確認された。

「ト抜け」自体の調査研究は各地で着手されてきている。今後は、本稿で対象となった地域でも、特に当該現象が観察される地域で、「ト抜け」をめぐる言語内的、言語外的制約条件について、さらなる調査が必要である。今後の課題としたい。

〔参考文献〕

朝日祥之（2003）「方言接触が生み出した言語変種に見られる言語的特徴：引用形式「ト」のゼロマーク化を例に」『阪大日本語研究』15号

朝日祥之（2008）『ニュータウン言葉の形成過程に関する社会言語学的研究』ひつじ書房

岸江信介（1992）「近畿方言の動態と分布の関連」『日本語学』11-5.

小西いずみ（2010）「西日本方言における引用標識ゼロ化の定量分析―生起頻度と言語内的要因の方言間異同―」『広島大学大学院教育学研究科紀要』第二部59号

前田勇（1977）『大阪弁』朝日新聞社

近畿周辺部におけるモダリティ表現の分布と変化

松 丸 真 大

1. はじめに

　本稿では三重県南部・和歌山県東部における、意志・勧誘・推量・確認要求・反語といったモダリティに関わる表現形式の分布とその変化について考察する。この地域は、イコマイという否定の意志・勧誘・推量表現を用いる点で中部方言的な性格を持つことが知られている。一方で推量形式としてヤローを用いるなど、近畿方言的な性格も有している。このように当該地域は、近畿方言と中部方言の接触地域、すなわち西日本方言と東日本方言の接触地域という点で重要な位置を占めるが、現時点でどのような表現形式が分布し、またその表現形式が若い世代にどのくらい受け継がれているのか、未だ明らかにされていない点が多い。

　本稿では、鳥羽市―田辺市間のグロットグラムを用いて、（1）〜マイという意志・勧誘・推量表現がどのくらい広がっているのか、（2）推量形式ヤローとジャローはどのように分布するのか、（3）確認要求表現にどのような形式が用いられるのか、そして（4）グロットグラムの特徴を生かしつつ当該地域でどのような変化が観察できるのか、という点について考えてみたい。

　以下、2．では各表現の全国分布を概観しつつ当該地域の問題点を探る。この点を踏まえ3．ではグロットグラムを用いてこの地域の動向を観察する。最後に4．では考察のまとめをおこなう。

2. 全国分布および近畿地方における分布状況

本節ではこれまでの研究成果から、全国および近畿周辺部における意志・勧誘表現、推量表現、確認要求表現、反語表現のバリエーションを概観する。以下、勧誘表現（2.1）、意志表現（2.2）、推量表現（2.3）、確認要求表現（2.4）、反語表現（2.5）の順に述べていく。

2.1. 勧誘表現

勧誘表現の全国的な分布は、『方言文法全国地図』（以下「GAJ」とよぶ）「行こうよ」(235)[1]から知ることができる。「イカナイカ／イカンカ／イコー」といった語形が全国に分布する中で、特徴的な語形としてイクベ（東北）・イカズ（東海東山）・イコマイ／イカマイ（東海東山）・イカー（山陰）などがあげられる。近畿地方およびその周辺部に目を向けると、イコマイが滋賀県・三重県伊賀市・愛知県西部・岐阜県・福井県に分布し、イカマイが愛知県東部・岐阜県飛騨地方・静岡県・山梨県に分布している。またGAJ第236図からは勧誘表現に用いられる文末詞の分布がわかるが、そこでは近畿地方南部に特徴的な文末詞が現れている。具体的には「（イコ）ラ」が和歌山・奈良県南部に、「（イコ）レ」が三重県鵜殿村に、「（イコ）ライ」が三重県熊野市に、「（イコ）ヤ」が三重県尾鷲市に分布している。

ところで佐藤（1982）では三重県内の要地7地点でアクセント・発音・表現法の比較をおこなっている。その中に勧誘表現について次の引用のような言及がある。引用中のA〜Gは地点を表し、それぞれA：南牟婁郡紀宝町井田、B：北牟婁郡紀伊長島町（現紀北町）、C：志摩郡鵜方町、D：度会郡南勢町五ヶ所村（現南伊勢町）、E：鈴鹿市江島町、F：桑名市三崎通、G：名張市瀬戸口である[2]。

6 「行こうよ」（いっしょに）
A　イコレヨー（上）・イコラヨ（下）・イコカ・イカンカ
B　イコナー・イコヤー・イコマイカ・イコカ・イカンカイ（ちなみに尾鷲ではイコラと言う）

C　イコヤ・イコカ・イコニ・（誘われて応ずる時にのみ用いる。こちらから誘う時には用いない。）
D　イコヤー・イコニー・イコカ・イコヤナイカナ
E　イコニ・イコマイカ・イコカ
F　イコカ・イコマイカ・イコニ
G　イコニー・イコカ・イコヤナイカナ

意志形を受ける受け方に諸相がある。また、勧誘表現常用の文末詞では、Aの「～ラ・レ」、BEFの「～マイカ」、C以北の「～ニ」などが注目される。「ラ・レ」は紀州弁。マイカは中部地方に盛行のものである。

(佐藤1982：161-162)

以上から当該地域における勧誘表現の特徴は、「マイ（カ）」という形式を用いるという点、および勧誘表現に接続する文末詞のバリエーションにあると言えよう。

マイについては、佐藤（前掲）の記述から桑名市・鈴鹿市・紀伊長島町に分布していることがうかがえる。この点は名古屋―伊勢間のグロットグラムを資料として勧誘表現を分析した舩木（2001）の結果とも一致しており、長島町以北で若年層にもイコマイ（カ）が使われていることが指摘されている。それでは、鳥羽市以南ではマイ（カ）がどのように用いられるのだろうか。この点が注目点の一つとなる。

また佐藤（前掲）の記述によると、文末詞「ラ・ヤ」の分布域が興味深い。「ラ」は県南部にのみ現れるのに対して、「ヤ」は紀伊長島町～南勢町に分布する。なお、岸江ほか（2009）には大阪府における「行こう（勧誘）」の分布図が収録されている。その中で、イコラは泉南市と阪南市に合計3地点、イコヤ（ー）は高石市、河内長野市、岸和田市に各1地点、イコマイが阪南市に1地点見られる。このように大阪で用いられる形式が三重県南部でどのように分布するのかを探るのがもう一つの注目点となろう。

2.2. 意志表現

意志表現の全国分布も GAJ から知ることができる。肯定の意志形および意志表現については、「起きよう」(106)、「開けよう」(107)、「寝よう」

(108)、「書こう」(109)、「来よう」(110)、「しよう」(111)、<u>行こうと思っている</u>」(232)が参考になる。また、否定の意志表現の分布については「行くまい」(234)から知ることができる。全国的に概観すると、五段動詞（例えば「書く」）の意志形では カクベ（東北太平洋側・関東）、カカズ／カカス（東海）、カカー（東海）という語形が特徴的である。一段動詞（例えば「起きる」）では、上記の語形に加えてオキュー（中国・九州西部）やオキロー（近畿・中国・四国）といった語形が問題となってくる。近畿地方に注目すると、五段動詞の場合はカコー（またはカコ）のみであるが、一段動詞の場合はオキヨー（オキヨ）に加えてオキローといった語形が奈良県南部や三重県南部に現れる。このオキローは「切ろう、取ろう」のようなラ行五段動詞への類推から発生した新しい語形だと考えられる。

　一方、否定意志表現の全国分布では「イクマイ／イコマイ／イカマイ」のようなマイを用いる語形が注目される。マイを用いる否定意志表現は南東北〜九州地方まで広く分布しているが、このうちイクマイという動詞基本形にマイを接続した形は三重県鳥羽市・熊野市、和歌山県新宮市、奈良県南部、滋賀県に点在する。イコマイという動詞意志形にマイを接続した形は三重県尾鷲市や和歌山県北部山間部、滋賀県に分布する。また、イカマイという動詞未然形にマイが接続した形もあり、これは和歌山県北部山間部や愛知県東部に分布する。舩木（2001）においても名古屋―伊勢間のマイについての考察がなされているが、この地域ではイコマイ・イカマイといった語形はほとんど現れていない。なお、岸江ほか（2009）では大阪府における「行くまい」の分布が分かる。この中でマイを用いる語形は3地点で、イコマイという語形が大阪府南部に見られる。上述の和歌山県北部に分布するイコマイと共通するものであろう。マイ以外の形式として近畿地方ではイカントコという否定意志を表す専用の形式が存在し、GAJでは近畿地方南部を中心に分布している。

　以上のようなマイやイカントコといった表現が三重県南部でどのように分布するのかについてはあまり分かっていない。意志表現の考察ではこの点を明らかにする必要があろう。

2.3. 推量表現

　推量表現の全国的な分布もGAJから知ることができる。「書くだろう」（112）、「来るだろう」（113）、「するだろう」（114）の図が参考となるが、以下「書くだろう」で代表させて述べる。全国的にはカクダローが主流だが、東北地方から関東地方にかけてカクベ類が分布し、西日本にはカクジャロー類が目立つ。このカクジャローの地域の中に、近畿地方のカクヤロー類がまとまって分布する。その他の特徴的な語形としては、東海東山地方のカクラ／カクダラー、北陸・中国・九州北部地方のカコー、新潟・高知のカクローがあげられる。近畿地方に注目すると、大部分の地域はカクヤローが占めるが、和歌山県北部や三重県南部にカクジャローを用いる地点が散見される。また、三重県尾鷲市や和歌山県にはカクダローも見られる。彦坂（1997）では尾張地方を中心とした推量形式の史的変遷が述べられており、その中で近世期の伊勢についての言及がある。上方語では近世末期頃にジャロウからヤロウへの変化が起こったが、当時の伊勢ではジャロウが優勢だったことが指摘されている。つまりGAJにおいて当該地域に散発的に見られるジャローは、ヤローへ変化する以前のものが残っていると考えられよう。

　否定推量表現に関しては佐藤（1982）に次のような記述がある。
8　「降らないだろう」（たぶん雨は）
　A　フランノジャナイカ・フランジャロ
　B　フランヤロ・フラマイ・フランヤロマイカ
　C　フレセンジャロ・フロマイ・フルヨーニナイ
　D　フリャセンヤロ・フランヤロ
　E　フラヘンヤロ・フランヤロマイカ
　F　フランヤロ・フランヤロマイカ
　G　フランヤロー・フラヘンヤロマイカ
Bがフラマイ、Cがフロマイ、ＢＥＦＧがフランヤロマイカであるのが注目される。前項勧誘「マイカ」がＢＥＦにあったのが思いよそえられる。「マイカ」は推量表現としても行われているのである。（佐藤1982：162-163）

推量形式がヤロかジャロかといった違いに加えて、マイを用いるか否かという点で地域差が見られる。また、マイ類の中でも3種類のバリエーションがあり、紀伊長島町（B）がフラマイ、鵜方町がフロマイ、紀伊長島町と鈴鹿市以北がフランヤロマイカを用いていたとされる。これらの形式が現在どのようになっているのか注目されよう。

以上のように推量表現の考察では、推量形式のバリエーション（ジャロ／ダロ／ヤロ）と、マイの現れ方が問題となる。

2.4. 確認要求表現

確認要求表現とは「そこにあるじゃないか」「お前、熱でもあるんじゃないか？」といった、話し手にとって不確かな事柄を聞き手に持ちかけ、それについての確認を求める表現である。この表現の全国分布は明らかではないため、京阪地域で行われた調査の結果から近畿周辺部の動向を探ってみたい。

岸江ほか（2009）では大阪府における「あるじゃないか」相当語形の分布が示されている。そこでは「（ある）ヤナイカ／ガナ」という語形が周辺部に分布し「（ある）ヤンカ」という語形が中心部に分布していることから、ヤンカが新しく広がりつつあることが分かる。なお、このヤンカはもともと三重県北部で用いられていたものがもとであるという説もあるが（堀田1962）、それよりも早い時期から大阪の船場で用いられていたという指摘もあり、その語源は未だ明らかになっていない。そして「（ある）ヤン」というさらに新しい語形が中心部から広まりつつあることも指摘されている。なお、京都市内で「ヤン」の使用状況を調査した岸江・井上（1997）でも、若年層になるほど「ヤン」の使用が増えていくことが報告されている。

また、堺市南部より南側では「アラー／アラーナ／アラシ／アラシェ／アラシテ／アラシヤ（ー）／アラショ（ー）／アラセー／アルワナ」のような文末詞ワをもとにして作られた表現が固まって分布する[3]。大阪府言語地図ではこれらの伝統方言形が「ヤナイカ／ヤンカ」にとって代わられる様相が観察できるわけであるが、これが三重県内でどのようになってい

2.5. 反語表現

　GAJ第260・261図「誰がやるものか」によると、近畿周辺部はヤルモンカという語形に加えて、ヤルモンナラ（奈良県西部）、ヤルモンド（三重県尾鷲市、奈良県）、ヤリャーヤ（奈良県）などが散見される。これらが現在どのような分布を見せるのかが注目される。

3. 鳥羽―田辺グロットグラムから

　この節では、前節で確認した全国および近畿地方の状況を踏まえつつ、鳥羽―田辺グロットグラムに見られる各表現の様相をみていく。

3.1. 勧誘表現

　肯定の勧誘表現（表1「行こうよ（勧誘）」）に現れる語形は大きく以下の3種類に分けられる。
- 意志形：動詞意志形のイコ（ー）単独、もしくはこれに文末詞が後接する形式。
- 否定疑問形：イカン／イカセン／イカヘン／イケヘンといった動詞否定形に疑問を表す文末詞が後接する形式。
- 疑問形：動詞基本形（イク）に疑問の文末詞が後接する形式。

これら3種類の語形のうち最も多く現れるのが意志形で、次いで否定疑問形が多い。意志形・否定疑問形による勧誘表現には地域差が見られない。年齢層別にみると、若年層に否定疑問の形を用いる割合が高いように見える。当該地域では意志形による直接的な勧誘表現を避けて、否定疑問の形を用いて間接的に勧誘するという方向への変化が起こりつつあるのかもしれない。疑問形による勧誘表現は和歌山県側の70代（3名）と50代（1名）に用いられるのみである。

　否定疑問形による勧誘表現は、否定形のバリエーション（イカン／イカヘン／イケヘン／イカセン）と文末詞の違い（カ／コ／カエ／ノ）の組み

表1　行こうよ（勧誘）

項目名：【行こうよ（勧誘）】

質　問：仲のよい友人を「明日は一緒に遊びに行こうよ」と誘うとき、「行こうよ」の部分をどのように言いますか。

		地点＼世代	10代	20代	30代	40代	50代	60代	70代～
三重県	1	鳥羽市坂手町	◉	○-			◉	◉	
	2	磯部町	◐	◎			◉		◐
	3	浜島町	○-			○-			●
	4	南勢町	◎		●◐	●			●◎
	5	南島町	◎					●◉	◐
	6	紀勢町	◐	○-		◉			●
	7	紀伊長島町	◐	◐			◐	◐	
	8	海山町	I		◐		◐		◐◎
	9	尾鷲市旧市街	♠			♠			●♠
	10	尾鷲市九鬼	○-	♠		♠			●♠
	11	熊野市飛鳥町	◉	▲♠♠		◎			➡
	12	御浜町	♠	○-			♠		♠
	13	紀宝町	I		▲		=		♠
	14	紀和町		⊘♠♠				◉	
	15	鵜殿村1	▲						
	16	鵜殿村2			▲		▲		
	17	鵜殿村3	I						
和歌山県	18	新宮市1	I						△／
	19	新宮市2		◀		◉			＼♠
	20	新宮市3	◎						＼♠
	21	那智勝浦町	N		▲		▲		▲♠
	22	太地町	♠	▲		‡		⦿	
	23	古座町	I			◉			◐
	24	串本町1			○-				
	25	串本町2	○-						∨▲
	26	串本町3			▲				
	27	すさみ町	◎	▲		◀			＋▲
	28	上富田町1	⊘△						
	29	上富田町2	△		＋			／	▲
	30	上富田町3	⊥						
	31	田辺市	⊥	＋		◀		＋	

凡例
	イカン	＋ イカンカ	＝ イカンカエ	‡ イカンカヨ
⊥ イカンノ（ー）	○- イカヘン	● イカヘンカ	○ イカヘンコ
△ イカセンカ	◉ イケヘンノ	／ イクカ（ー）	＼ イクカーン
∨ イクケー	◎ イコ（ー）	◉ イコカ（ー）	⦿ イコーカ（ー）
◐ イコヤ（ー）	⊘ イコーヨ	◎ イコヤッチャ	◐ イコヤンカ
◑ イコヤナイカ	▲ イコラ（ー）	△ イコーラ（ー）	♠ イコライ
➡ イコラエ	◀ イコラヨ	◐ イコレ（ー）	N NR

合わせによって様々な種類が存在する。このうち文末詞のバリエーションについては地域差・年齢層差を見出すことができない。否定形のバリエーションは、イカンとイカヘンの地域差が問題となる。イカンは御浜町から和歌山県側に現れ、イカヘンは御浜町の北側の地域に現れる。ただし、串本町にはイカヘンを使う20～30代話者がおり、田辺市側からイカヘンが進出しつつあることがうかがえる。

次に、否定の勧誘表現（表3「行かないでおこうよ（勧誘）」）の分布について見てみよう。否定勧誘表現に用いられる語形は次のように分類できる。

- 否定＋トコ類：イカントコ／イカヘントコのように、動詞否定形にトコ（＜テオコー）を接続した形で否定の意志・勧誘を表す語形。これに「ヤ／ラ／ライ」のような文末詞が付加されることもある。文末詞のバリエーションについては地域差が見られる（後述）。
- マイ類：イカマイ／イコマイのようにマイを用いる語形。これに「カ／ヤ／ライ」のような文末詞が付加されることもある。
- 迂言的表現：イカントマイショーライやイクノマイショーライのように、「行くの（を）やめておこう」という複合的な語形によって否定の勧誘を表す語形。ここではまとめて「迂言的表現」と呼んでおく。

これら3種類の表現の中で最も多く現れるのは否定＋トコ類である。マイ類や迂言的表現の分布には地域的な偏りが見られる。以下、各類の分布について述べた後、文末詞のバリエーションの分布について考える。

まずマイ類の分布から見ていこう。マイ類による勧誘は、肯定の勧誘表現（表1）には見られず、否定の勧誘表現だけに現れる。分布域は南勢町～尾鷲市旧市街で、その中でも40代以上の話者しか用いていない。同じマイ類の中でも、南勢町ではイカマイを用い、紀伊長島町以南ではイコマイを用いるという点で地域差を見せる。§2.1でも述べたように、イコマイはGAJで福井・滋賀・岐阜・愛知県に分布する語形である。当該地域のイコマイはこれが残存したものと言えよう。

次に迂言的表現の分布を見てみる。迂言的表現は、イクノマイショーライ、イクノヤメトコラのように「イクノ～」を用いる語形と、イカントマ

イショーライのように「イカント〜」を用いる語形に大別できる。このうち、「イカント〜」は三重県側に分布し、「イクノ〜」は和歌山県側に分布するという特徴がある。

最後にイカントコ類は全地域の30代以下の話者が用いている。以上の分布をまとめると、老年層話者では否定勧誘表現に地域差が見られ、南勢町〜尾鷲市でマイ類、熊野市〜鵜殿村でイカントマイショーライなどという迂言的表現、新宮市〜串本町ではイクノマイショーライという迂言的表現が用いられている。しかしこの地域差は年齢が若くなるにしたがって薄れつつあり、若年層ではどの地域でもイカントコ類が用いられるという変化が起こっているといえる。この変化の過程で、新宮市〜串本町ではイクノヤメトコラ・イクノヤメヨライのように、迂言的表現でありつつもそれを構成する要素が方言的でないものが現れる。

最後に、勧誘表現で用いられる方言文末詞の分布を見てみる。グロットグラムでは次のような文末詞が用いられている。
- ヤ：　イコヤ／イカントコヤなど
- ラ：　イコラ／イカントコラ／イカンラなど
- ライ：イコライ／イカントコライ／イコマイライ／イカントマイショーライなど
- レ：　イコレ／イカントコレ／イカントマイショーレなど

ラ／ライ／レはいずれも文末詞ラを用いたもので、ライはラにイを接続した形、レはライの連母音 ai が融合した形だと考えられる。この文末詞ラは奈良県や大阪府南部にも見られ（岸江ほか2009）、近畿地方南部に広く分布している文末詞である。肯定と否定の勧誘表現に見られるこれらの文

表2　勧誘表現に用いられる文末詞の分布

	若年層	中年層	老年層
鳥羽市〜海山町	ヤ	ヤ	ヤ
尾鷲市〜御浜町	ラ／ライ	ライ	ライ
紀宝町〜新宮市	ラ／レ	ラ／レ	レ
那智勝浦町〜田辺市	ラ	ラ	ラ

表3 行かないでおこうよ （勧誘）

項目名：【行かないでおこうよ（勧誘）】

質　問：仲のよい友人に「明日は台風で危ないから行かないでおこうよ」と言うとき、「行かないでおこうよ」の部分をどのように言いますか。

		世代／地点	10代	20代	30代	40代	50代	60代	70代〜
三重県	1	鳥羽市坂手町	／	I			＼	ー	
	2	磯部町		＋	Iー				ﾉv
	3	浜島町		⼈					ﾉv
	4	南勢町	I		I	◢			I
	5	南島町	⌒					＼	◣
	6	紀勢町		／		＋			＼
	7	紀伊長島町	I	／			◿		／I
	8	海山町	／		I		◮		ﾉv
	9	尾鷲市旧市街	‡	Ψ		◢			◣
	10	尾鷲市九鬼	Ψ	Ψ		⼈			＼Ψ
	11	熊野市飛鳥町	／						◐
	12	御浜町	／	L			⊙		ﾉv
	13	紀宝町	／	‡			＊	●	
	14	紀和町		／＊				ﾉv	
	15	鵜殿村1	／						
	16	鵜殿村2		‡			／		◐
	17	鵜殿村3	／						
和歌山県	18	新宮市1	／						‡
	19	新宮市2		⊖					
	20	新宮市3	／						＊
	21	那智勝浦町	ﾉv	‡		ﾉv			◎◎
	22	太地町	／	‡		‡		ﾉv	
	23	古座町	／	‡		Y		‖	
	24	串本町1			‡				
	25	串本町2		Y					‡◎
	26	串本町3			‡				
	27	すさみ町	／	‡					◉o
	28	上富田町1	‡						
	29	上富田町2	‡	‡			‡	ﾉv	
	30	上富田町3	‡						
	31	田辺市	／	＼		‡		＼	

凡例
- ／　イカントコ（ー）
- ＼　イカントコカ
- I　イカントコヤ
- ー　イカントコニ
- ‖　イカントコヤナイカ
- ‡　イカントコ（ー）ラ（ー）
- ‡　イカントコラヨ
- Ψ　イカントコライ
- ＊　イカントコレー
- ＋　イカヘントコヤ
- ‡　イカヘントコーヨ
- ⊙　イカンラ
- o　イカンヨーニシヨラ
- ◢　イカマイヤ
- ◢　イコマイカ
- ⌒　イコマイヤ
- ◣　イコマイライ
- ●　イカントマイショーレ
- ●　イカントマンショーレ
- ●　イカントマエソラエ
- o　イカンマッシヨーライ
- ◉　イカントマイショーラ（イ）
- ◎　イクノマイショーラヨー
- ⊖　マイシトコロヨ
- ◮　イカントコショーヤ
- Y　イクノヤメトコラ
- ⼈　イクノヤメヨライ
- Y　ヤメトコー
- ⼈　イクノヤメナイ
- L　イカンホーガエーデ
- ﾉv　NR

末詞の分布をまとめたのが表2である。

　表から、勧誘表現で用いられる文末詞には地域差があり、北から順にヤ、ライ、レ、ラが分布することが分かる。また、中年層から若年層になるにしたがってラの分布域が拡大していることも分かる。老年層では和歌山県田辺市～新宮市までだったものが、中年層になると三重県鵜殿村まで、若年層になると三重県熊野市まで広がっている。ここから、イコラ／イカントコラのように文末詞ラを用いる勧誘表現が、和歌山県側から三重県側に進入しつつあることがうかがえる。

　なお、イコー／イコカ／イカントコカのように方言的な文末詞を用いない表現が鳥羽市・新宮市・田辺市といった都市部や若年層を中心に現れる。ここから方言的文末詞が都市部を中心にして衰退しつつあることがみてとれよう。

3.2. 意志表現

　否定意志表現の分布（表5）から見ていこう。まず、イカントマイショ（ーカ）のような迂言的表現が熊野市～鵜殿村の老年層に見られる。この分布域は否定勧誘表現の場合（表3）よりも狭い。「イコマイ（カ）」のようなマイ類は尾鷲市だけに分布する。否定勧誘表現（表3）では南勢町～尾鷲市に分布していることと比べると、マイ類の分布域も狭いと言える。つまり、意志表現と勧誘表現を比べた場合、勧誘表現の方が方言形式を残しやすいと言えるかもしれない。それ以外の地域では、イカントコ類が広く分布する。

　肯定の意志表現（表4「行こう（意志）」）で用いられる語形は否定意志表現と比べてさらにバリエーションが少なくなる。まず、マイを用いる話者はほとんどいない（尾鷲市の1名のみ）。この地域では「マイ」がまだ否定の意味を保っていると言えよう。また文末詞に注目すると、「デ」が尾鷲市で年齢を問わず用いられている。意志・勧誘表現の中では、「行こう（意志）」でのみ「デ」が現れることから、意志に関わる意味を表す文末詞であると考えられる。近畿中央部でも「デ」は用いられるが、平叙文に接続することが多い。当該地域の「デ」と近畿中央部の「デ」の違いに

表4　行こう（意志）

項目名：【行こう（意志）】

質問：ひとりごとで、「明日はあそこへ行こう」とつぶやくとき、どのようにいいますか。

		地点＼世代	10代	20代	30代	40代	50代	60代	70代〜
三重県	1	鳥羽市坂手町	｜	＼		／	｜		
	2	磯部町	＼	｜			｜		｜
	3	浜島町	＼				｜		／
	4	南勢町	｜		T	｜			＼
	5	南島町	｜					＼	＼
	6	紀勢町	｜	／		｜			＼
	7	紀伊長島町	｜				T	｜＼	
	8	海山町	｜		T		T		⋈
	9	尾鷲市旧市街	‖	‖		＼■			／
	10	尾鷲市九鬼	‖T	T		‖			‖T
	11	熊野市飛鳥町	｜＼	｜		＼			○
	12	御浜町	F	／			＼		X
	13	紀宝町	｜‡	｜			⊥	｜	
	14	紀和町		｜				❖	
	15	鵜殿村1	｜						
	16	鵜殿村2					／		
	17	鵜殿村3	／						
和歌山県	18	新宮市1	L						●
	19	新宮市2		＼			＼		
	20	新宮市3	｜						＼
	21	那智勝浦町		N		L			｜
	22	太地町	‡	＼		T		＼	
	23	古座町	｜				／	◎Y	
	24	串本町1			＼				
	25	串本町2							／
	26	串本町3			＼				
	27	すさみ町	｜	｜／		／			／
	28	上富田町1	＼						
	29	上富田町2	｜				T	v	
	30	上富田町3	｜						
	31	田辺市	｜	／	｜		／		

凡例　　｜ イコ (ー)　　　　／ イコカ (ー)　　　　＼ イコ (ー) カナ (ー)
　　　　L イコッカナー　　　Y イコートオモウンヤケド
　　　　v イコトオモヤン　　‖ イコデ (ー)　　　　‡ イ (ー) コヤ
　　　　⊥ イコカイ　　　　　T イコカイナ (ー)　　F イコカイネー
　　　　■ イコマイ　　　　　◎ イコヤナイカ　　　⋈ イテコーカイナー
　　　　X イッテコーカイネー　○ イッテコーカイニャー　❖ イッテコーカナー
　　　　● イッテミヨカー　　N NR

表5 行かないでおこう（意志）

項目名：【行かないでおこう（意志）】

質　問：ひとりごとで、「明日は台風で危ないから、あそこへは行かないでおこう」とつぶやくとき、どのようにいいますか。

		世代 地点	10代	20代	30代	40代	50代	60代	70代～
三重県	1	鳥羽市坂手町	I	＼			I	I	
	2	磯部町	I	I			I		I
	3	浜島町	N				＋		＋
	4	南勢町	I		T	I			I
	5	南島町	I					I	△
	6	紀勢町	I		⊥		I		＼
	7	紀伊長島町		I			＋	I	
	8	海山町			I		‡		＋
	9	尾鷲市旧市街	‖	‖		✝			✚
	10	尾鷲市九鬼				＋			／
	11	熊野市飛鳥町	I	I		＼			◐
	12	御浜町	₣	＋			＊		＋
	13	紀宝町	‡	I			＋	●	
	14	紀和町		I					＼
	15	鵜殿村1	I						
	16	鵜殿村2		I			／		◎
	17	鵜殿村3	I						
和歌山県	18	新宮市1	I						＋
	19	新宮市2		◐		I			
	20	新宮市3	I						H
	21	那智勝浦町	N	I		＋			I
	22	太地町	I	＼		I		＋	
	23	古座町	N	⊻		△		I	
	24	串本町1			I				
	25	串本町2		I					／
	26	串本町3			I				
	27	すさみ町		I	⊻		I		▫
	28	上富田町1	I						
	29	上富田町2					／	＋	
	30	上富田町3	／						
	31	田辺市	I	I	I			／	

凡例
- I イカントコ（―）
- ／ イカントコカ（―）
- ＼ イカントコカナ（―）
- ‡ イカントコヤ
- ‖ イカントコデ
- T イカントコカイナ
- ₣ イカントコカイネー
- H イカントコカノー
- △ イカントク（ワ）
- ‡ イカントコラ
- ＊ イカントコライ
- ● イカントマイショ
- ◐ イカントマイショーカ
- ◐ マイシトコカナー
- ◎ マンショーレー
- ＋ イカヘン（ワ）
- ⊥ イカヘントコー
- ✝ イコマイ
- ✚ イコマイカ
- ▫ イカンヨーニショー
- ＋ 他形式
- N NR

については、詳しい意味記述をおこなうことによって明らかにする必要がある。

3.3．推量表現

ここでは推量表現の分布について見てみる。まず、推量形式ジャロー／ヤロー／ローの分布について、推量表現（表6「行くだろう」）と否定推量表現（表7「行かないだろう」）とを合わせて見てみる。その後、否定推量表現のグロットグラムからマイの分布と動詞否定形の分布について見てみる[4]。

今回の調査対象地域では、推量形式ジャロー／ヤロー／ローのうちヤローが広く用いられており、ジャローは三重県熊野市～那智勝浦町の60代以上の話者が用いるのみである。§2.3でも述べたように、近畿中央部のジャローは近世末期にヤローへと変化した（彦坂1997）。熊野市～那智勝浦町に見られるジャローは、この古いジャローが残存したものと考えられる。また、田辺市と上富田町の若年層に、イクロー／イカンローのように「ロー」が見られる。江端（1977）では、岐阜・新潟県に現れるローの出自について、「「らむ」＞「らん」＞「らう」＞「ろー」とたどれる」と述べている（p.5）。しかし当該地域のローは若年層だけに現れていることから、新潟・岐阜県に分布する「らむ」由来のローとは異なるものであろう。

マイ類については、否定推量表現で尾鷲市40代話者が用いるのみである。§2.3であげた佐藤（1982）の記述と比べて考えると、否定推量表現におけるマイは衰退してしまったと考えられる。

最後に動詞否定形のバリエーションを見てみよう。否定形式のバリエーションにはイカン／イカヘン／イカセン／イケヘンがあるが、イケヘンは上富田町の話者2名のみ、イカセンは南勢町の70代話者と古座町の40代話者が使うのみで、残りはイカンとイカヘンを用いる話者が占めている。これら2形式の境界線は紀勢町近辺にある。紀勢町以北ではイカヘンが主流であり、それよりも南の地域ではイカンが主流となる。

表6　行くだろう（推量）

項目名：【行くだろう（推量）】

質問：「明日はあの人もあそこへ多分行くだろう」と言うとき、「行くだろう」の部分をどのように言いますか。

		地点＼世代	10代	20代	30代	40代	50代	60代	70代〜
三重県	1	鳥羽市坂手町	＼	＼			＼	＼	
	2	磯部町	＼	∎▫			∣		＼
	3	浜島町	‡				＼		＼
	4	南勢町	＼		▫	＼			Y
	5	南島町	＋				＼		∣
	6	紀勢町	＼						∣
	7	紀伊長島町	＼				‖	＼∣	＼
	8	海山町	∣		＼		＼	∎	
	9	尾鷲市旧市街	∣	＋	＼		＼		▫
	10	尾鷲市九鬼		＼⊥		＋		＼	
	11	熊野市飛鳥町	＼						▫
	12	御浜町		∣			＋		⊤
	13	紀宝町		∣	⌒		＼	▫	
	14	紀和町		＼∣				＝	
	15	鵜殿村1	＼						
	16	鵜殿村2			＼		∣		＼
	17	鵜殿村3	∎						
和歌山県	18	新宮市1		＋					▫
	19	新宮市2		＼		N			
	20	新宮市3	＼						－
	21	那智勝浦町	N	＼		∎∎			▫▲
	22	太地町	∎			∣		∣	
	23	古座町		∣		⌣		⌄	
	24	串本町1			∎				
	25	串本町2	＼						∣
	26	串本町3			＼				
	27	すさみ町	＼▲	＼		＼			＼
	28	上富田町1	∣∎						
	29	上富田町2	＼		▫		∎	N	
	30	上富田町3	＼						
	31	田辺市	‡	▫		＼		＼	

凡例
- ＼ イクヤロ（ー）
- ‖ イクヤロデ
- ⌣ イクンヤロ
- ▫ イクジャロ（ー）
- ∎ イクカナ（ー）
- ▫ イクントチガウカ
- ⊥ イクンジャナイ
- ＋ イクトオモウ
- ∣ イクヤロナ（ー）
- Y イクヤロゾ
- ⌒ イクンヤロナ
- ＋ イクロー
- ∎ イクンチャウ
- ＝ イクンヤナイカナー
- ⊤ イクンジャナイカ
- N NR
- － イクヤロノー
- ⌄ イクヤローカ
- ▲ イクダロー
- ▫ イクロナ（ー）
- ▫ イクンチャウカ
- ‡ イクンジャナイカナ
- ▲ イクンジャナイケ

近畿周辺部におけるモダリティ表現の分布と変化　153

表7　行かないだろう（推量）

項目名：【行かないだろう】

質　問：「明日はあの人もあそこへ多分行かないだろう」と言うとき、「行かないだろう」の部分をどのように言いますか。

		世代 地点	10代	20代	30代	40代	50代	60代	70代〜
三重県	1	鳥羽市坂手町	✚	✚			▫	✚	
	2	磯部町	✚	▫			✚		✚
	3	浜島町	✚				‖		−
	4	南勢町	✚		−✚	✚			△
	5	南島町	✚					✚⊤	‡
	6	紀勢町	−				✚		‡
	7	紀伊長島町	−	✚			ǀ⊥	−	
	8	海山町	ǀ		−				✚
	9	尾鷲市旧市街	ǀ				＝		✚
	10	尾鷲市九鬼	−	‡		ǀ☐			‡
	11	熊野市飛鳥町	−						▫
	12	御浜町		ǀ			−		Ｎ
	13	紀宝町	−	−			✚	▫	
	14	紀和町		−				／	
	15	鵜殿村1	−						
	16	鵜殿村2			−		ǀ		−
	17	鵜殿村3	−						
和歌山県	18	新宮市1	←						−
	19	新宮市2		−		✚			
	20	新宮市3							
	21	那智勝浦町	Ｎ	−		ǀ			▫♠
	22	太地町		◪		✚		ǀ	
	23	古座町		‡		F̄		✚	
	24	串本町1			←				
	25	串本町2							ǀ
	26	串本町3			−				
	27	すさみ町	−	−					
	28	上富田町1	✚						
	29	上富田町2	✚	−			■	▫	
	30	上富田町3	ǀ						
	31	田辺市	✚	✚	−			✚	

凡例
- ‖ イカヘン
- ǀ イカンヤロナ（−）
- ▫ イカンジャロ（−）
- ‡ イカヘンヤロナー
- △ イカセンヤロ
- ▯ イカヘントチガウ（カナー）
- ■ イケヘンノチガウカー
- ← イカントオモウ
- Ｎ ＮＲ
- ＼ イカンヤロ（−）
- ／ イカンヤロネー
- ✚ イカンロー
- ＋ イカヘンヤロナ
- F̄ イカセンノヤロ
- ☐ イケヘンノチャウカ
- ☐ イコマイライ
- − イカンヤロノー
- ＝ イカンヤリー
- ＋ イカヘンヤロ（−）
- ⊤ イカヘンヤロサー
- ▫ イカナイヤロー
- ♠ イカンジャナイケ
- ☐ イカンノチャウ

3.4. 確認要求表現

本節では「(ある)ではないか」に相当する意味を表す表現の分布について見てみる（表8）。当該地域で用いられる語形は次の3種類に分類することができる[5]。

- 否定疑問形式：「(ある)ジャナイ(カ)/ヤナイ(カ)/ヤン(カ)」など、否定疑問表現を出自とする形式。文末詞には「φ/カ/カイ/ケ/カレ/ノ」といったバリエーションがある。
- 文末詞：「ではないか」に相当する意味の文末詞を用いるもの。「(ある)ガイ/ガエ/ギャー/ゲラー」のように文末詞ガをもとにした表現と、「アルワダ/アララ（おそらくアルワラからの音声変化)」のように文末詞ワをもとにした表現がある。
- その他：アライラヨのように否定（反語）表現と思われるものや、アルカンのような形式。

まず全体的な傾向についてみていくと、老年層では文末詞類を用いることが多く、また用いられる文末詞は地域によって異なる。これが若年層になるにしたがって否定疑問形式を用いることが多くなってきている。つまり当該地域では、「ではないか」にあたる表現を文末詞で表していた状態から否定疑問形式で表すという方向へと変化してきている。この地域でも近畿中央部と同じ変化が起こっていると言えよう。

老年層の状況を北から順にみていくと、海山町～串本町にかけて「アルガイ/アルギャー/アルガエ/アルゲラー」など文末詞ガを用いた表現が分布する。これは60代以上の話者に顕著であり、50代（御浜町）・30代（海山町）の話者も1名ずつ用いている。藤原(1986)によると、文末詞の「ガ」は西日本一帯に分布しているとされる。海山町～串本町に分布するガ系文末詞もこのガと共通するものであろう。近畿中央部でも「ガ」は用いられるが、「ガナ」という形で固定されており、またヤナイカ/ヤンカよりも狭い用法しか持たない（前川2000）。近畿中央部のガナはヤナイカ/ヤンカに置き換わりつつあるのだが、当該地域のガ系文末詞はヤナイカが発生する以前の姿を残していると考えられる。このガ系文末詞の分布域と一部重なるようにして、和歌山県側に「アルワダ」（新宮市～那智勝浦町）、「ア

近畿周辺部におけるモダリティ表現の分布と変化　155

表8　あるじゃないか（確認要求）

項目名：【あるじゃないか】

質問：「よく見てみろ。そこにあるじゃないか」と言うとき、「あるじゃないか」の部分をどう言いますか。

		世代 地点	10代	20代	30代	40代	50代	60代	70代〜
三重県	1	鳥羽市坂手町	|	|			|	◉|	
	2	磯部町	|	+			|		◎|
	3	浜島町	|				F̄		|
	4	南勢町	|		|=	|			|
	5	南島町	|					◎	◎
	6	紀勢町	▫	‡		=			●
	7	紀伊長島町	+	|			●	◎	
	8	海山町	+		|△		◎Y		●
	9	尾鷲市旧市街	+	|		H			◐◎
	10	尾鷲市九鬼	|	|+		◎			◎
	11	熊野市飛鳥町	|	◎					μ
	12	御浜町	+	+		▲			◐
	13	紀宝町	|+	+‡			H	▲	
	14	紀和町		|				⊥H	
	15	鵜殿村1	⊙						
	16	鵜殿村2		+			◎		★
	17	鵜殿村3	|						
和歌山県	18	新宮市1	+						◎
	19	新宮市2		◎		★			
	20	新宮市3	+						▽
	21	那智勝浦町	N	|		▽			H
	22	太地町	|	+		◎		▽	
	23	古座町	+	◎		H		◎	
	24	串本町1			◎				
	25	串本町2		|+					▲
	26	串本町3			◎				
	27	すさみ町	+	+		■			■
	28	上富田町1	◎						
	29	上富田町2	‡		⊟			▫	■
	30	上富田町3	|						
	31	田辺市	+▪	+		H		|	

凡例
- ◐ アルジャナイカ
- ◎ アルヤナイカ
- ◉ アルヤナイノ
- + アルヤン
- ● アルヤナイカレ
- ⦿ アルヤネカ
- \| アルヤンカ
- ⊥ アルヤー
- = アルヤンカレ
- F̄ アルヤンカイ
- ‡ アルヤンケ（ー）
- ▲ アルガイ
- μ アルジャロ
- ▲ アルヤロ
- ▫ アルデ
- Y アルナイカ
- △ アルガエ
- ▲ アルギャー
- ▽ アルゲラー
- ⊟ アライラヨ
- ⊙ アルカン
- ■ アララ
- ★ アルノニ
- ⌷ アローガヨ
- ▪ アルロー
- ▽ アルワダ（ー）
- N NR

ララ」（すさみ町〜上富田町）など文末詞ワを用いた表現が分布する。これは大阪府南部に分布する文末詞ワへとつながるものであろう。

ところが30〜40代の話者になると「（ある）ヤナイカ」という否定疑問形式が増えてくる。ヤナイカの分布に注目すると、鳥羽市〜尾鷲市では老年層でも使用しているが、熊野市以南になると20〜40代話者が主な使用者となる。ここから、ヤナイカを用いるようになる変化は当該地域の北部から進入し、徐々に南側へ伝播するという変化が起こったと考えられる。

また、否定疑問形式類の中でも変化は起こっている。「ヤンカ」の分布に注目してみると、鳥羽市〜南勢町では老年層も使用しているが、南島町〜熊野市では40代以下の話者、御浜町以南は20代以下の話者が用いている。ここから、文末詞＞ヤナイカの変化よりも少し遅れて、ヤナイカ＞ヤンカの変化が起こり、これも北側から南へ向かって伝播していると考えることができる。さらに、ヤンカ類の中の「ヤン」という語形の分布に注目すると、どの地域でも20代以下の話者に限られる。ここから、ヤンカ＞ヤンの変化は地理的伝播によるものではなく、当該地域全体で同時に起こった変化だと考えられる。

以上をまとめると、グロットグラムからは当該地域で起こった次のような複数の変化を読み取ることができる。

　変化（1）：鳥羽からのヤナイカの進入
　変化（2）：鳥羽からのヤンカの進入
　変化（3）：ヤンカからヤンへの変化

3.5．反語表現

反語表現の語形は大きく3つに分類することができる（表9）。
- シルカ類：シルカ／シルカーヨ／シルカイ／シルカレなど
- シロカ類：シロカー／シロカサ／シロカレ／シロケーなど
- シラン類：シランワ／シランワイ／シランワレなど

これらのうちシルカ類とシラン類が広く分布する。傾向としては、和歌山県太地町以南にシルカ類が多く、太地町以北はシラン類が多いようにも見える。特徴的なのはシロカ類の分布である。この類は南島町〜尾鷲市の地

近畿周辺部におけるモダリティ表現の分布と変化　157

表9　そんなこと知るか（反語）

項目名：【そんなこと知るか】
質　問：友達から、「隠すなよ。お前、知っているだろ」と問いつめられて、「そんなこと知るものか」と怒りながら答えるとき、「知るものか」の部分をどう言いますか。

		世代 地点	10代	20代	30代	40代	50代	60代	70代〜
三重県	1	鳥羽市坂手町	⊟	⬛			⬛	‡	
	2	磯部町	⬛⊟	◆⊟			◆⊟		◆
	3	浜島町	⬛				◪		⬛
	4	南勢町	Ψ		◪	⬛			
	5	南島町	●					⊖回	⬛
	6	紀勢町	∣	⬛			‡		∣⊟
	7	紀伊長島町	∣	⬛			⊟	∣⬛	
	8	海山町	▽		●⊕		●		●◆
	9	尾鷲市旧市街	⊟	◪		●			∣◪◪
	10	尾鷲市九鬼	●⊟	●		⬛			Ψ●
	11	熊野市飛鳥町	∣	∣		⊟			⊟
	12	御浜町	∣	◆			⊟◪		Ψ
	13	紀宝町	⊟		⊟		Ψ	Ψ◪	
	14	紀和町		∣				⊟	
	15	鵜殿村1	⊟						
	16	鵜殿村2		⊟			◪		⊟
	17	鵜殿村3	⊟						
和歌山県	18	新宮市1		⊟					∣
	19	新宮市2		⊟					
	20	新宮市3	⊟						＼‡
	21	那智勝浦町		∣⬛		⊡			Ψ⊟
	22	太地町	∣⬛					◪	
	23	古座町	⊟	／		†		Ψ	
	24	串本町1			∣				
	25	串本町2		⊟					∣／
	26	串本町3			∣				
	27	すさみ町	⊠	∣					∣
	28	上富田町1	∣						
	29	上富田町2	∣	⬛			∣	⬛	
	30	上富田町3	△						
	31	田辺市	∣⊟	∣		‖		⊟	

凡例
∣ シルカ（ー）	‖ シルッカー	／ シルカーヨ	＼ シルカヨー
† シルカイ	‡ シルカレ	Ψ シルモンカ	● シロカー
⊖ シロカサ	● シロカレ	⊕ シロケー	◆ シラヘン
⊟ シランヨ（ー）	⊟ シランワ（ー）	◪ シランワイ	◪ シランワレ
⊠ シランシー	回 シランジョ	⬛ シランヤンカ	⊡ シランワレ
△ シッテナイテ	▽ シルワケナイヤン		

域にしか現れない。また、このシロカ類は若年層でも用いられており、現在でも根強く用いられていることが分かる。

文末詞に注目してみると、「シルカレ」「シロカレ」「シランワレ」のようなワレという形式を付加した形式が浜島町〜御浜町を中心に分布していることが分かる。「シランワレ」「シルカレ」という語形は和歌山県側の新宮市や那智勝浦町にも分布している。岸江ほか（2009）では大阪府南部で文末詞ワシ（およびその融合形）が用いられることが指摘されているが、当該地域のワレ（おそらく一人称代名詞が文末詞化したもの）も共通の基盤の上に成り立つものであろう。

4．おわりに

本稿では近畿周辺部における意志・勧誘・推量・確認要求・反語を表す形式の分布について、鳥羽市―田辺市間グロットグラムを中心にみてきた。グロットグラムから明らかになったことを以下にまとめておく。

- マイ類の分布：マイはかつて三重県内の広い地域で否定勧誘・否定推量表現に用いられていたが、現在は、南勢町〜尾鷲市の中年層以上にしか用いられていない。つまり、当該地域のマイは否定の勧誘表現専用の形式となりつつあると言える。このマイも若年層話者には用いられなくなっており、衰退しつつある。
- 推量形式の分布：三重県南部で用いられていたジャローはヤローにほぼ置き換わっており、現在は三重県熊野市〜和歌山県那智勝浦町の老年層に残るのみである。
- 文末詞の分布：勧誘表現では「ヤ／ラ／ライ／レ」という文末詞が用いられていたが、このうち「ライ／レ」が「ラ」に置き換わっていく変化が起こっている。若年層では、海山町以北の「ヤ」と尾鷲市以南の「ラ」という対立になりつつある。同時に、これらの方言文末詞自体が用いられなくなってきており、今後は衰退していく可能性がある。
- 確認要求表現の分布：文末詞「ガ」や「ワ」で確認要求の意味を表していた地域に鳥羽市からヤナイカ、次いでヤンカが進入してきている。

また、若年層ではヤンカをヤンに置き換える変化が起こっている。

グロットグラムからは三重県南部・和歌山県東部のことばが古い近畿地方の姿から現在の近畿中央部の表現形式へと急速に変化していく過程が読み取れる。この地域は近畿地方の変化を知る上で格好のフィールドと言えるだろう。今回は勧誘表現の文末詞「デ」や推量形式「ロー」の分布について詳しく見ることができなかったが、近畿中央部と当該地域とをつなぐ位置にある奈良県南部や大阪府南部における現象と関連づけて見ることによって明らかにすることができるだろう。

注
1) 括弧内の数字はGAJの地図番号を表す。以下同様。
2) 原文では分かち書きがなされ、アクセント情報も付されているが、ここでは語形だけを引用しておく。否定推量表現における佐藤（1982）の引用についても同様。
3) なお、この文末詞「ワ」が述語と融合して現れる現象は、岸江ほか（2009）の「降ってラシ」（項目117）でも観察でき、やはり岸和田市以南の泉南方言に特有の現象である。
4) 以下、「と思う」「のではないか」に相当する意味を表す形式は推量形式ではないため考察対象から除く。肯定推量表現についても同様である。
5) 推量形式を用いた「(ある)ジャロー／ヤロー／ダロー／ロー」や「アロー」については考察の対象外とする。推量形式による確認要求表現は「(ある)ではないか」と類似した表現効果を持つが、次の例文のように、「ではないか」と置き換えられない（置き換えると意味が変わってしまう）場合もある。
　　　（ｉ）ここのラーメンなかなか美味しい ｛じゃないか／だろう｝。
このように、推量形式と「ではないか」はバリエーション関係にはないため、以下の考察からは推量形式を除く。推量形式の分布については「行くだろう」「行かないだろう」を参照されたい。

〔参考文献〕
江端義夫（1977）「中部地方域方言の推量表現の分布について」『国語学』110
岸江信介・井上文子（1997）『京都市方言の動態』近畿方言研究会

国立国語研究所（1993）『方言文法全国地図 第3集』大蔵省印刷局
国立国語研究所（2002）『方言文法全国地図 第5集』財務省印刷局
佐藤虎男（1982）「三重県の方言」飯豊毅一・日野資純・佐藤亮一編『講座方言学7　近畿地方の方言』国書刊行会
真田信治監修、岸江信介・中井精一・鳥谷善史編著（2009）『大阪のことば地図』和泉書院
彦坂佳宣（1997）『尾張近辺を主とする近世期方言の研究』和泉書院
藤原与一（1986）『方言文末詞〈文末助詞〉の研究（下）』春陽堂
舩木礼子（2001）「名古屋―伊勢間の勧誘、意志、推量の表現形式について」近畿方言研究会編『地域語資料6　伊勢湾岸西部地域の社会言語学的研究』近畿方言研究会
堀田要治（1962）「「やんか」の研究」『三重県方言』第14号（三重県方言学会）
前川朱里（2000）「「(ヤ)ガナ」と「ヤンカ」の用法・機能上の相違について―「ではないか」との対比を中心に―」『現代日本語研究』7（大阪大学大学院文学研究科現代日本語学講座）
村内英一（1982）「和歌山県の方言」飯豊毅一・日野資純・佐藤亮一編『講座方言学7　近畿地方の方言』国書刊行会

紀伊半島沿岸の可能表現の地理的変異と多様性

津 田 智 史

1. はじめに

　可能表現とは、渋谷（2006）にあるように、「人間や動物などの有情物（ときに非情物）が、ある動きを意志的に行おうとするとき、それを実現することができる／できない」といった意味を表す文法の一カテゴリーである。また、何が動きに影響を与えその実現の可否を左右するかによって、大きくは能力可能と状況可能の2つに分けられる。前者は、主体の内面的な条件・能力によって実現可能かどうかが決定されるものであり、後者は、主体の能力如何に関わらず、場面や周囲の状況など外的要因によって実現可能かどうかが判断されるものである。さらに、細かくは動作の道具の性能等による属性可能、主体の心情による心情可能や、主体内部の病気や気分といった一時的な条件による内的条件可能を設定する考えもある。

　本稿では、能力可能と状況可能の場合に絞り、三重県鳥羽市から和歌山県田辺市間で行われたグロットグラム調査の結果をもとに当該地域の可能表現の実態を探る。なお、今回は一段動詞「着る」の結果を中心に論を進める。

2. 可能表現の地域性

　方言における可能表現は多岐にわたり、意味による形式の使い分けも多くの方言で行われている。逆に、共通語では可能の条件によって形式の使

い分けがなされることはほとんどない。ここでは、共通語の可能表現形式と特徴的な各地方言の可能表現形式を、例を挙げながらみていくことにする。

共通語では、以下の例のように能力／状況の2種類の可能とも可能動詞や可能の助動詞「れる・られる」を承接した形式、または「することができる」といった形式で表される。

1）うちの孫は字を覚えたのでもう本を ｛ヨメル・ヨムコトガデキル｝。（能力可能）

2）電燈が明るいので新聞を ｛ヨメル・ヨムコトガデキル｝。（状況可能）

一方、各地方言については、国立国語研究所編の『方言文法全国地図』（以下、GAJと略記）第4集第173～185図で全国の可能表現の形式をみわたすことができる。GAJの五段動詞「読む」の項目をみると、東北地方のヨメル／ヨムニイー、九州地方北部のヨミキル／ヨマレルなど、能力可能と状況可能で形式上、表現を区別する方言が目立つ。また、全国的に表現形式が多岐にわたっており、多くの表現形式の存在が窺える。

3）うちの孫は字を覚えたのでもう本を ｛ヨメル・ヨミキル｝。（能力可能）

4）電燈が明るいので新聞を ｛ヨムニイー・ヨマレル｝。（状況可能）

九州地方では3）ヨミキルのように、能力可能を表す場合、アスペクト的に完遂の意味を与える達成動詞「きる」を下接し個人の能力で動作を行うことが可能であることを示す。また東北地方では、4）のように動作を行うのに「良い」という状況を述部に取り込むことにより状況可能を表している。ここでは、東北地方と九州地方北部の形式のみを紹介したが、各地方言にはさらに豊富なバリエーションがみられる[1]。

さらに可能の打消形（不可能）では、その表現が打消形式の多様性と重なり、多くの表現形式を各地方言でみることができる。特に、近畿方言の可能表現は概ね形式のパタンが決まっているが、後述するように同地方言の打消表現にはンやヘンといったように他地方言以上の多様さがみられることから、不可能を表す際には組み合わせのバリエーションがみられる。

3. 近畿地方の可能表現

　ここでは、まず近畿地方の可能表現を概観し、次に同地方の打消表現に触れ、そこからみられる不可能表現のバリエーションについてみていく。

3.1. 可能表現

　まず、近畿地方の可能表現について、GAJ 第175・176図「着ることができる（能力可能・状況可能）」から形式の分布状況を確認する。ここでは、両図の近畿地方に限ったものを示す（図1、2）。図1では、「うちの孫は一人で着物を着ることができる」という能力可能における表現を聞いている。概ね多くの西日本諸方言[2]と形式を同じくしており、可能副詞ヨーを伴った、ヨーキル（□）という形式が目立つ。このヨーキルの分布域には、可能副詞ヨーに動詞原形（この場合キル）とは異なる述部を下接したいくつかの形式が散見されるが、それも図1ではほぼ併用となっており、能力可能を言い表す際にはヨーキルが一般に使用されていることがわかる。また、図1をよくみると、この可能副詞ヨーが近畿地方ほぼ全域にみられるわけだが、福井県南部から滋賀県、そして大阪府の南部にかけてはみられない。その代りに、これらの地域ではキラレル（◄）やキルコトガデキル（○）、その音訛形であるキルコトガデケル（◉）などがみられる。また兵庫県を中心に可能動詞形であるキレル（／）も散見される。一方で、今回の対象地域の一部、和歌山県では県下全域でヨーキルに形式が統一されていることが確認できる。

　次に、状況可能の分布を示した図2をみていく。「この着物は古くなったけどまだ着ることができる」という場合にどのように言うか聞いたものである。図2から、キラレルという形式が多くみられることがわかる。この形式は特に近畿地方の北部にかたまって現れ、奈良県や紀伊半島沿岸部、三重県北東部ではキヤレル（✖）となって確認できる。しかし、紀伊半島でも内陸部ではキレルなどの形式が主流であり、奈良県ではキラレル・キヤレルと併用される場合が多い。また今回の対象地域に目をやると、和歌

近畿地方における可能の分布

「着ることができる（能力可能）」

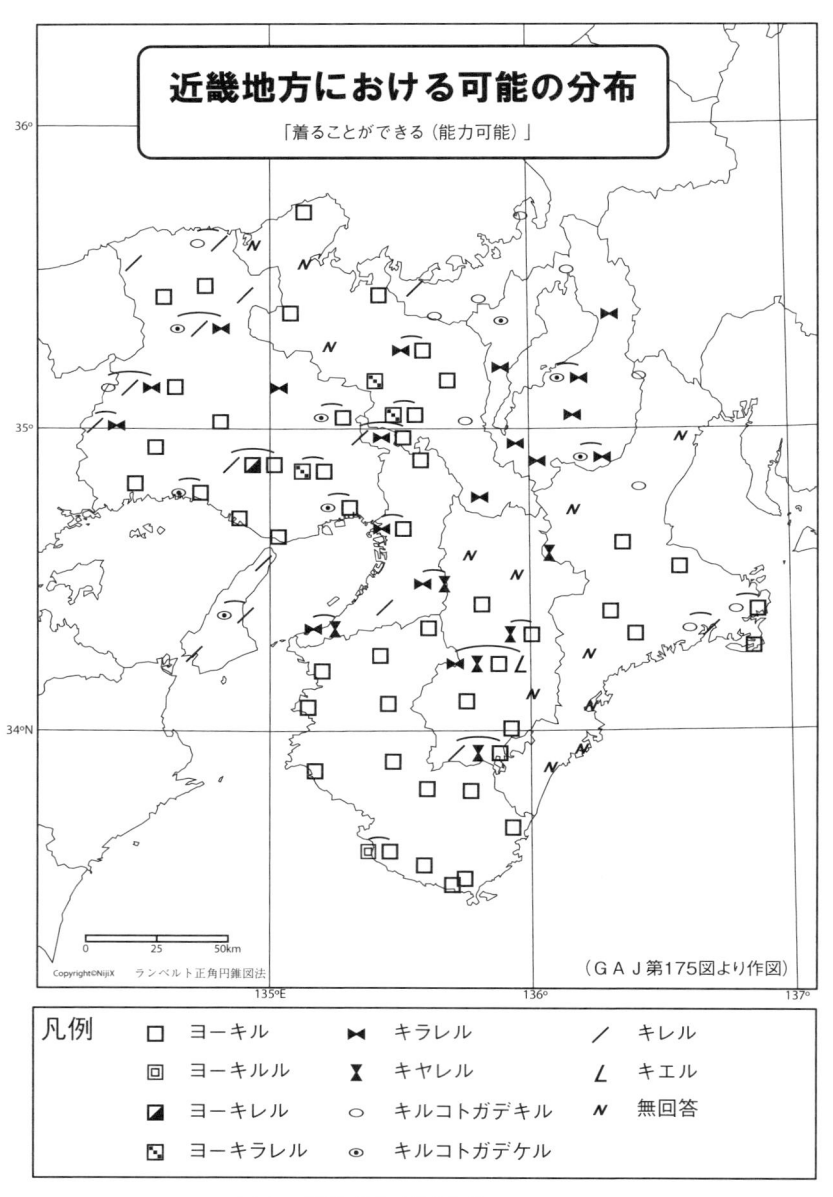

（GAJ第175図より作図）

凡例
- □ ヨーキル
- 回 ヨーキルル
- ◪ ヨーキレル
- ▦ ヨーキラレル
- ▶◀ キラレル
- ✗ キヤレル
- ○ キルコトガデキル
- ⦿ キルコトガデケル
- ／ キレル
- L キエル
- N 無回答

図1　着ることができる（能力可能）

紀伊半島沿岸の可能表現の地理的変異と多様性　165

近畿地方における可能の分布
「着ることができる（状況可能）」

（ＧＡＪ第176図より作図）

凡例					
／	キレル	▶◀	キラレル	⌣	キルル
Ｌ	キエル	✗	キヤレル	▣	ヨーキラレル
○	キルコトガデキル	▲	キレレル	Ν	無回答
⊙	キルコトガデケル	✤	キラエル		

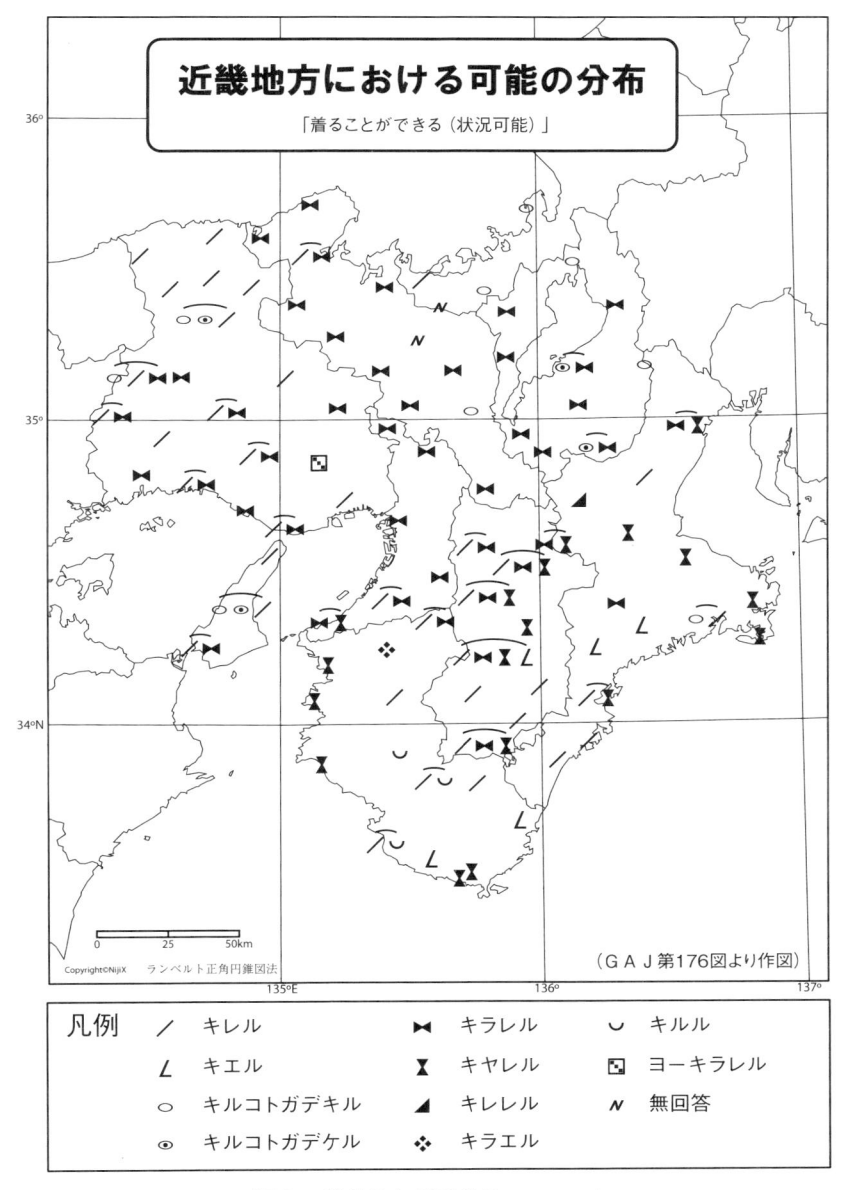

図2　着ることができる（状況可能）

山県ではキルル（∪）、三重県ではキエル（∠）といった形式も散見できる。

　それでは、近畿地方で能力可能と状況可能を言い分けている地域はどれほどあるだろうか。図1、2から近畿地方全体をみると、京都府や大阪府北部はヨーキル／キラレルで対立を示し、兵庫県南部でヨーキル／キレル・キラレルというように、能力と状況といった可能の性質の違いで形式を区別している。そして和歌山県内陸、同県沿岸の一部と三重県南部ではヨーキル／キレル、和歌山県沿岸（一部除く）と三重県北部ではヨーキル／キヤレルとなっている。また、奈良県のほぼ全域で能力可能はヨーキル、状況可能はキレル・キラレル・キヤレルと使い分けがあるものの、状況可能の形式が一際多く確認できる。上記以外の近畿の諸地域では、共通語の場合と同じく一形式で可能表現を言い表すことがわかる。滋賀県や大阪府南部ではキラレル、兵庫県北部ではキレル、福井県南部ではキルコトガデキルといった形式である。

　紀伊半島の語形分布に関して、当該地域が中央からみれば周辺部にあたることから周圏論的な解釈がされがちである。しかし、丹羽（1995）では、紀伊半島の物流という観点に注目し、紀伊半島の語形分布の新古として、内陸や半島先端に古い語形が残り、周辺沿岸部の経済中心都市に新しい語形がみられるとする。紀伊半島の語彙や文法形式の古形の残存具合を鑑みると[3]、どうやら図1、2で半島先端から内陸にみられるヨーキル／キヤレルという対立が能力可能と状況可能の言い分けとして古いものであると推測される。

3.2. 打消表現

　さて、ここで近畿地方の打消表現について簡単にみてみたい。まず、近畿地方の打消表現には地域性がみられる。岸江（2003）によると、言い切り形ではンからヘンへと京阪方言の打消形式は変遷しているとあるが、その特徴は大阪市・京都市それぞれの方言で一致しないという。山本（1981）や岸江（2003）では、大阪市方言のエ段音接続（「買エヘン」、「行ケヘン」など）と京都市方言のア段音接続（「買わヘン」、「行かヘン」など）を例に打消表現のバリエーションと派生過程について言及している。

また、近畿地方の打消形式には、ンやヘン以外にもいくつかのバリエーションがみられる。岸江（2003）では、京阪方言の例をもとに、ンを「ぬ」からの変化形、ヘンを「〜はせぬ」からの派生形として、ヘンは助動詞化してヒン、エン、イン、シンなどといった形式を生み出しているとする。また、矢野（1956）では三重県方言にみられる否定辞セン、ヘン、ヒン、ヤン、ランの存在を示している。

3.3. 不可能表現

　以上のことを踏まえて近畿地方の不可能表現について考えてみたい。ここでは、GAJの地図化は紙幅の都合上省略するが、可能表現自体の語形の多さ、上でみたような打消形式との組み合わせより理論上考えうるパタンの幅からも多様なバリエーションを持つことは容易に想像がつく。実際にGAJ第184・185図「着ることができない（能力可能・状況可能）」の形式を眺めてみても、記号も細かく分けられており、回答も一地点でいくつかの形式を併用している地点が目立つ。これは、前部要素が同形式であっても後部の打消形式が異なるというものが多いためである。

　今回の対象地域である和歌山・三重両県の可能の打消に関して、徳川・真田（1986）では、和歌山県紀ノ川流域の言語動態を報告し、和歌山市付近では打消表現と不可能表現を打消形式「—ヘン」「—ヤン」で区別するとする。また、楳垣（1962）では三重県の不可能表現について、能力の否定の場合、主にヤン、ヤヘン、ヤセンを使用し、その他の形式（ン、ヘン、セン、（エ）ン、ヨー（ン）など）は能力・意志の両方の否定に併用されるとする。不可能表現の後部にあたる打消形式で表現を言い分けていることが窺えるが、近年では意味による形式の使い分けが徐々に薄れている傾向にあるようである。さらに丹羽（2000）には、三重県鈴鹿郡において、可能の意味ではなく主語の人称によって形式が変化するという報告もある。「書くことができない」という場合、ヨーカカンは主語が自分でも他人でもよいが、ヨーカカヘンは自分にはほとんど使わず他人にのみ使用するという。

4．紀伊半島沿岸諸地域における可能表現の動態

　では、当該地域の可能表現は実際にどのような動態を示しているのであろうか。以下、グロットグラムの結果をもとに、そこからみえてくる当該地域における可能表現の形式と分布についてみていく。鳥羽―田辺市間グロットグラム調査では、五段動詞「書く」、一段動詞「着る」について調査を行っているが、今回は冒頭で述べたとおり一段動詞「着る」の結果を中心にみていくことにし、五段動詞「書く」の結果は適宜併せて述べる。質問文は各グロットグラム図の上部に示してある。ここでは、動作主体の差など細かい設定の差こそあれ、GAJのものと同じ状況を設定しており、ほぼ同質のものとして結果を扱うことができよう。

　当該地域の可能表現は、概ね前章で示した図1、2の結果に似通っている。ただし、京阪方言間でも打消形式の接続に差を示すように（山本1981、岸江2003）、近畿地方の中でも各地で差異がみられる。このような差異について論じるためには、大阪府や京都府といった近隣大都市からの影響による段階的な変異を考えなければならない。また、全世代、全地域的な共通語の影響もみられる。さらには、丹羽（1995）で示されたように、地域経済中心都市からの影響も考慮する必要がある。

4.1．能力可能

　まず、能力可能のグロットグラム表をもとに、紀伊半島沿岸諸地域の形式の分布と動態をみていきたい。表1に示したのが、当該地域の能力可能「着ることができる」の結果である。表1をみると、全年層でヨーキルがみられるが、若年層を中心にキレルの使用を確認でき、ヨーキルとキレルのせめぎ合いを窺うことができる。和歌山・三重両県とも50代以上ではキレルがあまり回答されず、ヨーキルやキヤレルで能力可能を表現している。これは、図1において当該地域ではほぼヨーキルに形式が統一されていた結果にも重なる。このことからも、キレルが新しい形式として徐々に若年層から勢力を拡大しつつあることが窺える。このキレルの拡大に関して、

五段動詞「書く」の能力可能ではカケルが「着る」の場合（キレル）よりもさらに一般化している。三重県紀宝町から鳥羽市にかけてはヨーカクなどが少なくない数確認できるが、ほぼ全域でカケルが使用されており、世代差も感じられない。五段動詞が一段動詞に先行してこのような形式を拡大していることが窺える。また、当該地域の先行研究の一つとして挙げられる徳川・真田（1988）では、和歌山県田辺市および龍神村を対象として調査が行われている。田辺市では若年層でキレル・ヨーキル・キラレルという順にみられるとし、これはキラレルを除きほぼ表1の傾向と一致する。老年層では表1ではみられなかったナンボキル[4]・キルルという形式もみられると報告しているが、このナンボキルは調査時すでに若年層ではほぼ消滅していると併記されている。

　表1では、ヨーキル、キヤレル、キレルといった形式がよく回答されているわけだが、図1、2ではキヤレルは三重県と和歌山県沿岸部に、キレルは和歌山県内陸部を中心に状況可能形式としてみられた形式である。可能の性質により使い分けられていたと思われる形式が、表1では能力可能にも使用されている。これについては、状況可能の結果と併せて後述する。

　ここで岸江・中井編（1994）をみると、大阪府堺市から近隣地方にキレルの拡大が確認できる。その広がりは依然泉南地方までは及んでいないにもかかわらず、和歌山県和歌山市にはキレルが広がっている。つまり、大都市圏からの陸続きの伝播だけではないことが考えられる。もちろん多元的な発生の可能性もあるが、その伝播の源は例えば大都市から地域経済中心都市への海上交易や飛び火的伝播により伝えられたという可能性も大いに考えられる。さらに、キレルの全世代、全地域的な分布は共通語形の広まりと考えられる。当該地域の形式分布は、単純に周縁に行くほど古い語形が残るという周圏論的な考えに当てはめただけでは解釈しづらい点が多分にある。

表1 着ることができる（能力可能）

項目名：【着ることができる（能力可能）】

質問：「この子は小さいのに、一人で服を着ることができる」と言うとき、「着ることができる」の部分をどう言いますか。

		世代 地点	10代	20代	30代	40代	50代	60代	70代〜
三重県	1	鳥羽市坂手町	■	/			■	X■	
	2	磯部町	■○	◪			⋈		I
	3	浜島町	/				■		○
	4	南勢町	■		■	■			◪
	5	南島町	/○					■	/
	6	紀勢町	/■	/		■			■
	7	紀伊長島町	/	∠■			■	■	
	8	海山町	/		■		I		■
	9	尾鷲市旧市街	/	■		■			X■
	10	尾鷲市九鬼	/■	/		/■			■
	11	熊野市飛鳥町	I						
	12	御浜町	■						
	13	紀宝町	■◪	/◪				■	
	14	紀和町		/				/	
	15	鵜殿村1	/						
	16	鵜殿村2		/			■		■
	17	鵜殿村3	/						
和歌山県	18	新宮市1							■
	19	新宮市2		/					
	20	新宮市3	/						I
	21	那智勝浦町	N	/◪		■			■
	22	太地町	■	/		I		⊠	
	23	古座町	/	/		∠		I	
	24	串本町1			/				
	25	串本町2		/					■
	26	串本町3			■				
	27	すさみ町	/	/		/			/
	28	上富田町1	▲						
	29	上富田町2	/	/			△	△	
	30	上富田町3	/						
	31	田辺市	/	/	/			■	

凡例　　/　キレル　　　▲　キレレル　　∠　キエル　　　X　キエレル
　　　　△　キヤル　　　I　キヤレル　　⋈　キラレル　　■　ヨーキル
　　　　◪　ヨーキレル　⊠　ヨーキエル　○　キルコトガデキル類　N　NR

4.2. 能力不可能

　次に能力不可能の結果を示した表2をみていく。表2では、和歌山・三重両県ともにヨーキヤン（□）の回答が目立つ。また、全体的に可能副詞ヨーに承接する形式が多く、ほぼ全地域、全世代で確認できる。また、能力可能の場合と同じく、キレン（／）が若年層に広く回答されており、こちらも勢力を拡大しつつあるようにみえる。ただし、中年層以上への進出は能力可能よりもやや少なく、ヨーキラン（■）など四角系の記号で示された可能副詞ヨーに承接している形式が多い。未だに能力不可能表現でのヨーの使用度の高さを窺わせる。また、共通語形に当該地域の打消表現を付したキルコトガデキヘン（○）、共通語形キレナイ（＋）などが三重県鳥羽市近辺の若年層に現れる。可能動詞であるキエン（∠）やキエレン（✕）といった形式も一部地域でみられる。これらは表1でも同じ地域にみられたものである。特徴的なものとしては、三重県南島町の70代にキレルカレ（♥）という形式がみられる。

　五段動詞「書く」の能力不可能をみても、ヨーに承接する形のヨーカカンが主流である。「着る」の場合と同じく、若年層からカケンが広がりをみせており、肯否ともに五段動詞「書く」の場合において可能動詞形の広がりがやや先行しているようにみえる。また、カケヘンが和歌山・三重県境付近を除いたグロットグラムの両端にみられる。ヨーカコカレという形式も三重県海山町で一件確認できる。「着る」においてキレルカレを回答した話者と同様、この付近には、「―カレ」という形式が使用されているようである。この形式は「行くか＋われ」、すなわち「カ」とワ系文末詞の「ワレ」が融合して成立したものであろう。大阪府泉南地方および和歌山県沿岸部では「キラー」（＝着るわ）、「着ラシ（着るわし）」「イケヘナ（行けへんわ）」となることがある。

　さて、表2の能力不可能においてヨーキヤンが多くみられた結果については、前述した徳川・真田（1986）の打消表現と可能表現の打消形式をヘンとヤンで言い分けているという記述に一致するものと思われる。しかし、本グロットグラム調査結果、打消表現「着ない」の項目（68ページ参照）をみると、和歌山県にキン、三重県にキヤヘン、そして和歌山・三重両県

表2　着ることができない（能力不可能）

項目名：【着ることができない（能力不可能）】

質　問：「この子は小さいので、一人で服を着ることができない」と言うとき、「着ることができない」の部分をどう言いますか。

		世代／地点	10代	20代	30代	40代	50代	60代	70代〜
三重県	1	鳥羽市坂手町	□	□			⊠	□	
	2	磯部町	●	□			◎○		⊗
	3	浜島町	+				□		◼
	4	南勢町	□		□	□			
	5	南島町	◎○					□	●
	6	紀勢町	／	／			□		
	7	紀伊長島町	／	□			□	／／	
	8	海山町	／		□		∠▽		□
	9	尾鷲市旧市街	⊥	□		□			⊞◼
	10	尾鷲市九鬼	□◼	□		□			□
	11	熊野市飛鳥町	⊥	□		／			◼
	12	御浜町		□	◎		◼		◼
	13	紀宝町	□□	□			□=	□	
	14	紀和町		□◼				⅄	
	15	鵜殿村1	／						
	16	鵜殿村2		□			□		□
	17	鵜殿村3	／						
和歌山県	18	新宮市1	／						◼
	19	新宮市2		／		⅄			
	20	新宮市3	／						⅄
	21	那智勝浦町	N	□／⊥		□			□
	22	太地町	□	□		□		□	
	23	古座町	／	□		∠		◼	
	24	串本町1			／				
	25	串本町2		○					⊞
	26	串本町3			⊞				
	27	すさみ町	／	□		□			□
	28	上富田町1	○						
	29	上富田町2	／	／			◼◼	◼	
	30	上富田町3	／						
	31	田辺市		／	◼	／		◼	

凡例　　□ ヨーキヤン　　◼ ヨーキラン　　⊞ ヨーキン
⊠ ヨーキセン　　□ ヨーキヤセン　　□ ヨーキヤレヘン
◼ ヨーキレン　　／ キレン（ワ・ナ）　　⅄ キエレン
∠ キエン（デ）　　= キエナイ　　▽ キヤン
⊗ キヤレヘン　　⊥ キヤレン　　○ キラレヘン
+ キレナイ　　◎ キレヘン　　● キレルカレ
○ キルコトガデキヘン　　● キルコトガデキヤン　　N NR

の若年層にキヤンが拡がっていることから、現在では必ずしもヘンとヤンで言い分けているとは言い難い。また、ヨーキランについて、徳川・真田（1988）は、老年層では山間部から田辺市街地に向かうにつれヨーキランが減少し、ヨーキヤンが増加するとする。村内（1962）も、ヤンは海岸や河川に沿った地方に多く、山間僻地といわれるところにはランが多いとする。表2では、山間部ではないが50代以上でランがかたまって使用されている。このことから、キランからキヤンへの打消形式の変遷が窺える。ただし、近畿地方でも周縁にあたる和歌山・三重県境付近ではどの世代においてもヨーキランはみられず、ヨーキヤンをはじめその他の四角系の記号のものになっている。ここからも、単純に周圏論的な解釈では説明しきれないことが窺える。むしろこれは、紀伊半島の地域経済中心都市など、先進地域により新しい語形が現れるとする前述の丹羽（1995）の説を後押しするものと捉えられる。

4.3. 状況可能

　次に状況可能の場合についてみていく。状況可能の結果を示したものが表3である。表1の能力可能と比べると、形式も統一されやや単純なものになっている。表3をみると、当該地域では状況可能を言い表す場合、キレルが一般的であることがわかる。また、三重県尾鷲市から磯部町、和歌山県勝浦町から古座町の中年層以上ではキヤレルが確認できる。岸江（2000）でも、「大阪〜和歌山間でキレルは全世代にあまねく浸透していることがわかる。（中略）キヤレルが伝統方言形式として根付いているが、これも徐々にキレルに置き換わりつつある」としている。徳川・真田（1988）は、田辺市では若年層でキレルの優位は変わらないが、老年層においてキラレルの躍進が各地で目立つと報告している。しかし、表3からは、キラレルがあまり確認できない。可能表現のすべての項目を見渡しても、鳥羽市付近で数名が答えるのみであり、キヤレルやキレルの方が断然優位である。五段動詞「書く」の場合においては、一部カケレル、カカレルがみられるものの、ほぼカケルに統一されており、地域差や世代差は窺えない。また表3では、他形式として、和歌山・三重県境付近でキエレル（X）が

表3 着ることができる（状況可能）

項目名：【着ることができる（状況可能）】
質　問：「この服は小さいけれど、無理をしたら着ることができる」と言うとき、「着ることができる」の部分をどう言いますか。

		地点＼世代	10代	20代	30代	40代	50代	60代	70代〜
三重県	1	鳥羽市坂手町	⋈	/			/	⋈	
	2	磯部町	○	/			/		⊠
	3	浜島町	/				/⊠		/
	4	南勢町	/		/	⊠			L
	5	南島町	/					L	L
	6	紀勢町	/	/		/			/
	7	紀伊長島町	/	/⊠			⊠	/	
	8	海山町	/		/		⊠		N
	9	尾鷲市旧市街	/	L		/L			/⊠
	10	尾鷲市九鬼	/	/		/			⊠
	11	熊野市飛鳥町	/						/
	12	御浜町	L				/		/
	13	紀宝町	/		L		L	/⊠	
	14	紀和町		/					/
	15	鵜殿村1	/						
	16	鵜殿村2		/		⊠			/
	17	鵜殿村3	/						
和歌山県	18	新宮市1	/						/
	19	新宮市2		/		⊠			
	20	新宮市3	/						⊠
	21	那智勝浦町	N	/		L			⊠
	22	太地町	/	/		⊠		L	
	23	古座町	/			L		⊠	
	24	串本町1			/				
	25	串本町2		/					N
	26	串本町3			/				
	27	すさみ町	/	/		/			/
	28	上富田町1	/						
	29	上富田町2	/	/			/	/	
	30	上富田町3	/						
	31	田辺市	/	/	/			/	

凡例　　/ キレル（ワ・ロ）　　L キエル　　⊠ キエレル　　⊠ キヤレル
　　　　⋈ キラレル　　○ キルコトガデキル　　N NR

確認でき、その分布はキエル、キヤレルに挟み込まれているようである。
　さて、前述したとおり表1にみられる三重県のキヤレルや和歌山県のキレルは、GAJの結果（図1、2）では状況可能でよくみられる形式である。表3の結果をみても、図1、2の結果を反映するように三重県側でキヤレル、和歌山県側でキレルがよく使用されている。ただし、表1のキレルの拡がりの様子をみると、キレルへと語形統一が進んでいることが予測される。また、それに並行してキヤレルへ統一される場合もあると思われる。特にキレルに関しては能力可能と同じく、こちらもほぼ全地域、全世代で使用されており、徐々に能力可能と状況可能の使い分けに差がなくなっていることが窺える。実際に、竹田（2007）では、東北南部における昭和初期の調査結果とGAJの結果を比較し、「用法によって複数の形式を使い分ける体系は、語形の単純化などと平行して、使い分け解消の方向へ進む」として、徐々に各地の表現形式が使い分けされなくなるという予測を立てている。今回の結果からも、表1、3では可能の意味に関わらず若年層で形式がキレルへと統一される傾向が窺えることから、紀伊半島沿岸部では能力可能、状況可能での表現形式の使い分けがなくなりつつあるといえよう[5]。

4.4．状況不可能

　最後に、状況不可能についてみてみる。状況不可能の結果を示した表4をみると、形式のバリエーションが豊富であることがわかる。表2の可能副詞ヨーに承接した形式が目立った能力不可能に比べてみても、前部要素と後部要素が様々な組み合わせをみせている分、一層複雑な様相を呈しているが、そのほとんどが少数回答である。では、実際に形式をみていく。
　最も広範囲にみられるのはキレンである。ほぼ全域、全年層に満遍なく使用される。特に20代以下では、キレンがかなり広く分布していることがわかる。鳥羽市付近では急激に使用の度合いが落ちるが、これはどのグロットグラム表からもいえることである。表4に戻って、キヤレンとキヤレヘン（田）も数はキレンほど多くはないが広い範囲で使用されている。県境付近ではキエン、キエレン、鳥羽市付近と若年層でキレヘン（◎）、若

表4 着ることができない（状況不可能）

項目名：【着ることができない（能力可能）】

質　問：「この服は小さいので、着ることができない」と言うとき、「着ることができない」の部分をどう言いますか。

		世代＼地点	10代	20代	30代	40代	50代	60代	70代〜
三重県	1	鳥羽市坂手町	◎△	◎			○	◎△	
	2	磯部町	／	▲			●田		田
	3	浜島町	＋				日		◎⊗
	4	南勢町	⊥		田◎	田			⊥○
	5	南島町	◎					／	⊥
	6	紀勢町	／	／		L▲			L
	7	紀伊長島町	／	◎△			L	／L↯	
	8	海山町	／		‡		⊥		▬
	9	尾鷲市旧市街	／	＝		L			⊖
	10	尾鷲市九鬼	／			／			⊥
	11	熊野市飛鳥町	／			／			／
	12	御浜町	／	◎			／		／
	13	紀宝町	／	▲			L	✕	
	14	紀和町		／				✕	
	15	鵜殿村1	／						
	16	鵜殿村2					✕		✕
	17	鵜殿村3	／						
和歌山県	18	新宮市1							
	19	新宮市2		／		✕			
	20	新宮市3	／						✕
	21	那智勝浦町	ﾉ	／		L			▼
	22	太地町	‡	▲		▼		▲	
	23	古座町	／	○		L		田	
	24	串本町1			／				
	25	串本町2		◎◎					田
	26	串本町3			／				
	27	すさみ町	＋	／▲			／		／⊥
	28	上富田町1	○						
	29	上富田町2	＋	／			／	◉	
	30	上富田町3	／						
	31	田辺市	／	／			／		

凡例
／	キレン	✕	キエレン（ワー）	L	キエン	↯	ケーン
▲	キエヤン	●	キエヘン	＝	キエナイ	⊥	キヤレン
⊖	キヤヘン	日	キヤレヤヘン	田	キヤレヘン	▬	キヤレーヘン
○	キラレヘン	‡	キラレン	◉	キラレヤセン	⊗	キラレヤヘン
▼	キヤレヤン	＋	キレナイ	◎	キレヘン	◉	キレレヘン
⊙	キレーヘン	△	キレヤン	ﾉ	NR		

年層でキレヤン（▲）といったものもみられる。特に鳥羽市付近では形式のバリエーションが多くみられる。鳥羽市付近の混沌とした形式の分布はなぜなのか。本グロットグラム表からは判断しかねるが、GAJで可能表現の項目をみると三重県では北部と南部で形式の分布状況がやや異なり、南部は紀伊半島のそれと似通っているが、北部は近畿地方のそれに近いものとなっている。鳥羽市付近は南北の境界であるため、形式のバリエーションが多くみられると思われる。

　五段動詞「書く」でも「着る」同様、凡例は細かく複雑になるが、概ねカケンに統一されている。鳥羽市付近で形式のバリエーションがみられるのも同様である。太地町付近ではカケヤンの出現が著しい。本グロットグラム表を通して打消形式ヤンはみられるが、能力可能におけるヨーキヤンを除いてその使用は限られたものになっている。

5．地理的変異と表現の多様性

　ここまで、グロットグラム表をもとに当該地域の可能表現における主な形式をみてきた。そこからみられた能力／状況という可能の性質による形式の大まかな特徴は、以下のようにまとめられる。

能力（不）可能	ヨーキル（ヨーキヤン）が主流 若年層からキレル（キレン）が拡大中
状況（不）可能	形式は種々あるが、キレル（キレン）が大多数を占める

しかし、上記以外にも多くの形式がある程度のかたまった分布状況をもってみられることは間違いない。ここでは、本グロットグラム（表1〜表4）からみられる紀伊半島における形式の地理的変異と可能表現の多様性について考察する。

5.1. 紀伊半島における地理的変異

　まず、紀伊半島における形式の地理的変異についてみていくことにする。何度も述べたように、紀伊半島における語形の分布は、周圏論的分布とは一概には捉えられない。例えば、キエレル（キエレンなど）という形式が和歌山・三重県境に多く現れ、それを挟み込むようにキエル（キエンなど）、キヤレル（キヤレンなど）と分布している。これは表3、4の状況（不）可能のグロットグラムで顕著にみられる分布状況である。また、図2をみてもキエルは沿岸部に点在している。これは何を意味しているのであろうか。

　キエルという形式は、「着る」の語幹にエルというアスペクト的に完遂性を表す補助動詞を下接したものであろう。楳垣（1962）では、この「—エル」という形式は他では静岡県大井川上流域以外では観察されないものであると述べている。実は、近畿地方や紀伊半島というような地域的な分布だけでなく、さらに広い視野でこの形式をみてみると、GAJでは、このキエルという形式は能力可能において静岡県で多くみられる形式である。また、状況可能においては紀伊半島だけでなく、四国地方徳島県の南端や高知・愛媛県境にもみられる。おおよそ太平洋沿岸地域での分布が確認できるのである。つまり、この形式は静岡県から太平洋沿岸へと広まった形式である可能性がある。ここでは、近畿地方で使用されるヨー（ン）の存在と先述した紀伊半島における地域経済中心都市からのことばの伝播過程から、このエルが静岡から広まったものと捉えたい。そこで問題になるのは、なぜ静岡県では能力可能で使用されていた形式が、紀伊半島や四国地方では状況可能で使用されやすいかである。

　それには、西日本諸方言で使用される可能副詞ヨーの存在が大きいと思われる。図1や表1、2でみたように、近畿地方も能力可能を表す場合には可能副詞ヨーを使用するのが一般である。若年層こそキレルへと移行し、ほぼ統一されつつあるが、中年層以上では未だヨーの使用が優勢である。当時にしてみれば、ヨーの使用は絶対的であったと予測される。一方、状況可能はというと、GAJをみてみると静岡県ではキラレルが多くみられる。紀伊半島ではキヤレルという形式が古く使用されていたと思われるが、近

畿地方中心部ではキラレルが一般に使用されている。その中で、キエルという形式は紀伊半島の人に耳について残ったであろう。しかし、能力可能には当時絶対的に使用される可能副詞の存在があったために置き換わりづらいものであった。他方、状況可能をみると、近畿地方でも地域ごとに形式が異なり、能力可能よりは置き換わりやすかったと考えられる。それにより、キヤレルにキエルが入り込み、そこから、徐々に周辺に広がっていき、本グロットグラム表のような分布を示したものと考えられる。つまり、当該地域における可能表現体系は能力可能においてすでに整っていたために、他地方では能力可能として使われていたキエルという形式が伝わった際、状況可能にしか入り込めなかったのである。さらに、グロットグラムをみるとキエル分布域は海上交易が盛んであった地域経済中心都市・和歌山県新宮市を中心として隣接地域に分布しているのがわかる。新宮市で受容されたキエルはそこから隣接都市へと伝播したと思われる。その過程で新宮市付近では、先の2形式（キヤレル・キエル）を混交したキエレルという形式が独自に生まれ、使用されるようになったと思われる。ただし、ここでは分布上からの推測にとどまるため、文献を用いた国語史的立場からの考察も必要となる。

　このように、紀伊半島の形式の分布は単に周圏論的に解釈できるものではなく、言語地理学的に周辺地域との分布状況と比較しながら解釈をすべき特異な分布をなしている。さらに、現段階では全国的な形式の単純化も無視できない。4.3節でも述べたが、若年層から徐々に可能の意味による形式の言い分けの意識が薄れていることが窺える。能力可能でも、状況可能でも、かつてのヨーキル／キヤレルの言い分けがキレルの一形式へと向かっている様が窺える。ただしこのキレルについては、楳垣（1962）が、三重県では一段動詞も可能動詞化を起こすと述べるように、「着られる」からラが落ちた、いわゆるラ抜きことばではなく、近畿地方で独自に可能動詞を形成したものであるとし、単純な共通語化ではないという見方もある。

5.2. 可能表現の多様性

次に、紀伊半島における可能表現の多様性についてみていく。基本的には能力／状況でヨーキル／キヤレルというのが古い形式であり、本グロットグラム表でも能力可能でヨーキル、状況可能で若年層から拡がっているキレルという使い分けがなされている。しかし、この他にも表1でいうところのキレレル（▲）、ヨーキレル（■）などの形式が確認できる。これらは、ある一まとまりの形式に二重に可能の表現が含まれている場合である。それぞれ「キレ（ル）＋（可能の助動詞）レル」、「（可能副詞）ヨー＋キレル」という形成である。本来であれば、キレル単独、もしくはヨーキ̇ル̇という形式で可能の意を表すことができるのであるが、竹田（2007）で「可能形式の可能の意味は、使い続けられることによって変質したり、摩耗したりする」と指摘があるように、従来使用されていた形式がある特定の可能に追いやられたり、可能の意味が薄らいだりする。つまり、ある形式を使い慣れることにより徐々に使用者の中での可能の意味が変化し、薄れたために、さらに可能の意味を含む助動詞などを付加することによって元のように可能を明確に示そうとしているのである。これは、竹田（2007）にあるように二重可能とでもいうような形式である。

さらに、二重可能など含め、ある形式とある形式のせめぎ合いの中で混交形がみられる。先述のキエレルにみられるような形式を含んだものである。グロットグラムをみると、キエル、キエレルと並んで、高年層ではキヤレルが多く回答されており、キエルがキヤレルとの衝突、混同によりキエレルという形式を生んだと考えられる。これらの傾向は五段動詞「書く」においても同様の結果が窺える。

このように、打消形式の多様性だけでなく、上に挙げたような要因もからんでか、近畿地方の可能表現はバリエーションに富んでいる。従来の意味による可能表現の言い分けに加えて、二重可能や混交形の存在、また、不可能表現における打消形式と前部要素の組み合わせなどにより、実に多くの形式をみることができる。岸江（2000）では、大阪市から和歌山市にかけてのグロットグラムを示し、2都市間のことばの影響を探っている。氏の「着ることができない（能力不可能）」の項目では、大阪市で広くみ

られるヨーキンと和歌山市のヨーキヤンに対して若年層を中心にキラレヘンが拡がっている。使用年代等考慮して、大阪市から広まっていることが考えられるが、和歌山市街まではまだ進出しておらず、表2の「着ることができない（能力不可能）」でもキラレヘンがみられなかった。しかし、現代では陸路での交通は海上交易を凌ぐ物であり、今後大都市からその周縁へという流れで紀伊半島にその形式が広まる可能性は十分にあろう。

6．おわりに

　三重県鳥羽市から和歌山県田辺市にかけて行われた可能表現におけるグロットグラム調査の結果をみてきた。当該地域では一般に可能の意味によって形式を言い分けているが、若年層ではその言い分けがなくなりつつあることがグロットグラムから窺えた。さらに、このグロットグラムを細かくみていくと、当該地域の可能表現の地理的変異と可能表現の多様性がみえてきた。

　全体を通して、次のようなことがいえそうである。①紀伊半島の形式分布の解釈には、地域経済中心都市の影響を考慮する必要がある。②全国の可能表現の傾向と同じく、二重可能形式がみられる。③衝突や意味の変化による混交形が現れ、形式を複雑にしている。④若年層よりキレル（キレン）という形式が広まっており、今後意味による形式の使い分けが次第に薄れていく。

　紀伊半島の形式の分布には特異な面がある。当該地域には、陸続きの近隣大都市圏からの伝播だけでなく、沿岸地域の経済中心都市から飛び火のように伝播する場合もある。若年層では、共通語による空からばらまいたような伝播もある。その中で可能表現は一層複雑な様相を呈するのである。紀伊半島の分布を確認するときには、以下の3つの伝播を考慮する必要がある。

a) 地を這うような伝播：近隣大都市（大阪府など）から
b) 飛び火的伝播：地域経済中心都市（田辺市、新宮市など）から
c) 空からばらまいたような伝播：テレビ・マスコミ（共通語）から

一概に周圏論にはまり切らないからこそ、紀伊半島におけるこのような多様性が生まれるのではないか。本稿では、能力可能と状況可能の別でしかこの多様な形式をみていないが、今後これらの形式により細かな状況での使い分けがないか調べる必要もある。また、それらの形式は可能としての意味をどこまで保持できるのか、また薄れるのか、興味は尽きないところである。

注

1) 詳しくはGAJ第4集第173～185図や、同図の形式を系統分けし簡略化した竹田（2007）の地図を参照されたい。
2) ここでいう西日本諸方言とは、西は近畿地方から中国・四国地方、また東は福井県、岐阜県、愛知県までを指す。
3) 井上（1998）では、紀伊半島沿岸のアスペクト形式をもとにアル→オルという国語史的立場と、紀伊半島が周圏論的に周辺部に当たることから、アルの残存地域である和歌山県の沿岸に古形が残るとする。この分布自体は、丹羽（1995）で示される存在動詞「居る」の分布にほぼ等しいが、同氏によって示される他の語彙の分布からわかるように、言語地理学的な立場でみる丹羽（1995）の解釈の方が妥当であるように思われる。
4) このナンボキルは主に龍神村でみられる形式であり、徳川・真田（1988）では「正体不明のナンボキルは、能力可能・肯定形にのみ出現する語形であり、さらには、ナンボ使用者6名のうち5名までもが否定形にエーを使用している」と報告している。エーがヨーよりも古形であること、龍神村がやや紀伊半島でも内陸に位置し、古形の残りやすい地域であることを考慮すると、この形式は一昔前の能力可能専用の表現であることが予測される。
5) 岸江（2000）では大阪府泉南方言の調査結果からキラレル（状況可能）—ヨーキル（能力可能）の使い分けが失われつつあり、大阪市内を中心にキレルに一本化するという公算が強いとする。渋谷（1998）でも大阪府北部の若年層の調査結果から、可能副詞ヨーが衰退しつつあること、さらに五段動詞でのレルを下接する形式（オヨガレル〈肯定〉、ヨマレヘン〈否定〉など）への変化を示している。

〔**参考文献**〕

井上文子（1998）『日本語方言アスペクトの動態—存在型表現形式に焦点を

あてて─』秋山書店
楳垣実（1962）「三重県方言」『近畿方言の総合的研究』三省堂
岸江信介（2000）「大阪府泉南方言の分布と動態─『大阪府言語地図』と『大阪市～和歌山市間方言グロットグラム』を通して─」『言語文化研究』7　徳島大学総合科学部
岸江信介（2003）「京阪方言にみられる動詞打消形式の差異と成立事情」『国語語彙史の研究22』和泉書院
岸江信介・中井精一（1994）『大阪～和歌山間方言グロットグラム』摂河泉地域史研究会調査報告（言語社会部会報告Ⅰ）摂河泉地域史研究会
国立国語研究所編（1999）『方言文法全国地図　第4集』大蔵省印刷局
渋谷勝己（1998）「文法変化と方言─関西方言の可能表現をめぐって」『月刊言語』27（7）
渋谷勝己（2006）「第二章　自発・可能」小林隆編『シリーズ方言学2　方言の文法』岩波書店
竹田晃子（2007）「可能表現形式の使い分けと分布─能力可能・状況可能、肯定文・否定文─」『日本語学』26（11）　明治書院
徳川宗賢・真田信治（1986）「和歌山県紀ノ川流域の言語調査報告」『大阪大学日本語学報』5
徳川宗賢・真田信治（1988）「和歌山県中部域の言語動態に関する調査報告」『大阪大学日本語学報』7
丹羽一彌（1995）「物の流れと語形の伝播─紀伊半島のアルとオルの場合─」『日本語論究4　言語の変容』和泉書院
平山輝男・丹羽一彌ほか編（2000）『日本のことばシリーズ24　三重県のことば』明治書院
村内英一（1962）「和歌山県方言」『近畿方言の総合的研究』三省堂
矢野文博（1956）「打消助動詞の一系譜─ヤンについて─」『三重大学学芸学部紀要』16（井上史雄ほか編（1996）『日本列島方言叢書14　近畿方言考②　三重県・和歌山県』ゆまに書房に再録）
山本俊治（1981）「「ン」・「ヘン」をめぐって─大阪方言における否定法─」『藤原与一先生古希記念論集　方言学論叢Ⅰ方言研究の推進』三省堂

紀伊半島南部における原因・理由を表す接続助詞
── GAJ および『近畿言語地図』との比較を通じて ──

峪口有香子

1．はじめに

　本稿では、原因・理由を表す接続助詞を取り上げる。まず国立国語研究所編『方言文法全国地図』（以下、GAJ と略す）と近畿地方（2府6県、但し福井県は嶺南地方のみ）で行った方言通信調査の結果とを比較した後、紀伊半島南部と沿岸地域との比較を行う。
　GAJ 第1集にはこの接続助詞の全国の状況を示す分布図が掲載されている。「雨が降っているから行くのはやめろ（第33図）」「だからするなと言ったじゃないか（第35図）」など関連する項目の諸形式を概観したあと、地理×年齢からの言語変異について分析を行い、両者の比較を行いつつ、分布図の解釈と先行研究との関連について考察してみたい。

2．原因・理由を表す接続助詞「から」の諸形式

2.1．全国分布概観

　GAJ 第1集第33・35図から原因・理由を表す接続助詞「から」の全国の分布をまず概観する。
　カラを使用する地域は、北海道のほか、岩手・宮城・福島など東北地方の太平洋側および関東地方である。東北地方の日本海側や中部地方および西日本の各地方ではカラの分布はさほど目立たず、カラ以外の形式が分布するが、九州地方にも宮崎県にカリ、宮崎県・鹿児島県にカイ、鹿児島県

「雨が降っているから行くのはやめろ」
『方言文法全国地図』第33図より

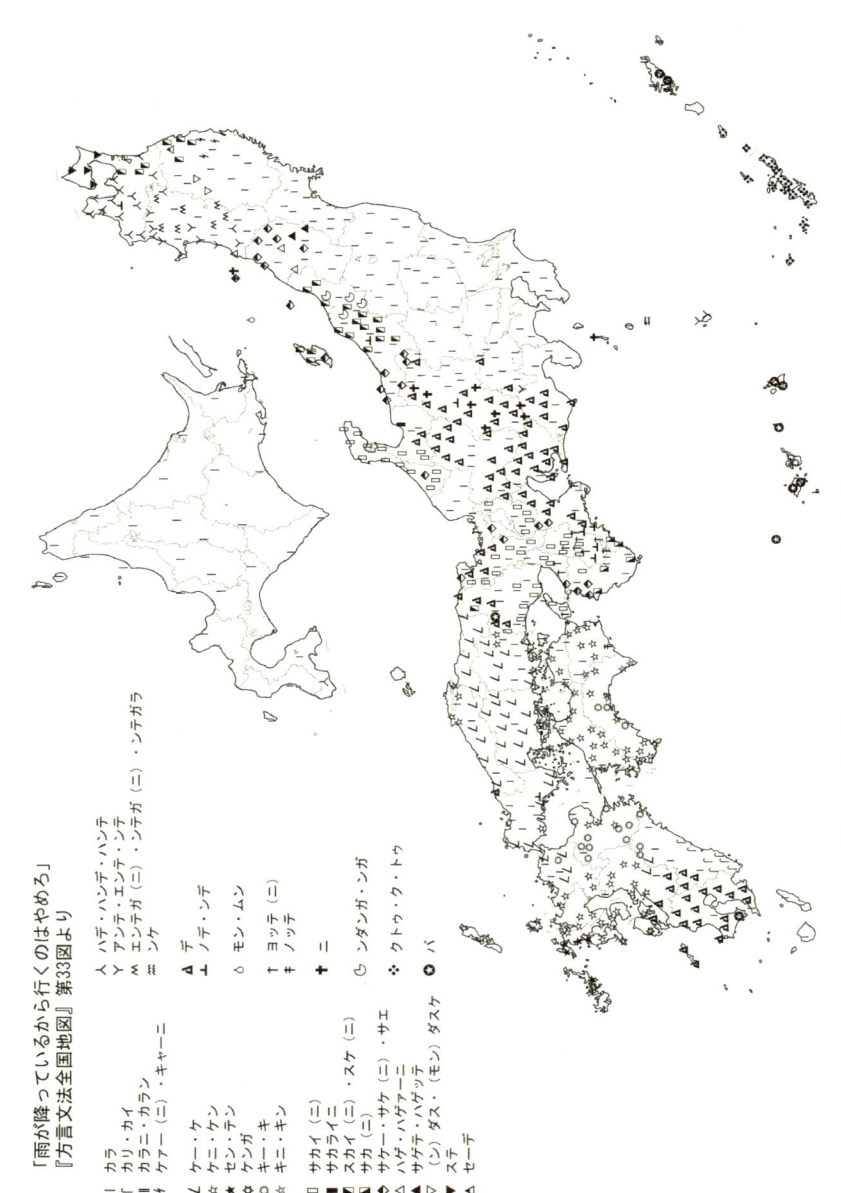

	カラ	人	ハデ・ハンデ・ハンヂ
⌐	カリ・カイ	Y	アンデ・エンデ・ンデ
=	カラニ・カラン	M	エンテガ (二)・ンデガ・ンヂ
+	ケァー (二)・キャーニ	三	ンケ (二)・ンデガ (二)・ンデガラ
∠	ケニ・ケン	▲	デ・ンデ
☆	ケニ・ケン	▲	ノデ・ンデ
✿	セン・デン	◇	モン・ムン
○	ケンガ	‡	ヨッテ (二)
☆	キニ・キ	†	ノッテ
✡	キニ・キン	✚	ニ
□	サカイ (二)	⌑	ンダンガ・ンガ
■	サカライニ	✧	ウトウ・ク・トウ
◣	サカ (二)・スカ (二)	●	バ
◆	スカイ・サカ (二)・サイ		
◇	ハデー・ハケァーニ		
▽	サダテ・ハケァッテ		
▶	(ン)・ダス・ (モン)・タスケ		
▲	ステ		
△	セーテ		

図 1 GAJ 第1集・第33図により作図 (岭口作成)

奄美地方の喜界島にカラニ、加計呂麻島にカランなどカラ系とみられる諸形式の分布が認められる。

青森県から秋田県、山形県、さらに新潟県にかけての日本海側では、さまざまな形式が入り組んで分布しているが、特に注目されるのは東日本の日本海側から近畿地方にかけて、サカイ系の諸種の形式が分布している点である。

東日本におけるサカイ類の諸形式は以下の通りである。

　　青森県　シケァ、シカイ、シケー、スケァ、スカイ、ステ（シテ）
　　岩手県　サカエ（ニ）、シケー（ニ）、シケァ、スケー
　　山形県　サゲ（サケ）、サゲテ（サケテ）、ハゲ（ハケ）、ハゲァ、ハ
　　　　　　ゲテ（ハケテ）
　　秋田県　ハゲ、バゲエ、ハゲア

また、北陸から関西にかけてはサカイ、サカイニ、サケなどのほか、ハカイ・ハケ・サカの形式もみられる。大阪府及び奈良県のあたりにはヨッテ類がまとまって分布しており、ヨッテ、ヨッテニが入り混じった状況を呈している。中部地方に目を転じると、デが広く分布圏を形成している。このデは関西のサカイ、サケを挟んで、京都府や兵庫県北部のほか、南九州の鹿児島県に分布している。中四国以西から九州中部に至る地域はほぼケー、ケ、ケニ、ケン、ケンガ、キー、キ、キニ、キンなどといった形式が広がっている。

鹿児島県を中心とする南九州地方ではデが注目されよう。奄美地方から南西諸島の諸方言では、バ、クトゥ、ク、トゥなどの諸形式が分布する。

2.2. 接続助詞「から」における通時的考察

図1から全国の分布状況を概ね把握することができるが、通時的観点による主な先行文献による記述を以下に取り上げてみる。

彦坂（2001）は、全国に分布するさまざまな形式のなかで最も古いものは、中国山地や奄美諸島に見られる已然形＋バの形式であり、カラ類やデ類はそれに遅れて生じた形式であると推定している。他方、最も新しい形式は、主として近畿地方にあるサカイ類、ニヨッテ類であり、北陸・新潟

以北の日本海側にひろがるサカイ類、ヨッテ類、ホドニ類は、近畿からの伝播によるものと述べている。

　小林（1973・1977）によると、江戸初期頃、上方で用いられていた原因・理由を表す接続助詞はホドニであり、この形式が衰退したあと、ニヨッテが優勢になったと指摘する。このニヨッテが、ヨッテあるいはヨッテニとなり、現代の近畿方言の原型がこの時期にできたとしている。さらに近世にはいると、ヨッテやヨッテニが次第に減り、それまでさほど文献には現れなかったサカイの使用が見られるようになり、ヨッテ、ヨッテニとサカイの拮抗状態になったという。

　サカイおよびこれに関係するとみられる諸形式は近畿から日本海側各地、さらには東北地方へと伝播した形跡が窺われる。江戸時代中期ごろから明治にかけて盛んであった北前船のルートに沿うように、福井から日本海側を北上して石川、富山、新潟、山形、秋田そして青森や岩手の一部にまで達し、その形式も地域により変化していったものと考えられる。しかし一方で、サカイは江戸時代にはすでに関東周辺においてもある程度広がっていたことが窺われる。この詳細については吉井（1977）が指摘しているように江戸初期には上方ことばの影響を受け、すでにサカイ、ニヨッテ、ホドニ、ユエニなどが用いられ、そのまま江戸語にもひきつがれていったとされる。このあたりの事情をさらに詳しく分析した金田（1976）は「東西ほぼ同時期に発生したサカイが、曹洞宗のカナ抄の中でよく用いられ、北陸から始まり、南北朝時代以降は関東甲信越・東海地方へと拡大していった。都市江戸成立以前の、足利時代ごろには、前記の地域に教線を広げていた曹洞教団において行われていたわけであるから、「雑兵物語」や江戸前期の笑話本に見られるサカイを、関西方言の反映として一時関東や江戸に行われたと扱うよりは、すでに関東に行われていたサカイがそれらの作品類に映し出されたものと見るべきであろう。したがって、東北地方におけるサカイもその残存、伝播したものと判断できるものである。また京都地方の口頭語に行われていたサカイがいち早く北陸地方において用いられ、それが禅匠たちの常用語である「端的」「当頭」のやわらげとして採用されてから、先述のように洞門僧の地方展開に伴って東国各地の禅僧間及び

周辺社会でおこなわれるようになったものかといまは想定している」と述べている。

　サカイはもともと「境」を意味する普通名詞であったが、のちに形式名詞化し、接続助詞として機能するという、いわゆる文法化が起きたものと考えられる。「時・折」などと同様で、ニを添えて成立したのがサカイニである。

　ちなみにロドリゲス『日本大文典』では、サカイニを実名詞と助辞との中間的なものとして扱っている。

　ケニ・ケン・キニ・キン・ケーなどのケン類は主として中国四国地方を中心に九州地方まで広く分布しており、これらはいずれも同系統とみなされる（楳垣1962）。このケニ以下の形式はサカイやヨッテなどよりもさらに古い形式であろう。その理由として、藤原（1996）、真田（2000）がそれぞれ指摘しているように、ケニが福井・石川・富山などの北陸の各県下でも認められ、近畿中央部のサカイやヨッテ（ニ）を挟んで分布していたと考えられるからである。ケン類の出自をめぐっては捉え方に諸説があり、大きく別れるところであるが、主なものとして北条（1973・1975）、佐藤（1992）は、カラまたは、カラニからの変化であると述べている。一方、小林（1992）は、近畿圏で勢力をもっているサカイ系の影響がまったく及んでいないとは考えにくく、サカイの語頭音節「サ」の脱落が生じたものと言う。また順接・逆接とともにケレやケーの語形が見られ、逆接条件の接続助詞である「けれども」との関連もあるとみている。

2.3．近畿地方における接続助詞「から」の分布

　図2はGAJ第1集・第33図、図3はGAJ第1集・第35図の近畿地方の部分をそれぞれ拡大させたものである。まず、サカイ、サカイニ、ヨッテ、ヨッテニ、ヨッテンなどが大阪府、京都府を中心に分布している。図2から兵庫県など近畿西部にはサカエ、福井県、京都府、滋賀県、三重県の境界線を沿うようにサケが分布している。サケはこれらとは離れて和歌山県北部にも分布が確認できる。これらの諸形式の外側には三重県をはじめ、京都府、兵庫県北部、滋賀県東近江などにデが分布し、京阪中央部の諸形

から

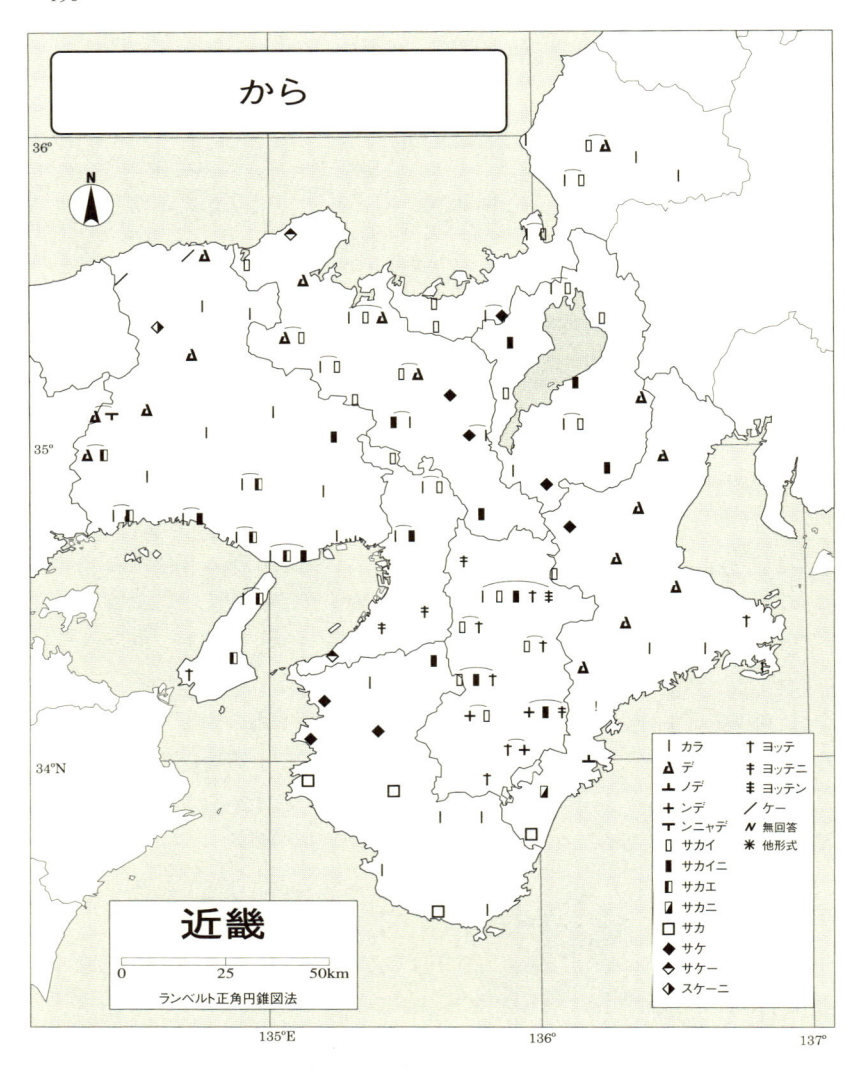

	カラ	†	ヨッテ
▲	デ	╀	ヨッテニ
⊥	ノデ	≢	ヨッテン
╋	ンデ	╱	ケー
┳	ンニャデ	∧	無回答
▯	サカイ	✳	他形式
▮	サカイニ		
▯	サカエ		
◩	サカニ		
▢	サカ		
◆	サケ		
◇	サケー		
◇	スケーニ		

近畿

0　25　50km
ランベルト正角円錐図法

図2　GAJ第1集・第33図により作図（峪口作成）

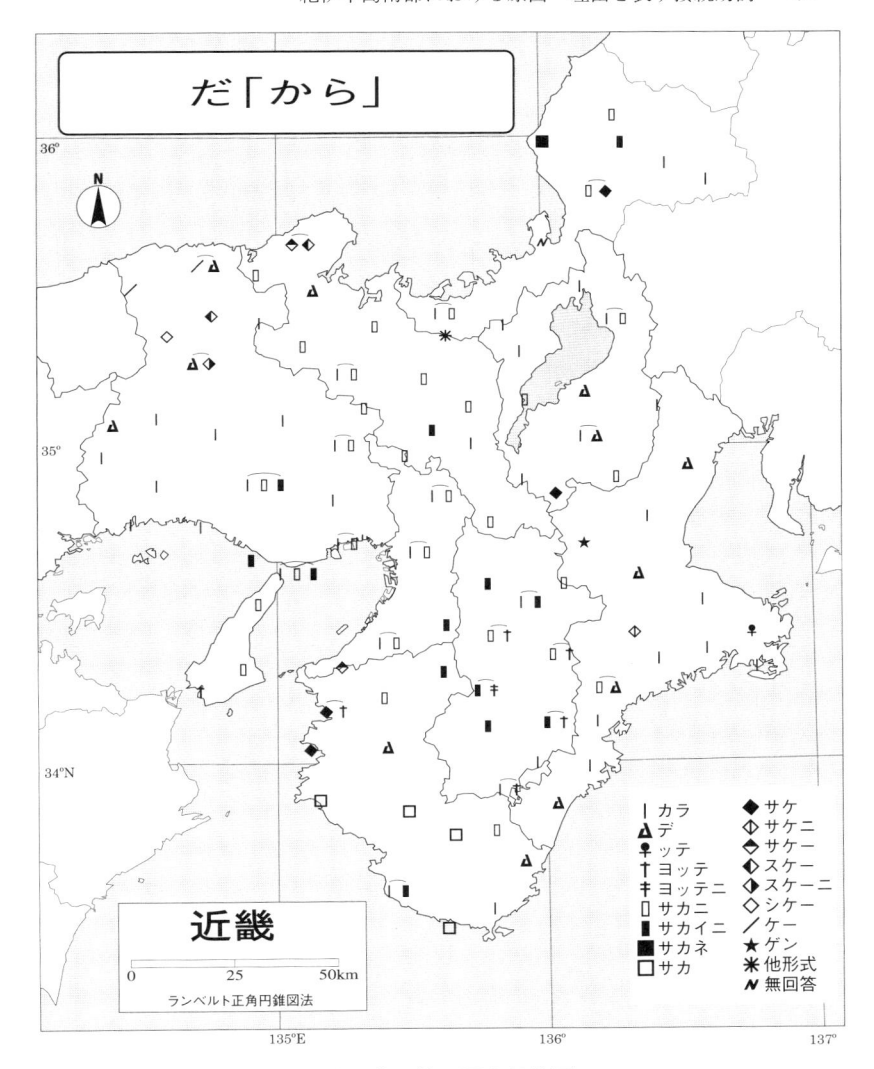

紀伊半島南部における原因・理由を表す接続助詞　191

だ「から」

カラ	◆ サケ
▲ デッテ	◇ サケニ
✝ ヨッテ	● サケー
✢ ヨッテニ	◈ スケー
▯ サカニ	◇ スケーニ
■ サカイニ	◇ シケー
▮ サカネ	／ ケー
▢ サカ	★ ゲン
	✻ 他形式
	N 無回答

近畿

0　25　50km
ランベルト正角円錐図法

図3　GAJ第1集・第35図より作図（峪口作成）

式を取り囲むように分布していることから近畿圏内で周圏分布の様相を呈している状況が窺える。近畿南端部の和歌山県と三重県の一部にはサカのまとまった分布が確認できる。一方、共通語形と同形のカラは近畿地方にひろく分布していることがわかる。

図4は、2010年に近畿地方（2府6県、但し福井県は嶺南地方のみ）で行った方言通信調査[1]の結果である。図4を概観することにしよう。

まず大阪府に注目すると、カラのほか、サカイとヨッテが全地域で用いられるが、サカイニやヨッテニはみられない[2]。ヨッテは、特に摂津東部から河内にかけての地域に多く使用される傾向がある。

奈良県では、京阪中央部から影響が強く、北部でカラ、サカイおよびヨッテが優勢であるが、山間部には勢力が及んでいないことがわかる。南部には、吉野郡でデ、十津川村などにはサカの分布がみられ、三重県南部とのつながりをみせる。

三重県では、デの勢力が北部で最も優勢であり、北勢地域から中伊勢を経て南勢地域にかけ、徐々に使用が減っていくようである。デの分布の南限は、海岸線では南伊勢町、山間部では多気郡大台町までである。さらに南下するにしたがい、デに代わってヨッテの使用が増していく。一方、伊賀地方ではサケのほか、京阪奈方面からの影響でサカイの使用もみられ、伊勢北中部にまで及んでいる。このような分布状況から三重県では北からデが、西からはサカイ、ヨッテが伝播してきたものとみられる。

和歌山県では、大阪府からの影響を受け紀北にはサカイのほか、サケがまとまって分布している。紀伊半島南端にはサカが分布しており、日高川をはさんで対立している。

滋賀県では、サカイは、湖南に特に多く琵琶湖を囲むように分布している。デが湖北から湖南へと広がりをみせ、三重県へとつながる。湖北にはデがみられず、湖西では主としてサカイのほか、福井へと続くサケが広がる。サケは湖南の草津、守山、栗東付近にも分布している。

京都府では、京都市付近にサカイ、ヨッテ、サケの分布がみられる。サケは、亀岡市、宇治市、木津川市と、飛んで京都市左京区において確認できる。また、唯一サケンという形式が木津川市にあるが、これはサケニか

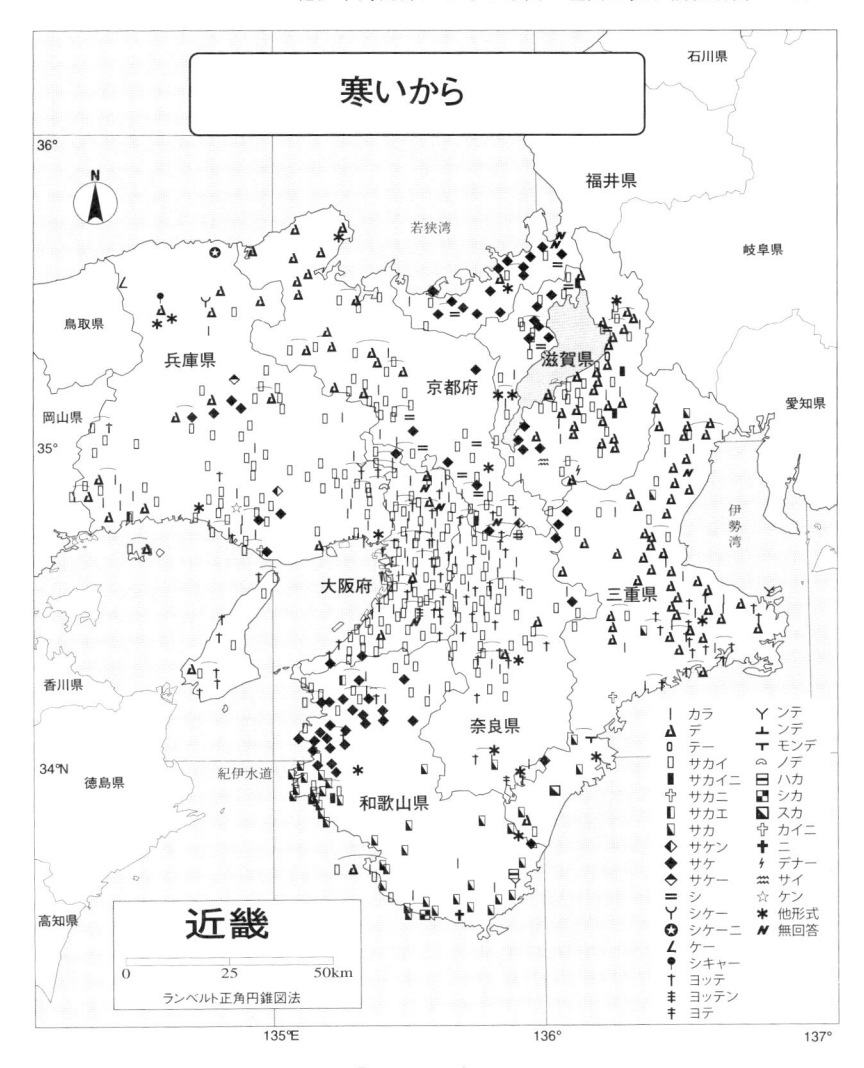

図4 「寒いから」（峪口作成）

ら変化したものであろう。京都府南部に集中しているシは、京都市内をはじめ、山城中部地域にみられ、岸江（1992）によると京都から大阪の若年層（特に女性）に広まりつつあるとの指摘がある。一方、中丹地域では、デとサカイが共存し、北部の丹後地方に向かうにつれ、デの勢力が強くなっていく。

　兵庫県では、多くの形式が分布し、しかもこれらが混在している。まずサカイが京阪中央部から播磨、南丹、北但地域に続いている。サケは、兵庫県では東播磨、南但馬に離れた形で分布に二つのまとまりがみられる。サカニが一地点のみだが、明石市にみられ、南近畿との関連で注目されよう。また、四国を中心に西日本に多いケンが加古川市に一地点みられる。北但では、中国地方に多いケーのほか、シケー、シケーニ、シキャーが分布している。デは、京都府丹後地方とも結びつき、北但の豊岡市、旧出石郡付近のほか、南丹と西播磨、神戸市、淡路島南部に使用される。ヨッテは、淡路島にまとまって分布しており、東播磨など各地にみられる。

　方言周圏論を手掛かりにして、図4にプロットした形式間相互の新旧関係を細かく想定することは難しい。しかし一方、大まかではあるが、この図から新たに確認できるところもある。まず京阪中央部にカラが集中し、近畿各地に広がっていることである。図4からは京阪中央部を中心にカラとともにサカイが分布しているが、大阪市内ではカラとサカイが世代的な対立（真田・岸江1990）があり、若年層や中年層でカラが使用され、サカイは高齢者のみにしか使用されなくなってきていることから最も新しい形式はカラであるということができる。カラは標準語化によるもので大阪に定着したと思われる。カラとサカイを取り囲むように京都市近隣、滋賀県大津、福井嶺南地方、滋賀県湖西、兵庫県東播磨・南但馬、和歌山県紀北、三重県南部・伊賀などにサケがみられる。また、このサケの分布域の外側の、三重県北中部、滋賀県湖東、東近江、京都府南丹市、船井郡から西へ綾部、福知山、丹後半島、兵庫県北部、西播磨などにはデの分布が確認できる。

　以上を整理すると、近畿地方ではカラとサカイが京阪中央部を中心に分布し、サカイを囲んでサケ、さらにその周りにデが分布していることから

近畿内部での周圏性が想定されることになる。

　なお、ヨッテは、先の小林（1973・1977）など、文献からはサカイよりも古い形式と位置付けられているが、近畿圏内の地理的分布のみからは新旧関係を判断するのは困難である。その理由は近畿中央部でもまだサカイと同様、その使用がみられること、近畿周辺部においてもサカイとともにその使用が確認され、サカイとの新旧の区別がつきにくいためである。サカイとヨッテの近畿圏内の分布には特色があり、サカイが近畿東部や西部によく広がっているのに対し、ヨッテは近畿東部や奈良南部などにそれぞれ分布するという傾向が窺われる。淡路島ではサカイの使用もみられるが、ヨッテの使用の方が優勢であることや近畿圏外の四国地方では、徳島の高齢層の多くと高知の一部にはヨッテの使用がみられる（岸江編2011）が、文献に登場する順番（ヨッテ→サカイ）を直ちに裏付けるものではない。

　さらに紀伊半島南部に比較的広く分布するサカをどう位置付けるか、これも難しい問題をはらんでいる。サカはサカイから変化したものか。あるいはサカイとは別系統のものなのかどうか。

　以下、南近畿での調査結果を掲げつつ、これらの問題について検討したい。

3．接続助詞「から」の変異——グロットグラム調査から——

　鳥羽市から田辺市までの紀伊半島沿岸で行ったグロットグラム調査での接続助詞「から」の結果を表1～表3に示した。まず、表1「雨が降るから」によると、三重県側では鳥羽市から海山町間でカラ、デ、ヨッテなどがみられ、カラは10代のみにみられる。世代等も考慮すると、ヨッテが古く、デが北部から侵入している様相を呈している。尾鷲市以南の地点では、70代以上の高年層でサカが回答されており、ヨッテ、デはそれより若い世代での回答が目立つ。一方、和歌山県側では10代のみならず、全世代でカラの使用が拡大しているのは三重県側と対照的である。高年層ではサカのほか、サカイニもみられる。ヨッテは和歌山県側にはない。デも三重県側のようにまとまった分布はみられず、いずれも中若年層での回答がまばら

に見られる程度である。表2「食べすぎるからだよ」の場合は、表1とやや分布を異にするようにみえるが、三重県側の鳥羽市から海山町間ではやはりヨッテが古く、デが後から入り込んだものと思われる。デの南下により、南島町から紀伊長島町間ではすでにヨッテが姿を消したと考えられる。尾鷲市旧市街より南の地域では和歌山県側も含めて高年層でサカの回答が多いのに対し、デが若年層に広がろうとしている。これらの点から、南近畿のデは新しいと結論づけられよう。

　表3「だから」は、ソヤヨッテ、ソヤカラ、ダカラ、ソヤサカイニ、ソ（一）ヤッテ、ソヤデ（ソヤモンデ）、ソヤサカなど、接続詞の回答の中から「から」にあたる部分だけを取り出して表にしたものであるが、このような取り上げ方をしたことが結果に影響しているものとみられる。「だから」全体を取り上げると凡例数が非常に多くなるためと、「から」の部分を他の表と比較したいのでこのような形で取り上げたことを断っておきたい。

　表1、表2と比較すると、三重県のヨッテは鳥羽市坂手町、磯部町の高年層、海山町、尾鷲市旧市街・九鬼の若・中・壮年層に少なく、デの使用が南島町から海山町間の中若年層を中心に多くなっている。おそらくこれらの地域ではソヤヨッテなどの形式が退縮したことを思わせると同時にソヤデ（ソヤモンデ）など形式が使用され出したことを物語っている。デが若い世代を中心に分布を拡大させていることは表1、表2の結果とも矛盾せず、ここでも南近畿におけるデの南下を確認することができる。これは三重県北部の津・松阪などからの影響によるものであるということもできる。一方、尾鷲市旧市街から和歌山すさみ町までは、表1、表2の結果とも類似し、若年層～壮年層世代でカラの使用が拡大しており、高年層を中心にサカがかろうじて残っているという図式はほぼ同じであるとみてよい。表1～表3を地理×世代という観点から動的にみると、ヨッテ、サカイ、サカなどが分布しているところに北からデ、南からカラがそれぞれ侵入していることがわかる。

　尾鷲市旧市街地以南のサカであるが、近畿地方においてすでにみているように和歌山県紀中から東紀州にかけての地域に分布域があり、近畿地方では兵庫県に一地点のみみられるものの、紀伊半島南部以外のいずれの地

表1　降るから

項目名：【降るから】

質　問：出かけようとしている家族に「今日は雨が降るから傘を持っていったほうがいいよ」と言うとき、「雨が降るから」の部分をどのように言いますか。

		地点＼世代	10代	20代	30代	40代	50代	60代	70代～
三重県	1	鳥羽市坂手町	｜	△		△	◆		
	2	磯部町	｜	✝			△		◆
	3	浜島町	｜				N		◆
	4	南勢町	｜		◇	◆		◆	
	5	南島町	｜					△	△
	6	紀勢町	△	△		△			◆
	7	紀伊長島町	△	◆			◆	△	
	8	海山町	◆		◆		◆		◆
	9	尾鷲市旧市街	◆	◆		◆			◉
	10	尾鷲市九鬼	◉	N		✱			◉
	11	熊野市飛鳥町	｜	△					◉
	12	御浜町	｜				◍		✱
	13	紀宝町	｜		◉		｜△	◉	
	14	紀和町		｜					
	15	鵜殿村1	｜						｜
	16	鵜殿村2		｜			△		
	17	鵜殿村3	｜						
和歌山県	18	新宮市1							｜◐
	19	新宮市2							
	20	新宮市3	｜						｜
	21	那智勝浦町	N	｜		△			◐◉
	22	太地町	｜	｜		◉		｜	
	23	古座町	N	N		｜		＝✱	
	24	串本町1			｜				
	25	串本町2		｜					◉
	26	串本町3			｜				
	27	すさみ町	｜	｜		｜			◉
	28	上富田町1	｜						
	29	上富田町2	N	△			◐	✱	
	30	上富田町3	｜						
	31	田辺市	｜	｜	◍			◍	

凡例　｜ カラ　△ デ　◐ サカイニ　◍ サカイ　◉ サカ
　　　◆ ヨッテ　✝ ヨッテニ　◇ ヨイテ　＝ シ　✱ 他形式
　　　N NR

表2 食べ過ぎる<u>から</u>

項目名：【食べ過ぎるからだよ】

質　問：家族がお腹が痛いといっています。その人に対して「食べ過ぎるからだよ」と言うとき、どのように言いますか。

		地点＼世代	10代	20代	30代	40代	50代	60代	70代〜
三重県	1	鳥羽市坂手町	I	▲			▲	◆	
	2	磯部町	✻	☨			◆		✻
	3	浜島町	✻				I		◆
	4	南勢町	I		◇	◆			◆
	5	南島町	▲					▲	✻
	6	紀勢町	I	✻		▲			▲
	7	紀伊長島町	▲	▲			▲	▲	
	8	海山町	▲		▲		◆		✻
	9	尾鷲市旧市街	◆	▲		◆			⦿
	10	尾鷲市九鬼	I	▲		✻			⦿
	11	熊野市飛鳥町	I	▲		⦿			⦿
	12	御浜町	▲	✻			⦿		⦿
	13	紀宝町		⦿			⦿	⦿	
	14	紀和町			I			✻	
	15	鵜殿村1	✻						
	16	鵜殿村2			I		◉		✻
	17	鵜殿村3	I						
和歌山県	18	新宮市1	✻						◐
	19	新宮市2		✻		I			
	20	新宮市3	I						✻
	21	那智勝浦町	N	I		✻			⦿
	22	太地町	I	✻		⦿		I	
	23	古座町	I	I		I		I	
	24	串本町1			✻				
	25	串本町2		I					⦿
	26	串本町3			I				
	27	すさみ町	I	✻		⦿			⦿
	28	上富田町1	✻						
	29	上富田町2	I		✻		⦿	I	
	30	上富田町3	I						
	31	田辺市	I	✻	◉			◉	

凡例　I カラ　▲ デ　◐ サカイニ　◉ サカイ　⦿ サカ（ー）
　　　◆ ヨッテ　☨ ヨッテニ　◇ ヨイテ　✻ 他形式　N NR

紀伊半島南部における原因・理由を表す接続助詞　199

表3　だから

項目名：【だから】

質　問：家族がお腹が痛いといっています。「だから食い過ぎるなと言っただろう」と言うとき、「だから」の部分をどう言いますか。

		世代 地点	10代	20代	30代	40代	50代	60代	70代～
三重県	1	鳥羽市坂手町	△	ǀ			N	◆	◇
	2	磯部町	○	△†		◆			◇
	3	浜島町	○				△		N
	4	南勢町	ǀ		Y	△			Y
	5	南島町	▲					▶	▲
	6	紀勢町	△	△		△			△
	7	紀伊長島町	△	△			△	N	
	8	海山町	△		△◆		◆		ǀ△△
	9	尾鷲市旧市街	◆	△		△			ǀ◉
	10	尾鷲市九鬼	ǀ◆	△		○			⊗
	11	熊野市飛鳥町	ǀ	ǀ		ǀ◉			ǀ◉
	12	御浜町							◐
	13	紀宝町	○	ǀ◉			△	○	
	14	紀和町		ǀ				ǀ	
	15	鵜殿村1	○						
	16	鵜殿村2			ǀ		△		△
	17	鵜殿村3	○						
和歌山県	18	新宮市1	○						◐
	19	新宮市2							
	20	新宮市3	ǀ						ǀ
	21	那智勝浦町	N	‖		△			◐⊖
	22	太地町	○	○		◉		◉	
	23	古座町	ǀ	‖		ǀ		ǀ	
	24	串本町1			‡				
	25	串本町2		○					◉⊘
	26	串本町3			‡				
	27	すさみ町	○	ǀ		△			◐⊘
	28	上富田町1	○						
	29	上富田町2	N	+			⊕	○	
	30	上富田町3	○△						
	31	田辺市	ǀ	ǀ	ǀ			◉	

凡例
- ○ ダカラ
- ǀ ソヤカラ
- ǀ ヤカラ
- ‖ セヤカラ
- + ホヤカラ
- ‡ ホンヤカラ
- △ ソ（ー）ヤデ・ソイヤデ・ソンヤ
- ▲ ソヤモンデ
- ▶ セヤモンデ
- △ ホイヤモンデ
- △ ソヤンデ
- △ セヤンデ
- △ ソヤッテ
- △ ホヤッテ
- △ ホンデニ・ホイデニ
- ◐ ソヤサカイニ
- ◑ ソヤサカイ
- ◉ ソヤサカ
- ◯ ソジャサカ
- ◐ セヤサカイニ
- ⊖ セヤサカ
- ⊖ ソンヤサカ
- ⊘ ホイヤサカ
- ⊗ ホンヤサカ
- ⊗ ホイヤカ
- ソヤカ
- ◆ ソヤヨッテ
- ◇ ホヤヨッテ
- † ソヤヨッテニ
- Y ソーヤイテ・ホーヤイテ
- N NR

域にもまとまった分布は認められない。藤原(1996)はサカが紀州に目立つことを指摘しつつ、京都府丹後舞鶴、福井県若狭、石川県加賀などにも同じくサカの使用が認められると述べている。以下に各地の使用例を掲げる。

　　○京都府丹後舞鶴：エライ<u>サカ</u>　イヤヤ。(つらいからいやだ。中男→藤原。酒に酔った時のことを言う。)○福井県若狭：コッチャカラカゼァ　フクモンジャ<u>サカ</u>。(こちらから風が吹くものだから。老女→藤原。)○石川県加賀：ナモ。キツイ<u>サカ</u>　ノマンジャ　ワイ。(いやいや。きついから飲まないんだよ。初老男→青男。たばこのこと。)

　これらの記述からサカがかつて北近畿や北陸にもあり、サケのさらにその外側に分布していたことを考え合わせると、近畿地方の南端の一角に分布するこの形式が近畿圏では最も古いという憶測を挟みたくもなるが、文献の上から補強することは難しい。また、表1～3には高年層にサカイ・サカイニの回答があることや、図1でも触れたようにサカイ類の分布は東北地方にまで及んでおり、サカがサカイから直接変化した可能性も否めない。

　図5は、表1～3のグロットグラム結果での世代差[3]に着目してコレスポンデンス分析[4]にかけた結果である。因みに第1軸の寄与率は0.5039、第2軸が0.3535で累積寄与率は0.8575であった。第1軸は世代差が反映しているとみられ、各世代の使用形式の傾向をつかむことができる。高年層はサカ、サカイニの近くにポジショニングされており、これらの形式が高年層に使用される傾向がつかめる。壮年層は、デ、サカイを用い、原点の近くにあるデ、ヨイテ、ヨッテは中年層がよく使用する傾向がみられる。若年層ではカラをよく用いていることが一目瞭然である。カラは標準語化によるものであろうが、すでに述べたように三重県側と和歌山県側では事情が異なるようであり、全国にばらまかれたものならこのような差は生じないはずである。和歌山県側のカラは直接的には近畿中央部からの影響とも考えられる。

　紀伊半島南部ではグロットグラム調査結果により、GAJや近畿通信調査によって作成した言語地図では判断がつきにくい接続助詞「から」の諸

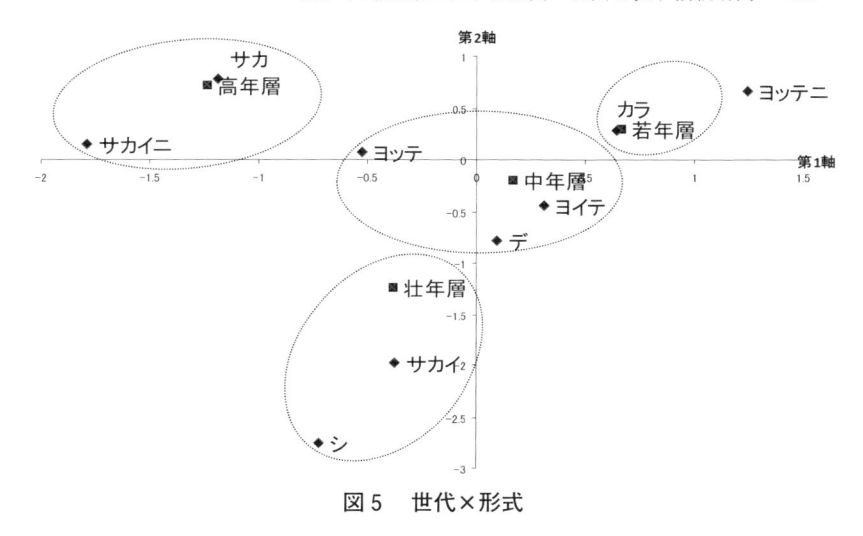

紀伊半島南部における原因・理由を表す接続助詞　201

図5　世代×形式

形式の使用状況を明らかにできたほか、当地域における世代的な対立をつかむこともできた。三重県南部のデは、文献や言語地図による他形式との新古関係に関する推定とは異にするが、矛盾をきたすものではない。南近畿に分布するデは先述したとおり、三重北部からの伝播によるものであり、特に鳥羽市から海山町間あたりではデが新しく根付いたことがわかる。デの南下は現在も進行中であろう。三重北部や中部のデも同様に愛知・岐阜などさらに北から伝播によるものであると考えられる。

5．おわりに

　本稿では、南近畿地方沿岸部における原因・理由を表す接続助詞「から」のバリエーションについて考察するため、先学諸氏による「から」の通時的研究の成果について触れるとともにGAJのほか、通信調査による言語地図との比較を通じ、概観した。
　その結果、一見、近畿地方で周圏性をみせるデの分布だが、三重県では少なくともヨッテやサカイなどよりも新しい形式であり、三重県でのデの

分布は岐阜・愛知などからの伝播によるものでさほど古くない時代に形成された可能性があることなど、いくつかの新しい知見を得ることができた。ただし、近畿地方全体の地理的分布や文献に登場する諸語形との整合性を考慮すると、必ずしも簡単には解決できない問題が浮き彫りになった。地理的に考えると、近畿中央部にはサカイ、有田川以南の和歌山県南部はサケ、さらにその南にサカがあり、サカを最も古い形式だと位置づけたくもなるが、これを証明することは困難である。一方、南近畿のサカという形式はサカイから生じたものかどうか、仮にそうだとしたら京阪中央部などに現在でも使用されるサカイとの関係をどのように説明づければよいのか。また、近畿地方においてサカイの分布の外側にあたかも周圏分布しているかのようにみえるサケは中央部からの伝播によるものと言えるのであろうか。これらが分布する地域はいずれも〔ai〕連母音が融合しない地域であり、同時多発的にサカイ→サケが発生したとは考えにくい。仮に近畿中央部でサケが発生したとしたならば、例えば文末助詞「ケ」がカイからカエを介してケとなったようにサカイからサカエという形式を経てサケが生じた可能性があるのかもしれない。

　結局、解明できないまま、当面の問題を多く残す結果となったが、いずれも今後の課題としたい。

注

1) 　この調査は徳島大学日本語学研究室の竹口祐輔が中心となり実施した通信調査である。2010年8月から同年10月にかけて近畿地方各地の市町村教育委員会や公民館等へ調査票を約900部送付し、約600地点から調査票を回収した。回答者は、原則として近畿地方各地の60歳（2010年8月現在）以上の各地生え抜きの方々である。この調査はGAJの調査とは約30年の開きがある。

2) 　これは通信調査による調査そのものが原因しているのかもしれない。本来、サカイが回答された多くの地点ではサカイのほかにもサカイニを併用しているが、回答用紙に記述する際、大半の回答者はサカイニをサカイと同じものとみなしたことにより、サカイだけを回答し、あえてサカイニを回答しなかったという可能性も否めないためである。同じことがヨッテニ

にも言え、ヨッテを回答した地点では同時にヨッテニも使用するものの、ヨッテのみの回答が大半を占めることになったと考えられる。
3) 年層区分は次のとおりである。若年層（10代・20代）、中年層（30代・40代）、壮年層（50代・60代）、高年層（70代以上）
4) コレスポンデンス分析とは、異なった変数群（行要素と列要素）の関連性を分析し、クロス表や集計結果をグラフ化するだけでは表示されない選択肢間の関連傾向も分析を行うことにより、大変わかりやすく表示される特徴がある。

〔参考文献〕
楳垣実（1962）「三重県方言」『近畿方言の総合的研究』三省堂
大野晋（2012）『古典基礎語辞典』角川学芸出版
金沢裕之（1998）『近代大阪語変遷の研究』和泉書院
金田弘（1976）『洞門抄物と国語研究』桜楓社
岸江信介（1992）「近畿方言の動態と分布との関連」『日本語学』11.6
岸江信介編（2011）「高松―土佐清水間グロットグラム調査」『大都市圏言語の影響による地域言語形成の研究』科研報告書
国立国語研究所編（1989）『方言文法全国地図　第一集―助詞編―』大蔵省印刷局
小林賢次（1992）「原因・理由を表す接続助詞―分布と史的変遷―」『日本語学』11.6
小林賢次（1996）『日本語条件表現史の研究』ひつじ書房
小林好日（1944）「東北方言に於ける助詞『さかい』」『国語学論集＜橋本博士還暦記念会＞』岩波書店
小林好日（1950）『方言語彙学的研究』岩波書店
小林千草（1973）「中世国語における原因・理由を表す条件句」『国語学』94
小林千草（1977）「近世上方語におけるサカイとその周辺」『近代語研究』5　武蔵野書院
佐藤亮一（1992）「標準語・共通語の地理的背景」『日本語学』11.6
真田信治・岸江信介（1990）『大阪市方言の動向』科研費報告書
真田信治（2000）「日本の方言探究　⑯富山編」『言語』4月号 Vol.29 No.4　大修館書店
田中章夫（1992）「江戸語東京語の表現と方言の助詞」『日本語学』11.5
彦坂佳宣（1983）「近世伊勢方言史小考」『文学・語学』103
彦坂佳宣（1997）「原因・理由を表す助詞の分布と歴史（ノート）―『方言

文法全国地図』の解釈―」『日本語の歴史地理構造』明治書院

彦坂佳宣（2001）「原因・理由を表す助詞の分布と歴史」『全国方言地図と文献との対照による助詞・助動詞の発達・伝播に関する研究』科研調査報告書

彦坂佳宣（2005）「原因・理由表現の分布と歴史『方言文法全国地図』と過去の方言文献との対照から」『日本語科学』17 pp.65-88

日高水穂ほか（2010）「原因・理由表現の地理的概観」『全国方言文法辞典資料集（1）原因・理由表現』科研成果報告書

藤原与一（1996）『日本語方言辞書―昭和・平成の生活語―』上巻・中巻 東京堂出版

北条忠雄（1973）「東北方言における理由表現の歴史」日本方言研究会、第17回発表原稿

北条忠雄（1975）「北海道と東北北部の方言」『方言と標準語』筑摩書房

吉井量人（1977）「近代東京語因果関係表現の通時的考察―「カラ」と「ノデ」を中心として―」『国語学』110

紀伊半島南部における「疲れた」という意味を表す語の変遷について

高 木 千 恵

　本節では、紀伊半島南部において「疲れた」という意味を表す語がどのような変遷を辿ったか・辿りつつあるかについて、とくに、標準語との関係、近隣方言との関係に注目して論じていく。以下、まずは「疲れた」という意味を表すのにコワイという語を使用する地域について紹介し、「恐ろしい」という意味を表す語との（意味の）張り合い関係を概観したあと、紀伊半島南部における「疲れた」を表す語の変遷について、グロットグラムの結果を分析し、考察を加えることとする。

　さて、コワイというのは、現代の標準日本語では、身の危険を感じるほどの不気味なものや強いものを前にしたときの逃げ出したくなるような心持ちを表す形容詞であるが、これを「疲れた」の意味で使う地域がある。国立国語研究所が編纂した『日本言語地図』第44図（「コワイを"疲れた"の意味で使うか」）によると、北海道、東北、北関東、紀伊半島南部、中国地方西部、四国地方瀬戸内海側の西部、そして九州南部というかなり広い範囲において、コワイが「疲れた」の意味で用いられている。分布のあり方が周圏論的であることから、中央語においてもかつては「疲れた」という意味をコワイが担っていたのではないかという想像がはたらくが、残念ながら古い日本語の文献資料に「疲れた」の意味でコワイが使われる例はほとんどなく、その成立事情ははっきりしない（佐藤2002）。

　ところで上述の地域では、コワイが「疲れた」の意味を担っているため、「恐ろしい」の意味ではコワイが使用されない。『日本言語地図』第43図（コワイを"恐ろしい"の意味で使うか）と先ほどの第44図とを重ね合わせて

みると、コワイを「疲れた」の意で用いる地域とコワイを「恐ろしい」の意で用いる地域とは、ちょうど相補分布をなしている。コワイという同じ語が、地域ごとに異なる意味を持って使われているのである。なお、コワイを「恐ろしい」の意で用いない地域では、代わりに、オッカナイ（北関東以北）、オソロシイ（紀伊半島南部・中四国西部・九州南部）、エズイ（九州南部）といった語が「恐ろしい」を表す語として使用されている（『日本言語地図』第42図「恐ろしい」の項）。これらをまとめると表1のようになる。

表1　コワイを「疲れた」の意で用いる地域における「恐ろしい」の表現

	北関東以北	紀伊半島ほか	九州南部
「疲れた」の意	コワイ	コワイ	コワイ
「恐ろしい」の意	オッカナイ	オソロシイ	エズイ

では、グロットグラムによって、現代の紀伊半島南部における「疲れた」の表現についてみてみよう。表2は、「「疲れた・くたびれた」というときどのように言うか」を調べたものである。先にも述べたように、『日本言語地図』によると紀伊半島南部はコワイを「疲れた」の意味で使用する地域であるので、ここでもコワイの回答が期待されるところである。しかしながら今回の調査では、どの地点のどの世代を見ても、コワイという回答は一例も得られなかった。

「疲れた」にあたる表現にコワイが現れなかったのは、コワイという語の意味が変容したためと思われる。表3は、「コワイを「恐ろしい」の意味で使うか」を調べたものであるが、ほとんどの地点・話者が「コワイを「恐ろしい」の意味で使う」と回答している。また、表4は、「コワイを「疲れた」の意味で使うか」の結果であるが、「コワイを「疲れた」の意味で使う」という回答が三重県で3名、和歌山県で3名みられるものの、那智勝浦町の70代を除く5名全員が、表3で「コワイを「恐ろしい」の意味で使う」と答えている。さらに、表2（「疲れた」をどういうか）においては、どの話者からもコワイが回答されていない。このことから、コワイを「疲

表2　三重県～和歌山県における「疲れた・くたびれた」の言い方

項目名：【疲れた】
質　問：「疲れた・くたびれた」というとき、どのように言いますか。

		地点＼世代	10代	20代	30代	40代	50代	60代	70代～
三重県	1	鳥羽市坂手町	■	▲			■	▲	
	2	磯部町	▫	▲			|+		■
	3	浜島町	+				■		+
	4	南勢町	▲+		■	■			▲
	5	南島町	▲					▲	▲
	6	紀勢町	▲	▲			■		+
	7	紀伊長島町	▲	▲			■	■	
	8	海山町	|		■		■		■
	9	尾鷲市旧市街	▲	▲			■		■
	10	尾鷲市九鬼	▲	▲+		+			■
	11	熊野市飛鳥町	▲	▲		+			▲+
	12	御浜町	▲	▫			+		|
	13	紀宝町	|				|	▲■	
	14	紀和町		|▲+				+	
	15	鵜殿村1	+						
	16	鵜殿村2					+		+▽
	17	鵜殿村3	▲						
和歌山県	18	新宮市1	▲						|
	19	新宮市2		|		|			
	20	新宮市3	+						■
	21	那智勝浦町	|▲	■		▲			■
	22	太地町	+	|+		|▲		■	
	23	古座町	|	▲			|+	▲■+	
	24	串本町1			■				
	25	串本町2		|					■
	26	串本町3			■				
	27	すさみ町	+	|					|
	28	上富田町1	|						
	29	上富田町2	Y	|			|	|+	
	30	上富田町3	|						
	31	田辺市	+	|	|			|	

凡例　　｜　シンドイ系　　▲　エライ系　　■　カイダルイ系　　▫　ダルイ系
　　　　＋　ツカレタ系　　Y　バテタ系　　▽　クタビレタ系

208

表3 コワイを「恐ろしい」の意味で使うか

項目名：【コワイを「恐ろしい」の意味で使うか。】
質　問：あの家の犬は大きくてよくほえるので「コワイ」というふうに、「コワイ」ということばを「恐ろしい」という意味で使いますか。

		地点＼世代	10代	20代	30代	40代	50代	60代	70代～
三重県	1	鳥羽市坂手町	●	●			●	●	
	2	磯部町		●	●		●		●
	3	浜島町	●				●		●
	4	南勢町	●		●	●			●
	5	南島町	●					●	●
	6	紀勢町	●	●		●			●
	7	紀伊長島町		●			●	●	
	8	海山町	●		●	●			●
	9	尾鷲市旧市街	●	●		+			+
	10	尾鷲市九鬼	●	●		●			●
	11	熊野市飛鳥町	●				●	●	
	12	御浜町		●	●		●		/
	13	紀宝町		●	●		●	●	
	14	紀和町		●					
	15	鵜殿村1		●					
	16	鵜殿村2		●					
	17	鵜殿村3	●						
和歌山県	18	新宮市1	●						●
	19	新宮市2		●					●
	20	新宮市3	●						●
	21	那智勝浦町	●	●					+
	22	太地町	+	●					
	23	古座町	●					+	
	24	串本町1			●				
	25	串本町2		●					●
	26	串本町3			●				
	27	すさみ町	+	●		●			●
	28	上富田町1	●						
	29	上富田町2	●	●			+	●	
	30	上富田町3	●						
	31	田辺市	●	●	●			●	

凡例　● 使う　＋ 聞いたことはある　／ 聞いたこともない

表4　コワイを「疲れた」の意味で使うか

項目名：【コワイを「疲れた」の意味で使うか。】

質　問：重い荷物を背負って歩いたので「コワイ」というふうに、「コワイ」ということばを「疲れた・くたびれた」という意味に使いますか。

		世代 地点	10代	20代	30代	40代	50代	60代	70代〜
三重県	1	鳥羽市坂手町	/	+			/	/	
	2	磯部町	/	/			/		/
	3	浜島町	/				/		/
	4	南勢町	/		/		/		/
	5	南島町	/					/	+
	6	紀勢町	/	/			/		
	7	紀伊長島町	●	/			/	/	
	8	海山町	/		/				/
	9	尾鷲市旧市街	/			/			/
	10	尾鷲市九鬼	/			/			+
	11	熊野市飛鳥町	/			/			●
	12	御浜町		/	/		/		+
	13	紀宝町	/				/	●	
	14	紀和町		/				/	
	15	鵜殿村1	/						
	16	鵜殿村2			/		/		
	17	鵜殿村3	/						
和歌山県	18	新宮市1	/						+
	19	新宮市2		/					
	20	新宮市3	/						/
	21	那智勝浦町	/		/		/		●
	22	太地町	/			+		+	
	23	古座町	/		/		/	+	
	24	串本町1			●				
	25	串本町2		/					
	26	串本町3			+				
	27	すさみ町	/	/		+			/
	28	上富田町1	/						
	29	上富田町2	/		/		/	●	
	30	上富田町3	/						
	31	田辺市	/	/	+			/	

凡例　●　使う　　+　聞いたことはある　　/　聞いたこともない

れた」専用の語として持っている話者はいないといえる。紀伊半島南部におけるコワイの意味は、「疲れた」から「恐ろしい」へと急速に変容していると見てよいだろう。

　コワイの意味の変容には、標準語との接触が関わっていると考えられる。『日本言語地図』第43図で、コワイを「恐ろしい」の意味で使うかどうかを尋ねているが、紀伊半島南部には、「使わない」のほかに、「共通語的には使う」という回答がいくつもプロットされている。これは、自分たちの地域の方言としてはコワイを使わないが、よその人と話すときやあらたまって話すときには、標準語の語彙である「こわい」を使う場合があるということである。話者の中で標準語と方言という二つの異なる体系が干渉しあい、記憶の負担を軽減するために同音異義語を淘汰するという変化は、じゅうぶんに考えられるものである。岸江（1996）は、方言形が標準語形に取り替えられるプロセスとして、当該地域社会の上位場面に標準語形が取り入れられ、次第に下位場面にも使用が広がることを指摘しているが、紀伊半島南部におけるコワイの意味の変容はまさにこれにあてはまる事例といえるだろう。

　さて、表2に戻って、「疲れた」を表す語としてコワイに代わって使用されているものをみていこう。回答されているのは、シンドイ、カイダルイ、エライといった語で、これらは、地域的・世代的まとまりをもって分布している。シンドイはおもに和歌山県内においてよく回答され、12地点中10地点（21例）にみられる。いっぽう、三重県内におけるシンドイの回答は、17地点中6地点（8例）で、地点数・回答数ともに和歌山県より少ない。カイダルイは、和歌山県内7地点、三重県内10地点に回答があり、地点数では同程度であるが、回答数をみると、和歌山県が8例、三重県が16例で、三重県によく回答されている語であることがわかる。ただ、三重県の10代・20代に限ると、カイダルイの使用は鳥羽市の10代1名にみられるのみで、10代・20代と30代以上とで使用語彙に断絶のあることが窺える。三重県の若者にもっともよく使用されているのはエライで、鳥羽市から鵜殿村までの12地点において17例の回答がみられる。

　シンドイは、身体の疲労を表すことばとして東は山梨県から西は鹿児島

県にかけての広い範囲で使用がみられ、和歌山県と境を接する大阪府や奈良県でも盛んに使われている語である。大阪府と和歌山県は、道路や鉄道による人の往来が盛んであるので、和歌山県には大阪方言との接触によってことばが運ばれてくることも少なくない（真田監修2009：253など）。和歌山県におけるシンドイの広がりは大阪方言の影響とみることができる。

　次に、カイダルイについてであるが、これは「かいなだるし（腕弛）」の転じたものとされ、もともとは腕がくたびれてだるいという意味であった。そして、「かいなだるし＞かいだるし」と音が転ずるにつれて意味の面でも変容が生じ、腕に限らず身体が疲れてだるい様子を表すようになった（ちなみに、この「かいなだるい」は、現代において俗語的に使われている「かったるい」の語源でもある）。表2のグロットグラムを見ると、三重県だけでなく、和歌山県側の新宮市から串本町にかけてもカイダルイの使用が散見される。このことから、大阪方言的な表現であるシンドイが進出する前は和歌山県側でもカイダルイが広く使われていたのではないかと考えられる。

　最後に、三重県の10代・20代に使用が集中しているエライについて考察しよう。エライは、主に中部や関西において「疲れた」の意で広く用いられている語であり、単語そのものとしては特に目新しいものではない。現に表2のなかでも、鳥羽市や南勢町・南島町などの60代・70代に回答されている。ただ、三重県の30代以上においてはカイダルイが多数派であるのに対して、10代・20代ではカイダルイが一気に駆逐されているという点が注目される。同じ「疲れた」という意味を表す二つの方言語彙のうち、エライが好まれる明確な理由ははっきりしないが、一つには、標準語にも同じくエライという単語があることが要因として考えられる。つまりここでは、一つの単語が「疲れた」と「立派である」という二つの異なる意味を担っていることになるが、話者にとっては、同音異義語として矛盾なく併存できるものであるのかもしれない。ひょっとすると、標準語のエライに「疲れた」という意味がないということに気がついていない可能性もある。とするとこれは、話し手自身が方言であると思っていない方言語彙、すなわち「気がつきにくい方言」ということになる。

以上、紀伊半島南部における「疲れた」を表す語の移り変わりについて、グロットグラムの結果をもとに考察してきた。まとめると表5・表6のようになる。

表5　和歌山県南部における「疲れた」「恐ろしい」を表す語の変遷

	「疲れた」の意	「恐ろしい」の意	現象
段階1	カイダルイ・コワイ	オソロシイ	
段階2	カイダルイ	コワイ	←コワイの意味変容
段階3	シンドイ	コワイ	←大阪方言の流入

表6　三重県南部における「疲れた」「恐ろしい」を表す語の変遷

	「疲れた」の意	「恐ろしい」の意	現象
段階1	カイダルイ・コワイ	オソロシイ	
段階2	カイダルイ	コワイ	←コワイの意味変容
段階3	エライ	コワイ	←「気づかれにくい方言」の広がり？

まず、紀伊半島南部では、「疲れた」を表す語として、少なくともカイダルイとコワイの二つがあったと考えられる（段階1）。かつては、カイダルイ・コワイとオソロシイが意味を分担していたが、標準語における「こわい」「おそろしい」の同義的な関係に影響を受けて、コワイの意味が「恐ろしい」へと変容した。その結果、コワイとカイダルイの間に意味分担が生じ、コワイが「恐ろしい」の意を、カイダルイが「疲れた」の意を表すようになった（段階2）。そして、紀伊半島南部の和歌山県側（表5）においては、大阪との関係が深くなるにつれて大阪方言の影響を受けるようになり、シンドイという新しい語が受容されるに至った（段階3）。いっぽう、三重県側（表6）では、段階1から段階2に至るプロセスは和歌山県側と同じと考えられるが、段階3において、カイダルイに代わってエライが使われるようになる。この変化は現在進行中とみられるが、同じ方言語彙でありながらカイダルイではなくエライが使われるようになる一因と

しては、標準語における同形の単語の存在が考えられる。また三重県側にシンドイがあまり広まっていないのは、大阪とのつながりが和歌山県側ほど深くないためだと思われる。なお、エライという語そのものは、段階1の時期から当該地域に存在していただろうと思われるが、話を単純にするために、表5・表6では省略してある。

　以上、本節では、紀伊半島南部における「疲れた」の意を表す語の変遷について、「恐ろしい」の意を表す語と関連させながら、標準語との関係・近隣方言との関係に注目して考察した。標準語の影響による語の意味の変容や、近隣方言の受容、および気づかれにくい方言の広がりといった現象は、広く各地でみとめられるものと思う。今後は、本節での考察がグロットグラムの他の項目の結果によっても支持されるかどうかを検証し、支持されないとしたらどのような説明が可能であるか検討しなければならないだろう。

〔参考文献〕

岸江信介（1996）「場面差を軸とした共通語化のメカニズム」『地域言語』7：19-32

真田信治監修、岸江信介・中井精一・鳥谷善史編著（2009）『大阪のことば地図』和泉書院

国立国語研究所編（1966）『日本言語地図』第1集　大蔵省印刷局

佐藤亮一編（2002）『お国ことばを知る　方言の地図帳』小学館

小学館国語辞典編集部編（1989）『日本方言大辞典』小学館

日本国語大辞典第二版編集委員会・小学館国語辞典編集部編（2001）『日本国語大辞典』第二版

丹羽一彌編（2000）『三重県のことば』明治書院

名古屋市―田辺市間における「運ぶ」「盛る」「小さい」「細かい」の分布

余　　　　健

1．「運ぶ」の普段の言い方と改まった時の言い方

1.1．「運ぶ」の普段の言い方

> 質問：二人で机を部屋の後ろにどうする（移動する動作を見せる）と普段いいますか。

　平山輝男他編（1993）によると、沖縄を除く全国で「ハコブ」の標準語形が使用されており、全体的にバリエーションが少ない点を確認できる。その中で、「二人で机などを支持して運ぶ。ツクエオツル。」という例と共に三重県における「ツル」の使用を指摘している。また、江畑（1995）では、三重県内の広範囲にわたって、この「ツル」（運ぶ）の使用を確認できる。その使用報告の中で注目されるのは、「机や大きな荷物または、御輿のようなものを2人以上で持ち上げること」と記されている点で、志摩地方の「はよ机つって、のけんかね（早く机を持って動かしなさい」や北牟婁郡の「ちょっと、つってくれんか（ちょっと、かついでください）」等が挙げられている。

　一方、三重県以外での「ツル」（運ぶ）の報告もある。清水（2003）や真田・友定（2007）では、愛知県や岐阜県でも「（机等を）持ち上げたり、持ち上げて運んだりする」意味で「ツル」を使用する、と述べられている。更に、山田（2008）では、「机・いす・長机・オルガン・みこし」の各語

を持ち上げて運ぶときの言い方を確認している。それによると、岐阜県と愛知県の尾張地方において、「ツル」（運ぶ）が、この地域の地方共通語になっているとのことである。

以上の先行研究を踏まえ、名古屋市—田辺市間のグロットグラム（表１）の特徴をとらえてみよう。まず、表１の名古屋市（地点番号１）から熊野市飛鳥町（地点番号35）まで、全世代的な「ツル」（●）の使用が確認できる。先の先行研究諸氏に基づくと、持ち上げたり、運んだりする意味を表す「ツル」の現段階で確認し得る限りの使用地域は、北限の岐阜県から西限の愛知県尾張地方、そして南限は、ほぼ熊野市飛鳥町であるというふうに認められよう。ここで、特にこのグロットグラムで確認される南限の熊野市飛鳥町周辺の地理的な特徴はどうなっているのだろうか。国道42号線を南下していくと、尾鷲市の市街地前辺りから、急峻な峠や長いトンネルが現れ始め、その難所の句切れの地点がこの熊野市飛鳥町辺りになる。熊野市飛鳥町を過ぎる辺りに、小坂峠（小坂トンネル）が存在し、この峠を過ぎると御浜町・紀宝町へ通じるなだらかな熊野街道（国道42号線）が広がっている。正にこの小坂峠が、「ツル」（運ぶ）の南の境界線となっているといえるだろう。御浜町（地点番号36）以南においては、「サゲル」（△）や「カク」[1]（★の那智勝浦町70代）といういずれも西日本で多く使用されている語形を確認できる。

表１　名古屋市から田辺市間における「運ぶ」の普段の言い方（年代別）

	地点	世代	10代	20代	30代	40代	50代	60代	70代〜
愛知県	1	名古屋市東区	●	●		□			●
	2	名古屋市中村区	●	●		●	=	●／	
	3	佐屋町	●	●		●		=●	
	4	蟹江町	●	●	□●				●#
	5	弥富町	●	●□					／●
三重県	6	長島町北部	□		●			●	
	7	長島町南部	=	‡●	‡●				※◎●
	8	桑名市旧市街	●□	●		●			
	9	朝日町	●	●	‡‖●			▽●	
	10	川越町	●	／●		●‖			／●
	11	四日市市富田	● ●	●	●	●		= =●	

	No.	地点	運ぶ		盛る	小さい	細かい
三重県	12	四日市市旧市街	☯	□	□☯		☯
	13	鈴鹿市	☯	☯			☯☯
	14	河芸町	☯	／☯	=☯		□◍
	15	津市白塚	☯△	☯	=☯		⊻☯
	16	津市柳山	□☯	□☯	☯		☯
	17	香良洲町	☯=	□☯	☯		□☯
	18	三雲町	□	⊻	☯		☯
	19	松坂市旧市街	□☯	☯	☯		☯◍
	20	松坂市駅部田	☯		☯		／☯
	21	明和町	⊻☯	☯	□☯		☯
	22	小俣町	☯	☯	☯		☯
	23	御薗村	☯	☯	☯		=☯
	24	伊勢市	☯	∥／		☯	☯
	25	鳥羽市坂手町	□	☯		□	☯
	26	磯部町	／∥	☯		□	☯
	27	浜島町	□		☯		☯
	28	南勢町	☯□	☯	☯		☯
	29	南島町	☯△			☯	□
	30	紀勢町	☯	☯	☯		☯
	31	紀伊長島町	☯	☯	☯	☯	
	32	海山町	☯		☯	=☯	／
	33	尾鷲市旧市街	☯	☯	☯		☯
	34	尾鷲市九鬼	☯	☯	∥		☯
	35	熊野市飛鳥町	☯	☯	☯		◈
	36	御浜町	□	△			◈
	37	紀宝町	□☯	◈	◈		☯
	38	紀和町	□				☯
	39	鵜殿村1	△				
	40	鵜殿村2		=		／	□
	41	鵜殿村3	△				
和歌山県	42	新宮市1	△		□		◉=
	43	新宮市2		◈			
	44	新宮市3	=	□	=		=
	45	那智勝浦町	□=		=		★
	46	太地町	△	□	△⊥		／
	47	古座町	／	+		△	□
	48	串本町1			◈		
	49	串本町2		／			〰
	50	串本町3			□		
	51	すさみ町	□	∥	◈		□
	52	上富田町1	□				
	53	上富田町2	✝	□△		△	=
	54	上富田町3	□				
	55	田辺市	／	△	◈	△	

凡例　
☯ ツル　　◉ ツリアゲル　　□ ハコブ　　△ サゲル
△ サガル　／ ウゴカス　　∥ イドースル（サセル）
= モツ類（モッテイク・モツ）　ǂ モッテイドーサセル
◈ ヨセル　✝ オス類（オセ・オシテ）
⊥ カク　　⊥ ズラス　　⊻ アゲル
ショビツル　※ イザケル　◎ ツッテイザケル
● ヤル　　◍ ツッテウゴカス（ハコブ）

1.2. 「運ぶ」の改まった時の言い方

> 質問：テレビのインタビュー等の改まった場面で、二人で机を部屋の後ろにどうする（移動する動作を見せる）といいますか。

表2　名古屋市から田辺市間における「運ぶ」の改まった時の言い方（年代別）

		地点	10代	20代	30代	40代	50代	60代	70代～
愛知県	1	名古屋市東区	□	◉□		□			◉
	2	名古屋市中村区	□	◉		◉		=	
	3	佐屋町	◉	◉			=	=	
	4	蟹江町	□	◉		◉=			／=◉
	5	弥富町	=	□	△				／
三重県	6	長島町北部	□ □			□		=	
	7	長島町南部	=	=‡	□‖				‖
	8	桑名市旧市街	□	□		□			=◉
	9	朝日町	◉	◉	‖			◉	
	10	川越町	◉	／		◉			‖
	11	四日市市富田		◉	◉	=		◉ =	
	12	四日市市旧市街	◉	=□	□			‖	
	13	鈴鹿市	△□	□		‡			‖ ‡◉
	14	河芸町	□	◉=	□				□◉
	15	津市白塚	◉	▽		=			◉
	16	津市柳山	□◉			◉			◉◇
	17	香良洲町	◉	□	□				□◉
	18	三雲町	□	◉					‡
	19	松坂市旧市街	□		◉	□			‖
	20	松坂市駅部田	‡			◉			◉
	21	明和町	=	□		□			◉
	22	小俣町	◉ □		□	◊			‖
	23	御薗村	‡	◉	□				=◉
	24	伊勢市	◉	‖			◉	□	
	25	鳥羽市坂手町	□	◉			□	◉	
	26	磯部町	◉	□		□			◉

	No.	地名							
三重県	27	浜島町	□		◉				=□
	28	南勢町	□		◉		‖		◉
	29	南島町	◉					=	□
	30	紀勢町	◉	◉		□			◉
	31	紀伊長島町	◉	‖			◉		
	32	海山町	／		□			=	‖
	33	尾鷲市旧市街	†	◉		□			◉
	34	尾鷲市九鬼	=		□		‖		◉
	35	熊野市飛鳥町	⚡	◉			‖		◈
	36	御浜町		□	△		□		◈
	37	紀宝町	△		◈		◈	□	
	38	紀和町		□				□	
	39	鵜殿村1	△						
	40	鵜殿村2		□			‖		□
	41	鵜殿村3	△						
和歌山県	42	新宮市1	△			□			
	43	新宮市2		◈		□			
	44	新宮市3	=						=
	45	那智勝浦町	□=	□		△			=
	46	太地町	△	□		‖		／	
	47	古座町	／	／		□			
	48	串本町1			‡				
	49	串本町2		／					≋
	50	串本町3			□				
	51	すさみ町	‖	‖		□		□	
	52	上富田町1	□						
	53	上富田町2	✛	□			□	⊠	
	54	上富田町3	□						
	55	田辺市	／	△	‖			=	

凡例　　◉ ツル　　□ ハコブ　　△ サゲル
　　　　▲ サガル　　／ ウゴカス　　‖ イドースル（サセル）
　　　　= モツ類（モッテイク・モツ）　　‡ モッテイドーサセル
　　　　◈ ヨセル　　✛ オス類（オセ・オシテ）
　　　　† モチハコブ　　≋ ヨッチョイスル　　⊥ ズラス
　　　　Ｙ アゲル　　◊ ドカス
　　　　‡ ドケル類（ドケル・ノケル）　　⚡ ドケル
　　　　⊠ カタヅケル

　1.1の「運ぶ」の言い方における普段の場面（表1）と1.2のテレビ等の改まった場面とにおける切り換え状況（表2）については、「とても」の切り換え状況（表3、4）と比較すると捉えやすくなる。すなわち、「とても」において、普段の場面（表3）では、「ドエライ」（‖）系や「メッ

表3　名古屋市から田辺市間における「とても」の普段の言い方 (年代別)

		地点＼世代	10代	20代	30代	40代	50代	60代	70代～
三重県	1	鳥羽市坂手町	◉				●	❘■	
	2	磯部町	◉	●			●		‖
	3	浜島町	◉				▽		＊
	4	南勢町	◉		＝		⊘		❘
	5	南島町	●					❘⬅	⬅
	6	紀勢町	◉	◉✤♠			⬅		⬅
	7	紀伊長島町	✝	✤			▽	♠	
	8	海山町	✤	✤	☾		▽		‡ꟻ○
	9	尾鷲市旧市街	✤	✤		❘			❘
	10	尾鷲市九鬼	◉	●		✝⊘	●		⬥
	11	熊野市飛鳥町	✪	✪			●		‖❘
	12	御浜町		✪	◉		▽		◉
	13	紀宝町	◉	✪			‖	‖	
	14	紀和町		✪‖＝				●	
	15	鵜殿村1		⬅					
	16	鵜殿村2			＝		＝		◪
	17	鵜殿村3	◉						
和歌山県	18	新宮市1		‖					‖
	19	新宮市2		‖		▽			
	20	新宮市3	◉						‖
	21	那智勝浦町	⊘●	‖		‖			⬆
	22	太地町	‖	◉		◉		◪	
	23	古座町	❘◉	♂			◉		⬆
	24	串本町1			♂				
	25	串本町2		◉					␰
	26	串本町3			♂				
	27	すさみ町	◉	⬇		♂			⊘❦
	28	上富田町1	◉						
	29	上富田町2	◉	◪◉			▽⬆	▯	
	30	上富田町3	⬇						
	31	田辺市	◉	⬇	⬇			⊖	

凡例　❘ エライ　‖ ドエライ　＝ ドイライ　‡ ドエロー
ꟻ エラクタイ　■ ガイニ　⬅ メチャクチャ　◉ メッチャ
◉ メチャ　◉ ムッチャ　＊ ヨー　⊘ スゴク
⊖ スゴー　● スゴイ　▽ モノスゴク　▼ モノスゴイ
▽ モノスゴ (ー)　♠ ムッソ　⬅ ムソー　✤ ド
✝ チョー　✪ ワリ　◉ マー　◪ トテモ
■ カナリ　▯ カナワン　➤ バリ　⬆ ヤニコイ
⬇ ヤニコー　♂ ゴッツー　❦ ゴッツイ　☾ タイガイ
○ メッポー　⬥ ブンニ　␰ NR

表4　名古屋市から田辺市間における「とても」の改まった時の言い方（年代別）

		地点	10代	20代	30代	40代	50代	60代	70代〜
	1	鳥羽市坂手町	⊘	▽			△	X	
	2	磯部町	◪	◪			◪		⌣
	3	浜島町	⊘					▫	*
	4	南勢町	⊘		◪	▫			X
	5	南島町	●					◐	⌣
	6	紀勢町	◪	◪			▽		⌣
	7	紀伊長島町	⌣	⊘			▽	⌣	
三重県	8	海山町	◪		⌣		⌣		◪
	9	尾鷲市旧市街	⊘	◪			⌣◪		I
	10	尾鷲市九鬼	●	⌣		◪			⌣
	11	熊野市飛鳥町	◪	☪			◪		▫
	12	御浜町		◪	⌣			◪	▽
	13	紀宝町	◪		●		‖	◉⌣	
	14	紀和町			◪			●	
	15	鵜殿村1	◪						
	16	鵜殿村2		⊘			◪		◪
	17	鵜殿村3	■						
	18	新宮市1	◪						♦
	19	新宮市2		●		⌣			
	20	新宮市3	⌣						X
	21	那智勝浦町	◪	⊘		Y			⌣♠
	22	太地町	⌣◪	●		⌣		⌣◪	
和歌山県	23	古座町	⌣	▫		Y		♠	
	24	串本町1			⌣				
	25	串本町2		◪					N
	26	串本町3			◪				
	27	すさみ町	◪	◪		⊘			◪▫
	28	上富田町1	●						
	29	上富田町2	◪	◉			⊘	⌣	
	30	上富田町3	◪						◪
	31	田辺市	◪	⌣	◪			◪	

凡例
I	エライ	‖	ドエライ	●	メチャクチャ	◉	メッチャ
◎	メチャ	◐	ムッチャ	*	ヨー	⊘	スゴク
●	スゴイ	☪	スンゴイ	▽	モノスゴイ	⌣	タイヘン
✪	ワリ	☾	タイガイ	X	トクニ	X	トクベツ
■	カナリ	◪	トテモ	▫	トッテモ	♠	ヤニコイ
△	ホントニ	Y	ヒジョーニ	N	NR		
▽	モノスゴ（ー）						

チャ」(●)系等の方言形を使用していても、改まった場面（表4）では、「タイヘン」(◡)系や「スゴク」(⊘)系等の標準語形に切り換える人が、大部分である。ところが、「運ぶ」の方言形「ツル」(●)に関しては、表1と表2間で標準語形に切り換えていない人が多数派を占めている。この両者の切り換え状況の違いが生まれた理由は何であろうか。それは、「ドエライ」系や「メッチャ」系が、標準語形の「タイヘン」系等と比べて、明らかに方言形であると認識されるのに対して、「ツル」は「運ぶ」と比べても、方言形とは認識し難く、むしろ標準語形と認識されやすいためである。つまり、方言形の「ツル」は、いわゆる「気づきにくい方言」とか「気づかれにくい方言」に分類される語形で、標準語形の「ツル」と語形的には、共通するが、意味・機能においてそれと重ならない側面が存在するからである[2]。そのため、普段の場面と改まった場面で、共に「ツル」を回答する人が多いものと考えられる。また、現在でも津市内のある中学校では、「机つり係」と掲示されていることからも、「ツル」の使用意識における改まり度の高さを指摘できる。

2.「盛る」の普段の言い方と改まった時の言い方

2.1.「盛る」の普段の言い方

> 質問：ご飯を茶碗にどうする（よそう動作を見せる）といいますか？

食べ物を入れ物によそう動作を意味する「盛る」の全国分布の概要は、以下のとおりである（平山1993）。まず、全国的に広く「モル」の回答語形が確認され、その中でも東北地方は、「モル」の専用地域であることがわかる。次に、「ヨソウ」の使用は、京都・大阪の関西中央部を中心にその周辺地域の東海・北陸地方にも確認される。また、この「ヨソウ」と同系統である「ヨソル」の回答が、「ヨソウ」の回答地域の周辺地域にあたる静岡・神奈川・千葉・埼玉・栃木の各県で報告されている[3]。更に、「ツケル」の回答語形は、奈良・岐阜・愛知・富山・茨城の各県で確認でき、「ツ

名古屋市―田辺市間における「運ぶ」「盛る」「小さい」「細かい」の分布

表5　名古屋市から田辺市間における「盛る」の普段の言い方（年代別）

		地点＼世代	10代	20代	30代	40代	50代	60代	70代〜
愛知県	1	名古屋市東区	T／	／		△			T
	2	名古屋市中村区	／△	／		／		Y	
	3	佐屋町	GT	／			T	T	
	4	蟹江町	△	／		G			T／
	5	弥富町	T	T	T				T
三重県	6	長島町北部	T／		T／		T／		
	7	長島町南部	▲	／T △T	／T				T
	8	桑名市旧市街	／	△		T			／
	9	朝日町	／	／	▲T			／T	
	10	川越町	G△	／		／			／T
	11	四日市市富田		／T △T	／	／		／	
	12	四日市市旧市街	G	／G	／T		T		
	13	鈴鹿市	／△	▲		T／			△T／
	14	河芸町	T	▲△	T／				T
	15	津市白塚	／△	Y		Y			／
	16	津市柳山	▲	△／					／
	17	香良洲町	／	／	／				Y
	18	三雲町	／	▲△／					／
	19	松坂市旧市街	／△	／		／T			／
	20	松坂市駅部田	▲	／／		／			G△T
	21	明和町		／＾					△
	22	小俣町	／		／	△			／△
	23	御薗村	Y△	⊗▲／					
	24	伊勢市	／△	／			△	△	
	25	鳥羽市坂手町	△		△		△	△	
	26	磯部町		▲					△
	27	浜島町	△				△		△
	28	南勢町	▲			△			／
	29	南島町	▲					／	
	30	紀勢町	／	／		△			
	31	紀伊長島町	／		／		／		／
	32	海山町	／		／				／
	33	尾鷲市旧市街	△	／					／△
	34	尾鷲市九鬼	／	／					／△
	35	熊野市飛鳥町	Y	／		Y			／
	36	御浜町	Y	Y			Y		G
	37	紀宝町	▲	Y			M	△	
	38	紀和町		／				Y	
	39	鵜殿村1	Y						／
	40	鵜殿村2		／			Y		／
	41	鵜殿村3	▲						
和歌山県	42	新宮市1		▲					
	43	新宮市2		／			／		
	44	新宮市3	／			／			
	45	那智勝浦町	G	／		／			
	46	太地町	／	／		△		Y	
	47	古座町	⊗	／					
	48	串本町1			／				
	49	串本町2	／	／					
	50	串本町3		／	／				
	51	すさみ町	／	／					△／
	52	上富田町1	▲◎						
	53	上富田町2	▲				／	／	
	54	上富田町3		／					
	55	田辺市	／	／					

凡例　／ ヨソウ　Y ヨソル　△ モル　T ツケル　M モソル
　　　▲ イレル　G ツグ　◎ ソエル　⊗ スクー　＾ クム

グ」は、四国・九州地方で多く使用される語形である。なお、大阪では「モル」「ヨソウ」に対して、「ツグは上品な言い方である」との指摘がある。

　上記の全国分布で確認された「モル・ヨソウ・ヨソル・ツケル・ツグ」に特に焦点を当てて、名古屋市―田辺市間のグロットグラムにおける特徴を考察してみよう。表5でまず、目を引く点は、気づきにくい方言形[4]と想定される「ツケル」（T）である。名古屋市東区（地点番号1）から松阪市駅部田（地点番号20）にかけて、全世代的に回答されており、前出の平山（1993）では、報告がなかった三重県においても、北勢・中勢地域に「ツケル」（T）の回答を確認できる。つまり、1.1の「ツル」（運ぶ）と同様に、「ツケル」（盛る）も三重[5]・岐阜・愛知の3県で地理的に連続して、使用されているということである。つぎに、「ヨソウ」（／）の使用については、名古屋市東区から田辺市までの全調査地域で広く確認されるが、それの併用回答か単独回答かのあり方においては地域差を指摘できる。つまり、名古屋市東区（地点番号1）から河芸町（地点番号14）までの地域は、「ヨソウ」（／）と「ツケル」（T）或いは「モル」（△）との併用回答で確認されるパターンが多数派であるのに対し、津市白塚（地点番号15）から田辺市（地点番号55）までの地域は「ヨソウ」（／）単独での回答が全世代的に多数派を占めている点である。

　また、「モル」（△）については、名古屋市東区から三雲町（地点番号18）まで若年層を中心に使用されているのに対して、松阪市旧市街（地点番号19）から尾鷲市九鬼（地点番号34）にかけては、比較的世代を問わず、使用されている（表5）。さらには、「イレル」の回答が紀勢町（地点番号30）から御浜町（地点番号36）までの地域を除く三重県・和歌山県全域の若年層を中心に確認される。

　ここでの注目点は、表5で「ヨソル」（Y）の回答が、中勢地域（津市白塚～御薗村）で5名確認される点と、そこから遠く離れた熊野地域（熊野市飛鳥町～太地町）で10名確認される点である。その理由は、両地域の共通点として、特徴の異なる言語使用域の接触地帯に相当している点を挙げられよう。すなわち、上述したとおり、「ヨソル」の使用域の一方である中勢地域（津市白塚～御薗村）は、「ツケル」の使用地域（名古屋市～

表6　名古屋市から田辺市間における「盛る」の改まった時の言い方（年代別）

		世代 地点	10代	20代	30代	40代	50代	60代	70代～
愛知県	1	名古屋市東区	T	/			△/		
	2	名古屋市中村区	/	/		/		T	
	3	佐屋町	T	/			T	△	
	4	蟹江町	T	/T		G			T
	5	弥富町	/	T	△				
三重県	6	長島町北部	/		T				/
	7	長島町南部	Φ	T T	/				T
	8	桑名市旧市街	/△	△	/	T			
	9	朝日町	/	/	/			T	
	10	川越町	G	/		▲			/
	11	四日市市富田		T △	T				
	12	四日市市旧市街	G	/	△			T	
	13	鈴鹿市	/△	▲		T			T /
	14	河芸町		▲	T				T
	15	津市白塚	/	Y		T			
	16	津市柳山	▲	/△	▲	/			
	17	香良洲町	/	△	/				/△
	18	三雲町				/	/		T
	19	松坂市旧市街	▲	/			T		T
	20	松坂市駅部田					T		/
	21	明和町	/						△
	22	小俣町	/		/△				
	23	御薗村	△	▲					
	24	伊勢市					△	▲	
	25	鳥羽市坂手町		/	△			/	
	26	磯部町		/	/				△
	27	浜島町		△			G		
	28	南勢町	▲		/	/			
	29	南島町	/						/
	30	紀勢町	/	n		△	/		
	31	紀伊長島町	△	/			/	△	
	32	海山町	/		△				/
	33	尾鷲市旧市街	△	/		△			/
	34	尾鷲市九鬼	/	/	/				
	35	熊野市飛鳥町	Y						/
	36	御浜町		▲	Y		Y		▲
	37	紀宝町	▲		Y		M	Y	
	38	紀和町		/				▲Y	
	39	鵜殿村1	Y						/
	40	鵜殿村2					△		/
	41	鵜殿村3	▲						/
和歌山県	42	新宮市1		△					
	43	新宮市2							/
	44	新宮市3		/					/
	45	那智勝浦町	▲	/					
	46	太地町	▲			▲		Y	
	47	古座町	/						
	48	串本町1				/			/
	49	串本町2		/					
	50	串本町3			/				
	51	すさみ町	▲/			/			△
	52	上富田町1							
	53	上富田町2	▲				▲	△	
	54	上富田町3	/						
	55	田辺市	▲	/	Φ				

凡例　　　/　ヨソウ　　　Y　ヨソル　　　△　モル　　　M　モソル　　　T　ツケル
　　　　　▲　イレル　　　G　ツグ　　　Φ　モリツケル　　n　無回答

河芸町）と「ヨソウ」の単独使用地域（津市白塚～田辺市）との接触地帯である。他方の熊野地域は、「ヨソウ」の単独使用地域（津市白塚～尾鷲市）と「モル」の使用地域（松阪市旧市街から尾鷲市）或いは、「イレル」（紀宝町以南）の使用地域との接触地帯である。

　以上をまとめると以下のように示すことが可能である。

　中勢地域（津市白塚～御薗村）のヨソル＝ヨソ<u>ウ</u>×ツケ<u>ル</u>（或いはモ<u>ル</u>）

　熊野地域（熊野市飛鳥町～太地町）のヨソル＝ヨソ<u>ウ</u>×イレ<u>ル</u>（或いはモ<u>ル</u>）

　いずれの地域も、下線部を含む複数の形式が、接触することで生まれた混交形であるといえよう。

　中国・九州地方に使用が多い「ツグ」（G）が、表5、表6で点々とではあるが確認される点も興味深い（表5の川越町10代・四日市市旧市街10、20代・御浜町70代、表6の蟹江町40代）。

2.2.「盛る」の改まった時の言い方

　質問：ご飯を茶碗にどうする（よそう動作を見せる）といいますか？

　先の表5と表6とをそれぞれ対照し、以下の注目点2点について、考えてみよう。まず、1点目の注目点は以下のとおりである。表5の普段の場面で、同じ混交形「ヨソル」（Y）を使用する人が、中勢地域（津市白塚～御薗村）で5名、熊野地域（熊野市飛鳥町～太地町）で10名確認できる。一方、表6の改まった場面では、中勢地域の5名中4名が「ヨソル」以外の語形（「ヨソウ」「ツケル」「モル」）に切り替えているのに対して、熊野地域の10名中8名が表5と同様「ヨソル」を回答し、切り替えておらず、両地域で全く対照的な状況を確認できる。

　その理由については、次のように考える。つまり、「中勢地域の人の方

が標準語に近い名古屋方面の人たちと直接的に接触する機会が多く、熊野地域の人たちより標準語意識がより強い」ためではないだろうか。そのため、中勢地域の人の方が表5の普段の方言形「ヨソル」を場面が改まった表6ではより積極的に「ヨソル」以外の標準語形に切り替えるのに対して、熊野地域の人たちは、名古屋方面の人たちとの直接的な接触の少なさから、「ヨソル」を標準語形であると意識して、普段の表5の場面でも、改まった表6の場面でも切り替えず「ヨソル」を使用するものと考えられる。

次に、2点目の注目点は以下のとおりである。一連の図から確認できる混交形としては、2.1節の「ヨソル」に加えて、表6の紀宝町（地点番号37）の50代に回答を確認できる「モソル」（M）も挙げられる。混交形の「モソル」は、次のように生成されたものと考えたい。

$$\text{紀宝町の50代における「モソル」} = \text{モル} \times \text{ヨソル}$$

ここで、「ヨソル」も「モソル」も混交形であるのに、なぜ「ヨソル」の方が「モソル」よりも使用範囲が非常に広いのか、という疑問がわく。その理由については、次のように考える。

$$\text{yosoru} \rightarrow \text{mosoru}$$

つまり、より標準語的に感じられる「ヨソウ」[yosou]に比較して「ヨソル」[yosoru]は、下線部の「子音[r]の単音のみ」を挿入している、と指摘できる。対して、より標準語的に感じられる「モル」[moru]に比較して「モソル」[mosoru]は、下線部の「子音＋母音の2音[so]」、すなわち1音節を挿入していると指摘できる。言い換えると、「ヨソル」の方が、「モソル」よりも母音1音分だけ標準語形に近く感じられるといえよう。現在の方言形の変化の大勢は、方言的な特徴からより方言的な特徴が目立たない特徴への変化が全国的に一般的である。パッと耳にして、方言形とわかる語形は、どんどん姿を消して、標準語形か、標準語形の何らかの影響を受けている語形に姿を変えている（余・ロート製薬）。同じ混

交形であるにも関わらず、使用範囲が「yosoru＞mosoru」となっている原因は、正にこの伝統的な方言形の変化の方向性を背景として、「モソル」より「ヨソル」の方がより標準語的に捉えられる点を挙げられる。

3．「小さい」の普段の言い方

> 質問：二つの箱を比べて（小さい方をさし）こちらの方が（大きい方をさし）こちらよりもどうだと言いますか。（小さい）

　図1の全国分布の回答からは、兵庫を境に大きく東の「チーサイ」系と西の「コマイ」系に分かれていることが確認できる。そして、「小さい」を意味する「ホソイ」の回答が、山陰地方・高知・北九州に確認できる点は興味深い。この1点目の注目点は次節の「細かい」で詳細に検討する。

　この全国的状況を踏まえ、鳥羽市から田辺市間における「小さい」の普段の言い方は、表7のグロットグラムに示されている。ここでの注目点は、2点ある。1点目は鳥羽市坂手町（地点番号1）の60代と浜島町（地点番号3）の70代における「小さい」を意味する「コマカイ」（|）の回答である。2点目は、紀伊長島町（地点番号7）の50代の「小さい」を意味する「チッサイ」（◆）の回答と海山町（地点番号8）の70代の「小さい」を意味する「チッチャイ」（◇）と「コマカイ」（|）の併用回答である。なお、この注目点2点目も先の全国分布の注目点同様、次節の「細かい」の回答状況と照らし合わせて検討する。

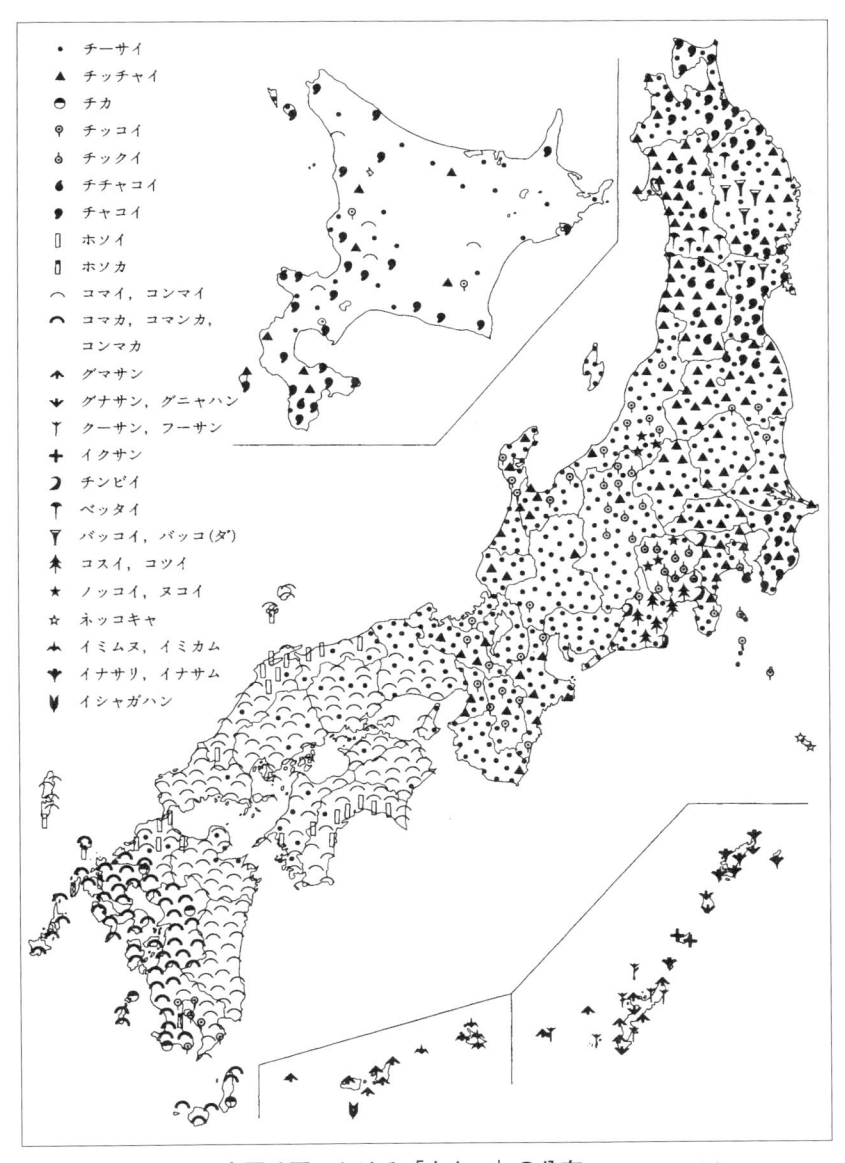

名古屋市―田辺市間における「運ぶ」「盛る」「小さい」「細かい」の分布　229

記号	語形
・	チーサイ
▲	チッチャイ
◓	チカ
⚲	チッコイ
◍	チックイ
◉	チチャコイ
◗	チャコイ
▯	ホソイ
▮	ホソカ
⌒	コマイ, コンマイ
⌢	コマカ, コマンカ, コンマカ
↑	グマサン
↓	グナサン, グニャハン
Ｔ	クーサン, フーサン
＋	イクサン
⌓	チンピイ
⊤	ベッタイ
⊻	バッコイ, バッコ(ダ)
⁂	コスイ, コツイ
★	ノッコイ, ヌコイ
☆	ネッコキャ
⋏	イミムヌ, イミカム
⊥	イナサリ, イナサム
⋎	イシャガハン

図1　日本語地図における「小さい」の分布（佐藤2002より）

表7　鳥羽市から田辺市間における「小さい」の普段の言い方 (年代別)

		地点＼世代	10代	20代	30代	40代	50代	60代	70代～
三重県	1	鳥羽市坂手町	○	◆			○	|	
	2	磯部町	○	○			○		◇
	3	浜島町	○				◇		|
	4	南勢町	○		○	◇			◇
	5	南島町	◆				○○		◆
	6	紀勢町	○	◇			◇		○
	7	紀伊長島町	◇		◆		◆	○	
	8	海山町	⬥		◇◆		⬥		◇|
	9	尾鷲市旧市街	◆	○		◆			
	10	尾鷲市九鬼	○	◇		○			○
	11	熊野市飛鳥町	◆	⬥			○		○
	12	御浜町		○	○		○		○
	13	紀宝町	○		⬥		○	◎	
	14	紀和町		○				○	
	15	鵜殿村1	○						
	16	鵜殿村2			◇		○		○
	17	鵜殿村3							
和歌山県	18	新宮市1	○						◆
	19	新宮市2		◇		○			
	20	新宮市3	○						○
	21	那智勝浦町		○	◇		◆		◎◆
	22	太地町	◇	○		◆		◆	
	23	古座町	◆				◆		⬥
	24	串本町1			◆				
	25	串本町2		○					◇
	26	串本町3			○				
	27	すさみ町	○			○			○
	28	上富田町1	○						
	29	上富田町2		○			○	○	
	30	上富田町3	◎						
	31	田辺市	○	○	○		○		

凡例　○ チーサイ　◎ チサイ　◇ チッチャイ　◆ チッサイ　⬥ チッコイ　◆ チッカイ　\| コマカイ

4.「細かい」の普段の言い方

質問：二つのふるいがあります。網の目を比べて（細かい方をさし）こちらの目は（粗い方をさし）こちらの目よりもどうだと言いますか。（細かい）

「細かい」の普段の言い方における全国分布（図2）は、いわゆるＡＢＡ型の周圏分布（コマイーコマカイーコマイ）をなしている（国立国語研究所編1966、徳川1991）。すなわち、ＡＢＡ型のＢ地域にあたる北は新潟・福島の中部以南から西は兵庫までの「コマカイ」の回答地域を挟み込む形

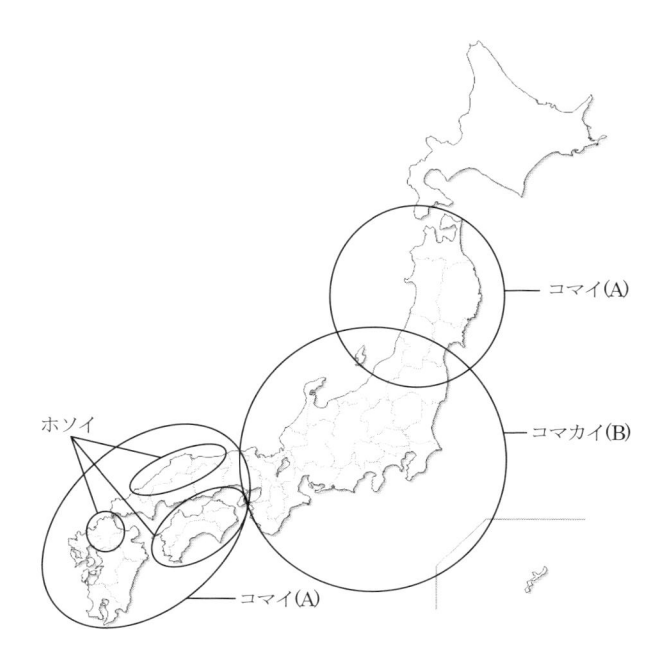

図2　日本言語地図における「細かい」の主要分布図
（国立国語研究所編1966に基づき筆者が作成）

で、両側のA地域にあたる青森から新潟・福島の中部までと兵庫以西、九州までの「コマイ」の回答地域とを確認できる[6]。

　周圏論的には、地理的中心部のＡＢＡ型のＢ地域に確認される「コマカイ」よりもその周辺のＡ地域に確認される「コマイ」の方が、より伝統的な語形であるといえよう。そして、山陰地方と四国、北九州の一部の地域に「細かい」を意味する「ホソイ」の回答が確認される（図２）。つまり、これらの３地域は、３節で確認した「小さい」と「細かい」の両方の意味を「ホソイ」という語形で表し得、この両意味が統合されている地域である。この点に注目し、さらに上記の「小さい」と「細かい」の意味の統合されている特徴に「細い」も加えた３者間における意味の統合状況、分化状況のパターンをまとめたものが図３である（徳川1991）。

　この図３は、大きく東西分布（ＡＢ型）を示している。青森から兵庫の中部地域辺りまでの「小さい」「細かい」「細い」の３者の意味が分化している地域（Ａ）と兵庫中部以西の「小さい」「細かい」「細い」の３者或いは、いずれか２者の意味が統合されている地域（Ｂ）とに大別できる。図３からは、Ａ地域とＢ地域とにおける新古関係をすぐには判断し難い。しかし、図２の「細かい」の主要分布図からは、周圏論的に「コマカイ」より「コマイ」の方が、より伝統的な語形であることを上記で確認した。

　また、言語習得の特に語彙や意味面では、「統合状態から分化状態への移行」が一般的であると考えられる。この図２の周圏論的な観点と言語習得一般の観点両者に基づき、図３において、中国・四国・九州地方に確認される「小さい・細い・細かい」の３つの意味が「コマイ」一語で言い表される統合状態が、最も伝統的な状態で、周圏論的にかつては、京都・大阪の関西中心部でもこの状態が存在していたものと想定できる。つまり図３からは、かつての関西中央部における３つの語彙（小さい・細い・細かい）の意味が統合されていた状態から、その周辺地域の中国・四国地方や新潟、長野南部から静岡に確認される「小さい・細い・細かい」の内のいずれか２つの意味領域に分化した状態の○系（（コマイ（小さい・細かい）／ホソイ（細い））や△系（チーサイ（小さい、細かい）／ホソイ（細い））に推移したものと想定し得る。そして、最終的に現在の共通語の用法でも

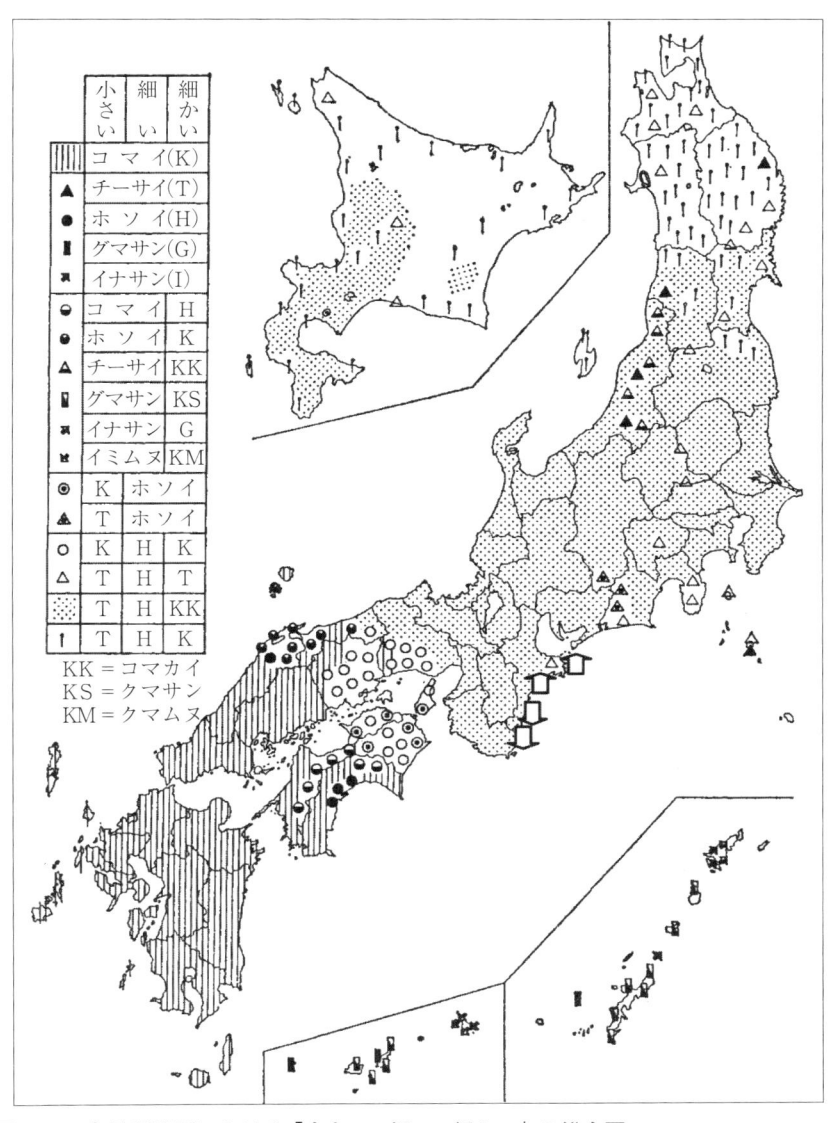

名古屋市―田辺市間における「運ぶ」「盛る」「小さい」「細かい」の分布　233

図3　日本言語地図における「小さい・細い・細かい」の総合図 (徳川1991　表題等改変)
★図3の追加の凡例 (2002年調査で確認された回答):「小さい」「細かい」を共に「細かい」(介)
　　　　　　　　　　　　　　　　　　　　　　　「小さい」「細かい」を共に「小さい」系 (⇩)

ある図3の北海道・東北地方から近畿地方まで確認される「小さい」/「細い」/「細かい」の3つの意味が分化した状態に至ったものと考える。

　ここで、表8の鳥羽市―田辺市間における「細かい」の普段の言い方を確認してみよう。注目点の1点目は、表7の「小さい」の普段の回答とも対応した鳥羽市坂手町の60代と浜島町の70代である。つまり、この2名は、「小さい・細かい」の意味を「コマカイ」の一語で言い表せるということである。図3では、上矢印（⇧）で示した地点が対応するが、このかつての日本言語地図では、名古屋から田辺までの紀伊半島の沿岸には、このパターンの回答は確認されていない。上述の点からは、日本言語地図調査（図3）では確認されなかったものの、この時点で恐らく、徳島や高知との紀伊水道繋がりで、「小さい・細かい」を「コマカイ」の一語で言い表せる回答パターンが存在していたことが示唆されよう。

　一方、表8の注目点の2点目は、表7とも対応した紀伊長島町の50代と海山町の70代である。つまり、この2名は、「細かい・小さい」の意味を「チイサイ」系の「チッサイ」（◆）か「チッチャイ」（◇）の一語で言い表せるということである。図3では、下矢印（⇩）で示した地点が対応するが、このかつての日本言語地図でも、鳥羽に確認され、その他静岡や宮城から岩手、青森、秋田までの太平洋、日本海の沿岸部に点在している（図3の△）。周圏論的には恐らく、かつては関西中央部で使用されていた「細かい・小さい」を「チイサイ」の一語で言い表す言い方が、海岸沿いの海のルートで伝播していったものと考えたい。

　この上記の注目点2点は、また、つぎのことを示唆しているものともいえるだろう。つまり、日本言語地図（図1、2、3）の調査が、全国2400箇所の高年層男性1名（60歳以上）におけるより大局的な言語地理学的動態を明らかにすることを目的とした。それに対してグロットグラム調査（表7、8他）は、より調査地点間を狭め、各地点4世代における言語使用の動態を捉えることを目指した。今回、上述した日本言語地図（図1、2、3）の調査で、「細かい・小さい」の両意味を「コマカイ」或いは「チイサイ」1語で統合的に言い表せる地域として確認された地点（鳥羽市鳥羽町）以外の地点（浜島町・紀伊長島町・海山町）で、グロットグラム調査

表8 鳥羽市から田辺市間における「細かい」の普段の言い方 (年代別)

		地点 \ 世代	10代	20代	30代	40代	50代	60代	70代〜
三重県	1	鳥羽市坂手町		回			|	|	
	2	磯部町	|	|			|		|
	3	浜島町	|				|		|
	4	南勢町	|		|	|			|
	5	南島町	ⁿ					|	|
	6	紀勢町	|	|			|		○
	7	紀伊長島町	|	|			◆	|	
	8	海山町	|		|		|		◇
	9	尾鷲市旧市街	|	|		|			|
	10	尾鷲市九鬼	|	|		|			田
	11	熊野市飛鳥町	|	|		|			|
	12	御浜町	○	|			|		|
	13	紀宝町	|		|		|	|	
	14	紀和町		|				|	
	15	鵜殿村1	|						
	16	鵜殿村2			|		|		■
	17	鵜殿村3	|						
和歌山県	18	新宮市1	|						|
	19	新宮市2		|		|			
	20	新宮市3	|					|	
	21	那智勝浦町		|		|			<u>N</u>
	22	太地町	|	|		|		|	
	23	古座町	|	▫		■		|■	
	24	串本町1			|				
	25	串本町2		|					|
	26	串本町3			|				
	27	すさみ町	|	|		|			|
	28	上富田町1	|						
	29	上富田町2	|	|			|	○	
	30	上富田町3	|						
	31	田辺市	|	|	|			|	

凡例　　| コマカイ　　■ コマイ　　田 コマコイ　　▫ コンマイ
　　　　回 コンマカイ　　○ チーサイ　　◇ チッチャイ　　◆ チッサイ
　　　　<u>N</u> ニコイ　　ⁿ NR

によってこの統合的な使用状況が確認された点からは、正に日本言語地図調査とグロットグラム調査の両調査法が、互いの短所（前者の調査地点の大まかさに対する後者のより広い地域の全体像の捉えにくさ）を補い合う相互補完的な関係にあるものと捉えられよう。

　さらに、以下では表8のグロットグラムで、那智勝浦町の70代が回答した「細かい」を意味するニコイ（N）に焦点をあて、その語源と派生プロセスについて考えてみよう。まず、図4の日本言語地図からは、「ニコイ」の回答が、全国で那智勝浦町とその周辺の地域にのみ確認できることがわかる。角川日本地名大辞典によると、「ニコイ」の語源と想定し得る微粒砂を意味する「ニコ砂」の滋賀における使用は、少なくとも15世紀半ば頃にさかのぼることが示唆されている。また、中井（2003）によると、奈良の北部地域では、道端に立つ白い土ぼこりのことを「ニコボコリ」というとの指摘がある。さらに、日本国語大辞典では、奈良県の中・北部地域や

図4　日本言語地図の「細かい」における「ニコイ」系の分布
（国立国語研究所編1966に基づき筆者が作成）

滋賀県、愛知県の知多半島での「細かい砂」を意味する「ニコ」の使用の指摘に加え、高知県における「蜂蜜の子」を意味する「ニコ」の使用も指摘している。そして、三重県内の使用状況については、江畑（1995）で、中・北勢や伊賀地方における「ニコ砂」の使用を確認できる。つまり、四国から関西、東海、すなわち高知県から奈良、滋賀、三重、和歌山、愛知にかけて、「細かいもの」或いは「小さいもの」を意味する名詞「ニコ」の使用地域が確認されるわけである。

ここで図4の形容詞「ニコイ」系の語形の新旧関係を周圏論的に捉えると次のⒶのように想定できよう。

Ⓐ チャコイ（chakoi）→ チコイ（chikoi）→ ニコイ（nikoi）

つまり、図4で青森と岩手北部、宮城全域の地理的に本州の周辺地域に確認される「チャコイ（chakoi）」が最も伝統的で、その地理的に内側の新潟県の一部や鹿児島県の一部、静岡県南部と伊豆諸島に確認されるチコイ（chikoi）が「チャコイ（chakoi）」から派生し、さらに地理的に内側の那智勝浦町とその周辺の地域にのみに確認できる「ニコイ（nikoi）」が「チコイ（chikoi）」から派生した最も新しい語形と考えられよう。そして、上述した破線部の「細かいもの」或いは「小さいもの」を意味する名詞「ニコ」の使用地域に形容詞「チコイ（chikoi）」が、伝播してきた際に、品詞は異なるが、意味的には同じ名詞「ニコ」に引かれて、「ニコイ（nikoi）」が派生したものと考える。以上の「チコイ（chikoi）」から「ニコイ（nikoi）」が派生したプロセスには、一種の類音牽引[7]による力が働いたものとも考えられよう（下図参照）。

「細かいもの」を意味する名詞「ニコ」に対する類音牽引
↓
Ⓐ チャコイ（chakoi）→ チコイ（chikoi）→ ニコイ（nikoi）

図5　形容詞「ニコイ」の派生プロセス

注
1) 清水（2003）に「運ぶ」の意味の「サゲル」は、広島県、「カク」は香川県で多く使用されるとの指摘がある。
2) 標準語形の「ツル」の場合、基本的に1人で持ち上げたり、持ち上げて運んだりすることを表し、2人以上での同じ行為を指して、語彙的に1語で言い表せない。それに対して、方言形の「ツル」は、標準語形と同様に1人で持ち上げたり、持ち上げて運んだりすることも1語で表現できるし、2人以上での同じ行為を指しても語彙的に1語で言い表せる。なお、高年層の「ツル」の用法は、「2人以上で持ち上げて運ぶことに使えるのに対して、1人で持ち上げて運ぶこと」には使用できないが、若年層になるにつれ、「2人以上でも1人でも使用できる」というような意味範囲の拡張が確認される。
3) 周圏論的に考えると、かつて政治経済の中心地であった関西中央部で確認される言語的特徴の方が新しく、確認される言語的特徴が、地理的にそこから離れていればいるほど、伝統的な古態を残存させている、と想定し得る。4節の「細かい」の全国分布（図2）は、ＡＢＡ（コマイ―コマカイ―コマイ）型の周圏分布の典型例といえる。
4) 2) の解説を参照。
5) 江畑（1995）によると、熊野市周辺の南牟婁郡で飯を「盛る」の意味で、「ツケル」を使用するとの報告がある。
6) 3) の解説を参照。
7) 「なめくじ」を意味する「ナメクジリ」から意味は異なるが語形が似た「クジラ」に引かれ「ナメクジラ」が生まれた、というような現象を類音牽引と呼ぶ（佐藤2002）。

〔参考文献〕
青山 崇（2005）「地名シリーズ　猫田―追加」民報藤島第504号
江畑哲夫（1995）『三重県方言民俗語集覧』　私家版
岸江信介他編（2001）『名古屋―伊勢間グロットグラム集』徳島大学総合科学部
国立国語研究所編（1966）『日本言語地図　第1集』国立国語研究所
佐藤亮一監修（2002）『お国ことばを知る　方言の地図帳』小学館
真田信治（2002）『方言の日本地図　ことばの旅』講談社＋α新書
真田信治・友定賢治編（2007）『地方別方言語源辞典』東京堂出版

清水義範（2003）『大名古屋語辞典』学習研究社
徳川宗賢編（1991）『日本の方言地図』中公新書
中井精一（2003）『日本のことばシリーズ29　奈良県のことば』明治書院
丹羽一彌（2000）『日本のことばシリーズ24　三重県のことば』明治書院
平山輝男他編（1993）『現代日本語方言大辞典』明治書院
前田富祺・前田紀代子（1983）『幼児の語彙発達の研究』武蔵野書院
山田敏弘編（2008）『ぎふ・ことばの研究ノート』第 7 集　岐阜大学教育学部国語教育講座
余　健・ロート製薬「ものもらい Map（全国 1 万件の回答に基づく分布の解説）」http://www.rohto.co.jp/mono/
Craft MAP ホームページ（http://www.craftmap.box-i.net/）

紀伊半島沿岸に見られる語彙
―「とげ（木片）」「とげ（棘）」「瀬戸物」「土竜」「松かさ」「蛞蝓」―

村 田 真 実

1. はじめに

　本稿では、紀伊半島沿岸における語彙について述べる。本稿で取り扱う語は、「とげ（木片）」「とげ（棘）」「瀬戸物」「土竜」「松かさ」「蛞蝓」の6語である。「とげ（木片）」と「とげ（棘）」は関連性のある語なので、両者の使われ方の違いについて考えたい。残りの4語については、個別事象として捉え、解説していく。

2.「とげ（木片）」と「とげ（棘）」

　共通語では、木片などからささくれ立って細くとがったものも、薔薇の花の茎から差し出たものも、「トゲ」という。共通語において同じ語形をとる「とげ（木片）」と「とげ（棘）」であるが、方言によっては様々な語形のバリエーションを見せる。ここでは方言における両者の語形と分布を整理してみたい。

2.1.「とげ（木片）」

　まず、木片などからささくれ立って細くとがったものの方の「とげ（木片）」について述べる。「とげ」については、『方言の地図帳』（佐藤・2002）で、形容詞「利し」或いは動詞「研ぐ」「尖る」の語幹と同源と考えられている。鋭利なものを彷彿とさせる音として「ト（し）」「ト（ぐ）」

「ト（がる）」「ト（げ）」というのがあったのだろう。

　次に、「とげ（木片）」の全国分布を確認してみる。図1をご覧頂きたい。北から見ていくと、岩手県に「ソッピ・サッピ」という特殊な語形が見られる。また、秋田県南部から山形県、宮城県にかけて、「ササクレ・ソソクレ」が見られる。「ササクレ」は「ささくれる」（竹や木などの先端や表面が、細かく裂けること）という動詞の連用形が名詞化したもの（転成名詞という）であろう。「ソソクレ」はその音変化形であると考えられる。南に下ると、茨城県・千葉県にも特殊な語形が見られることが分かる。茨城県・千葉県では「トゲ（木片）」のことを「ソーヒ・ソーシ」という。長野県以東のそれ以外の地域では、「トゲ」という言い方が一般的である。これは共通語と同じということになる。

　近畿地方を中心に西日本には「ソゲ」が分布している。「トゲ」と「ソゲ」は同源の音変化形であると考えられるが、どちらが古いかは分からない。上記の『方言の地図帳』の解説から考えると、形容詞或いは動詞から「トゲ」が発生し、「ソゲ」に音変化したと考えるのが妥当であろうか。四国・九州周辺では「クイ」という語形も一般的であるようだ。さて、当該地域である紀伊半島沿岸を見てみると、三重県と和歌山県西部沿岸部に「モノ」が広がっていることが分かる。「モノ」は全国的に見てもこの地域でしか聞かれないようである。紀伊半島先端には「サクバ（リ）」が分布している。「サクバ（リ）」は奈良県でも聞かれるが、全国的に見て近畿南部の独特の表現であり、他地域では聞かれない。

　続いて、「とげ（木片）」のグロットグラム（表1）を見ていこう。三重県鳥羽市坂手町から海山町の40代～70代に「モノ」という言い方が広まっている。鳥羽市坂手町だけ見れば、10代～20代の話者からも「モノ」が回答されている。「モノ」は紀伊半島沿岸北部の70代に使用者が多く、世代が下るにつれて「モノ」はその勢力を減退させているようである。グロットグラムには斜めの線（グロットグラム表1内）を引くことが出来、「モノ」には世代差と地域差が見られることが分かる。

　三重県では共通語形の「トゲ」も様々な世代で使われるが、和歌山県では「トゲ」は使われない。代わりに特徴的な語形として「シャクバリ」と

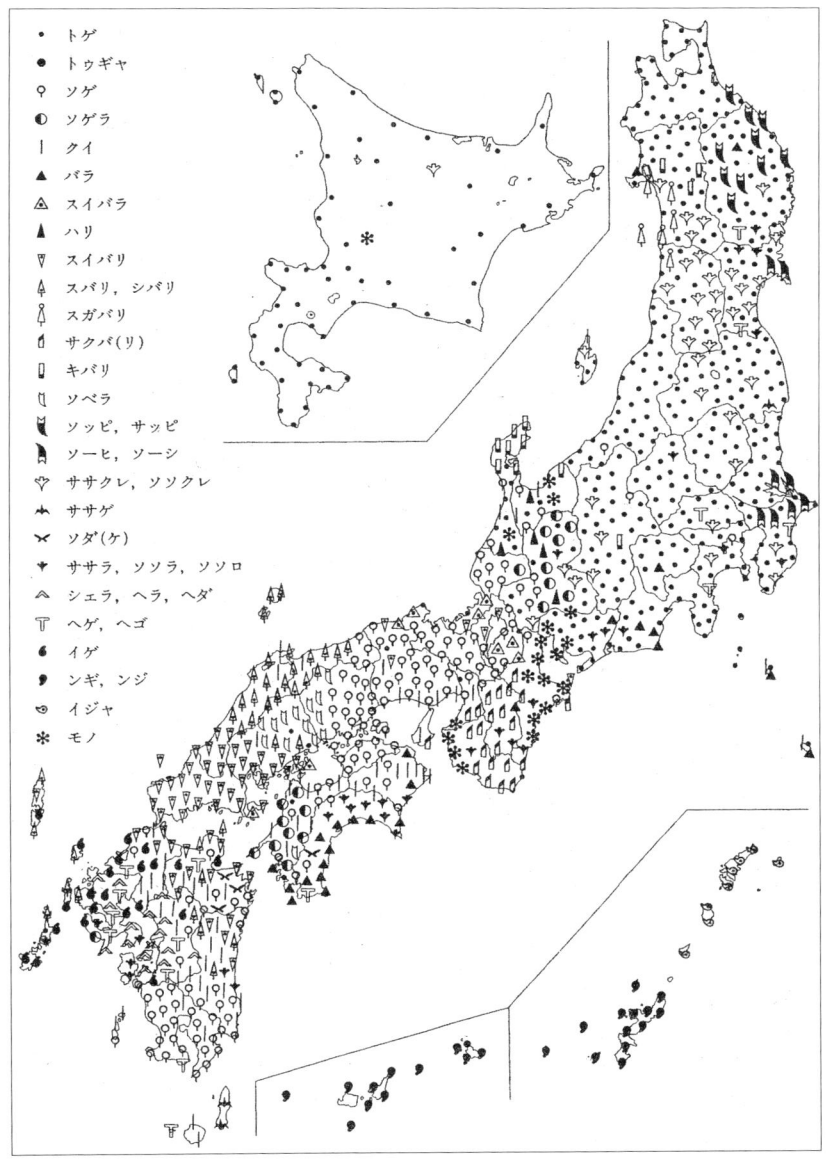

- ・ トゲ
- ● トゥギャ
- ○ ソゲ
- ◐ ソゲラ
- | クイ
- ▲ バラ
- △ スイバラ
- ▲ ハリ
- ▽ スイバリ
- ▲ スバリ，シバリ
- ◢ スガバリ
- ◪ サクバ（リ）
- ▯ キバリ
- ⊔ ソベラ
- ▼ ソッピ，サッピ
- ▶ ソーヒ，ソーシ
- ⚲ ササクレ，ソソクレ
- ⌇ ササゲ
- ✕ ソダ（ケ）
- ✚ ササラ，ソソラ，ソソロ
- △ シェラ，ヘラ，ヘダ
- ⊤ ヘゲ，ヘゴ
- ♠ イゲ
- ♦ ンギ，ンジ
- ◉ イジャ
- ＊ モノ

図1　「とげ（木片）」の全国分布（佐藤・2002）

244

表1 《とげ（木片）》

項目名：【とげ（木片）】

質　問：＜絵＞竹を割っているときや、よく削っていない板をこすったときなどに何か手に刺さることがあります。何と言いますか。（とげ）

「モノ」の使用地域・世代

		世代 地点	10代	20代	30代	40代	50代	60代	70代～
三重県	1	鳥羽市坂手町	△	△			△	L	
	2	磯部町	♂	ΥΔ			L		△
	3	浜島町					▲		▲
	4	南勢町	L		Υ	△			LΔ
	5	南島町	L					L	L
	6	紀勢町	N	N		△			△
	7	紀伊長島町	L	／			△	△	
	8	海山町	L		L		≋		ΥΔ
	9	尾鷲市旧市街	⊠	⊠		L		L	
	10	尾鷲市九鬼	L	Υ		⊠			Δ✧
	11	熊野市飛鳥町	L	Υ		≋			≋
	12	御浜町	□	L			L		L
	13	紀宝町	⊠	⊠			L	⊠□	
	14	紀和町		□				□	
	15	鵜殿村1	Υ						
	16	鵜殿村2		⊠			L		⊞
	17	鵜殿村3	Υ						
和歌山県	18	新宮市1	❖						⊠
	19	新宮市2		⊠		□			
	20	新宮市3	□						⊡
	21	那智勝浦町	⊠	⊠		⊠			⊠
	22	太地町	⊠	⊠		⊠		⊠	
	23	古座町	⊡	⊠		□Υ		⊠Υ	
	24	串本町1		⊠					
	25	串本町2		L					⊠
	26	串本町3			⊠				
	27	すさみ町	□	◆		□			◆
	28	上富田町1	◆						
	29	上富田町2	◆		◆			ϟ	◆
	30	上富田町3	◆						
	31	田辺市	L◆	◆	◆			ǂ	

凡例　⊠ サカバリ　⊞ サカバレ　□ サクバリ　⊡ サクガリ
　　　⊡ サキバリ　Υ ササクレ　◆ シャクバリ　ϟ シャクジ
　　　L トゲ　ǂ ソゲ　♂ ハリ　△ モノ
　　　≋ ソソラ　Δ タケ　✧ イタノボー
　　　▲ タテモノ（モン）　N NR

いう表現が使われる。特に、すさみ町以南で用いられることが多いようである。音声学的に考えて、「シャクバリ」は「サクバリ」の古い言い方であろう。

更に、三重県と和歌山県の県境付近では「サカバリ」という言い方が盛んに使われているようである。「サクバリ」もしばしば聞かれる。これについては、全国分布にも一致しており、尚、世代差は見られないようである。

2.2.「とげ（棘）」

次に、植物の茎などに生えている「とげ（棘）」について見てみたい。語源については2.1.の「とげ（木片）」と同様と考えられる。

図3は「とげ（棘）」の全国分布である。図2に簡略図を示したので、併せてご覧頂きたい。長野県以東の東日本では「トゲ」という共通語が聞かれる。静岡県・愛知県・山梨県・四国南部で「バラ」が聞かれ、中国地

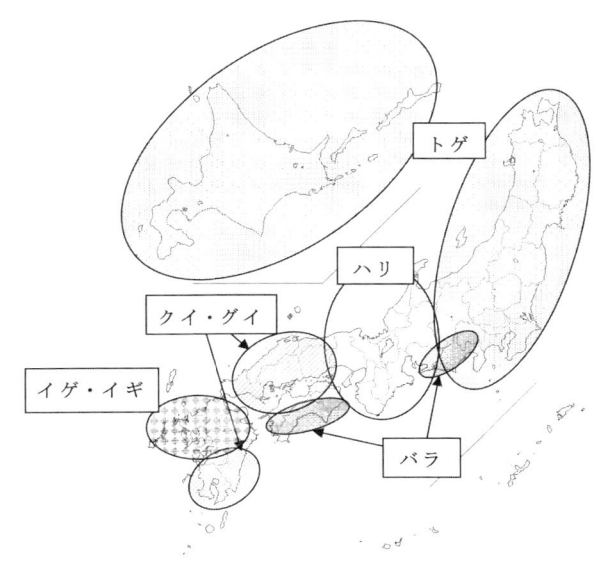

図2 「トゲ（棘）」の略図（作成：村田）

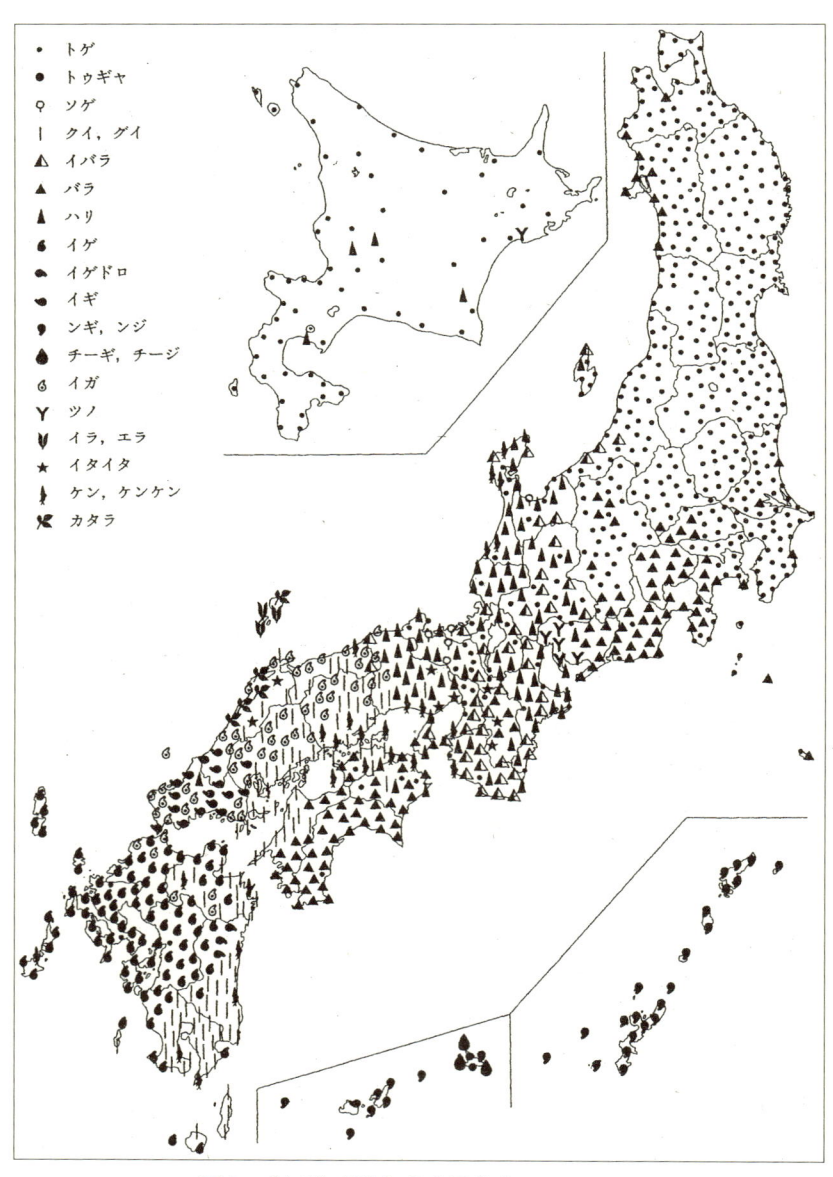

- ・ トゲ
- ● トウギヤ
- ⚲ ソゲ
- ⊢ クイ, グイ
- △ イバラ
- ▲ バラ
- ▶ ハリ
- ⋔ イゲ
- ◖ イゲドロ
- ▸ イギ
- ♦ ンギ, ンジ
- ♠ チーギ, チージ
- ◊ イガ
- Y ツノ
- Ụ イラ, エラ
- ★ イタイタ
- ↯ ケン, ケンケン
- ✄ カタラ

図3 「とげ（棘）」の全国分布 (佐藤・2002)

表2 《とげ（棘）》

項目名：【とげ（棘）】

質問：<絵>バラやサボテンなどの植物に不用意に触ると、手に刺さるものがあります。何と言いますか。（とげ）

		地点	10代	20代	30代	40代	50代	60代	70代～
三重県	1	鳥羽市坂手町	△	∟			∟	∟	
	2	磯部町	Ψ	∟			∟		∟
	3	浜島町	∟				∟		∟
	4	南勢町	∟		∟	∟			∟
	5	南島町	∟					∟	∟
	6	紀勢町	∟	∟		∟			♪
	7	紀伊長島町	∟	∟			∟	∟	
	8	海山町	∟		Ψ		∟		Ψ
	9	尾鷲市旧市街	∟	∟		∟			∟
	10	尾鷲市九鬼	∟	∟		∟			♪
	11	熊野市飛鳥町	∟			∟			∟
	12	御浜町	∟	♪			∟		+
	13	紀宝町	♪	∟			∟	♪|	
	14	紀和町		+				∟	
	15	鵜殿村1	∟						
	16	鵜殿村2							
	17	鵜殿村3	∟						
和歌山県	18	新宮市1	∟						∟
	19	新宮市2		∟					∟
	20	新宮市3	♪						∟
	21	那智勝浦町	∟			∟			∟
	22	太地町	♪	∟		□		∟	
	23	古座町	∟	∟			∟		∟
	24	串本町1			∟				
	25	串本町2		∟					ㅅΨ♪
	26	串本町3			∟				
	27	すさみ町	∟	∟		∟			♪
	28	上富田町1	∟						
	29	上富田町2	∟	∟			∟	∟	
	30	上富田町3	∟						
	31	田辺市	∟	∟	∟			♪	

凡例　∟ トゲ　　ㅅ トンゲ　♪ ハリ　□ サクバリ
　　　Ψ イバラ　△ モノ　　| ノギ

方と北四国、南九州では「クイ」「グイ」が聞かれる。山口県と北九州、熊本県では「イゲ」「イギ」などが聞かれた。近畿地方では「ハリ」が一般的である。

　続いて、「とげ（棘）」のグロットグラムを見ていく。「とげ（木片）」とは異なり、語形のバリエーションが少ない。ほぼ全ての地域、世代で共通語形の「トゲ」が回答された。稀に聞かれたのは「ハリ」だが、使用世代の分布が特殊で、10代・20代と60代・70代〜の両極端に分布している。地域特性は見られず、「ハリ」がどのような過程を経てこのような分布をするようになったかはグロットグラムからは明らかではない。

3．瀬戸物

　「瀬戸物」について述べる。「瀬戸物」とは陶磁器のことで、土を練り固めて焼き上げて作った物のことである。「瀬戸物」は様々な方言形をもって全国に分布している。

　まず、図4の全国分布を見てみよう。「瀬戸物」のバリエーションは他の項目と比べると比較的単純である。近畿以東は主に「セトモノ」系、中国・四国・九州東部・能登半島では「カラツ」系、東部を除く九州全土では「ヤキモノ」系が分布している。図4の中の、紀伊半島沿岸を見てみると、当該地域は「セトモノ」の中に「ヤキモノ」が混ざってあらわれる場所であることが分かる。「セトモノ」や「カラツモノ」は生産地名が方言形として定着したものである。

　『方言の読本』（尚学図書編・1991）によると、土を焼いて作った物であるという意味の素朴な命名から、「ヤキモノ」系が最も古く、「セトモノ」系や「カラツ」系はその後にあらわれたものであると考えられている。また、同書の解説では、「セトモノ」や「カラツモノ」のような生産地名による名称は、江戸末期ないし明治以降にそれぞれの地域で最も普及していた陶器の名前が陶器一般を指すようになったものであることを記している。

　次に、グロットグラム（表3）を見てみよう。三重県側に「セトモノ」「セトモン」が目立ち、和歌山県側に「ヤキモン」が目立つ。県を境にして語

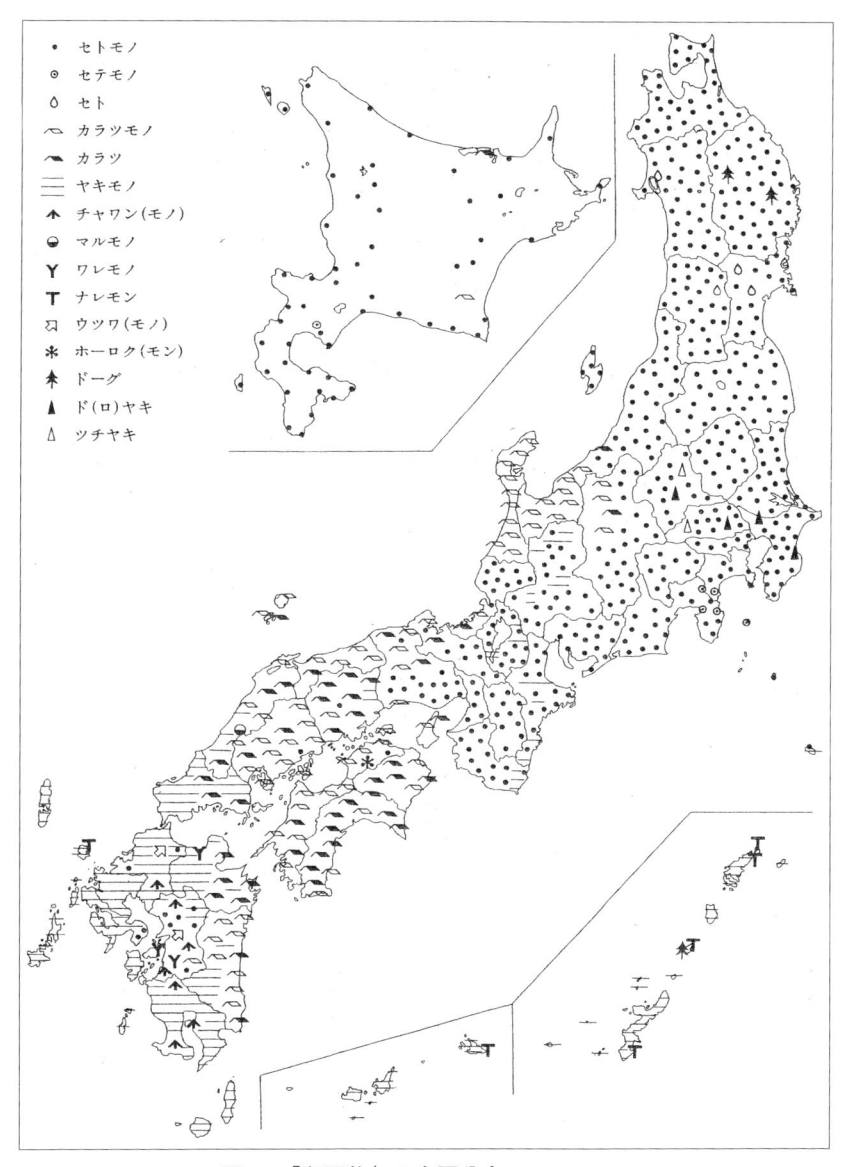

紀伊半島沿岸に見られる語彙 249

- ・ セトモノ
- ◎ セテモノ
- ◊ セト
- ⌢ カラツモノ
- ⌒ カラツ
- ≡ ヤキモノ
- ✦ チャワン(モノ)
- ⊖ マルモノ
- Y ワレモノ
- T ナレモン
- ⋈ ウツワ(モノ)
- ✶ ホーロク(モン)
- ♣ ドーグ
- ▲ ド(ロ)ヤキ
- △ ツチヤキ

図4 「瀬戸物」の全国分布（佐藤・2002）

表3 《瀬戸物》

項目名：【瀬戸物】

質　問：＜絵＞こういう土（どろ）で作ってかまで焼いたもの、いろいろありますが、ひっくるめて何と言いますか。（せともの）

		地点＼世代	10代	20代	30代	40代	50代	60代	70代～
三重県	1	鳥羽市坂手町	I	‖			I	◉	
	2	磯部町	◉∠	◉			∨		◎
	3	浜島町	∨				I		‖
	4	南勢町	◎		∨	◉			‖
	5	南島町	◉					I	∨
	6	紀勢町	◉	◉		I			‖
	7	紀伊長島町	‖	‖			‖		‖
	8	海山町	‖		I		†		I
	9	尾鷲市旧市街	‖☯	‖		I			‖
	10	尾鷲市九鬼	◉	I		‖			‖
	11	熊野市飛鳥町	◉	‖		Υ			‖
	12	御浜町	◉	◉			◉		◉
	13	紀宝町	‖◉	‖			‖	◉	
	14	紀和町		◎◉∨				∨	
	15	鵜殿村1	∨						
	16	鵜殿村2		∨			‖		
	17	鵜殿村3	◉						
和歌山県	18	新宮市1	I						‖
	19	新宮市2		∨		I			
	20	新宮市3	‖						‖
	21	那智勝浦町	‖◉∨	‖		◎∨			◉
	22	太地町	◎	◎		Ψ		‖	
	23	古座町	◉	◎		‖		◎∨	
	24	串本町1			I				
	25	串本町2		∨					‖
	26	串本町3			∨				
	27	すさみ町	◉	◎∨		◉			◉
	28	上富田町1	◎						
	29	上富田町2	◎	◉			◎∨	◎	
	30	上富田町3	I						
	31	田辺市	‖◉	‖	◉		∨		

凡例　　‖　セトモノ　　　I　セトモン　　　†　シェトモノ　　　Ψ　ソトモン
　　　　◉　ヤキモノ　　　◎　ヤキモン　　　☯　シガラキヤキ　　∨　トーキ
　　　　Υ　イモノ　　　　∠　ショッキ

形が異なるようである。当該地域全体としては10代に「ヤキモノ」という共通語形がよく聞かれた。「ヤキモノ」は共通語形である為か地域差は殆どなく、和歌山県の10代で「ヤキモン」とぶつかって「ヤキモノ」が回答されにくいことを除いては、ほぼ全ての10代で「ヤキモノ」ないし「ヤキモン」が使われていることが分かった。つまり、方言形が衰退しているのである。但し、他の世代でも「ヤキモノ」が聞かれないわけではない。70代話者からも聞かれたことから、「ヤキモノ」という語形はこの地域に浸透しているものと考えられる。三重県と和歌山県の境界地帯を見てみると、和歌山県側に「セトモノ」が侵入し、行政的な区画と方言語彙的な区画にズレがあることが分かる。

4．土竜（もぐら）

本項では「もぐら」を取り扱う。「もぐら」は『語源大辞典』によると、土などを高く持ち上げる意のウゴロモチ（墳）から転じた語ではないかと説明されている。『語源大辞典』の「ウゴロモチ」を出発点に語形の変化を考えてみると以下のようになることが推測される。後部要素「モチ」がついているものがより古いと考えられ、変化が進むにつれて後部要素「モチ」が省略されていった。

「ウゴロモチ（墳）」　＞「オゴロモチ」　　＞＞＞　　＞「オゴロ」
　　　　　　　　　　＞「オンゴロモチ」　＞＞＞　　＞「オンゴロ」
　　　　　　　　　　　　　　　　　　　　＞＞＞　　＞「ウンゴロ」
　　　　　　　　　　＞＞＞　　　＞「オングラモチ」

『方言の読本』によると、文献上では中古に現れる「ムグロモチ」「ウグロモチ」「ウゴロモチ」が古いらしい。しかし、図5を見るに、これらは西日本にしか分布していないことから、方言分布上、比較的新しい語であるとも考えられる。『方言の読本』ではそれぞれの語形の新古関係は明らかになっていないが、本稿では上記のような語形変化を考えたい。

図5からは、東西対立分布が見て取れる。東日本には「モ・ム」で始まる語形が、西日本には、最初の音が「オ・ウ・イ」の母音で始まる語形が

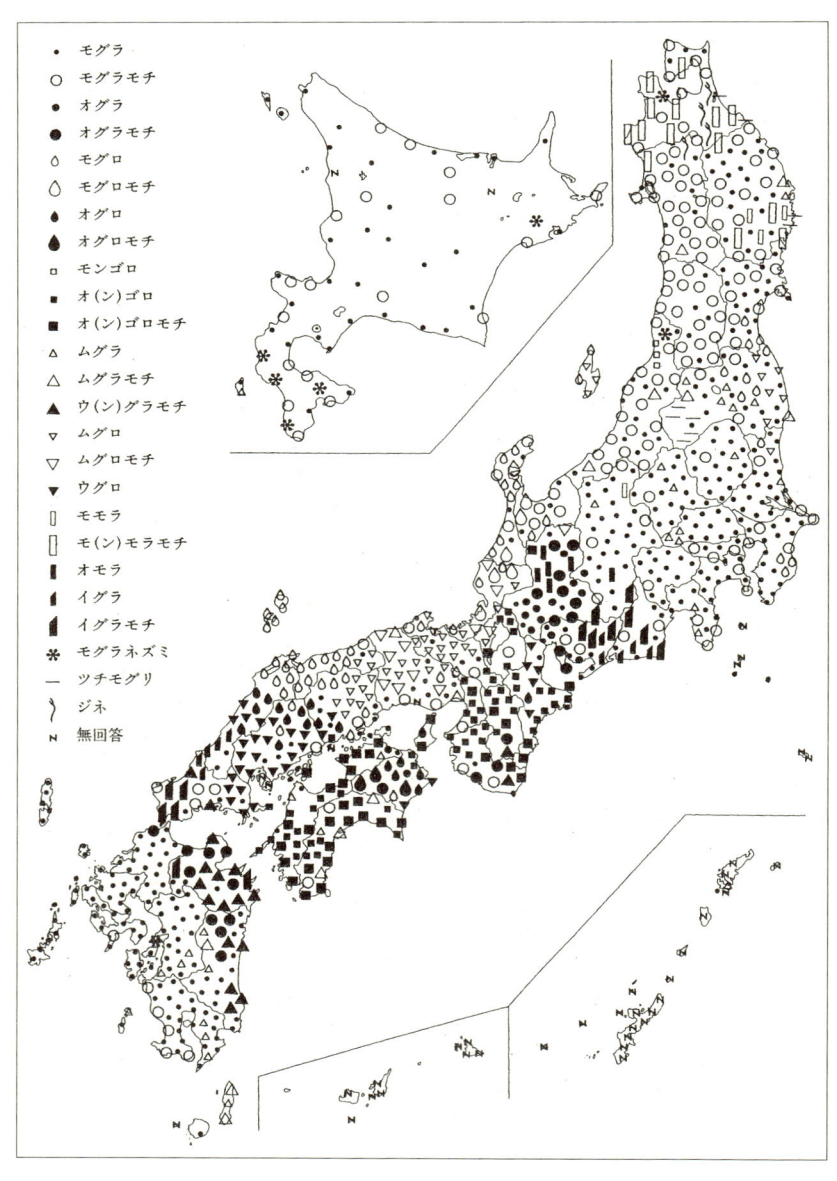

- ・ モグラ
- ○ モグラモチ
- ・ オグラ
- ● オグラモチ
- ◊ モグロ
- ◊ モグロモチ
- ◆ オグロ
- ◆ オグロモチ
- ▫ モンゴロ
- ▪ オ(ン)ゴロ
- ▪ オ(ン)ゴロモチ
- △ ムグラ
- △ ムグラモチ
- ▲ ウ(ン)グラモチ
- ▽ ムグロ
- ▽ ムグロモチ
- ▼ ウグロ
- ▯ モモラ
- ▯ モ(ン)モラモチ
- ▮ オモラ
- ▮ イグラ
- ▮ イグラモチ
- ✳ モグラネズミ
- ― ツチモグリ
- 〻 ジネ
- N 無回答

図5 「土竜」の全国分布（佐藤・2002）

表4　《土竜》

項目名：【土竜】

質　問：＜絵＞土の中に穴をあけて畑の土を持ち上げる動物です。農作物に害があります。（もぐら）

		地点＼世代	10代	20代	30代	40代	50代	60代	70代～
三重県	1	鳥羽市坂手町	/	/			/	/	
	2	磯部町	/	/			/		■日
	3	浜島町	/				/		/
	4	南勢町	/		/	/			/
	5	南島町	/					/	/
	6	紀勢町	/	/		/			/
	7	紀伊長島町		/			/	/	
	8	海山町	/		/		/		/日
	9	尾鷲市旧市街	/	/		/			◎
	10	尾鷲市九鬼	/	/					/
	11	熊野市飛鳥町				/			回
	12	御浜町		/					/◎
	13	紀宝町	/	/			/		/
	14	紀和町		/					/
	15	鵜殿村1	/						
	16	鵜殿村2			/		/		
	17	鵜殿村3	/						
和歌山県	18	新宮市1							
	19	新宮市2		/					
	20	新宮市3	/						/
	21	那智勝浦町	/	/		≈			/■
	22	太地町	/	/		/		/	
	23	古座町	/	/				/	
	24	串本町1			/				
	25	串本町2		/					/
	26	串本町3			/				
	27	すさみ町	/	/					☻
	28	上富田町1	/						
	29	上富田町2	/		/		/	/	
	30	上富田町3	/						
	31	田辺市	/	/	/		/		

凡例　　/ モグラ　　☻ オングラモチ　　◎ オゴロモチ　　■ オンゴロモチ
　　　　回 オゴロ　　■ オンゴロ　　日 ウンゴロ　　≈ ツチカイ

分布している。当該地域である紀伊半島沿岸を見てみると、「オ（ン）ゴロ（モチ）」「ウ（ン）グラモチ」「モグラモチ」が分布しており、西日本的である。

次にグロットグラム（表4）を見てみよう。グロットグラムの結果を見ると、共通語形「モグラ」が圧倒的に優勢であり、方言形が残っているのは那智勝浦町の40代から聞かれた「ツチカイ」を除いて、70代以上の話者ばかりであることが分かる。「ツチカイ」は『日本方言大辞典』によると、むじな、あなぐまのことであり、奈良県吉野町や和歌山県南牟婁郡・東牟婁郡で聞かれるとされている。今回の調査で、那智勝浦町の話者からしか聞かれなかったことからも、「ツチカイ」という方言形は衰退しているようである。

5．松かさ

「松かさ」について述べる。「松かさ」というと古めかしい表現だと思う読者もあるのではなかろうか。現代においては、「松かさ」のことを「マツボックリ」というのが一般的であるように思われるが、「マツボックリ」は関東周辺を発祥とする方言である（図6の関東圏部分を参照）。「マツボックリ」は方言が共通語に取り入れられた例なのである（同様に、方言が共通語に取り入れられたものに、「シアサッテ」「シンドイ」「ジキニ」などがある。これらは関西発祥の方言であった）。

「松かさ」の全国的な分布は図6の通りである。「マツカサ」が広い分布を見せており、当時（全ての図の元になった調査は1957年度～1964年度に行われた）は「マツカサ」が優勢であったことが見て取れる。当該地域の周辺（大阪・奈良・和歌山）には「チンチロ」「チッチリコ」が分布している。紀伊半島沿岸では「マツノミ」がよく聞かれるようである。「マツノミ」は松の木になる実という意味であろうが、「マツノミ」と呼ばれているものは本来、厳密には果実の類とは異なる。「マツノミ」は北関東・高知県などでも聞かれるが、全国的に見て分布範囲の狭い語形である。

グロットグラム（表5）を見てみると、「マツボックリ」が圧倒的に優

紀伊半島沿岸に見られる語彙　255

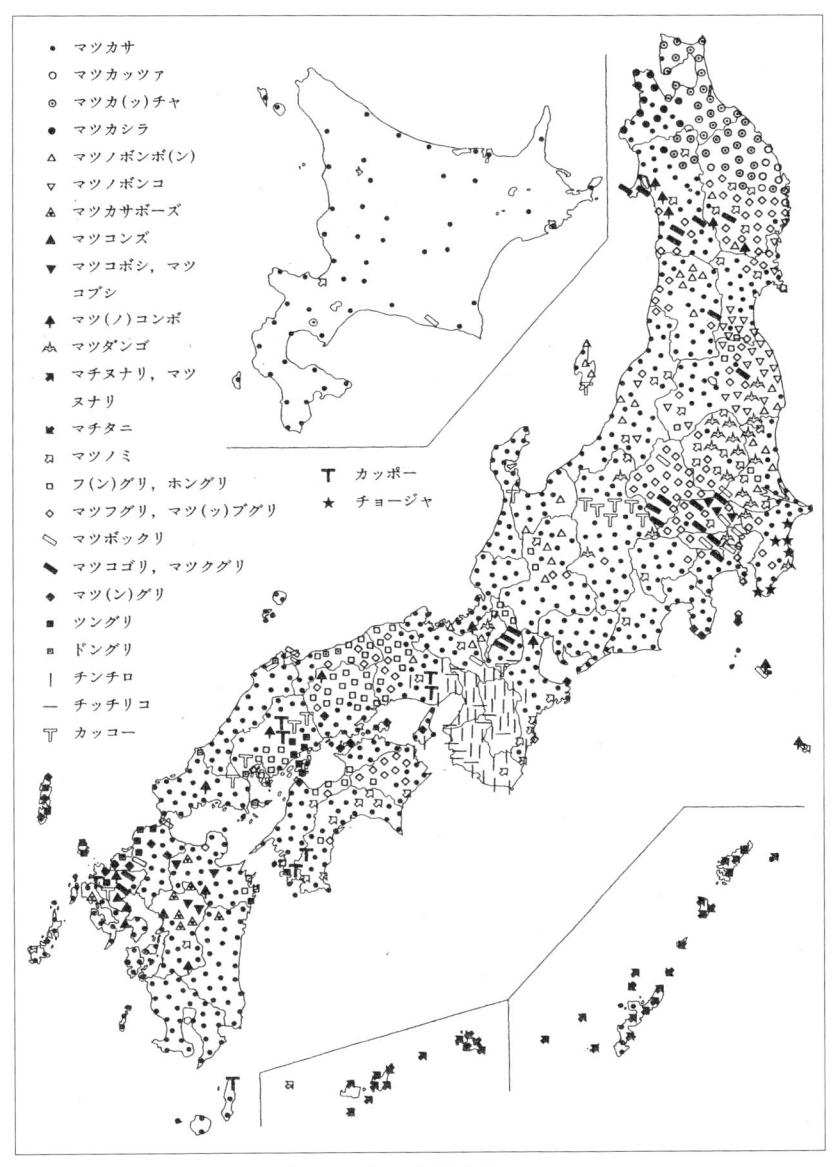

図6　「松かさ」の全国分布（佐藤・2002）

表5　《松かさ》

項目名：【松かさ】
質　問：＜絵＞松の実ですが、これを何と言いますか。

		世代	10代	20代	30代	40代	50代	60代	70代～
		地点							
三重県	1	鳥羽市坂手町	/	/			/	L	
	2	磯部町	/	/			/		/
	3	浜島町	/				L		※
	4	南勢町	/		/	/			/
	5	南島町	/					/※	/
	6	紀勢町	/	/			/		L※
	7	紀伊長島町	/	/			/	※	
	8	海山町	/		/		/		/※
	9	尾鷲市旧市街	/	/		/			/
	10	尾鷲市九鬼	/	/		/			✿
	11	熊野市飛鳥町							/
	12	御浜町		/	/		/		▼
	13	紀宝町	/	/			/	※	
	14	紀和町		/					/
	15	鵜殿村1	/						
	16	鵜殿村2							/※
	17	鵜殿村3	/						
和歌山県	18	新宮市1		/					※
	19	新宮市2		/❖		/			
	20	新宮市3							/※
	21	那智勝浦町		/	/	/			Y
	22	太地町	※	/				/	
	23	古座町	/					/	
	24	串本町1			/				
	25	串本町2		/					Ｙ
	26	串本町3			/				
	27	すさみ町		/	/		/		/
	28	上富田町1	/						
	29	上富田町2	/	/			/	❖	
	30	上富田町3	/						
	31	田辺市		/	/	※		/	

凡例　　/ マツボックリ　　L マツボックリ　　※ マツカサ　　❖ マツノミ
　　　　✿ マツノフングリ　　Y チチロ　　Ｙ チッチロ　　▼ チンチロ

勢であることが分かる。但し、60代以上の話者からは様々な「松かさ」のバリエーションが聞かれた。まずは「マツボックリ」の派生形である「マツポックリ」である。三重県東部の60代から上の年代でよく聞かれた。60代以上の話者から、より多く聞かれたのが「マツカサ」である。これは共通語形であるが、「マツボックリ」に駆逐される形で、60代以上にしか残っていない。例外的に残っているのは太地町の10代の話者、田辺市の30代の話者だけであった。「マツカサ」は新宮市より北の60代以上の話者からよく聞かれた。「マツボックリ」、「マツカサ」以外に聞かれたのが、「チンチロ」「チッチロ」「チチロ」である。これらは御浜町、那智勝浦町、串本町2の70代〜の話者から聞かれた。「チンチロ」のバリエーションは大阪府や奈良県の70代の話者からよく聞かれる（村田・2012）。これは上記の内容、及び図6とも矛盾しない。

6．蛞蝓（なめくじ）

蛞蝓とは、陸に生息する巻貝のうち、殻が退化しているものの総称である。『語源大辞典』によると、「ナメクジ」は前部要素「ナメ」と後部要素「クジ」に分けられるようである。「ナメ」はこの虫の粘液を意味するらしい。また、「クジ」は子牛の方言「クウジ、コウジ（コージ）」或いは蛆を「コウジ」と呼ぶので、その類推であろうと考えられる。

　図7は「なめくじ」の全国分布である。『方言の読本』によると、「ナメクジリ」は「ナメクジラ」より外側に分布する傾向があり、前者が後者より古いことを指摘している。また、「ナメクジリ」から変化した「ナメクジラ」の後部要素「クジラ」は鯨の意の「クジラ」に引かれたのではないかとも考えられている（このような現象を類音牽引という）。図7を見ると、近畿圏に「マメクジラ」が分布しており、これは鯨に似た形を持つなめくじが、鯨の小さいものと考えられて「豆鯨＝マメクジラ」となったのではないかと考えられる。当該地域である紀伊半島沿岸については、「ナメクジ」「ナメクジラ」の他に「ヤネヒキ」が分布している。「ヤネヒキ」は全国的に見ても分布範囲が極々狭く、紀伊半島にしか存在しない。

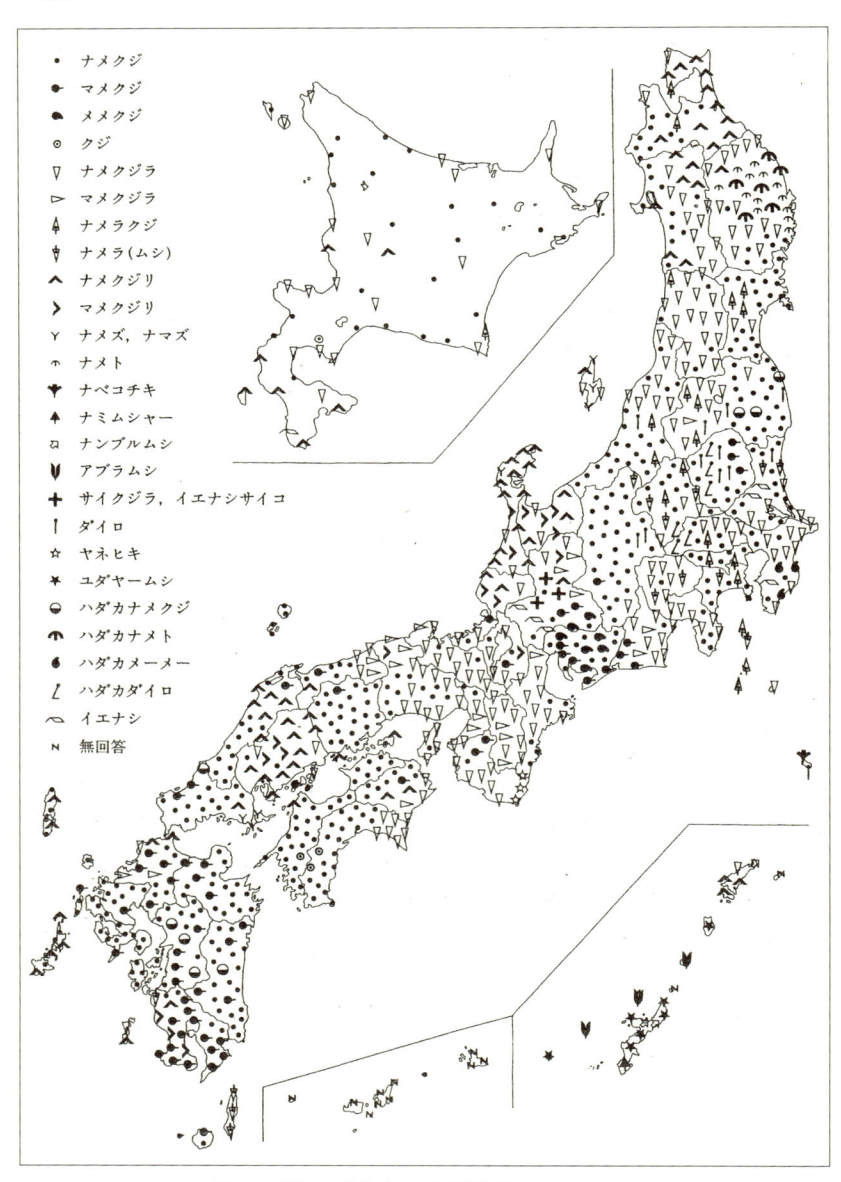

・	ナメクジ
●	マメクジ
◆	メメクジ
⊙	クジ
▽	ナメクジラ
▷	マメクジラ
⬥	ナメラクジ
⬦	ナメラ(ムシ)
∧	ナメクジリ
⟩	マメクジリ
Y	ナメズ, ナマズ
⌒	ナメト
✚	ナベコチキ
▲	ナミムシャー
ロ	ナンブルムシ
Ѵ	アブラムシ
✢	サイクジラ, イエナシサイコ
┃	ダイロ
☆	ヤネヒキ
✱	ユダヤームシ
◐	ハダカナメクジ
⋒	ハダカナメト
⬧	ハダカメーメー
∠	ハダカダイロ
⌢	イエナシ
N	無回答

図7 「なめくじ」の全国分布 (佐藤・2002)

表6 《蛞蝓（なめくじ）》

項目名：【蛞蝓（なめくじ）】

質　問：＜絵＞これを何と言いますか。蝸牛に似ていても、殻は背負っていない。暗いじめじめした所にいます。塩をかけると体が溶けるようですが。

		地点＼世代	10代	20代	30代	40代	50代	60代	70代〜
三重県	1	鳥羽市坂手町	/	/			/	/	
	2	磯部町		/	/		/		/
	3	浜島町	/				/		/
	4	南勢町	/		/	/			/
	5	南島町	/					/	
	6	紀勢町	/			/			/
	7	紀伊長島町	/				/		/
	8	海山町	/				/	/	/
	9	尾鷲市旧市街	/		/				/
	10	尾鷲市九鬼	/		/				
	11	熊野市飛鳥町	/						ǀ ‖
	12	御浜町		/	/		/		/ Ψ
	13	紀宝町	/				/		/
	14	紀和町		/				/	
	15	鵜殿村1	/						
	16	鵜殿村2			/		/		
	17	鵜殿村3	/						
和歌山県	18	新宮市1							
	19	新宮市2		/					
	20	新宮市3	/						/
	21	那智勝浦町			/				/
	22	太地町	/			/		/	
	23	古座町	/	/		/		/■	
	24	串本町1			/				
	25	串本町2		/					■
	26	串本町3			/				
	27	すさみ町	/	/		/			■
	28	上富田町1	/						
	29	上富田町2	/		/		/		
	30	上富田町3	/						
	31	田辺市	/	/				/	

凡例　／ ナメクジ　Ψ マメクジラ　■ ヤネヒキ
　　　ǀ カタツムリ　‖ デンデンムシ

グロットグラム（表6）を見ると、和歌山県串本町周辺の60代以上から「ヤネヒキ」がよく聞かれた。これは図7の分布に矛盾しない。「ヤネヒキ」は『日本方言大辞典』によると「脂引（ヤネヒキ）」であり、貝、蛞蝓のことを指す。和歌山県東牟婁郡・西牟婁郡で使用される語とされている。その他、特徴的な方言として、三重県御浜町の70代〜の話者から「マメクジラ」が聞かれた。「マメクジラ」は、大阪・奈良・京都でよく聞かれる。熊野市の話者から聞かれた「カタツムリ」「デンデンムシ」は、かつて蛞蝓と蝸牛が区別されていなかったことに起因する可能性もあるが、1名の回答しかないことからも、恐らく質問を勘違いした為に生じた誤答であろうと考えられる。50代以下では方言形が失われており、全ての話者から「ナメクジ」という共通語形があらわれた。

7．おわりに

　本稿では、紀伊半島沿岸に見られる方言形を中心に、「とげ（木片）」「とげ（棘）」「瀬戸物」「土竜」「松かさ」「蛞蝓」という名詞6語について考察を加えた。分かるものについては語源を解説し、佐藤（2002）の全国分布と比較しつつグロットグラムの結果について考えた。共通語において同じ語形をとる「とげ（木片）」と「とげ（棘）」については、両者の語形と分布を整理した。「瀬戸物」については、様々なバリエーションが全世代から聞かれ、色々な語形が混在していることが分かった。「土竜」「松かさ」「蛞蝓」については、60代以上には語形のバリエーションが残っているが、それ以下の年代では共通語に駆逐される形で方言形が残存していないことが分かった。

　紀伊半島沿岸における語彙は方言形が共通語形に駆逐される形で衰退傾向にあり、完全に消えてしまう前に、本書が成したように断片的にでも記録として残しておく必要があると考える。

　以上で、紀伊半島沿岸に見られる語彙についての考察を終える。

〔参考文献〕

楳垣　実（1961）「西部方言概説」『方言学講座3　西部方言』東京堂
村内英一（1962）「和歌山方言」『近畿方言の総合学的研究』三省堂
国立国語研究所（1966～1974）『日本言語地図』全6巻大蔵省印刷局（日本情報資料館：『日本言語地図』地図画像（http://www6.ninjal.ac.jp/laj_map/）
村内英一（1982）「和歌山県の方言」『講座方言学7　近畿地方の方言』国書刊行会
堀井令以知編（1988）『語源大辞典』東京堂出版
尚学図書編（1991）『方言の読本』小学館
丹羽一彌（2000）『三重県のことば』日本のことばシリーズ24（編集代表平山輝男）明治書院
岸江信介・太田有多子・武田拓・中井精一・西尾純二・半沢康（2001）『名古屋—伊勢間グロットグラム図集』摂河泉文庫
近畿方言研究会編（2001）『地域語資料6　伊勢湾岸西部地域の社会言語学的研究』
佐藤亮一監修（2002）『方言の地図帳』小学館
村田真実・王適（2012）「大阪・奈良・三重横断グロットグラムにみる語彙—松かさ・彼岸花・ゴキブリ・ものもらい・下あご—」『近畿地方中部域の言語動態—大阪・奈良・三重近畿横断GG調査から—』徳島大学総合科学部

都市と周縁の語彙変化

——名古屋—田辺グロットグラム[1]の「パチンコ」「自転車」「マクドナルド」「お釣り」「青痣」——

鳥 谷 善 史

1. はじめに

　本稿では、今回の調査項目の語彙項目についてグロットグラムから読み取れることを述べていく。語彙項目は、基本的に個別的な変化をすることが多いため、全体をとおしての総合的な論考は難しい。そのため、本稿も個別的な解釈をすすめざるを得ない部分がある。ただ、全ての項目とはいかないが、これらの項目のいくつかには共通点もある。それは「気づかない方言」[2]や「新方言」[3]、「若者ことば」を含むと言うことである。例えば「お釣り」の項目では、調査地域の一部で用いられている「オモドシ」といった「気づかない方言」が確認された。また、「自転車」「マクドナルド」「青痣」にはそれぞれ「チャリンコ」、「マック」と「マクド」、「アオタン」といった「新方言」や「若者ことば」が含まれている。個別的な解釈をしながらも、これらの「気づかない方言」や「新方言」、「若者ことば」の伝播状況や分布実態に注目し、論考をすすめていきたい。

2.1.「パチンコ」

　自身が子どもの頃（1970年代前半）駄菓子屋で買って遊んだ記憶がある。その遊び方は、空きビン（缶はまだ一般的ではなかった）など、的となるべき物を並べ、それを的にしてそれぞれの腕を競ったり、当たると破裂する「クラッカーボール」（と言ったと記憶する火薬入りの玉：古くは「癇

表1 《パチンコ》

質問：木の枝にゴムをはって、石を飛ばすおもちゃのことを何と言いますか。

		世代 地点	10代	20代	30代	40代	50代	60代	70代〜
愛知県	1	名古屋市東区	I	I		I			◎
	2	名古屋市中村区	I	N		I		◎	
	3	佐屋町	N	◐			I	◎	
	4	蟹江町	I	I		◎			
	5	弥富町	N	I	I				
三重県	6	長島町北部	N N		◎			I	
	7	長島町南部	I	▽ I	N				N
	8	桑名市旧市街	I	I		◎			◎
	9	朝日町	N	N	=			◎	
	10	川越町	I	I		I			◎
	11	四日市市富田		I I	N		I	◎ I	
	12	四日市市旧市街	N	I	N			I ◎	
	13	鈴鹿市	N	◉		I			✝ I ◎
	14	河芸町	N	N	I ◎				◎
	15	津市白塚	I	I ◎		☾			I ◎
	16	津市柳山	N	I		◎			◎
	17	香良洲町	N	N I					I Ψ
	18	三雲町	✝	I	N				◎
	19	松阪市旧市街	I		I	I		I	I
	20	松阪市駅部田	N			N			◎
	21	明和町	N	N	◎				I
	22	小俣町	I	I		I ◎	I ◎		I ◎
	23	御薗村	I	N	▽				◎
	24	伊勢市	◇ I	I			◎ ☾	I	
	25	鳥羽市坂手町		I	I		⊖	I	
	26	磯部町		I			N		I
	27	浜島町	N				N		●
	28	南勢町	N		I	◎			
	29	南島町	◎					◎	◎
	30	紀勢町	I	I		◆			◆
	31	紀伊長島町	N	N			◎	◎	
	32	海山町	I		I		☾ ▫		I 日
	33	尾鷲市旧市街	I	✝		✴			I
	34	尾鷲市九鬼	I		I				N

	No.	地点								
三重県	35	熊野市飛鳥町	I	I		N				I
	36	御浜町	N	⊕			I			I
	37	紀宝町	I		I			I		I
	38	紀和町		I				I		
	39	鵜殿村1	I							
	40	鵜殿村2			I		I			I
	41	鵜殿村3	I							
	42	新宮市1	I							I
	43	新宮市2		I			I			
	44	新宮市3	I							✝
	45	那智勝浦町	I		I		I			I
	46	太地町	I		I		I		I	
和歌山県	47	古座町	N		I			I		
	48	串本町1				I				
	49	串本町2		N						■
	50	串本町3								
	51	すさみ町	I		I		I			I
	52	上富田町1	▽							
	53	上富田町2	I		I				✪	I
	54	上富田町3	I							
	55	田辺市	I		I		✪		✪	

凡例　　| パチンコ　　＝ カチンコ　　▽ パッチン　　◐ ゴムパッチン
　　　　◎ ゴムカン　　◉ ゴムセン　　⊕ ゴムトバシ　　◑ ゴムチ
　　　　⊛ ゴムヤリ　　⊖ ゴムキュー　　● ゴムハジキ　　☽ ゴムテッポー
　　　　✝ テッポー　　Ψ ハジキ　　■ スズメウチ　　が スズメトリ
　　　　⬧ イシビヤ　　◆ イシベヤ　　◊ ヤ　　N NR

瘤玉」）を使って、コンクリートの壁やアスファルトの地面に当て炸裂音に驚きながら遊んだ。鎮守の杜では、雀などを狙ったりしたが、当たった試しはない。ビー玉（音声は「ビーダン」）、ベッタン、カードといった当時の遊びの一部であった。パチンコ同様、駄菓子屋で買ったプラスチック製のブーメランで遊んだ記憶もある。それほど、遊ぶべき「ひろっぱ」は多かった。

　パチンコそのものは、恐らく現在では、その遊具の危険性から子どもたちに持たせるべき物でないと判断されているものと思われる。また、それらを購入する場所としての駄菓子屋も無くなり、その後現れた、大型スーパーなどでは基本的にその商品を店頭に並べていない。それらの状況が、調査結果にも現れているようだ。ＮＲ（No Response）つまり、無回答が

10代を中心に若い世代に極めて多い。駄菓子屋の減少のみならず、遊び方の内容も変化したのであろうが、地域の遊ぶべき、むしろ冒険すべき場所の減少がこの調査結果に現れていると言えよう。

　さて、具体的に分布を確認する。全体に「パチンコ」が見られるが、70代以上では、「パチンコ」より「ゴムカン」などのゴム系の方が多いことがわかる。これは、古くはゴム系が使用されていたが、新たに勢力の強い標準形と考えられる「パチンコ」が侵入している状況であると考えられる。なお、『日本国語大辞典　第二版』（小学館）によると「パチンコ」の用例は佐々木邦（1921）『珍太郎日記』に見られる。また、「ゴムカン」を「パチンコ」の方言として「群馬県山田郡、山梨県、長野県佐久、静岡県志太郡」の報告例が挙げられている。その他の語形を細かく見ると「ゴム」系には「ゴムパ（バ）ッチン」のような「素材＋発射時の擬音語」や「素材そのものを省略した形式」の他「ゴムテッポー」「ゴムハジキ」のように「素材＋その機能を表現する語」または「機能を表現する語のみを用いた形式」がみられる。その他に「スズメウチ」や「スズメトリ」といった「当てるべき目標を示す語」もある。また、「イシビヤ」のように、実際には中世末期に用いられた原始的な大砲と同じような命名もあるが、それらからの関連というよりも、これらも子ども達の命名であろう。いずれにしても、「パチンコ」と「ゴムカン」以外はまとまった分布を示さない。それは、子ども達が、遊び方やその道具の性質を示し、命名する方法が各地で同じような名前を生んだ結果であると考えられる。それらも既製品が登場することにより一つの呼称「パチンコ」に収斂していくと同時に、そのものが利用されなくなりその呼称が消えていく状況を具体的に示す調査結果である。

2.2.「自転車」

　現在の自転車の果たす役割を考えると、この発明は極めて有用なものであり、現代文明と切り離せない存在となっているにもかかわらず、その発明の目的は玩具としてであった。

　1810年代、ドイツ人ドライスの作った、地面を足で蹴って走る二輪車に始まるという。以下『日本大百科全書』（小学館）によりながら、大まか

な開発と改良の歴史を確認する。

　今日の自転車の前身といわれるものは「ドライジーネ」と呼ばれ、1818年、ドイツの貴族の息子ドライス・フォン・ザウエルブロンが、木馬型自転車を改良し、方向転換のできるハンドルをつけたものであるという。なお、現在のように自分の足でこぐものは、「ベロシペード」と呼ばれ1863年、フランスのピエール・ミショーとその息子エルネストによってつくられ、パリの世界博覧会に出品されたものであるという。この「ベロシペード」をイギリスのミシン会社の技師ターナーが取り寄せ、多量生産を始めることにより、イギリスの自転車工業の礎をなした。その後1870年、ジェームズ・スターレーなどの改良を経て、1885年にジョン・スターレーにより、ほぼ、今日の自転車の原型といえるものが開発された。ただ、空気入りゴムタイヤの採用は、1888年のジョン・ダンロップの発明をまたなければならなかった。

　この自転車が、どのように日本に伝来しどのように定着、拡散していったかの具体的状況については、「日本自転車史研究会」のホームページ（http://www.eva.hi-ho.ne.jp/ordinary/JP/）に詳細が記されている。とりわけ同ホームページ内の「自転車の歴史探訪」や「自転車年表」、「自転車資料年表」などを参照すると、その実情が事細かに確認できる。ただ、ここでは、幕末に伝来し、明治初期には日本でも試作され始めたことのみ確認しておきたい。

　なお、「自転車」という呼び名は、上記ホームページ内の「自転車の歴史探訪」以下の「自転車の名前はどこからきたか？」には幾ばくかの疑義を含みながらも、齊藤俊彦（1985）のいう明治3年、竹内寅次郎命名説を紹介している。これ以前の「慶応年間から明治4年までは、自輪車、自在車、一人車、壱人車、西洋車、片羽車、のっきり車などが錦絵に見える」（同ホームページ）とある。いずれにしても、現在の分布から鑑みると日本に伝来後、早い段階で「自転車」という呼称に収斂したようである。

　ここまで、簡単に自転車発明の歴史やその伝来と呼称について確認してきた。では、現在、この自転車の呼称の地域差について具体的に確認していきたい。

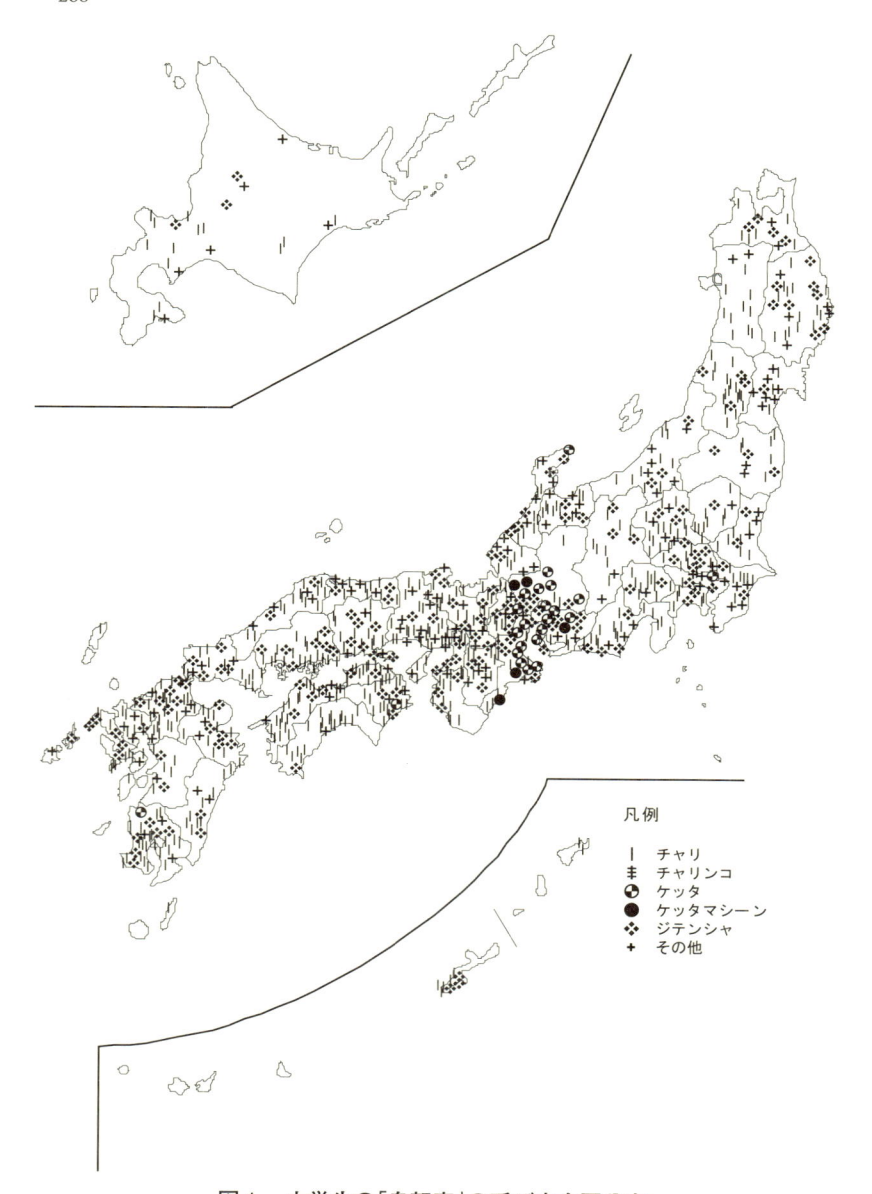

凡例
- | チャリ
- ≡ チャリンコ
- ◐ ケッタ
- ● ケッタマシーン
- ✣ ジテンシャ
- ＋ その他

図1　大学生の「自転車」の呼び方全国分布
（岸江信介他（2011）図01「自転車」p.358より）

都市と周縁の語彙変化　269

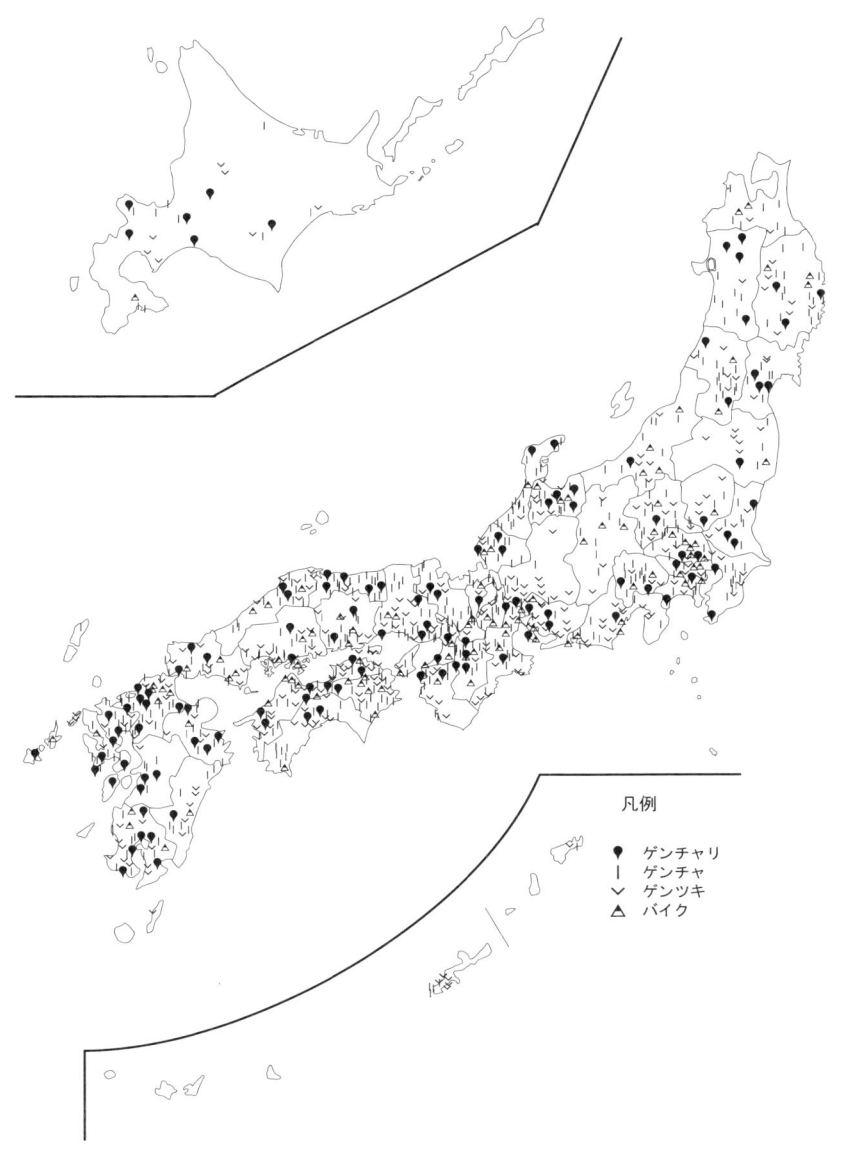

凡例
● ゲンチャリ
｜ ゲンチャ
∨ ゲンツキ
△ バイク

図2　大学生の「原動機付き自転車」の呼び方全国分布
（岸江信介他（2011）図02「原付自転車」p.359より）

表2 《自転車》

質　問：自転車のことを何と言いますか。

		地点＼世代	10代	20代	30代	40代	50代	60代	70代～
愛知県	1	名古屋市東区	○△◉	○△I			○		L
	2	名古屋市中村区	I	LO		OL		LO	
	3	佐屋町	O▲	▲O			I△O	I	
	4	蟹江町	O	△O		▲			L
	5	弥富町	O◉	O△	O				I
三重県	6	長島町北部	O○◉▲ I△O		IO			I	
	7	長島町南部	I	I ○○◉△	I				I
	8	桑名市旧市街	O△	▲		△▲	O		I
	9	朝日町	IO	O△	I◉			O	
	10	川越町	O△	IO		L			I
	11	四日市市富田		IO OI△	O	I△		L I△O	
	12	四日市市旧市街	O△	I△O	O			I	
	13	鈴鹿市	O△	O		IO			I I
	14	河芸町	I	I△O	▲○◉				I
	15	津市白塚	IO△	O△		I			−
	16	津市柳山	I△O	O		I			I
	17	香良洲町	O△	▲O	▲O				I▲
	18	三雲町	OL	O△		I▲			
	19	松阪市旧市街	△O		▲O	I			I
	20	松阪市駅部田	I			I			☆I
	21	明和町	I	O		I			
	22	小俣町	O △		▲O△	I			I
	23	御薗村	△O	O▲	◉				I
	24	伊勢市	I△	I		▲		IY	
	25	鳥羽市坂手町	△	O			I	I	
	26	磯部町	O	I			I△O		I
	27	浜島町	I				I		
	28	南勢町	I		I				
	29	南島町	△					I	
	30	紀勢町	△	△			I		
	31	紀伊長島町	I	△			I	I	
	32	海山町	△		▲			I	I
	33	尾鷲市旧市街	△	△		I			I
	34	尾鷲市九鬼	I	I	I				I
	35	熊野市飛鳥町	I△	△		I			I

三重県	36	御浜町	△	▲			▲			
	37	紀宝町	△		▲					
	38	紀和町			△					
	39	鵜殿村1								
	40	鵜殿村2			▲		▲			
	41	鵜殿村3								
和歌山県	42	新宮市1								
	43	新宮市2		△						
	44	新宮市3	△							
	45	那智勝浦町	△				△			\
	46	太地町	△	△						
	47	古座町			▲					
	48	串本町1			▲					
	49	串本町2		|△						
	50	串本町3			▲					
	51	すさみ町		△	▲					
	52	上富田町1	✝							
	53	上富田町2	△△		▲		∠			
	54	上富田町3	▲△							
	55	田辺市	|▲	▲	▲					

凡例　｜ ジテンシャ　　∠ ジデンシャ　　＼ ジレンシャ　　✝ ジテコ
　　　－ ジテン　　　　▲ チャリンコ　　△ チャリキ　　　△ チャリコ
　　　△ チャリ　　　　⊿ ママチャリ　　▲ ジャリ　　　　○ ケッタ
　　　⊙ ケッタマシン　▽ ワッパ　　　　☆ チンチン

　前掲の図1は、岸江信介他（2011）の「自転車」の全国分布図である。この地図データは、2007年度に集められた全国の大学生583名のものである。現在の若年層の方言分布ということになる。これを見ると、標準語形の「ジテンシャ」が全国に分布するものの、恐らく大阪府下で発生（後述）した「チャリンコ」やその短縮形の「チャリ」が全国にその勢力を拡散しつつあることが見てとれる。また、名古屋市（中京圏）を中心に「ケッタ」や「ケッタマシーン」が分布していることも見てとれる。比較のため図2「原動機付自転車」の全国分布を確認すると、やはり、全国に「ゲンチャリ」やその短縮形の「ゲンチャ」が拡散しつつある様子が見てとれる。注目しておきたいことは、原動機付自転車の場合「ケッタ」系の語形が存在しないことだ。これは、今後の「ケッタ」系の消長に密接にかかわると考えられる。それは、自転車が「ケッタ」で原動機付自転車が「ゲンチャリ」な

り「ゲンチャ」という体系の場合、「ケッタ」そのものの存在自体に負の影響を与え、将来的に「チャリ」系に収斂していくと予想されるからである。

　上記の分布を意識しつつ、次に表2「自転車」のグロットグラムを確認してみたい。表上部の愛知県名古屋市を勢力の中心として「ケッタ」が三重県磯部町まで勢力を拡大していることが見てとれる。三重県朝日町以南では60代以上の使用が認められないことからも新たに発生し、伝播しつつあることばであることが認められる。また、愛知県下でも70代以上の使用が認められない。これらの事実と井上史雄・鑓水兼貴（2002）の用例に「江畑哲夫『三重県方言民俗語集覧』によれば「ケッター　津市以北　平成5(1993)年現在より10年ほど前に学生間に流行した」（佐藤虎男（1998））。」とあることから、若者ことばとして発生し短期間で勢力を拡大し伝播した新方言であることがわかる。調査時の2002年には津市を越え磯部町までその勢力を広げている。名古屋（中京圏）の勢力圏を示す一例といえようか。ただ、この語形も大阪で発生したと考えられる「チャリンコ」の短縮形である「チャリ」の新たな伝播によりその勢力に陰りが見え始めている。名古屋を中心とする中京圏には、次の「マクドナルド」の呼称でも明らかなように、大阪から直接、近鉄大阪線をその経路として津市周辺への伝播が見てとれる。また、若い世代を中心に、マスメディア、とりわけテレビ番組における「お笑い芸人たちの関西方言」（必ずしも、実際に、運用されている関西方言とは異なる）からの直接的伝播もあることからも今後「ケッタ」系から「チャリ」への変化の状況を、具体的に示しているものと考えられる。これは、太田有多子（2008）の調査結果からも短期間の内に「ジデンシャ」から「ケッタ（マシン）」そして「チャリ」への変化が見られることからも裏付けられる。正直、この変化の早さには驚かされる。なお、「ジテンシャ」を「ジデンシャ」と有声化して発音する地域が全国にあるが、今回の調査結果から愛知県下でやや多く感じられる程度である。

　さて、最後に「チャリンコ」なり「チャリ」の語源について考えてみたい。前田勇（1965）『上方語源辞典』には「ちゃり」の項目があり「①滑稽。おどけ。諧謔。②滑稽な言動をする人。③「ちゃり場」の下略。つまらぬ

事。くだらぬ事。また、きわめて容易なこと。④もみあげの毛。京都語。」（各用例略）とある。また、この語源としては「（前略）この語が文献に見えるのは宝暦頃からであり、同時期に動詞「ちゃる」（別項）＜※筆者注別項に「ちゃる」があるという意味＞も見える。恐らくはこの動詞の連用形名詞であろう。しかしこの語の一般化した直接の出自は操り浄るりであろう。」とある。なお、「ちゃりんこ」の項目はない。また、『日本国語大辞典　第二版』（小学館）には「ちゃりんこ」として「子供のすりをいう、盗人仲間の隠語。〔隠語全集｛1952｝〕」とあり、1950年代の尾崎一雄（三重県生まれ・神奈川県出身）や円地文子（東京都出身）の用例を引いている。いずれにしても自転車とは全く関係のないものである。これらのことからも自転車を意味する「チャリンコ」や「チャリ」が戦後発生した新しいことばであることが裏付けられるであろう。また、1990年から92年調査の岸江信介他（2009）『大阪のことば地図』には「項目40《チャリの意味》」・「項目41《チャリンコの意味》」があるが、この地図を確認すると「項目40《チャリの意味》」の回答には「自転車・小銭・もみあげ・おどけ（悪ふざけ）・知らない」があるが、自転車と回答している例は4例のみで、小銭：3例、もみあげ：11例、おどけ：28例という結果である。先に確認した近世上方語の意味が、幾ばくか残っている状況である。一方、「項目41《チャリンコの意味》」の回答には「自転車・小銭・荷車・子供・知らない」があるが、自転車は50例以上、小銭：8例、荷車・子供各1例という結果である。この結果からも自転車の意味を表す「チャリンコ」が発生し、その後その略語である「チャリ」や変異形「チャリキ」、派生語として「ママチャリ」（主に母親世代の女性が乗る前にカゴがついたもの）などの語を発生させたことが確認できる。

　それではこの「チャリンコ」という言葉の出自はいったい何であろうか。真田信治（2000）では、「この語の語源は、韓国語での「自転車」の発音形チャジョンゴに由来するのではないかと考えているが、いまだ詳らかにすることができない。」と述べている。また、その根拠として「関西の一部の若者の俗語には明らかに韓国語が借用されている。」としたうえで、「タンベ」（煙草：若者の俗語（煙草））、「チャンソリ」（小言：若者の俗語（シ

ンナーを吸うこと））、「パチギ」（頭突き：若者俗語（頭の剃り込み））、「ヌンチ」（目端：若者俗語（目が効く、頭の回転が早いこと））の例を挙げ「これらは在日コリアンを核として伝播したものと推定されるのである。」という。これを自身（大阪府東大阪市出身）の経験から確認すると、昭和40年代から50年代にかけて小・中・高校を過ごしたわけであるが、不良グループを中心に煙草を「タンベ」と呼んでいた。これは隠語的な使い方でもあったが、日常的に使用されていたことは事実である。また、「パチギ」については「パチキ」としてまさに「頭突き」の意味で「パチキかますぞ（頭突きを食らわすぞ）」などといったように使用していた。実際に喧嘩の際に「パチキ」をかます場面を希に見たことはあったが、主に相手が、冗談でしつこく揶揄してきた場合に、その受け答えとして「アホか。パチキかますぞ」といったような使用がほとんどであった。その後、不良グループの証としてパンチパーマにパチキ（「剃り込み」）を入れる意味に拡張していったのも事実である。なお、「頭突き」の意味では「かます」の他、「入れる」も使えるが、剃り込みは「入れる」としか共起しない。（冗談で、散髪後に剃り込み部分を指さしながら、「パチキかましてきた」や第三者を批評しながら「あいつパチキかましよったな」（その人間を揶揄したり、その無茶な勇気に感心したりする意味で）といった意味では使えるが。）残念ながら自身は「チャンソリ」や「ヌンチ」については、理解語彙でもない。

　ただ「ヌンチ」の音声的特徴やその意味「目端」から連想されることばとして「メンチ」がある。これは、同年代の不良グループや気に入らない相手に喧嘩をしかける場合や相手を威嚇するときに、相手の目を凝視して睨みつけることである。基本的に下方向から、相手を斜め上に何度も見上げるようにするのであるが、まさに「目端」をきかせるような動作である。「メンチを切る」といった言い方で用いる。双方が「なに、メンチ切っとんねん」と睨み合いになり、路地裏に向かい喧嘩が始まるのである。（実際には、喧嘩の前にお互いがそれぞれの出身中学や高校及び出身地などの口上を大阪方言独特の震え音（[r]）を用いながら述べ合い、場合によっては仲良くなることもある。それはその時のグループ構成やそれぞれの出

自、またその日の気分によるようである。）また、弱そうな相手にわざと「メ
ンチを切って」路地裏に連れて行き、「カツアゲ」（語源「恐喝して巻き上
げる」か？：『日本国語大辞典　第二版』に「恐喝して金銭を巻き上げる
ことをいう。盗人・不良仲間の隠語。」とある。）をしたりするときにも用
いる。この「メンチ」についても韓国語や朝鮮語語源のことばの可能性を
感じる。なお、『近世上方語辞典』や『上方語源辞典』には「メンチ」の
項目はない。なお、派生的に、「メンタ」や単に「メン」などとも用いた。

　少ない用例ではあるが、極めて明確に説明できる「タンベ」「パチギ」
の例からも「チャジョンゴ」から「チャリンコ」発生の蓋然性は極めて高
いと考えられる。「パチギ」→「パチキ」同様、「チャジョンゴ」→「チャ
ジョンコ」→「チャリンコ」（「ジョ」から「リ」の変化は、受け入れ言語
（日本語）の音韻的フィルターといったものか、もしくは、在日二世の音
韻的フィルターなのかもしれない。音変化の理由については今後の研究に
委ねたい。）といった形で当時の大阪の若者を中心にした借用と変異の結
果であると考える。「ヌンチ」と「メンチ」の関係が事実であるとすれば、
正確には借用というより、言語接触である。（「目 [me]」を用いてする行
為だからこそ、ヌ [nu] が「目 [me]」に変異したのである。（日本語内
の類推作用））これらの韓国語・朝鮮語を語源とする大阪方言発生の理由は、
当時から大阪府、とりわけ大阪市内やその周辺部に、在日韓国・朝鮮人が
多く居住していたことによるものであり、筆者が学んだ中学校（東大阪市）
でも１クラス（40名）に４、５名程度が在籍していた。

2.3.「マクドナルド（McDonald's Corp.）」

　解説するまでもないが、アメリカ発、世界最大のファーストフード・ハ
ンバーガーチェーンである。その始まりは1940年にカリフォルニア州サン
バーナーディーノにマクドナルド兄弟が開いた小さなドライブ・インであ
るという。日本には1971年（昭和46）に東京・銀座４丁目にできた第１号
店が最初だという。

　さて、このマクドナルドの呼び名にも地域差がある。真田信治（2000）
に「固有名詞としての店名、マクドナルドの略称についての東西差も往々

表3 《マクドナルド》

質　問：マクドナルドのことを何と言いますか。

		地点＼世代	10代	20代	30代	40代	50代	60代	70代〜
愛知県	1	名古屋市東区	日	日		日			○
	2	名古屋市中村区	日	日		日		I	
	3	佐屋町	日	日○		I	I		
	4	蟹江町	I日	日		I			I
	5	弥富町	日	日	日				I
三重県	6	長島町北部	日日		I			I	
	7	長島町南部	日	日	I				I
	8	桑名市旧市街	日	日		日			I
	9	朝日町	日	○	日◇		N		
	10	川越町	日	日					
	11	四日市市富田		日○	日	日		N N	
	12	四日市市旧市街	○	日	N			I	
	13	鈴鹿市	日	○		○I			N N
	14	河芸町	日	日	日○				N
	15	津市白塚	○日	○		日			N
	16	津市柳山	日○	I		日			日
	17	香良洲町	○	○	○				I
	18	三雲町	日	○		N			N
	19	松阪市旧市街	日○		○			I	
	20	松阪市駅部田				日○			N
	21	明和町	日	日○		I			I
	22	小俣町	日○		日	I			I
	23	御薗村	日I	○	I			N	
	24	伊勢市	日	日		I	I		
	25	鳥羽市坂手町		○	日		I	I	
	26	磯部町		日	日		日		I
	27	浜島町	I				I		I
	28	南勢町	I		I	日			○
	29	南島町	I					I	I
	30	紀勢町	I	日		日			○
	31	紀伊長島町	I	日		I	I		
	32	海山町	日		I日		I		I
	33	尾鷲市旧市街	日	○		I			I
	34	尾鷲市九鬼	I	I	日				N
	35	熊野市飛鳥町	I	I		○I			I

			マック	マクド		マクド	マクドナルド	
三重県	36	御浜町	☐	○			☐	l
	37	紀宝町	☐		l		l	l
	38	紀和町		☐				l
	39	鵜殿村1	☐					
	40	鵜殿村2		○			l	l
	41	鵜殿村3	☐					
和歌山県	42	新宮市1		○				l
	43	新宮市2			l		l	
	44	新宮市3	☐					☐
	45	那智勝浦町		○	○l	l		N
	46	太地町		○	○	○	l	
	47	古座町	☐		l		l	l
	48	串本町1			l			
	49	串本町2		○				l
	50	串本町3				○		
	51	すさみ町		○	○		l	‡
	52	上富田町1	☐					
	53	上富田町2	○		○		l	l
	54	上富田町3	○l					
	55	田辺市		○	☐	○	✝	

凡例　☐ マック　　○ マクド　　◇ マックド　　l マクドナルド
　　　‡ マクゾナルゾ　　✝ マクトナルド　　N NR

話題になる。」とあるとおり多くの研究者がこれらの異なりに気づき多くの報告をしている。また、同書では都道府県別の電話調査の結果から「「マクド」と「マック」とは東西対立型分布ではなく、関西対その他といった形のＡＢＡ型の分布になっているのである。「マクド」の発祥地はおそらく大阪であろう。」と述べている。

　上記の視点から表３「マクドナルド」のグロットグラムについて確認したい。まず、津市や松阪市の若年層を中心に「マクド」が分布している。これは、2.2.「自転車」の「チャリ」と同じくこれらの地点が近鉄大阪線により大阪と直接結ばれているため、大阪の影響を受けやすいためだと考えられる。つまり、本来は「マック」の地域に「マクド」が侵入している状況であるといえる。その例証として、三重県朝日町30代の「マックド」という回答があげられる。これは、正に「マック」と「マクド」が接触しその結果それらの混交形が発生しているのである。

また、田辺市から新宮市まで主に若年層を中心に分布する「マクド」は大阪から和歌山市を経由して広がってきたものであると考えられる。三重県と和歌山県の県境を勢力の切れ目にしながらも三重県尾鷲市辺りまで飛び火的に伝播している状況が見てとれる。

なお、「マクドナルド」という回答が、三重県浜島町から熊野市の10代と全体的に中年層以上で多く回答されているが、これは実際に、このハンバーガーショップの地域内での存在と、どの程度利用しているかという「利用頻度」との関連があると考える。それは利用頻度が高いほど、馴染み度といったものが生まれ、略称を使用すると考えられるからである。ただし、今回の調査では利用頻度までは確認できなかった。なお、それぞれの出自は、商標名の「McDonald」の「Mc」から「マック」であろう。マクドナルドのホームページにも「マックカード」や「マックでバイト」など、この会社の認める標準的略称は「マック」である。それでも大阪を中心に「マクド」が使用される。「マクドナルド」の後半を略した用語もしくは、「ドナル」を略したのではあるが、その大阪での生成の異なりに驚かされる。ちなみに、筆者の友人（奈良県吉野郡出身在住）は凡例にはない「マックン」である。ことばの変異は個人の特性やその属性によりとめどなく変異していく。また、「マクド」の生成は、地域になじみやすい音韻的特徴といったフィルターのようなものの存在を感じさせる事例である。

2.4.「お釣り」

調査結果のグロットグラムを見るとあまり特徴のない項目に感じられるだろう。ただ、『日本言語地図』（国立国語研究所（1966～74））（以下LAJと略記）と比較するとその調査時と今回の調査時との変化が如実に見られる項目である。

まず、LAJ（第4集 第152図）やその略図に解説を付した、佐藤亮一編（2002）から全国の分布を概観する。全国の広い範囲に「ツリ」や「ツリセン」が分布する一方、東北地方には北から「ツリコ」（青森県）、「ケリ（コ）」（秋田・岩手）、「ケーシデー」（宮城県）、「カエシ」（福島県）、「カエリ（セン）」（山形県・新潟県（北陸地方））が分布する。また、富山か

ら石川県の能登半島にかけては「ハネ」が分布している。あと、狭いながらも広島県に「コシ」、高知県の沿岸部に「ウワコ」が分布している。九州では、福岡県の一部や長崎県から熊本県の天草地方や人吉市付近に「ウワツリ」が分布している。なお、沖縄本島では「カエシ」やその音声変化形と考えられる「ケーシムドゥン」や「ケーイ」(「カエリ」の音声変化形)が分布し、先島諸島には「カエシ」や「カエリ」が分布している。東北地方の「カエシ」や「カエリ」と周圏分布をなしている。

さて、今回の調査地域を見てみたい。LAJでは、三重県尾鷲市に「ハー」が分布し、和歌山県串本町付近から和歌山市にかけては「カー」が、かなり大きな勢力として分布している。佐藤亮一編(2002)では「和歌山のカーは漢語の「過」のようであり、壱岐・対馬にも「過剰」に対応する語形が存在する。」と述べている。確かにその蓋然性が高く感じられるのではあるが、尾鷲市の「ハー」の存在から考えられることとしては、古くは「カー」は「クヮ [kwa]」と発音されていたであろう。(LAJでは、旧：有田郡清水町清水「クヮ(凡例表記はＫＷＡ)」が存在する。)そのことから、「ハー」はそれの音声変化形の可能性が考えられないだろうか。それは「クヮ」の音声が、「山形県と新潟県の県境付近と北陸の一部でファ、長崎・熊本・鹿児島県の一部でパに変化している例も見られる。」(佐藤亮一編(2002))とあることから、この地域でも「クヮ」((→「ファ」):推定)→「ハ(ー)」といった音声変化が存在したのかもしれない。ただ、近畿地方には他に類例がないことから、単に「端(は)」という語からの連想による変化と考える方が、その蓋然性が高い。いずれが変異の要因として働いたのかは、現在これ以上確認する材料がない。

さて、グロットグラムを確認する。古い形式である「ハ(ー)」がわずかに2地点ではあるが確認できる。(三重県海山町70代・和歌山県那智勝浦町70代)約40年間(LAJの調査は1957年～1965年)に伝統的方言形式がまさに、消滅する最後の姿である。また、その他の回答ではLAJにはない表現が多くなっているが、これは質問文の異なりからくるものである。(LAJの質問文：30円の物を買うとき100円札をだすと、品物といっしょに70円返してくれます。この、返してくれるお金のことを何と言いますか。)

表4 《お釣り》

質　問：仮に、お店のレジでお客さんにお釣りを渡す場合、「50円の〜」何と言いますか。

		世代	10代	20代	30代	40代	50代	60代	70代〜
		地点							
愛知県	1	名古屋市東区	▲	▲		l		l	l
	2	名古屋市中村区	l	▲		l		l	
	3	佐屋町	l			l		▲	
	4	蟹江町	▲	▲					l
	5	弥富町	l	l	l				l
三重県	6	長島町北部	▲■		l■			l	
	7	長島町南部	■	l▲	l				▲
	8	桑名市旧市街	■	■		▲l■			
	9	朝日町	▲	▲	l			l	
	10	川越町	l						▲
	11	四日市市富田		▲■	■	▲		▲	
	12	四日市市旧市街	■	l▲				l	
	13	鈴鹿市	▲	▲		▲l			▲■ l
	14	河芸町	l	▲■	N				l
	15	津市白塚	■▲l	N		■			=l
	16	津市柳山	l	■		l			▲
	17	香良洲町	l	l	l				l
	18	三雲町	l	l					N
	19	松阪市旧市街	l■		▲■				▲
	20	松阪市駅部田				l			l
	21	明和町	l	▲■					l
	22	小俣町	l▲		l	▲■			l
	23	御薗村	■l	l	l			l	
	24	伊勢市	l	▲l			▲	l	
	25	鳥羽市坂手町	l	▲			l	l	
	26	磯部町	▲	l■			l		l
	27	浜島町	▲				l		l
	28	南勢町	▲		l	l			▲
	29	南島町	l					l	l
	30	紀勢町	l	l					l
	31	紀伊長島町	l	l			l	l	
	32	海山町	■		l			l	l★
	33	尾鷲市旧市街	l	▲		l			l
	34	尾鷲市九鬼	l	l		l			l
	35	熊野市飛鳥町	▲	l		l			l

三重県	36	御浜町	▲	｜		◎	｜
	37	紀宝町	｜	｜		｜	
	38	紀和町		｜			
	39	鵜殿村1	｜				
	40	鵜殿村2		｜		｜	｜
	41	鵜殿村3	｜				
和歌山県	42	新宮市1	▲				｜
	43	新宮市2		｜		▲	
	44	新宮市3	▲				｜
	45	那智勝浦町	｜	｜		｜	｜★
	46	太地町	｜	｜		▲	｜
	47	古座町	▲			｜	
	48	串本町1			▲		
	49	串本町2		｜			｜▲
	50	串本町3			▲		
	51	すさみ町	▲	▲		｜	｜
	52	上富田町1	｜				
	53	上富田町2	｜		｜	▲	
	54	上富田町3	｜				
	55	田辺市	▲	｜	｜	｜	

凡例　｜ オツリ類（オツリデス・ツリヤデ等）　　　◎ ツリセンデス
　　　▲ オカエシ類（オカエシデス・オカエシニナリマス等）
　　　■ オモドシ類（オモドシニナリマス・オモドシデス）
　　　★ ハ類（ハ・ハー）　　　＝ ダイキン　　　〃 NR

　全体的に全世代をとおして「オツリ」類が多く、次に若年層を中心に「オカエシ」類といった状況である。ただ、興味深いのは四日市市や鈴鹿市といった地域を中心に「オモドシ」といった表現が「オカエシ」と混在しながらもこの地域にのみ分布している。この「オカエシ」の分布は長島町から磯部町辺りまで（海山町にもあるが）であるが、グロットグラムからは老年層に少ない（鈴鹿市70代に1地点）ことから比較的新しい表現であると考えられる。例外もあるが、比較的大きな都市（桑名市・四日市市・津市・松阪市）での分布が目立つ。これらの狭い地域にのみ存在するチェーン店の接客マニュアルでの表現なのかも知れない。ただ、『デジタル大辞泉』（小学館）の「かえ・す【返す／反す】」には「［用法］かえす・もどす」として「—前略—◇「返す」は「借りた金を返す」「恩を返す」のように対人関係に用いるほか、「たなごころを反す」「踵（きびす）を返す」のよ

うな位置の転倒を意味する用法がある。これらに「戻す」を用いることはない。—後略—」とあり標準的意味用法としては、お釣りには使えない。「お返し」より「お戻し」が丁寧に感じられるからであろうか。いずれにしてもこの地域に分布する「気づかない方言」の一種であろう。ただ、今のところこの分布の理由はわからない。

2.5.「青痣（あおあざ）」

腕などをぶつけて一時的にできる「青あざ」について質問したものである。

今回の調査地点を中心にLAJ第2集 第80図「あざ（痣）になる」(傍点筆者) を確認すると、名古屋市を中心に津市付近まで「クロジニナル」などの「クロジ」類が分布した地域であったことがわかる。（この「クロジ」は恐らくは「「クロジミ」になる」からの省略形であろう。）後述の「アオジ」に変化しながらも現在でも「クロジ」として老年層を中心に津市までその勢力を残している。とりわけ、四日市市や鈴鹿市、河芸町では若年層を含む多くの世代での使用が認められる。この地域が調査時においても伝統的な表現を残している要因についてはわからないが、名古屋を中心とした周圏分布の様相を示している。自転車の「ケッタ」類が現在名古屋市で使われなくなりながらも周辺部に伝播している状況と似ている。ただ、上記の地点を除く、明和町以北では、若年層を中心に「アオジ」がまとまって分布している。おそらく「アオジミ」との関連も考えられるが、その色を「黒」よりむしろ「青」と認識することにより、「クロジ」から「アオジ」への変化が急速に進んだものと思われる。なお、認識の変化を生んだ直接の要因は、新しく標準語形と考えられるようになった「アオアザ」の影響を受けたためである。（『日本国語大辞典 第二版』（小学館）には、「あお―あざ［あを：］【青痣】「青いあざ。また、児斑のこと。黒い色素をもつ細胞が皮膚の深部に存在するために、青く見えるあざのこと。」」とあり、ここでいう「アオアザ」の意味での項目はない。ただ、『デジタル大辞林』（小学館）には「あおあざ［あを―］【青痣】内出血などによってできる青黒く見えるあざ。」との項目があり、意味も一致することから新しく標準

語形と考えられるようになったと考えられる。）なお、「アオジ」や「クロジ」の勢力は松阪市とその周辺をその緩衝地帯として「アザ」と対峙しているが、このグロットグラムからは「アザ」に押されながらも「アオジ」が勢力を維持しつつあるように見られる。

次に、LAJでは、英虞湾周辺に「ウルクサイル」などの「ウルクサ」類が分布する。表5を見るとやはり英虞湾周辺の磯部町20代・70代、南勢町30代・70代と4地点のみではあるが、「ウルク（゛）サ」の語形が確認できる。ただ、これらの周辺地域では、生まれつき体の色が変わっている部分をあらわす「アザ」と区別しない状況が若い世代を中心に勢力を広げており狭い地域の伝統的方言形式が消えていく状況を示している。

また、LAJでは、松阪市や伊勢市周辺から尾鷲市九鬼町付近まで「無回答」や「その他」が数地点見られる。これはこれらの地域では「青痣」を呼ぶ特別な形式がなかったためであろう。その結果、小俣町・御薗村・伊勢市では、生まれつき体の色が変わっている部分をあらわす「アザ」や標準語形の「アオアザ」や新方言といわれる「アオタン」などをいち早く取り入れたと考えられる。ただ、今回の調査結果では鳥羽市で10代と20代の若年層の2名だけではあるが「クロギシ」という語形の回答を得た。「クロジ」類との関連が考えられるが、この例と分布からだけではその出自はわからない。場合によっては古くからこの狭い地域のみに分布した形式に関連があるのかも知れない。

同じくLAJでは尾鷲市周辺に「クロクナル」の分布が認められるが、今回の調査では、老年層を中心に「ドドグロクナル」という形式で確認できたが、若年層から壮年層では「アザ」が勢力を広げている。また、LAJでは熊野市、新宮市、串本町付近に「クロニエル」が固まって分布していた。今回の調査でも紀宝町から新宮市、那智勝浦町での「クロニエ」類の使用が確認できた。これらの地域では若年層での使用も多く認められることから衰退しつつも今後も使用しつづけられるのではないかと考えられる。

表の最下部である、串本町より田辺市にかけてはLAJでは「ニエル」が分布していた。今回の調査結果でも太地町で「アオニエル」が串本町では「「ニエル」類（タ・ターラ）」が見られる。上富田町では回答した全イ

表5 《青痣》

質　問：ぶつけて内出血して青黒くなることを何ができると言いますか。

		世代 地点	10代	20代	30代	40代	50代	60代	70代～
愛知県	1	名古屋市東区	◎■	■			◎		★
	2	名古屋市中村区	■	■		★■		○■	
	3	佐屋町	■	⊛■			☆	◎	
	4	蟹江町	■	◎■		◎			★◎◗
	5	弥富町	■	‖	★				⌒
三重県	6	長島町北部	■		◪☆			☆＼	
	7	長島町南部	■	○	★				◎◎
	8	桑名市旧市街	■	■		◎◎			◎
	9	朝日町	⋈	■	◎			◎★	
	10	川越町	■	■⊛		■			■
	11	四日市市富田		■	★	■		＼ ◎	
	12	四日市市旧市街	★	■	★■			◎	
	13	鈴鹿市	■	★		★			★ ◎
	14	河芸町	■	◎‖■	★				★
	15	津市白塚	■	★		■			◀★
	16	津市柳山		‖⊛		★			◎
	17	香良洲町	◎▯	☆⊛	▯				☆
	18	三雲町	◎	■		▯			◎◎
	19	松阪市旧市街	■		◎■			◎	
	20	松阪市駅部田				◎			
	21	明和町	◎	◎		◎■			‖
	22	小俣町	○ ◎		◎	◎			◎
	23	御薗村	◎◎	⊛	◎				◎
	24	伊勢市	◎	◎			⊗★	◎	
	25	鳥羽市坂手町	＊	＊			◎	●	
	26	磯部町		◎	◎△		＼		△
	27	浜島町	○				◎		◎
	28	南勢町	◎		△	○			△
	29	南島町	◎					◎	⊥
	30	紀勢町	／◎				‖		N
	31	紀伊長島町	◎	○			⊗	◎	
	32	海山町	○		◎		◎		∣
	33	尾鷲市旧市街	◎	◎		◎			◎
	34	尾鷲市九鬼	◎	◎		◎			N
	35	熊野市飛鳥町	‖	◎		◎			◎

都市と周縁の語彙変化　285

三重県	36	御浜町	◎	◎		●			‖
	37	紀宝町	／		▼		◎		▼
	38	紀和町		◎▼				◎	
	39	鵜殿村1	◎						
	40	鵜殿村2		⊛		▼			◎
	41	鵜殿村3	▼						
和歌山県	42	新宮市1	▼					☒	
	43	新宮市2		▼		◎			
	44	新宮市3	▼					Y	
	45	那智勝浦町	▼	▼	○			❖	
	46	太地町	▪	◎		▪		／▪	
	47	古座町	◎	⊛		◎⊛		◉	
	48	串本町1			◎				
	49	串本町2		◎				☒	
	50	串本町3			☒				
	51	すさみ町	◎	◎				◎	
	52	上富田町1	☒						
	53	上富田町2	☒		▪		☒	☒▫	
	54	上富田町3	☒						
	55	田辺市		☒	⊛	◎		◉	

凡例　◎ アザ　◉ アダ　○ アオアザ　● アオザ
　　　⊛ アオタン　▪ アオッタ　☒ アオナッテタ　▫ アオジミ
　　　▪ アオジ　▫ アオジリ　⋈ オアジ
　　　▪ アオニエル類（タ）　☒ ニエル類（タ・ターラ）
　　　▫ ニエチ　▪ ニエチン　△ ウルクサ　▲ ウルグサ
　　　✱ クロギシ　Y クロンエタ　▼ クロニエ類（ル・タ・タール）
　　　★ クロジ　☆ クロジミ　☆ クロジリ　★ クロジニ
　　　◂ クロズム　❖ ネネグリ　／ ウチミ　＼ チマメ
　　　‖ ナイシュッケツ　⊥ ムラサキニナル
　　　Ｉ ドドグロクナル　● クロェアザ　⌢ コブ
　　　○ チガシンダ　N NR

ンフォーマントが「ニエル」類を回答している。田辺市では10代のみが「ニエル」類であり、「アザ」なり「アオタン」の侵入がみとめられる。これらの地域では、「アザ」や「アオタン」の侵入をゆるしながらも「ニエル」類が何とか残っている状況である。

　これまでのことを巨視的にまとめる。名古屋から明和町までは古くは名古屋を勢力の中心とする「クロジ」が分布を広げてきたが、その「クロジ」がマスメディアを介した「アオアザ」や「アオタン」の影響をうけて急速に「アオジ」へと変化しつつある。しかし、その勢力は十分保たれている。

今後、若年層を中心に順次「アオアザ」や「アオタン」に変化するであろうが他の地域に比して急速な変化は遂げないと予想される。一方、明和町から田辺市では、大阪や名古屋などの大都市の影響を直接的には受けてこなかったため独自の言語形式を残してきたが、それぞれの言語形式の勢力を拡大する力もなかった。また、この語が「成人以降に公的場面で口にすることが少ない」（井上史雄（1998））ことや少子高齢化や過疎化、核家族化なども相まって、単に「アザ」と言う形式を使うようになったと考えられる。その結果、それぞれの伝統的形式を急速に衰退させている。今後、「アザ」から急速に「アオアザ」や「アオタン」の侵入をゆるすものと思われる。

　次に、「都市と周縁の語彙変化」の実態という視点から述べると、先に見た四日市市や鈴鹿市、河芸町では「クロジ」から「アオジ」への変化がみられるものの伝統的な形式である「クロジ」が勢力を残している。一方、英虞湾周辺の「ウルグサ」類は若い世代において衰退が著しい。また、新宮市を中心に「クロニエ」類がその勢力を保ち続けている。これらとは別に、田辺市やその周辺域では、上富田町で伝統的な表現形式の「ニエル」類が勢力を保ち続けている一方、古座町やすさみ町では「アザ」や「アオタン」の侵入が著しい。これらの地域ごとの変化の差についての理由は明確に説明できないが、四日市市や鈴鹿市をみると、比較的大きな都市だからといって変化が早いとは言えないことがわかる。都市の規模と変化の相関などの検証が求められる。逆に、古座町やすさみ町の例から小さな町でも急速に標準語化がおこることがわかる。これまでも言われてきたことではあるが、その地域の地理的状況だけでなく、社会構造（人口、産業、生活圏、家族構成他）や生活様式、人々の性向といったものが大きく関連しているのである。今後、さまざまなデータとの相関を確認する必要がある。

　最後に、今後急速に侵入していくであろう「アオタン」について述べておきたい。LAJ調査時の項目「あざ（痣）になる」が示すとおり標準語形は「アザ」であった。つまり東京を中心に「アザニナル」が分布していた。ただ、近年では、先に見たとおり「アオアザ」などが辞書にも載せられるようになった。また、井上史雄（1998）や井上史雄・鑓水兼貴（2002）

では、東京のみならず全国の若年層を中心に「アオタン」の使用が急速に拡散しつつある状況を報告している。この「アオタン」は昭和40年代に北海道から東京都内（奥多摩町氷川）への移住者により持ち込まれ、首都圏に広がった北海道の「新方言」であると述べている。また、急速に拡散する理由として「呼び名の自身の面白さ」（井上史雄（1998）以下引用「　」全て同じ）や「「一時的なあざ」と「生まれつきのあざ」も区別したいという明晰化の欲求」であると指摘している。また、この語が「成人以降に公的場面で口にすることが少ない」ことから「新しい言い方ができやすい」とも指摘している。「アオタン」は今回の調査結果にも散発的に9地点認められた、マスメディアを通じてどのようにことばが伝播し定着していくのかといったモデルが、これまでの調査と今後の調査のデータベース化で明らかになるであろう。また、個人を追いかけることで、どのような属性で性向の人がいち早く取り入れていくのかなど言語変化のモデルとしても大変興味深い。

3．まとめとおわりに

　以上グロットグラムの項目ごとに筆者が考え得ることを述べてきた。項目ごとに違いは大きいのではあるが、とりわけ、標準語を母体としたメディアの影響を直接受け、特に都市周縁部の町村が大きく変化していることが確認できた。（確認するまでもなく、単純に予想のできる内容ではあるが、項目ごと、また、地点ごとの異なりの大きさは言語変化のモデル化に良好な資料である。）しかし、現在でも、単純に標準語化するのではなく大阪や名古屋といった大都市が、各々の地域の周縁に影響を与えていることもわかった。これは都市のもつ影響力といったものの現れである。また、同時に大都市間の人的交流の影響力の大きさも確認できた。特に、近鉄大阪線（古くは伊勢街道）やそれに接続する鉄道の影響も見てとれた。これらが「新方言」の伝播にも影響を与えていることも確認できた。
　このようなことばの変化は、その時間的早さにおいては異なったであろうが、都市が成立した古代から脈々と続けられ、今日の地理的分布が形成

されたのである。メディアをとおして標準語に収斂されながらも地域ごとのことばに対するさまざまな、その受け入れ特性により新しく生成されることばも確認できた。方言が無くなるであろうと考える立場も多い。確かに大きな異なりは、かなりの部分で無くなっていくであろうし、伝統的な方言は消えていく。しかし、これからも地域の特性に根ざした異なりは再生産され続けていくことが今回の調査結果から確認できた。

最後になりましたが、調査にご協力いただいた皆様に心から感謝申し上げます。

注

1) 名古屋—田辺グロットグラムとは、岸江信介（代表）他（2001）『名古屋—伊勢間グロットグラム集』（1999年調査）と鳥羽—田辺グロットグラム調査（2004〜2006年調査）のデータを接続したものである。調査時期に最大7年の差があるため、本来は接続すべきものではないが、ここでは、名古屋といった大都市とその周縁部にあたる紀伊半島沿岸部の状況を確認し、考察するためにあえて行った。つまり上部の名古屋市東区から伊勢市までのデータは、岸江信介（代表）他（2001）による。ただし、本グロットグラムの記号は筆者が新たに定義した。
2) 「気づかない方言」：「形が標準語と一致していて意味がずれるもの、公的場面で使われるため全国に通じると思い込まれているもの、また、食品名など、各種ある」小林編（2007）p.73脚注7参照。
3) 「新方言」：「①若い世代に向けて使用者が多くなりつつあり、②使用者自身も方言扱いしている、③共通語では使わない言い方。」井上史雄（1998）p.141参照。

〔参考関連文献〕

井上史雄（1998）『日本語ウォッチング』岩波新書
井上史雄・鑓水兼貴（2002）『辞典＜新しい日本語＞』東洋書林
太田有多子（2008）「名古屋方言話者の言葉の変化と言葉に対する意識」『方言研究の前衛　山口幸洋博士古希記念論文集』桂書房
小林隆編（2007）「第3章　方言の経済価値」『シリーズ方言学3　方言の機能』
岸江信介（代表）・太田有多子・武田拓・中井精一・西尾純二・半沢康（2001）

　　　　　『名古屋―伊勢間グロットグラム集』
岸江信介他（2011）「新方言全国地図（簡略版）」『大都市圏言語の影響による地域言語形成の研究』徳島大学日本語学研究室
岸江信介他（2009）『大阪のことば地図』和泉書院
国立国語研究所（1966～1974）『日本言語地図』全6巻大蔵省印刷局（日本情報資料館：『日本言語地図』地図画像（http://www6.ninjal.ac.jp/laj_map/）
齊藤俊彦（1985）「日本における自転車の製造・販売の始め―（竹内）寅次郎の事績について―」『交通史研究　第13号』交通史研究会
佐藤虎男（1998）『伊勢市とその周辺域の方言事象分布地図―皇學館大学国語学演習調査に基づく―』佐藤虎男
真田信治（2000）『脱・標準語の時代』小学館文庫
小学館『日本国語大辞典　第二版』小学館（ジャパンナレッジ（オンラインデータベース），入手先＜http://www.japanknowledge.com＞）
小学館『日本大百科全書』小学館（ジャパンナレッジ（オンラインデータベース），入手先＜http://www.japanknowledge.com＞）
小学館『デジタル大辞泉』小学館（ジャパンナレッジ（オンラインデータベース），入手先＜http://www.japanknowledge.com＞）
前田勇（1965）『上方語源辞典』東京堂出版

ザ行音・ダ行音・ラ行音の混同

清水勇吉・奥友里恵

1. はじめに

　「現代（ゲンダイ）」を「ゲンザイ」と発音したり、「税金（ゼーキン）」を「デーキン」や「レーキン」と発音したりするような現象をさして、"ザ行音・ダ行音・ラ行音の混同"と呼ぶ。通常、このような混同現象が観察される話者では発音の区別のみならず、聞き取りにおいても、[z]、[d]、[r]のそれぞれの違いをうまく認識できないことが多い。

　混同の発生する原因として、それぞれの音の特徴に類似点が多いことが挙げられる。表1に[z]、[d]、[r]の音の特徴をまとめたものを示す。各音の相違点はその動作や様式のみであり、すなわち、調音[1]位置が相互に近いため、これらの音の混同が生じやすいのではないかと考えられる。

　この現象は西日本、中でも特に近畿圏によく見られるものであり、先行研究として、杉藤（1975）や村内（1978）など近畿圏を対象に取り上げられてきた。

表1　日本語の子音一覧 （今石（2005）より引用）

子音	声帯の音源情報	構音域	構音体	動作や様式など
z	有声	上歯茎	舌先	摩擦
d	有声	上歯茎	舌先	破裂
r	有声	上歯茎	舌先	弾き

なかでもこの現象は和歌山県で顕著であるが、紀北・紀中で著しいのに対し、紀南では混同が少ないようである。今回の鳥羽市―田辺市間で行ったグロットグラムの調査結果からは、これらの混同がほとんど見られなかった。以下、その結果などをもとに考察を進めていきたい。

2．先行研究について

　杉藤（1981）の全国の小学生を対象に行ったアンケート調査によると、程度の差はあれ、各音の混同は広く全国的に分布が見られるものであった。中でも混同が多かったのが近畿地方であり、「クラスの大部分が混同している」という回答が特に和歌山県、奈良県、兵庫県に集中した。他府県と比較しても、和歌山県の全域的な分布は目立った結果となっている。

　反対に三重県などは南端の一部を除いて、ほとんどが「クラスの少数が混同」ないしは「全く混同していない」という回答であり、三重県は全体的に混同がさほどないということが確認できる。図1およびのちに載せている図5は杉藤（1981）にある図を引用し、新たに作成したものである。

　和歌山県での混同の報告例はこれまでにも数多くあり、村内（1978）は、「和歌山県方言の発音上の特色としては、まずこの三行にわたる訛音があげられる」としている。発音・音韻の特色として最初に挙げていることから、和歌山県のことばの特色を代表する現象であることがうかがえる。この訛りの特徴を紹介したい。

　　イルミ（和泉）ノ　ボオル（坊主）ガ　ネルミ（ねずみ）ニ　スコ（頭）
　　カリラレテ（かじられて）、ミル（水）デ　モンレモ（もんでも）
　　マラ（まだ）　ウルク　ウルク（うずく　うずく）。

　これらの混同に対して教育現場で対処が講じられたという事例が残されている。それが昭和4（1929）年に出版された『訛音矯正提要』である。これは和歌山県の田辺第一小学校で使用された、1、2年生に対して行われた訛音矯正のための教科書であった。矯正を指導しなければならない理由を、発音の混同に対する一つの見解としてはしがきに記している。

　　是非、之れは矯正して其國の母体語に一致せしめ、かくて、一國の親

- ● クラスの大部分混同
- ・ クラスの半数ぐらい混同
- ○ クラスの少数が混同
- × 全く混同していない

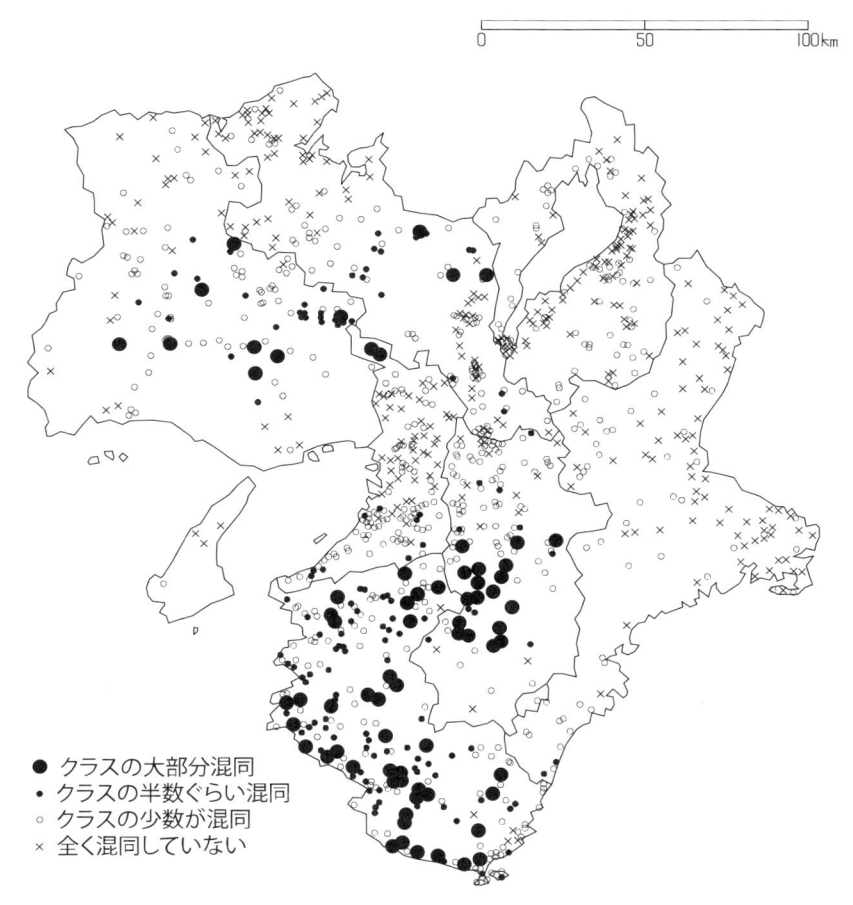

図1 近畿地方のザ行音・ダ行音の混同の程度 (杉藤 (1981) より引用)

和統一に資すべきものであらうと思ひます。矯正の過程には幾分、會話の親愛を失ひ、理解の敏速を缺(か)く事は無いとも言へませぬ。併(しか)し、夫れ等は忍んでもやらねばならぬ事と思ひます。

(ルビは執筆者による)

このような強い態度で生徒の指導に臨んだのには、1900年代当初より行われた方言矯正という政策が起因しているものと考えられる。全国的に標

準語普及政策が進められた当時、教育現場では方言を矯正せねばならなかった。

ところが、この試みの成果ははかばかしくはなく、生徒に「混同の自覚を促す事」と生徒の発音を「継続して矯正していく事」という二点に要点が帰結するに留まった。しかしこの実践は、当時の和歌山県の人々がこれらの混同を地方語の特徴的な現象としてとらえ、教育の上でどうしても矯正したかったという過去の事実を示す資料として貴重である。少なくとも、当時の政策の中で矯正が必要であると判断され、共通語との違いを強く意識していたことは事実である。

3．熊野灘沿岸諸方言におけるザ行音・ダ行音・ラ行音の混同の現状

表2の「雑巾」を例に見よう。[z] → [d] の混同（「雑巾」を「ドーキン」と発音）は93名の話者のうち、わずか4名に見られたに過ぎない。この種の混同を扱った他の音声の項目でも似通った結果となっており、例えば、「涎」のように混同が全くみられなかったものもある。音声聞き取りの調査では、話者に多少の緊張を与えるという点で、その発音が日常で話されるものと若干異なることもある。しかし今回の調査結果に関してはそれを差し引いても、この地域では会話において観察されることはなかった。

三重県の尾鷲市九鬼や南島町にわずかに見られることから、かつて漁村を中心にこの種の混同が存在していたということを物語るものかもしれない。先行研究からも明らかなように、やはり三重県側ではほとんど混同が起きていない。

今回の調査において、グロットグラムの結果を見る限り少なくとも三重・和歌山両県南部では、その地域の特徴として挙げられるほどの"ザ行音・ダ行音・ラ行音の混同"は見られなかったと言える。図1の三重県の結果と併せて考えれば、今回の調査地点で混同があまり見られなかったことは納得のいくところではある。仮に高年層に混同が見られたとしても、図1の調査当時、若年層にあまり見られなかったものが数十年経って出現してくるとは考えにくい。

表2 「雑巾（ゾーキン）」の語頭子音

項目名：【音声【d／r／z】ゾーキン】

質　問：掃除をするとき、廊下をふくときに使う布で、バケツから取り出して絞ったりします。
　　　　＜絵＞

		世代 地点	10代	20代	30代	40代	50代	60代	70代～
三重県	1	鳥羽市坂手町	l	l			l	l	
	2	磯部町	l	l			l		l
	3	浜島町	l				l		l
	4	南勢町	l		l	l			l
	5	南島町	l					l	
	6	紀勢町	l						l
	7	紀伊長島町	l				l	l	
	8	海山町	l		l				l
	9	尾鷲市旧市街	l			l			l
	10	尾鷲市九鬼	l			l			◆
	11	熊野市飛鳥町	l	l					
	12	御浜町		l			l		
	13	紀宝町	l					l	l
	14	紀和町		l					
	15	鵜殿村1	l						
	16	鵜殿村2			l				
	17	鵜殿村3	l						
和歌山県	18	新宮市1	l						l
	19	新宮市2		l					
	20	新宮市3	l						l
	21	那智勝浦町		l					l
	22	太地町	l	l		l		l	
	23	古座町	l					l	
	24	串本町1			l				
	25	串本町2		l					l
	26	串本町3			l				
	27	すさみ町	l	l		l			◆
	28	上富田町1	l						
	29	上富田町2	l	◆			l	◆	
	30	上富田町3	l						
	31	田辺市	l	l	l			l	

凡例　　l [z]　　◆ [d]

表3 「現在（ゲンザイ）」の語中子音

項目名：【音声【d／r／z】現在】
質　問：現在（漢字を示す）

		世代 地点	10代	20代	30代	40代	50代	60代	70代～
三重県	1	鳥羽市坂手町	△	△			△	△	
	2	磯部町	△	△			△		△
	3	浜島町	△				△		△
	4	南勢町	△		△	△			△
	5	南島町	△					△	◆
	6	紀勢町	△	△		△			△
	7	紀伊長島町	△				△	△	
	8	海山町	△		△		△		△
	9	尾鷲市旧市街	△	△					△
	10	尾鷲市九鬼	△	△		N			◆
	11	熊野市飛鳥町	△			△			△
	12	御浜町					△		△
	13	紀宝町	△						△
	14	紀和町		△					
	15	鵜殿村1	△						
	16	鵜殿村2		△					
	17	鵜殿村3	△						
和歌山県	18	新宮市1	△						△
	19	新宮市2		△		△			
	20	新宮市3	△						△
	21	那智勝浦町		△	△	△			△
	22	太地町	△	△		△		△	
	23	古座町	△			△		△	
	24	串本町1			△				
	25	串本町2		△					△
	26	串本町3			△				
	27	すさみ町	△	△		△			△
	28	上富田町1	△						
	29	上富田町2	△		△		△	◆	
	30	上富田町3	△						
	31	田辺市	△	△	△		△		

凡例　△ [z]　◆ [z〜d]　◆ [d]　N NR（未調査）

年少者は年長者の発音を聞くことでそれを学習し、それにより自身の発音を徐々に形成していくものである。高年層である60代以上の発音に見られる混同の数が少なくなれば、その下の年齢層の発音に混同が見られなくなっていくのは当然のことである。今回のグロットグラム（表2、3）の結果はそれを如実に表している。

では、今回のグロットグラムに出ていない和歌山県の他の地域はどうであろうか。奥（2009）では、紀北・紀中での発音の聴取調査を行っている。なお、ここでの方言区画は村内（1978）の紀北・紀中・紀南の分類[2]に準じている。

そこでは有意味語（題材、尊大など）と無意味語（ザダダ、ゼデデなど）の両方を含む28項目の語の音声を聞き取った後それを書き取ってもらい、その回答の正誤を調査している。その結果を以下に図示（図2〜4）した。なお、紀北出身者は若年層14名、中年層13名、御坊市天田区（紀中）の出身者は若年層4名、中年層8名、高年層6名でそれぞれ集計している。

紀北出身者には混同した例はあまり見られない。ただし紀北出身の調査対象者は全員がJR職員であったため、職業柄公共の場で発音しなければ

混同の出現率

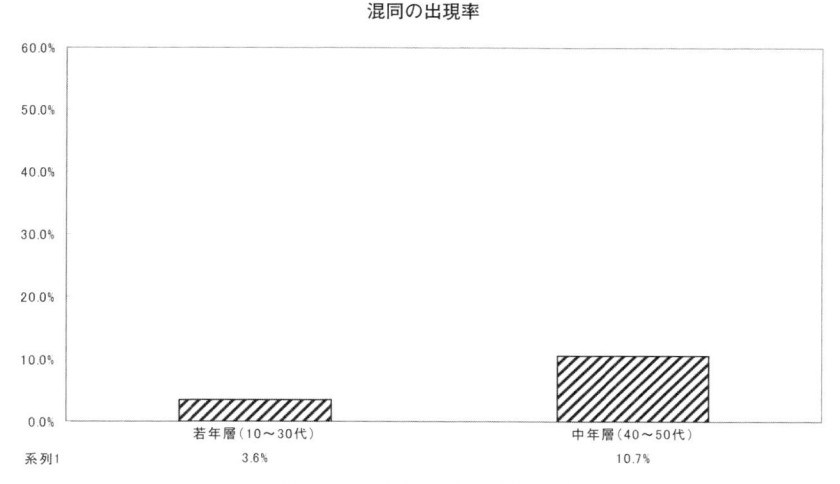

系列1　若年層（10〜30代）　3.6%　　中年層（40〜50代）　10.7%

図2　紀北出身者の発音聴取

ならない機会が多いということが大いに考えられる。そのことにより意識的にせよ無意識的にせよ、発音の矯正がなされている可能性は否定できない。これを踏まえると、紀北における発音の混同がほとんど見られないとは断言しがたい。調査対象者の職種を限定しない調査が望まれる。

また、紀北出身者への調査は、残念ながら高年層の調査を行うことはできなかった。しかし図3の紀中と同様に、高年層の発音における混同の出現の増加が十分に予想される。

御坊市天田区の出身者では結果が顕著であった。若年層ではほとんど失われているが、中・高年層には混同が多く見られる。

また、奥（2009）では上の調査と同時に紀中の御坊市天田区を対象に発音調査も行っている。「心臓」や「税金」などの有意味語60語を読み上げてもらい、その発音に混同が出現するかどうかを確かめた。その結果は図4に示す通りであるが、その出現率は図3の発音聴取の結果と非常に似通ったものとなった。つまり天田区では聴取のみならず、話者自身の発音にも混同が見られるということである。

これは十分予想されうることであり、言語行動における「話す・聞く・

混同の出現率

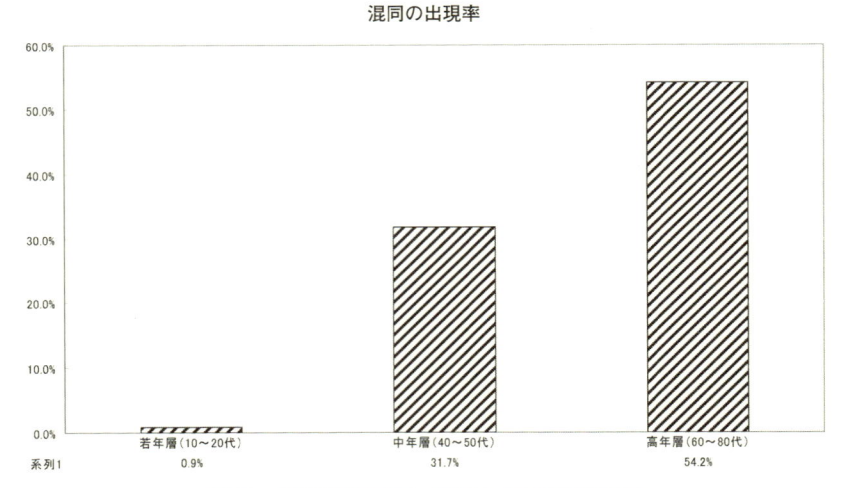

	若年層(10〜20代)	中年層(40〜50代)	高年層(60〜80代)
系列1	0.9%	31.7%	54.2%

図3　御坊市天田区（紀中）での発音聴取

書く・読む」という四つは必ずしもそれぞれが独立しているわけではないゆえである。「話す・聞く」行為が音声によるもの、「書く・読む」行為が文字によるものという違いはあっても、我々が他者とコミュニケーションをとる際にはそれらを利用しているという点では共通し、またそれぞれの行為は互いに他の行為に依存している。

　紀北出身者にも発音調査を行った場合、これもまた同様の結果が得られたのではないかと考えられる。

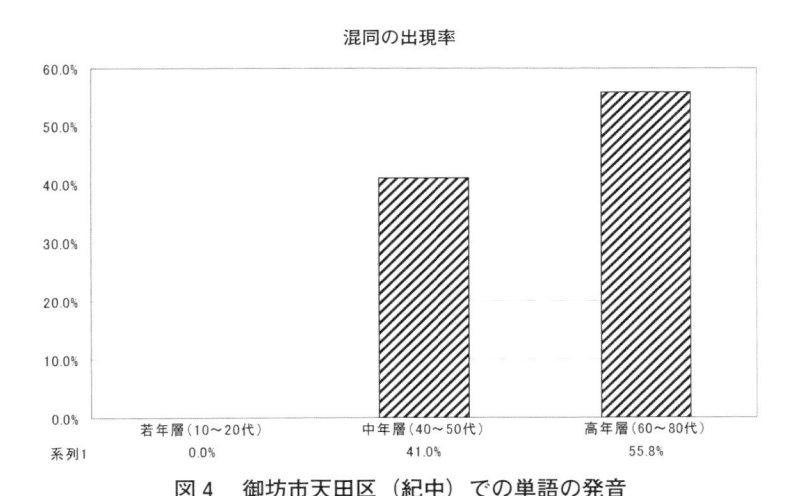

混同の出現率

若年層（10〜20代）	中年層（40〜50代）	高年層（60〜80代）
0.0%	41.0%	55.8%

図4　御坊市天田区（紀中）での単語の発音

表4　混同された回答例（一部）

実際の発音	聞き取りの誤答例					
脱脂綿	ザッシメン					
伝来	ゼンライ	レンライ				
座談会	ダダンカイ	ザザンカイ	ダザンカイ			
ザダダ	ザダザ	ザダラ	ザララ	ダダダ		
ゼデデ	ゼデデ	ゼレゼ	ゼゼレ	ゼゼデ	デデレ	デデデ
ゼデゼ	ゼレゼ	ゼデデ	デレゼ	デレレ	デゼデ	デデデ

- d→z
- z→d
- z⇔d

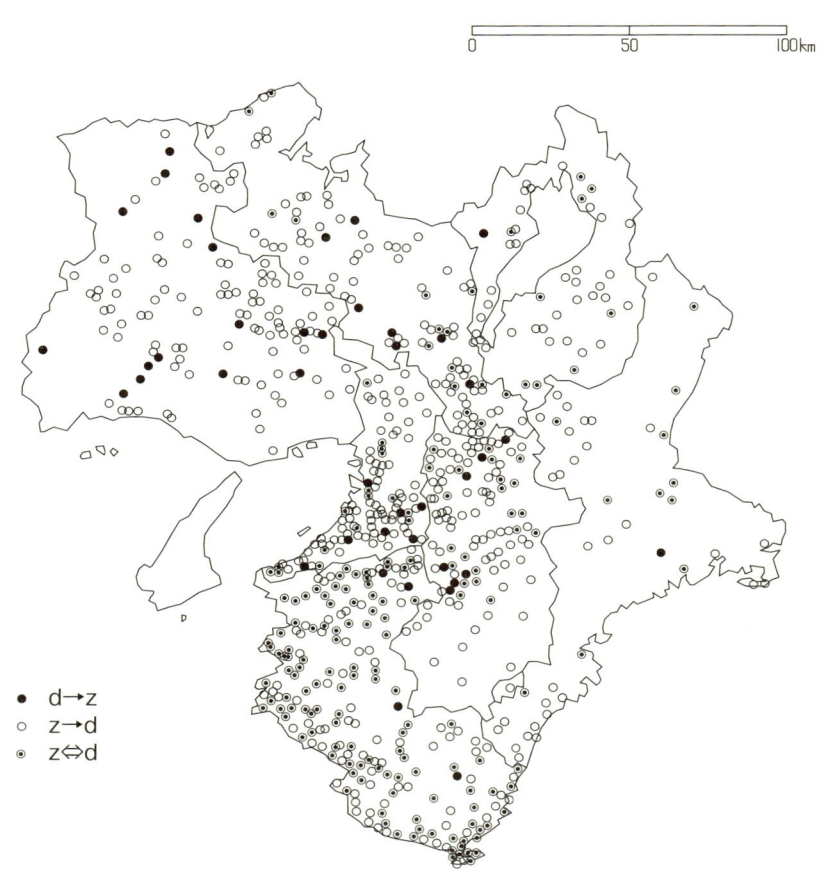

図5 近畿地方のザ行音・ダ行音の混同の傾向 (杉藤 (1981) より引用)

　また、ザ行・ダ行・ラ行がどのように混同されたかについて例を挙げれば、「題材（だいざい）」を「ザイダイ」や「ザイザイ」、「ダイダイ」、「ダイライ」と聞き取るなど、多様なパターンが見られた。一単語内にザ行・ダ行・ラ行のいずれかの音が一つしかない場合、「脱脂綿（だっしめん）」という語を複数名が揃って「ザッシメン」と聞き取るように、ほとんど一様の聴取である。

しかし先に挙げたように、一単語内にザ行やダ行など混同されやすい音が二つ以上存在する場合には、混同のパターンが複数表れる（表４）。これらのことから、発音する本人の中でザ行・ダ行・ラ行の各音について明確な区別があるわけではないということが考えられる。

加えてこれは杉藤（1981）の近畿地方の調査[3]（図５）において示されているように、兵庫県などにみられる混同の生じ方とは違い、和歌山県下では他府県と比較しても圧倒的と言えるほどに［z］と［d］の交替が多数の地点で見られ、二つの音の曖昧な使用という傾向が観察されたのである。

また、ザダダ、ゼデデなどの無意味語では更に多様な混同のパターンが見られたこと、話者一人ひとりに注目した場合にも［z］→［d］や［d］→［r］といった交替に必ずしも規則性が見られなかったことなどからも、これらの発音の知覚が曖昧であることは十分に言えそうである。

４．おわりに

これまでの近畿圏の発音の混同に関する研究においては、混同の見られる地域ばかりに目が向けられていたが、今回の調査の結果から和歌山県全体で混同が見られるというわけではなく、紀南のように混同がほとんど見られなくなっている地域があることが分かった。反対に、和歌山県でも御坊市では依然として高年層でも混同が残っている。

また、［z］、［d］、［r］それぞれの音の混同の生じ方に関しては、どの音がどの音に変化しやすいかということよりも、三つの音のいずれもが他の子音と交替しうるという点から、発音やその知覚が曖昧であるということの方が重要である。

今回は三重・和歌山両県南部の主に海岸沿いを中心に調査を行ったが、今後は紀北・紀中の各地点での発音調査を行い、グロットグラム化することが望まれる。そうすることで、和歌山県の発音の混同状況がより明確になるだろう。また、発音のみならず、発音聴取や書き取り調査も併せて行うことも必要であると思われる。

注
1) 今石（2005）の「構音」とほぼ同義である。
2) 紀北方言…和市方言（和歌山市など）、那賀方言（粉河町鞆淵地区など）、伊都方言（花園村など）
紀中方言…紀中平地方言（御坊市など）、紀中山地方言（清水町など）
紀南方言…紀南平地方言（新宮市など）、紀南山地方言（本宮町など）
3) この調査では、ザ行音とダ行音の混同のみ調査が行われている。

〔参考文献〕

今石元久編（2005）『音声研究入門』和泉書院

奥友里恵（2009）「和歌山県におけるダ行・ザ行・ラ行の混同—和歌山県御坊市天田区を中心に—」平成20年度徳島大学総合科学部卒業論文

杉藤美代子（1975）「ザ行音とダ行音の混同について—兵庫県多紀郡の場合—」『日本語の音　日本語音声の研究3』和泉書院

杉藤美代子・木村恵子・稲田裕子（1976）「ザ行・ダ行・ラ行の混同とその聴取及び発話について—和歌山県北部の場合—」『日本列島方言叢書⑭　近畿方言考②　三重県・和歌山県』（ゆまに書房）に再録

杉藤美代子（1981）「ザ行音・ダ行音・ラ行音の混同地域の分布と混同の実態」『日本語の音　日本語音声の研究3』和泉書院

畠中伊忠編（1929）『訛音矯正提要』」和歌山県立粉河中学校

村内英一（1978）「和歌山方言の特色」『和歌山の研究第五巻　方言・民俗篇』清文堂

地域のことばと意識
——紀伊半島沿岸地域における言語意識から——

市島佑起子

1. はじめに

　現代の地方に暮らす人々の多くは、共通語[1]で編集されたメディアの情報に囲まれながら、日常的な地域のことばの中で暮らしている。ほとんどの人々が、意識しようとしまいと、共通語と地域のことばという複数の言語変種を理解し、用いながら言語生活を送っているのである。
　我々の日常生活は、自身と他者との関係の中で成り立つものである。ことばはその関係の中で使われる道具であり、各自が持つ道具に対する感情やイメージが常に伴う。本稿では、紀伊半島沿岸地域に暮らす人々の、地域のことばに対する意識の一端を明らかにすることが第一の目的である。調査で得られたグロットグラムデータを用い、これまでの先行研究を参照しながら、人々のことばに対する意識と、それに関連する事柄の実態とかかわりについて述べてみることにしたい。

2. ことばに対する意識とは

2.1. 地域方言と言語意識

　私たちは日常、ある地域の方言に対して「京都のことばは女っぽくて柔らかい」「東北の方言は素朴で温かい」など、あるまとまりごとに、ぼんやりとしたイメージを持つことがある。それと同時に、「親が他県の友達

の前で方言を話すのは恥ずかしい」「兵庫県は関西弁だと思うけど、岡山県は違う」などといった、地域方言の使用場面や地理的な使用範囲等に対しても、なんらかの感情・イメージを抱くことがある。これらは一般に「ことばに対するイメージ」として捉えられているが、一口にことばに対するイメージといっても、ことばのどのレベルを指すかによって意味内容が異なる。中井（2005）では、ことばと意識の問題を考えるには、単語・表現レベルでは「語感」、言語体系全般を対象とする場合は「言語意識」と言い分けます（pp.98）と、している。これにあてはめると、冒頭で述べたような地域方言に対するイメージは、「言語意識」の問題であると考えることができる。

また、真田（2006）では表1のようにことばのイメージの対象を分類し、言語や変種の全体に対するイメージ（a）と、個々の言語や変種の個別的な側面に対するイメージ（b～d）があるとしている。

（a）は、英語（言語）や大阪方言（言語変種）に対して抱く「好き・嫌い・明るい・暗い」といった感情、印象、全体評価のことである。（b）は、広く言われる「〇〇方言／弁」が、どの範囲の地域で話されていると思うか（これを地図上に描いたものを「方言認知地図」という）といった意識や、自分達の話す言葉の境界をどこに引くかという方言区画に関係するイメージであり、本稿では特にこの（a）（b）に主な視点を置いている。

ここで重要なのは、これら一般に抱かれている感情、印象、評価、イメージといったものが、「言語変異の実態ではなく言語変異についての認識のあり方」（真田2006）を内包しているということである。つまり私たちは、ある地域のことばについて、自ら見聞きした詳細なことばの実態をもとに

表1　ことばのイメージの対象 （真田2006：164）

	イメージの対象	イメージの内容
（a）	言語や変種	そのことばにどのような感情や印象を持っているか？
（b）	地域方言	そのことばはどこで話されているか？
（c）	社会方言	そのことばはどのような人が話しているか？
（d）	スタイル	そのことばをどのように話しているか？

してイメージを築いている場合もあるが、一方で、その実態をよく知らない段階であっても、周囲の人々やメディア等から得た間接的な情報からそのイメージを構築しうるということである。若年期であれば、両親の抱くイメージや、地域で共有されているイメージをそのまま引き継ぐことも十分に考えられるし、そのイメージが青年・中年へと成長しても残っていく可能性もある。また、このイメージを共有する集団が大きくなればなるほど、それが固定化されたステレオタイプとして残ることとなり、より濃い影響を人々に与えるようになるのである。さらに、新しい言葉の形式を受け入れたり、ある形式を使わなくなるといった言語形式の変化に際しても、人々のことばに対する感情や評価といったイメージが係わっていることは想像に難くない。ことば、特に地域の言語形式が現れやすい話し言葉は、身近に存在するリアルな他者との関係の上で行われるものであり、その関係には種々の感情が必ず伴ってくるからである。

　以上のような、ことばに対する様々なレベルでの感情、印象、評価、イメージ等が複雑に重なり合って形成されたものが言語意識であり、紀伊半島沿岸地域での言語意識の現状を見ることは、そこで言語生活を営む人々の心のありようの一端を見ることであると同時に、この地域のことばの今後を考える上で重要な意味を持つと考えられるのである。

2.2. 地域方言に対する評価とその変遷

　地域のことばに対する人々の感情や評価は、いくつかの変化を経て時代と共に異なる様相を見せてきた。現在の私たちが抱いているイメージは、あくまで現代におけるそれであって、決して普遍的ではないということである。地域方言とその評価やその使用状況に関する歴史的な変遷について、これまでに様々な報告がされている。例えば、井上（2007）では、方言に関する歴史的な変化を、5つの類型に分けて表2のように表している。表2を見ると、現在は方言娯楽の時代と分類することができ、ことばの使用能力としては共通語が優位に見られるものの、多くの人が共通語と方言の両方を使えるようになり、方言に対してプラスの評価がなされる時代であると言える。陣内（2007）の表3を見ると、方言使用が、共通語との使い

分けから、方策的に自己表現のために使われる道具としてその位置を変化させてきたということが読み取れる。また、1980年頃から現代へと繋がる社会状況の変化が始まった事、それと同時に欧米的な思想が人々の間に入り込んだ事など、方言の使用や評価に影響を与えた社会的背景が示されている。日本中で使われる共通語に対して、その特徴が薄くなったことで希少性が高まった方言が、情的で郷愁を誘うものとして価値を高めて行ったと言う事ができそうである。

表2　方言の社会的類型（井上2007：33）

	類型	時代名	時代	方言への価値評価	使用能力
前史1	方言蔑視	京言葉の時代	～江戸前期	独立	方言優位
前史2	東西対立	江戸語の時代	江戸後期	独立	方言優位
第1類型	方言撲滅	標準語の時代	明治～戦前	マイナス	方言優位
第2類型	方言記述	共通語の時代	戦後	中立	両立
第3類型	方言娯楽	東京語の時代	戦後～平成	プラス	共通語優位

表3　方言認識をめぐる状況の時代的変遷（陣内2007：52）

	江戸	明治	大正	昭和	平成
〈経済・社会〉	プレモダン	モダン			ポストモダン
〈思想・倫理〉		儒教的（秩序・上下・集団）		欧米的（自由・平等・個人）	
〈ポライトネス〉		ネガティブ志向（遠慮・礼儀・わきまえ）		ポジティブ志向（親しさ・楽しさ・緩さ）	
〈方言評価〉		低		中	高
〈方言使用〉		制度的取り替え	使い分け	方策的（若者世代）自己表現（〃）	

※1980年頃を境とする

　日本語の方言については、上の2例のように、いくつかの時代の「山」を超えてその評価が変化したと論じられており、1960年頃を境にして、以前が方言撲滅、以後は共通語と共生した形での方言保存の時代であるとい

う認識が、多くの研究者の間で見られる。そのような中で安田(1999)は、方言の社会的な扱われ方の変化の裏にあった、方言学者達がおかれていた日本の状況や、国民国家のありかたとの関係を十分問い直す必要があるという主張を展開している。日本語の方言に対する評価やそれに伴う意識というものは、個人個人の感情であるとともに、日本という国家の社会的状況が非常に色濃く反映されるものであると付記しておく。

3. 全国的に見た紀伊半島沿岸のことば

ここでは、先行研究を参考にしながら、言語意識・イメージの対象となるこの地域のことばが、日本語諸方言の中でどのように位置づけられているか概観してみたい。

日本各地の方言を、言語を構成する要素のどこに注目して分ける(区画する)かということが、多くの研究者達によって論じられてきた。図1を見ると、紀伊半島沿岸に属する三重県・和歌山県の南部一帯は、本土内地方言に属し、下位分類として西部方言の中の近畿方言に分類されている。この地域一帯を近畿方言として分類することは、多くの区画論で見られる一方、アクセントや文末詞等に注目すると必ずしも近畿方言とくくることのできない特徴を持っていることも明らかになっている(図4参照)。

さらに図2・3を見ると、三重県・和歌山県の南部一帯は、南近畿方言の領域に入る[2]。三重県側では、志摩・南伊勢方言、北牟婁方言、南牟婁方言(この3方言をあわせて、南三重方言とも言う)、和歌山県側では、紀北方言、紀中方言、紀南方言[3]が南近畿方言の中に含まれている。また、同地域が、旧紀伊国(紀州)と区分を同じくすることから、この地方一帯で使われている方言は、一般に紀州弁と呼ばれることが多いようである。ただし、その中でも南三重方言の地域には、三重県北部の「伊勢弁や伊賀弁などに対する「志摩弁」とか「北牟婁弁」というような広域の共同体意識はない」(平山他2000)ということも報告されており、ことばの実態も捉えられ方も単純ではない。本稿のグロットグラムに表された地域は、三重県鳥羽市から和歌山県田辺市までであるから、広くは近畿方言、狭くは

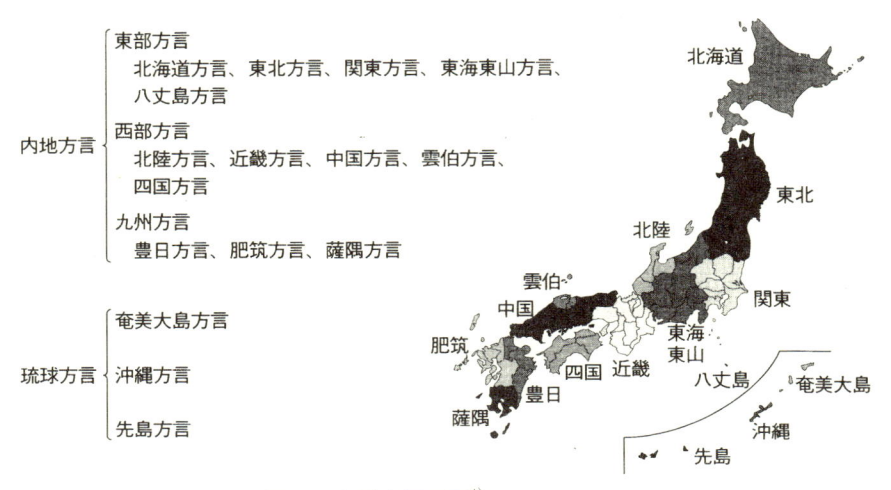

内地方言 ┬ 東部方言
　　　　│　　北海道方言、東北方言、関東方言、東海東山方言、
　　　　│　　八丈島方言
　　　　├ 西部方言
　　　　│　　北陸方言、近畿方言、中国方言、雲伯方言、
　　　　│　　四国方言
　　　　└ 九州方言
　　　　　　　豊日方言、肥筑方言、薩隅方言

琉球方言 ┬ 奄美大島方言
　　　　 ├ 沖縄方言
　　　　 └ 先島方言

図1　全国方言区画[4]（山本2006：134）

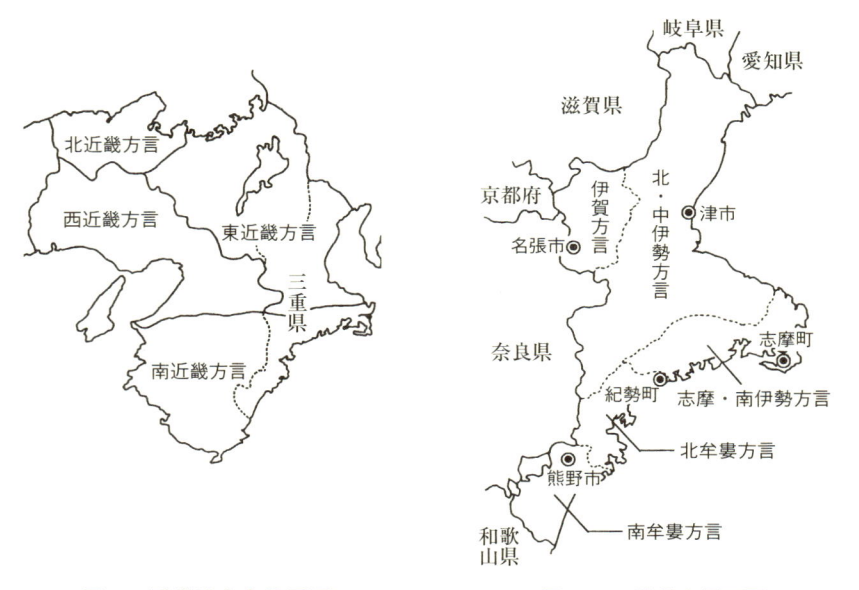

図2　近畿地方方言区画　　　　**図3　三重県方言区画**

（図2・3共　平山他2000：2）

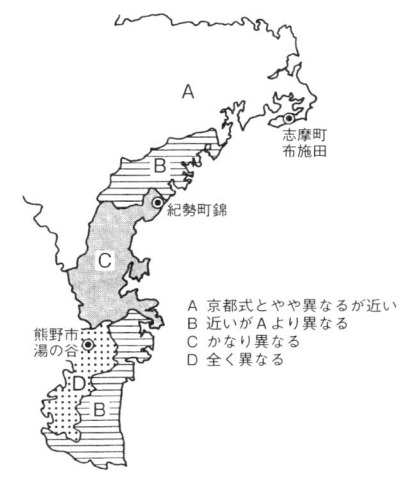

図4　南三重方言のアクセント分布　（平山他2000：19）

A　京都式とやや異なるが近い
B　近いがAより異なる
C　かなり異なる
D　全く異なる

志摩・南伊勢方言、北牟婁方言、南牟婁方言、紀南方言の領域にあてはまるものと言える。

4．紀伊半島沿岸に暮らす人々のことばに対する意識

4.1．地元のことばに対する意識

　グロットグラムの考察を進める前に、先行研究を参考にしながら、この地域の人々のことばに対する意識の一例を見てみることにする。
　図5は、井上（2007）が、1997年に全国で行われたNHK調査の結果を元に作成した、方言イメージに関する日本地図である。「地元のことばが好きですか」「土地のことばも残すべきですか」「なまりがあるのは恥ずかしいことですか」という三項目の結果を、斜線等の模様で複合的に表している。ただし、この調査は県単位でデータを扱っているため、本稿の考察対象以外の地域も含まれていることに注意したい。これを見ると、三重・和歌山両県での結果が異なることがわかる。和歌山県ではなまりが恥ずか

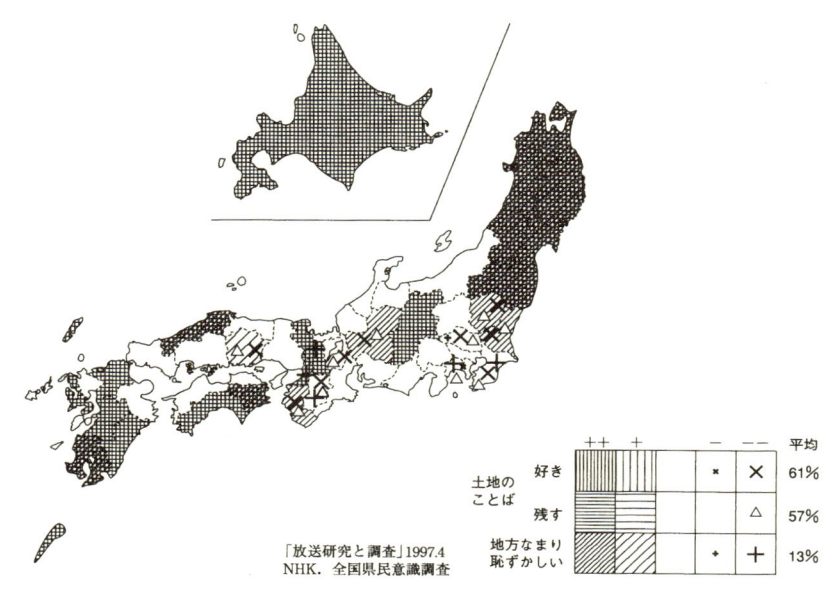

図5　方言イメージの日本地図　(井上2007：29)

く、地元のことばを好きだと思う気持ちも薄く、地元のことばを残すべきかという事に関しては強い主張はない。三重県では、全てにおいて平均値であり、地元のことばに対する際立った強い思いや主張はないと読み取れそうである。

また図6は、図5と同様のNHK調査の結果を、全国総平均の値を縦横線に配置し、各県ごとの平均値をプロットしたものである。井上は、その意識に特徴が見られる都道府県をまとめて、「自信型（大都市）」「地元軽視型（都市近郊）」「分裂型（東北・九州・中四国）」「自己嫌悪型（北関東・北陸）」の4型に分類しているが、井上の考察では、三重・和歌山の両県はそのいずれにも分類されていない。三重県はほぼ全国平均に近い場所に、和歌山県は自己嫌悪型に近い場所にそれぞれ位置しており、それぞれ分裂型・自己嫌悪型と類似した傾向を持つと見ることができる。これら二つの図からは、次のような事が考えられそうである。

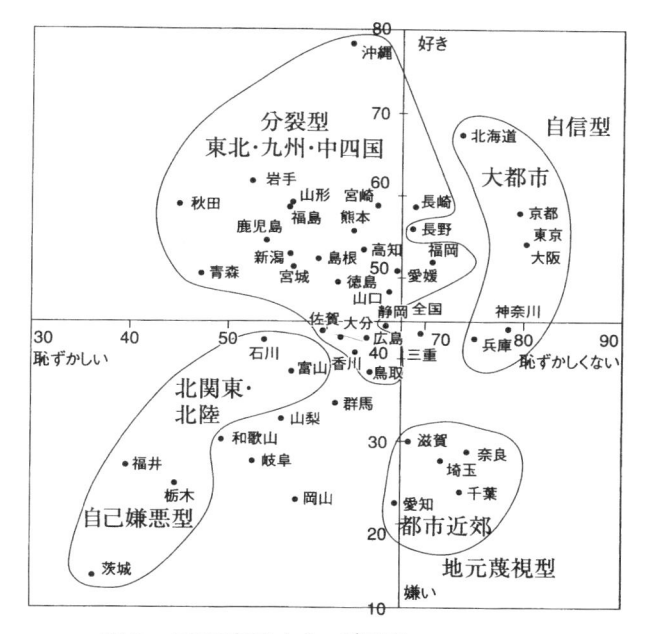

図6　NHK方言イメージ調査 (井上2007：23)

(1) 三重・和歌山両県（に含まれる南近畿方言の地域）では、地元のことばに対して積極的な好感を抱く人が少ないのではないか。
(2) 同地域、特に和歌山県側では、地元のことばを他地域や公の場で使うことは恥ずかしく、使わない方がいいという規範意識が強いのではないか。
(3) 同地域では、地元のことばに対する保護活動や、対外的なアピールなどが積極的には行われていないのではないだろうか。

以上の予想をもとにしながら、グロットグラム図を見ていくことにする。
　表4は、地元のことばをどの程度好きかという事を、1〜4の数値で回答してもらった結果である。凡例1〜4は、数値が小さくなるほどポジティブ、大きくなるほどネガティブな評価を表し、今回は便宜的に1：とても好き、2：好き、2.5：普通（またはどちらでもない）、3：あまり好き

表4 《地元のことばの好悪》

項目名:【地元のことばの好悪】
質　問:地元のことばはどの程度好きですか

		地点＼世代	10代	20代	30代	40代	50代	60代	70代～
三重県	1	鳥羽市坂手町	■				■	□	
	2	磯部町	○	■			□		■
	3	浜島町	●				N		□
	4	南勢町	■		■		■		■
	5	南島町	■					■	■
	6	紀勢町	■	□			■		■
	7	紀伊長島町	□		□		■	■	
	8	海山町	■		■			□	■
	9	尾鷲市旧市街	■	■		□			□
	10	尾鷲市九鬼	■	■	■		■		
	11	熊野市飛鳥町	■	■		○			■
	12	御浜町						■	■
	13	紀宝町	■		■				
	14	紀和町		□					
	15	鵜殿村1	□						
	16	鵜殿村2			□		○		□
	17	鵜殿村3	□						
和歌山県	18	新宮市1	■						○
	19	新宮市2		■		□			
	20	新宮市3							□
	21	那智勝浦町							
	22	太地町	■	■					
	23	古座町	□					■	
	24	串本町1				■			
	25	串本町2		□					■
	26	串本町3			■				
	27	すさみ町	□	□		N		□	
	28	上富田町1	■						
	29	上富田町2	■		■		■	■	
	30	上富田町3	■						
	31	田辺市	□	■	□			□	

凡例　■ 1　□ 2　= 2.5　○ 3　● 4　N NR

ではない、4:好きではないと当てはめて考えることにする。
　最も注目すべきなのは、全体的に1:とても好き、2:好きという回答

が多数を占める点である。地点の違い、世代の違いに関係なく、1と2が全体を覆っている印象を受ける。比較的回答者数が多い若年層（10・20代）と老年層（60・70代）を取り出して回答数でまとめた表5[5]を見ても、1と2のポジティブな回答が90％を超えている。また、県別にまとめた表6でも、三重県側がやや強い好感を示すものの、全体的な傾向に大差はない。最もネガティブな4が全体で1回答、3が4回答のみという結果だけを見ても、この地域の人々が、地元のことばに対して好感を持っていると言えるであろう。

表5　世代別回答数（115：地元のことばの好悪）

	1	2	2.5	3	4	N	合計
若年層	26（59％）	16（36％）	0	1（2％）	1（2％）	0	44
中年層	13（54％）	7（29％）	0	2（8％）	0	2（8％）	24
老年層	17（68％）	7（28％）	0	1（4％）	0	0	25

表6　県別回答数（115：地元のことばの好悪）

	1	2	2.5	3	4	N	合計
三重県	38（66％）	14（24％）	0	3（5％）	1（2％）	1（2％）	57
和歌山県	18（50％）	16（44％）	0	1（3％）	0	1（3％）	36

表7　世代別回答数（114：標準語使用意識）

	1	2	2.5	3	4	N	合計
若年層	27（61％）	13（30％）	0	2（4％）	2（4％）	0	44
中年層	11（45％）	7（29％）	0	4（17％）	1（4％）	1（4％）	24
老年層	17（68％）	6（24％）	0	1（4％）	1（4％）	0	25

表8　県別回答数（114：標準語使用意識）

	1	2	2.5	3	4	N	合計
三重県	33（58％）	17（30％）	0	5（9％）	2（3％）	0	57
和歌山県	22（61％）	9（25％）	0	2（6％）	2（6％）	1（2％）	36

表9 《標準語使用意識》

項目名:【標準語使用意識】
質 問:改まった場では標準語を使うべきだと思いますか。

		地点 \ 世代	10代	20代	30代	40代	50代	60代	70代〜
三重県	1	鳥羽市坂手町	■	■			■	■	
	2	磯部町	■	■			□		○
	3	浜島町	□				□		■
	4	南勢町	□		■	□			■
	5	南島町	□					■	□
	6	紀勢町	■	■		■			■
	7	紀伊長島町	□	■			○	■	
	8	海山町	■		■		○		□
	9	尾鷲市旧市街	●	○		○			
	10	尾鷲市九鬼	■	□		■			
	11	熊野市飛鳥町	■			■			□
	12	御浜町		■				□	■
	13	紀宝町	□				□		■
	14	紀和町		●				■	
	15	鵜殿村1	■			■			
	16	鵜殿村2				■	■		■
	17	鵜殿村3	■						
和歌山県	18	新宮市1	■						□
	19	新宮市2		□		■			
	20	新宮市3	■					■	
	21	那智勝浦町	■						□
	22	太地町	■	□		■		■	
	23	古座町	■					■	
	24	串本町1			●				
	25	串本町2		■					●
	26	串本町3			■				
	27	すさみ町	■	□		N			■
	28	上富田町1	■						
	29	上富田町2	■		□		○	■	
	30	上富田町3	○						
	31	田辺市	■	□	□			■	

凡例 ■ 1 □ 2 ○ 3 ● 4 N NR

　次の表9は、改まった場では標準語を使うべきかについての回答をまとめたものである。凡例は、表4と同様、数値が小さくなるほどポジティブ、

表10 《地元のことばとの類似（大阪・関西・名古屋）》

項目名：【地元のことばとの類似（大阪・関西・名古屋）】

質問：地元のことばは、大阪・関西・名古屋のどのことばに近いと思いますか。

		地点＼世代	10代	20代	30代	40代	50代	60代	70代〜
三重県	1	鳥羽市坂手町	■	■			■	■	
	2	磯部町		■	■		■		■
	3	浜島町	N				■		○
	4	南勢町	○		■	■			○
	5	南島町	○					◆	■
	6	紀勢町	◆	■			◆		■
	7	紀伊長島町	■	■			■	■	
	8	海山町	■		■		◆		
	9	尾鷲市旧市街	◆	○		■			○
	10	尾鷲市九鬼	◆	■		■			◆
	11	熊野市飛鳥町	■	■				■	
	12	御浜町		◆	■		■		○
	13	紀宝町	■	■			■	○	
	14	紀和町		■					■
	15	鵜殿村1	■						
	16	鵜殿村2			■		■		■
	17	鵜殿村3	■						
和歌山県	18	新宮市1	■						
	19	新宮市2		■		■			
	20	新宮市3	■						○
	21	那智勝浦町		■		■			■
	22	太地町	■	◆		■		◆	
	23	古座町	■	■		■		◆	
	24	串本町1			■				
	25	串本町2		■					■
	26	串本町3			◆				
	27	すさみ町	■	■		N			■
	28	上富田町1	■						
	29	上富田町2	◆		◆			◆	■
	30	上富田町3	■						
	31	田辺市		◆	◆	■		■	

凡例　◆ 大阪　■ 関西　○ 名古屋　N NR

大きくなるほどネガティブな評価を表していると解釈した。この評価は一方で、1に近いと「標準語志向」を、4に近いと「地元のことば（方言）

志向」を持っているとも言い換えることができる。改めて表9を見ると、和歌山県の10代と中・老年層に1が多く、標準語志向が非常に強いと考えられそうである。また、その他の地点・年代においても、全体的に1と2が多くを占めていることが一目でわかる。さらに、表7はこの項目の世代別の回答数、表8は県別の回答数別にまとめたものである。それぞれの母数が違うことも考慮せねばならないが、表7からは、世代を問わず標準語志向が強いことが読み取れるし、表8では、三重県側がやや強い標準語志向を示しているものの、この地域全体としてゆるやかな標準語志向を持っていると見ることができる。表4の結果と合わせると、紀伊半島沿岸の人々は、地元のことばに好感を持っているが、公の場では標準語を話すべきだという意識を持っていると言えそうである。

さらに、表10、表11を見てみよう。これは、自分達の地元のことばが、近隣地域のどこのことばに近いかを聞いたものである。表10では地理的に近いことも影響してか、愛知県に近い地域ほど名古屋という回答が多く見られる。特に、志摩半島の南側の地域や、熊野灘に面する御浜町や紀宝町といった地域の若・老年層にその回答が集中している。例えばこの地域は、3節で取り上げた図4（アクセント分布図）にあてはめてみると、ほとんどがA（京都式とやや異なるが近い）B（京都式と近いがAより異なる）の領域であることがわかる。アクセントは、日常的に他地域のことばとの非類似性を感じる言語要素の一つであるが、京都式との類似性が高いがゆえに、「関西弁の本場」との違いが明確となり、北伊勢地方を緩衝地域としながらもアクセント以外の類似性があり、さらに距離も近い名古屋という回答に繋がった可能性も考えられる。平山他（2000）では、「熊野灘沿岸部は、地理的にも言語的にも近畿中央部から遠くは離れているから、高

表11　県別回答数（116：地元のことばとの類似）

	大阪	関西	名古屋	N	合計
三重県	8（14%）	40（70%）	8（14%）	1（2%）	57
和歌山県	9（25%）	25（69%）	1（3%）	1（3%）	36

年層には近畿とか関西弁という意識は希薄である」と述べている。とすると、この地域の老年層に2例、名古屋という回答が見られるのは、名古屋に近く似ているというよりも、関西とは違うという意識の表れとも読むことができる。また、2節でも述べたように、若年層においては、実際に見聞きした情報よりも、同地域の上の世代の意見が強い影響力を持って共有されている可能性がある。若年層で名古屋という回答が得られた3地点のうち、南勢町・尾鷲市の2地点で老年層にも同様の名古屋という回答が見られる事も付記しておきたい。

　和歌山県側においては、ほとんどが大阪・関西という回答である。全体的に関西という回答が多い中に大阪が点在する形になっているが、両県をまたいだ紀宝町から那智勝浦町までの間に大阪という回答が見られない。これは、この付近一帯の言語的な特徴や交流の歴史において、奈良県南部や和歌山県北部地域との関わりが強く見られることが影響していると思われる。

4.2. 他地域のことばに対する意識

　紀伊半島は、その多くが紀伊山地に属し、海岸部には平野がほとんど見られない。紀伊半島沿岸地域では必然的に交通ルートが限られ、公共交通機関の利便性は高くなく、現在は車での移動が最も便利である。主な公共交通といえばJR紀伊本線であるが、三重県多気駅から和歌山県和歌山駅間においては他の鉄道との接続がなく、普通・特急の運行本数を見ても決して多いとは言えない。地上の交通だけに目を向けると、大阪を中心とした関西圏と、名古屋を中心とした中京圏に逃げ場無く挟まれているようにみえるが、歴史的に見ると、大都市間の物資輸送や林業・漁業といった第一次産業に関連して、太平洋側を中心とした各都市と海上交通を通した繋がりを持っている地域であった。このようなことから、かつては熊野灘地域を中心として、地区や浦ごとに文化や言葉が違うという意識も持たれていたようである。しかし現代では、海上よりも地上の移動・交通を主として多くの交流・生活が営まれており、この地域の人々の意識について考える際には、近隣にある関西圏・中京圏に対する視線に注目すべきと考える。

表12 ＜他地域のことばに関する意識＞

【一番親しみを持っていることば（東京・大阪・名古屋）】
質問：東京・大阪・名古屋の中で、一番親しみを持っていることばはどれですか。

【一番好きなことば（東京・大阪・名古屋）】

		地点＼世代	10代	20代	30代	40代	50代	60代	70代～	10代	20代	30代	40代
三重県	1	鳥羽市坂手町	○	◆			○	○		◆			
	2	磯部町		◆	◆		◆				◆		
	3	浜島町	◆						○	＊		◆	◆
	4	南勢町	◆		◆		◆		○	＊		◆	
	5	南島町	Ν					◆	○	Ν			
	6	紀勢町	◆	○				◆	◆			＊	◆
	7	紀伊長島町	◆	◆	◆		◆	◆		Ν	◆		
	8	海山町	◆	◆	◆	◆		◆		◆			
	9	尾鷲市旧市街	◆			＊		◆		◆			
	10	尾鷲市九鬼	◆	○		◆			＊		○	◆	
	11	熊野市飛鳥町	◆				◆						＊
	12	御浜町	◆				◆		◆				
	13	紀宝町				◆							
	14	紀和町		◆				＊					
	15	鵜殿村1	＊							＊			
	16	鵜殿村2											
	17	鵜殿村3	◆										
	18	新宮市1	◆					◆		◆			
	19	新宮市2		○		◆					○		＊
	20	新宮市3	◆										
和歌山県	21	那智勝浦町	◆										
	22	太地町	◆	◆		＊		◆		Ν			◆
	23	古座町	◆	◆				◆		◆			◆
	24	串本町1					◆						
	25	串本町2		◆									
	26	串本町3			◆								
	27	すさみ町	◆	◆		Ν		◆		◆			Ν
	28	上富田町1	◆										
	29	上富田町2	◆							＊			
	30	上富田町3	◆	◆									
	31	田辺市		◆				◆		◆			

凡例 ＊東京 ◆大阪 ○名古屋 Ν NR

また、全国的な共通語化が進むと言われる中にあって、共通語の使用の中心地との認識が強い東京（関東圏）に対する視線も、この地域の言語意識に影響を与えているものと考えながら、以下の考察を進めたい。

表12は、この地域の人々の東京・大阪・名古屋の言葉に対する意識に関連する3つのグロットグラム（111-113）を一面にまとめたものである。いずれの項目も、東京・大阪・名古屋の中から最もそう思う一つを選択する方式をとっている。左から「112：親しみを持っていることば」「111：好きなことば」「113：憧れを持っていることば」（以下、「112：親しみ」「111：好き」「113：憧れ」とする）と並び、全体的に大阪という回答が多く目に

地域のことばと意識　319

質　問：東京・大阪・名古屋の中で、一番好きなことばはどれですか。　【一番憧れを持っていることば（東京・大阪・名古屋）】
質　問：東京・大阪・名古屋の中で、一番憧れを持っていることばはどれですか。

50代	60代	70代～	10代	20代	30代	40代	50代	60代	70代～	世代／地点		
※	○		◆	◆			※	○		鳥羽市坂手町	1	
※		◆				※			N	磯部町	2	
※		※	※					※		浜島町	3	
		○	※		◆	◆		○		南勢町	4	
	◆	※	N	※					※	南島町	5	
				◆	※				◆	紀勢町	6	
◆	◆		◆			◆		◆		紀伊長島町	7	
◆	◆	◆	◆				◆		◆	海山町	8	三
	※			◆						尾鷲市旧市街	9	重
	※			◆	○	○		※		尾鷲市九鬼	10	県
	※			◆		※				熊野市飛鳥町	11	
◆		※	◆	◆			◆		※	御浜町	12	
◆			◆					※		紀宝町	13	
	※							※		紀和町	14	
			※							鵜殿村1	15	
※		※				◆			※	鵜殿村2	16	
										鵜殿村3	17	
		※		◆					※	新宮市1	18	
	※					◆		※		新宮市2	19	
								※		新宮市3	20	
				◆	○					那智勝浦町	21	
	◆		◆	◆		◆		※		太地町	22	
	◆		◆	◆	◆		◆			古座町	23	和
					○					串本町1	24	歌
	◆		◆						◆	串本町2	25	山
					◆					串本町3	26	県
	※				N			※		すさみ町	27	
										上富田町1	28	
◆	◆		※	※			◆	◆		上富田町2	29	
			※							上富田町3	30	
	※		◆	◆	◆			※		田辺市	31	

付く。名古屋の回答に注目すると、「112：親しみ」では、三重県側を中心に10例程見られるのが「111：好き」では5例、「113：憧れ」では6例と減少する。「113：憧れ」に見られる6例のうち三重県側の4例は、他の2項目でも名古屋と答えており、少数ながら一貫した名古屋のことばへの志向を持っている様子が読み取れる。残りの2例は和歌山県側に見られ、他の2項目では大阪と答えていたものが名古屋へと変化している。次に、東京の回答を見てみると、親しみ（9）＜好き（25）＜憧れ（33）の順に回答数が増加する（カッコ内は回答数。表13参照）。「112：親しみ」で東京と回答した9例のうち7例は他の2項目でも東京と答えており、先程の名

表13 県・回答例別一覧[6]

県＼項目	112 親しみ	111 好き	113 憧れ	回答	103 親しみ	102 好き	104 憧れ	項目＼県
三重県	7 (12%)	18 (31%)	21 (37%)	東京	5 (9%)	16 (28%)	27 (47%)	三重県
和歌山県	2 (5%)	7 (19%)	12 (33%)	東京	2 (5%)	4 (11%)	15 (42%)	和歌山県
全体	9 (9%)	25 (27%)	33 (35%)	東京	7 (7%)	20 (22%)	42 (45%)	全体
三重県	40 (70%)	33 (58%)	30 (52%)	大阪	26 (44%)	25 (44%)	20 (35%)	三重県
和歌山県	32 (89%)	26 (72%)	21 (58%)	大阪	31 (86%)	31 (86%)	17 (47%)	和歌山県
全体	72 (77%)	59 (63%)	51 (54%)	大阪	57 (61%)	56 (60%)	37 (40%)	全体
三重県	9 (16%)	4 (7%)	4 (7%)	名古屋	25 (44%)	16 (28%)	9 (16%)	三重県
和歌山県	1 (3%)	1 (3%)	2 (5%)	名古屋	2 (5%)	0	3 (8%)	和歌山県
全体	10 (10%)	5 (5%)	6 (6%)	名古屋	27 (29%)	16 (17%)	12 (13%)	全体
<地域のことばに関する意識>					<他地域に関する意識>			

(111-113／102-104：他地域のことば／他地域に関する意識)
※カッコ内は、各県の回答全体に占める割合を表す

表14 世代別回答数

年代＼項目	112 親しみ	111 好き	113 憧れ	回答	103 親しみ	102 好き	104 憧れ	項目＼年代
若年層	1 (2%)	5 (11%)	9 (20%)	東京	2 (5%)	8 (18%)	16 (36%)	若年層
中年層	2 (8%)	8 (33%)	7 (29%)	東京	3 (12%)	7 (29%)	13 (54%)	中年層
老年層	6 (24%)	12 (48%)	17 (68%)	東京	2 (8%)	5 (20%)	13 (52%)	老年層
全体	9 (9%)	25 (27%)	33 (35%)	東京	7 (7%)	20 (22%)	42 (45%)	全体
若年層	38 (86%)	34 (77%)	32 (73%)	大阪	30 (68%)	31 (70%)	22 (50%)	若年層
中年層	19 (79%)	14 (58%)	14 (58%)	大阪	12 (50%)	13 (54%)	9 (37%)	中年層
老年層	15 (60%)	11 (44%)	5 (20%)	大阪	15 (60%)	12 (48%)	6 (24%)	老年層
全体	72 (77%)	59 (63%)	51 (54%)	大阪	57 (61%)	56 (60%)	37 (40%)	全体
若年層	4 (9%)	2 (5%)	2 (5%)	名古屋	12 (27%)	5 (11%)	6 (24%)	若年層
中年層	2 (8%)	1 (4%)	2 (8%)	名古屋	8 (33%)	3 (12%)	1 (4%)	中年層
老年層	4 (16%)	2 (8%)	2 (8%)	名古屋	7 (28%)	8 (32%)	5 (20%)	老年層
全体	10 (10%)	5 (5%)	6 (6%)	名古屋	27 (29%)	16 (17%)	12 (13%)	全体
<地域のことばに関する意識>					<他地域に関する意識>			

(111-113／102-104：他地域のことば／他地域に関する意識)
※カッコ内は、各世代の回答全体に占める割合を表す

古屋の例と同様に、一貫した東京のことばへの志向が見られる。さらに詳しく見てみると、この7例は、1例を除いて全て尾鷲市～新宮市間の老年層に分布している。この地域は、前節の最後で、地元のことばとの類似において大阪という回答が見られなかった一帯を含む熊野灘沿岸地域である。紀伊半島沿岸の中でも、距離的にも交通の便を見ても、大阪・名古屋といった大都市圏から最も遠いこの地域の老年層が、名古屋・大阪といった近隣地域をさておき、遠く離れた東京のことばに最もポジティブな評価を下していることは、大変興味深い。古く大阪と江戸を結んだ紀州廻船がこの地を経由し、新宮市周辺で江戸に向けた活発な木材輸送が行われていた事など、この地域の歴史的な土地柄も考慮すべきだろうか。地域特性以外の面から考えてみると、言語意識の分析を類型論的に試みた阿部（2001）では、いくつかの先行研究の結果を踏まえ、日本国内複数の調査地域で、若年層では関西方言志向が、老年層では東京弁志向が強いことに言及している。特に阿部の調査対象地域である伊勢市―名古屋市間は、本研究対象地域から連続する三重県を含む地域であり、そこでは30代以上の年代で東京弁（東京のことば）志向が見られるとしている。グロットグラム111-113の回答を世代別にまとめた表14を見ても、東京のことばに対するポジティブな評価はいずれの項目でも若年層＜老年層となっており、このような傾向があらわれることについては、地域的な特徴を十分検討する必要があると共に、先に述べたような傾向が全国的に広く見られることもふまえておくべきであると考える。

　以上、他地域のことばに対する意識をおおまかにまとめると、紀伊半島沿岸地域では、全体として大阪のことばに対するポジティブな評価が最も多く見られる中で、三重県を中心として名古屋のことばに対する親しみ、全地域の老年層を中心に東京のことばに対する憧れの気持ちを持つ人が多い傾向があると言えそうである。

4.3．地域への評価とことばの意識

　ここまで見てきたような、各地域のことばに対する意識は、地域そのものに対する評価とどのような関係にあるのだろうか。次ページの表15は、

表15 ＜他地域に関する意識＞

項目名:【親しみ（東京・大阪・名古屋）】
質問：東京・大阪・名古屋のなかで、一番親しみを持っているところはどこですか。

項目名:【好悪（東京・大阪・名古屋）】

		地点＼世代	10代	20代	30代	40代	50代	60代	70代～	10代	20代	30代	40代
三重県	1	鳥羽市坂手町	○	○			◆	◆		＊	＊		
	2	磯部町				◆			◆		◆		
	3	浜島町	○			◆			◆				◆
	4	南勢町	＊		＊		◆		◆			＊	◆
	5	南島町	○					◆	◆	＊			
	6	紀勢町	○	○		◆		◆			○	◆	＊
	7	紀伊長島町	○		◆		◆		○	○		◆	◆
	8	海山町	◆			○			○	＊	◆		
	9	尾鷲市旧市街					＊	◆	◆	◆	◆		
	10	尾鷲市九鬼	○					＊	◆	◆		○	
	11	熊野市飛鳥町					○		◆				＊
	12	御浜町		◆			◆		◆				◆
	13	紀宝町		◆				◆			◆		◆
	14	紀和町						N					
	15	鵜殿村1	＊							＊			
	16	鵜殿村2							○				
	17	鵜殿村3	◆										
和歌山県	18	新宮市1						◆		◆			
	19	新宮市2		◆		◆					◆		◆
	20	新宮市3						＊					
	21	那智勝浦町	◆	◆	◆			◆	◆			◆	◆
	22	太地町		◆		＊		◆	◆				＊
	23	古座町	◆				◆		◆				◆
	24	串本町1					◆		◆			◆	
	25	串本町2			◆		◆						◆
	26	串本町3				◆			◆				
	27	すさみ町		◆	◆		N		◆				N
	28	上富田町1	◆						◆				◆
	29	上富田町2	○		○				◆			◆	
	30	上富田町3	◆										
	31	田辺市		◆				◆	◆		◆		◆

凡例　＊ 東京　◆ 大阪　○ 名古屋　N NR

　この地域の人々の東京・大阪・名古屋に対する意識に関連する3つのグロットグラム（102-104）を一面にまとめたものである。前節と同様、いずれの項目も、東京・大阪・名古屋の中から最もそう思う一つを選択する方式をとっており、ことばに関する意識と合わせて、「103：親しみ」「102：好き」「104：憧れ」の順に並んでいる。また、前節でも触れた表13・表14は、グロットグラム102-104および111-113の結果を、県・年代別に回答数をまとめたものである。

　表15と表13・表14を合わせて見ると、まずはことばの意識と同様に、大阪という回答が多数を占める事がわかる。そのような中で、「103：親しみ」

地域のことばと意識　323

質　問：東京・大阪・名古屋のなかで、一番好きなところはどこですか。

項目名：【憧れ（東京・大阪・名古屋）】
質　問：東京・大阪・名古屋のなかで、一番憧れを持っているところはどこですか。

（グロットグラム表：世代別（50代・60代・70代～／10代・20代・30代・40代・50代・60代・70代～）×地点（三重県：鳥羽市坂手町1、磯部町2、浜島町3、南勢町4、南島町5、紀勢町6、紀伊長島町7、海山町8、尾鷲市旧市街9、尾鷲市九鬼10、熊野市飛鳥町11、御浜町12、紀宝町13、紀和町14、鵜殿村1 15、鵜殿村2 16、鵜殿村3 17；和歌山県：新宮市1 18、新宮市2 19、新宮市3 20、那智勝浦町21、太地町22、古座町23、串本町1 24、串本町2 25、串本町3 26、すさみ町27、上富田町1 28、上富田町2 29、上富田町3 30、田辺市31））

「102：好き」の三重県側に多い、名古屋の回答が目立つことに注目したい。グロットグラムをさっと眺めただけでも○が広く分布しているのが見て取れるが、表13中の「112：（ことば）親しみ」「103：（地域）親しみ」を見ると、名古屋のことばに対して親しみを持っているという回答が全体で10例（10％）だったものが、名古屋の地域へと質問を変えると、27例（29％）へと割合が増えている。特に、三重県側の増加が大きく、2倍以上の変化がある。同表中、「111：（ことば）好き」「102：（地域）好き」の名古屋の回答を見ても、全体で5例（5％）しかなかったものが、16例（17％）に増えているのがわかる。しかもこの16例は、全てが鵜殿村以北の三重県側

にしか見られない。さらに、「113:(ことば)憧れ」と「104:(地域)憧れ」を見ると、まばらだった名古屋という回答が、若年層・老年層を中心に2倍に増えている。名古屋への視線としては、ことばよりも地域に肯定的なイメージが持たれていると言うことができそうである。続いて、東京と大阪の回答に注目して、表13の「111:(ことば)好き」と「102:(地域)好き」を比較してみると、102(地域)の方が名古屋の回答が増えた分、東京・大阪が減少したものの、大阪が6割以上を占める様子に変わりは無い。しかし、「113:(ことば)憧れ」と「104:(地域)憧れ」では、113(ことば)で大阪が優位だったものが、104(地域)において東京42例(45%)、大阪37例(40%)と逆転する結果となっている。

さらに、回答が集中する大阪と東京に対する意識を、表14の年代別結果を参考にしながら眺めてみると、東京の回答数の割合は全てにおいて若年層＜老年層であり、逆に大阪の回答数の割合は若年層＞老年層であることがわかる[7]。

以上、他地域に対する意識と、他地域のことばに対する意識を総括し、これまでの結果を合わせて見ると、次のようなことが言えそうである。

＜全体的な傾向＞
- 地元のことばに対しては好感が高く、肯定的な回答が多い。
- 公の場では標準語を使うべきだという規範意識が強い。
- 他地域に関して、大阪・大阪のことばへの肯定的な回答が最も多く見られる。
- 周辺に関西・中京という大都市圏を二つも持ちながら、大阪と勢力を二分するほど、東京への憧れは多くの割合を占める。

＜地域差に関して＞
- 三重県側では、名古屋のことば及び名古屋に対する親しみ、好感を持つ回答が多く見られる。割合の多さから見ると、ことば＜地域で肯定的な印象を持つ傾向が見られる。
- 和歌山県側では、大阪のことば・大阪への親しみ、好感を持つ人が圧倒的に多い。
- 熊野灘沿岸地域の老年層には、東京に対する肯定的な評価が多く見ら

れる。
＜世代差に関して＞
- 全体的に、大阪・大阪のことばに対する志向性は若年層＞老年層で強く、東京・東京のことばに対する志向性は若年層＜老年層で強い。
- 老年層では、東京・東京のことば・標準語使用に対して肯定的な回答が多く見られ、規範意識の高さもしくは規範への憧れが見える。

4.4．ことばの意識とこれから

　ここまで、グロットグラムと先行研究を参考にしながら、この地域の人々の、ことばとそれにかかわる意識を見てきた。紀伊半島沿岸地域は、南近畿方言に属する地域として分類されているが、細かく見てみると、地区や浦ごとに文化や言葉が違うといわれていたように、ひとまとめにできないことは3章で述べた。東西のことばが境をなす一帯の西南部に位置し、古くから関西・関東とのつながりを無視してその歴史を語ることができないこの地域では、関西・近畿・中京などという言葉ではくくりきれない思いを持って、人々の生活が営まれてきたのではないだろうか。

　ある地域のことば、つまり地域方言に関して、これが保持されていくかどうかという問題は、①各話者の抱いているアイデンティティー、②方言への積極的な態度、③方言を実際に使い続けようとする態度の是非が深く関連することが真田・ロング（1992）で指摘されている。アイデンティティーとは、「自己の属性に対する意識（真田・ロング（1992））」であり、今回の場合、自分はどこで生まれ育って、どの地域に属している何者なのかということが問われていると考えてよいだろう。紀伊半島沿岸地域は、一般的に見ても、「近畿」「関西」「中部」「中京」「東海」等、編集する側の都合で様々な言葉によって区分され、その傾向は和歌山県より三重県側で顕著である。本節では最後に、これまでグロットグラム表から得られた結果と先行研究の中から、人々のアイデンティティーやことばに対する態度に関連するものに注目し、この地域のことばの将来について、ほんの僅かではあるが考えをめぐらせてみたいと思う。

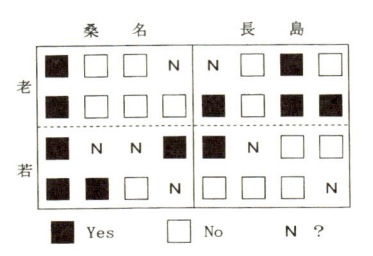

```
        桑 名            長 島
     ■ □  N    N  □ ■
老   ■ □  N    N  ■ ■
     ---------
     N  N  ■   ■ □ ■
若   ■ ■ □    ■ N ■
     ■ ■ □       N
        ■ Yes   □ No   N ?
```

図7　あなたは「関西人」か （真田1988：44）

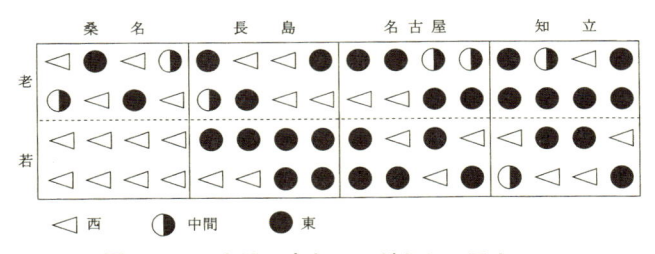

```
     桑 名       長 島       名 古 屋      知 立
老  ◐●◁  ●◁◁  ●●●  ◐●●
    ◐◁●  ●●◁  ●●◐  ◁●●
    -------------------------
若  ◁◁◐  ●●●  ●●●  ◐●●
    ◁◁◁  ●●●  ●●●  ◁◁●
       ◁ 西    ◐ 中間    ● 東
```

図8　この土地は東と西のどちらに属するか
（真田1988：44）

　図7・8は、真田（1988）が、三重県桑名郡長島町（2004年より桑名市）と桑名市で行った調査の結果であり、自分が関西人か、自分の住んでいる土地が東と西のどちらに属するかを聞いたものである。東から西へ進み揖斐川を越えたあたりから西・関西人という回答が増えるものの、NRや中間という意見が多く、東西の緩衝地帯ならではの様相がはっきりあらわれていると言えるであろう。このような地域では、アイデンティティーが揺らぎ易くなる一方で、自己の属性について様々な側面から多様性を持って判断できるとも考えられる。紀伊半島沿岸地域はこの一帯より西側にあるため、西・関西人という回答が多くなると考えられるが、予測の域を出ない。ただし、関西人であるという意識が強くなると仮定すれば、少なくとも名古屋周辺の地域よりは、大阪や京都といった関西の中心部の人々と似通った意識が持たれているという予想ならできそうである。その予想のもとに、次の表を見てみよう。

地域のことばと意識　327

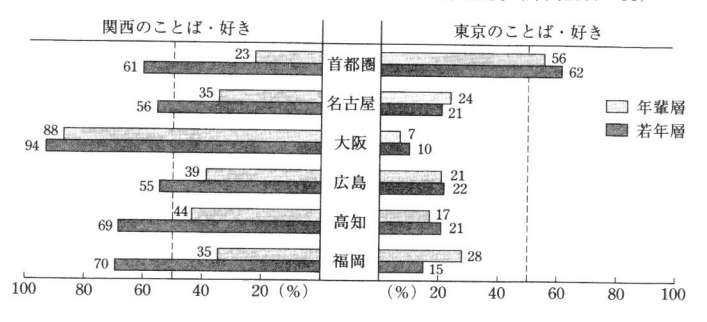

表16　関西のことば、東京のことばの好感度（陣内2007：35）

地域	関西のことば・好き（若年層／年輩層）	東京のことば・好き（若年層／年輩層）
首都圏	61／23	56／62
名古屋	56／35	24／21
大阪	94／88	10／7
広島	55／39	21／22
高知	69／44	17／21
福岡	70／35	28／15

　表16は、陣内（2007）が、2001年〜2003年にかけて首都圏、名古屋市、大阪市、広島市、高知市、福岡市で全世代1275人を対象に行った関西・東京のことばについての調査結果である。これを見ると、関西のことばに対して、大阪の若年・年配層が非常に高い割合を示していると同時に、他5地点の若年層も比較的高い値を示していることがわかる。逆に、東京のことばは首都圏以外の支持を得ることができず、大阪では非常に低い値が見られる。これに対応するものとして、表13・14の111〜112を改めて見てみよう。4.2で考察したように、紀伊半島沿岸全体としては、大阪のことばに対して肯定的な回答が多く得られている。特に「112：親しみ」では、大阪という回答が72例（77％）と圧倒的であり、続く「111：好き」でも59例（63％）見られることから、関西のことばに対して、かなり肯定的な印象を持っていることは明らかであろう。また、この傾向が若年層＞老年層であることから、若年層が関西のことばに対してより強い好感を持つという全国的な傾向を含みつつ、大阪の調査結果に近い意識を持っていると言えそうである。これは表13の県別回答を見ると、和歌山県側でより顕著にあらわれている。次に、東京のことばに対する回答を比較してみる。本稿グロットグラムのもととなった調査では、東京・大阪・名古屋の3つから「最もそう思うもの」を1つ選択してもらったのに対し、陣内（2007）では、関西・東京両方のことばに対して、好悪を答える形式になっている点が異なっている。つまり、陣内の調査では、両方のことばに好感を抱いていれば、両方の数値が増加するのに対し、グロットグラムの調査におい

ては、複数のことばに好感を持っていても、最も強い好感を持っていることばにしか数値がプラスされないということである。その意味で、グロットグラム111-112において大阪・名古屋と回答した被調査者の中に、東京のことばにも好感を抱いている話者が少なからず含まれていることも想像できる。しかし、そのようなプラスの誤差を考慮に入れるまでもなく、「111：好き」では、東京という回答が25例（27％）あることがわかる。被調査者の母集団が少ない事は当然考慮しなければならないが、東京のことばに対して、大阪のような極端に低い値は現れず、名古屋・広島といった都市と似通った傾向を持っていることが読み取れる。つまり、紀伊半島沿岸の人々の関西のことばに対する志向性は強いものの、大阪ほど極端ではなく、東京のことばに対しても西日本の都市と似通った程度のゆるやかな志向性を持っているという事が言えそうである。ただし、和歌山県の「112：親しみ」に限って見れば、関西のことばへの志向性は非常に強く、東京のことばに対しては非常に弱いことから、三重県のそれと多少分けて考える必要があるようにも思う。

　さらに、図9を見る。図9は、岸江（2010）が、関西弁に対する好悪の意識と、関西新方言の受容の関係について地域差を見るために行った、関西弁に対する好悪評価のコレスポンデンス分析[8]の結果である。これを見ると、和歌山県と三重県で、かなり異なる結果が出ていることがわかる。和歌山県が、滋賀県・徳島県といった近畿方言周縁部の地域と共に、「大変好き」の円内に位置するのに対し、三重県は青森県や山口県といった、関西からはかなり離れている地域と共に、「好きでも嫌いでもない」の円内に位置しているのである。関西の意識が強いといわれる北三重地域を含んでもこの結果が出ると言うことは、南三重地域ではよりこの傾向が強くなるものと推測できる。

　これまでの結果をあわせて考えると、同じ紀伊半島沿岸地域であっても、やはり、新宮市付近を境とした和歌山県側と三重県側の人々の意識は大きな異なりを含んでいるようである。関西と東京のことばに対する姿勢から、この地域の人々の意識のありようを推測するならば、少々飛躍するが、次のように言えるのではないだろうか。

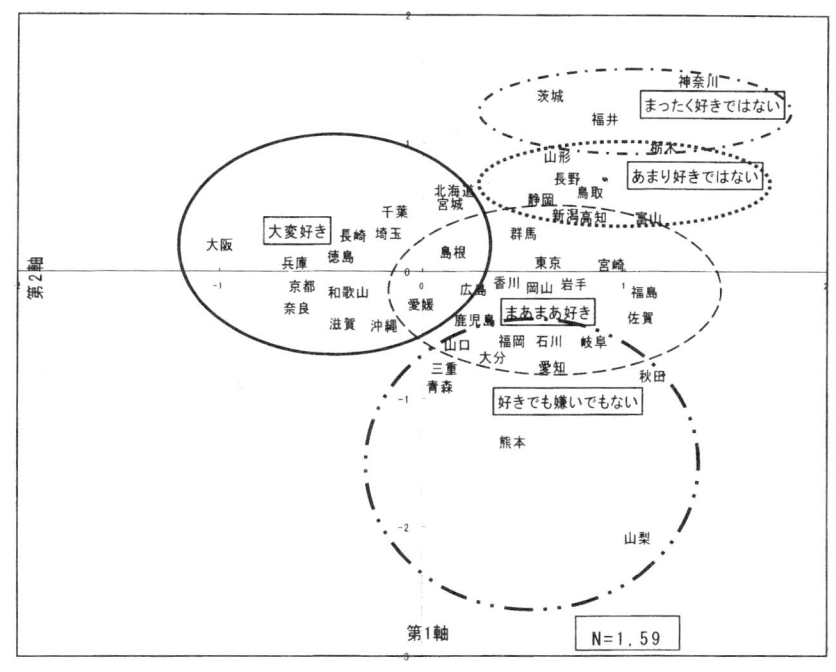

図9 関西弁に対する好悪評価（岸江2010：103）

- 和歌山県側では、関西の中心地である大阪と類似した意識がもたれており、関西・近畿といった地方にアイデンティティーのよりどころを求めているようである。したがって、自分達は関西人だという意識があり、使っていることばも当然関西に含まれると思っている。人々の視線、志向性はおおよそ関西に向いている。
- 三重県側では、大阪とも名古屋とも異なる意識がもたれており、その地域区分が難しく、自分達もどこにアイデンティティーのよりどころを求めるべきか悩んでいる可能性が高い。そのため、大阪ほどの関西志向性は持っておらず、関西人だという意識も希薄である。しかし、だからといって、名古屋・東海・中部に積極的によりどころを求めているわけではなさそうである。人々の視線、志向性は全般的に関西に向けられることが多いが、地域的な親しみでは名古屋、ことばの憧れとしては東京が影響力を持つ重

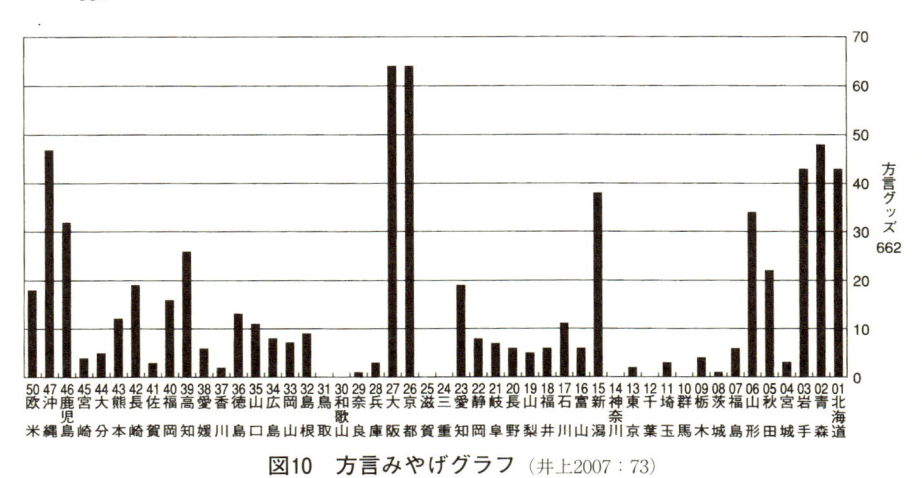

図10　方言みやげグラフ　(井上2007：73)

層的な構造になっている。

　このような複雑な言語意識は、結果として方言の経済的利用といった面にも影響を及ぼす。図10は、井上（2007）が、方言みやげなど、方言が経済的な価値を持って使われた例（方言産業物）を、各都道府県別に個数集計した結果である[9]。井上は、数の多い地域について、その地方の方言と東京のことばとの差が大きいこと、その土地に来る観光客が多いこと、地元の人の方言意識・方言を大切にする気持ちが高いこと等の理由で説明ができるとしている。表を見ると、和歌山・三重に関しては2006年時点では０であり、現在でも大きな変動はないと思われる。井上の説と照らし合わせて見ると、東京のことばとの差は十分あるだろうから、観光客が少なく、地元の人の意識が低いということになるだろうか。2009年度の年間観光客数を見ると、大阪府が約14,300万人なのに対し、和歌山県約3,000万人、三重県3,300万人程であるから、観光客が少ないということはあてはまりそうである。また、地元の人の意識についてであるが、グロットグラム115の結果から、この地域の人々が地元のことばに対して好感を持っていることがわかっている。そうすると、方言を大切にする気持ちが足りないということだろうか。方言を使っている自分達自身のアイデンティティーがはっきりしないままでは、対外的に発信するほどの力を持てず、経済的

に利用しきれないという風にも推測できるが、やはり推測の域をでない。
　多少繰り返しになるが、本節の冒頭で述べた真田・ロング（1992）の指摘を、この地域にあてはめて振り返ってみたい。①各話者のアイデンティティーは、和歌山県側では関西によりどころを求め、ある程度はっきりしているが、三重県側ではよりどころにさえ悩んでいる場合が多いと予想される。②方言への態度は、地元のことばへの好感が広く見られることから、少なくとも消極的ではない。③方言を実際に使い続けようとする態度について、実態については今回は不明だが、その一面が反映されるであろう方言みやげに関するデータを見ると、まったく積極性が見られない。以上3点に加えて、全年代において標準語志向が強いことは、先にも述べた通りである。つまり、この地域の方言に対する以後の保持という観点から見ると、残念ながらあまり良い材料が揃っていないようである。

5．おわりに

　これまでの結論は各章を見ていただくことにして、4.1で先行研究をもとに立てた予想について確認しながら、論をまとめてみたい。
　（1）三重・和歌山両県（に含まれる南近畿方言の地域）では、地元のことばに対して積極的な好感を抱く人が少ないのではないか。これについては、少なくとも消極的ではなく、広く好感をもたれているようである。
　（2）同地域、特に和歌山県側では、地元のことばを他地域や公の場で使うことは恥ずかしく、使わない方がいいという規範意識が強いのではないか。これについては、熊野灘付近の老年層を中心として東京のことばへの志向性が見られ、全体的にも規範意識が強いことが確認された。
　（3）同地域では、地元のことばに対する保護活動や、対外的なアピールなどが積極的には行われていないのではないだろうか。これについては、方言みやげのグラフ等から、非常に消極的であることがわかった。
　上記のような結果は、今後のこの地域のことばの動向に影響を及ぼすファクターの1つになりえるだろう。また、ことばの伝播・動態に目を向け

るならば、この地域に隣接する伊勢湾西部地域や、和歌山県北部～大阪府方面、奈良県南部等との連続性にも注目すべきである。関西と名古屋という大きな影響力をもつことばの地域に挟まれながら、この地域のことばがどのように変化していくのか。また、人々の言語意識というものがどのように関係していくのか。今後は意識の実態とことばの使われ方の変化にも注視しながら、その動向を探っていきたいと考えている。

注

1) 本稿では、一般的には共通語＝標準語＝東京語と認識されているものと考え、専門的な区分とは別に３つを同等の物として論を進める。
2) 楳垣（1962）による。
3) 紀南方言をさらに、西牟婁方言・東牟婁方言に分けるものもある。
4) 松村明『大辞林 第二版』（三省堂1995）を元に作成された。
5) 回答者数にばらつきのある30～50代は、参考のためにあわせて中年層として表示した。以下全ての表も同様。
6) N（NR）は表より省いた。表14も同様。
7) 中年層を含めると、東京のグロットグラム103・102で中年層＜若年層＜老年層、大阪の103で中年層＜老年層＜若年層となるが、それ以外では全て東京の回答が若年層＜中年層＜老年層、大阪の回答が若年層＞中年層＞老年層となる。
8) 複数の変数間の類似度や、関係の深さを調べるための手法。結果は散布図の形で表す。視覚的に解りやすいのが長所。
9) データの集計は2006年に行われた。

〔参考文献〕

阿部貴人（2001）「名古屋市―伊勢市間の言語意識―類型論的な分析のための試み―」『地域語資料６　伊勢湾岸西部地域の社会言語学的研究』近畿方言研究会

市島佑起子（2006）「現代日本語の地域方言とその評価」真田信治監修『日本のフィールド言語学　新たな学の創造にむけた富山からの提言』桂書房

井上史雄（1980）「方言のイメージ」『言語生活341』筑摩書房

井上史雄（1983）「方言イメージ多変量解析による方言区画」平山輝夫博士

古希記念（編）『現代方言学の課題　第 1 巻　社会的研究編』明治書院
井上史雄（2007）『変わる方言動く標準語』ちくま新書
井上史雄（2007）「第 3 章　方言の経済価値」小林隆編『シリーズ方言学 3　方言の機能』岩波書店
岸江信介（2010）「関西新方言と新しい変化」金関恕監修・内山純蔵他編『東アジア内海の環境と文化』桂書房
小林隆（2007）「方言の経済価値」小林隆編『シリーズ方言学 3　方言の機能』岩波書店
佐藤和之・米田正人編（1999）『ドルフィンブックス　どうなる日本のことば　方言と共通語のゆくえ』大修館書店
真田信治（1988）「方言意識と方言使用の動態―中京圏における―」国立国語研究所『方言研究法の探索』秀英出版
真田信治編（2006）「第 6 章　言語意識」『社会言語学の展望』
真田信治・ダニエルロング（1992）「方言とアイデンティティー」『月刊言語 21-10』大修館書店
陣内正敬（2007）「第 2 章　若者世代の方言使用」小林隆編『シリーズ方言学 3　方言の機能』岩波書店
杉戸清樹（1992）「第 7 章　言語意識」真田信治他『社会言語学』桜楓社
中井精一（2005）「第 2 章　日本社会の特質とことば」町田健編『社会言語学のしくみ』研究社
平山輝男他編（2003）『日本のことばシリーズ　24　三重県のことば』明治書院
安田敏朗（1999）『国語と方言のあいだ』人文書院
山本真吾（2006）「第 6 章　現代生活と日本語　第 2 節　位相語」沖森卓也他『図解 日本語』三省堂

〔**参考サイト**〕
『大阪府 HP』（大阪府）……観光統計調査　http://www.pref.osaka.jp/
『ふるさと教育副読本　わかやま発見！』（和歌山県教育委員会）　http://www.wakayama-edc.big-u.jp/wakayama_hakken/
『三重県庁 HP』（三重県庁）……お知らせ情報　http://www.pref.mie.lg.jp/index.shtm
『和歌山県情報館』（和歌山県庁）……観光振興課　http://www.pref.wakayama.lg.jp/index.html

紀伊半島海岸部居住者の方言認知
——方言認知地図を用いて——

朝 日 祥 之

1. はじめに

　本稿では、鳥羽・田辺間グロットグラム調査で設けられた質問項目のうち、当該地域で用いられる言葉の認知に関わる項目（以下、方言認知地図項目と称する）の調査結果を報告する。

　本調査項目の多くが、語彙やアクセント、文法項目、待遇表現といった言語形式を扱っている。それに対し、本稿が取り上げる方言認知項目では、言葉のもつ地理的な分布に対する住民の意識を扱っている。これは、例えば調査地域に住む人が「隣町の言葉は自分の町の言葉と違うのか、同じなのか」を判断するようなものである。

　本稿は、以下のように構成される。最初に本稿が用いる認知方言学的アプローチをグロットグラム調査で採用する目的を示す。認知方言学的アプローチによる調査の概略を述べ、分析の枠組みを示す。その後、調査結果について、まず調査で報告された言語変種名に見られる特徴からまとめる。その中からいくつかの言語変種が認知された領域を示し、その認識領域に見られる特徴について分析を試みる。最後に、調査で明らかとなった点をまとめ、今後の課題を述べる。

2. 方言認知地図とグロットグラム

　本節では、方言認知地図をグロットグラム調査データから作成すること

の目的と意義を述べる。以下では、方言認知地図を作成する上で必要となる事柄から述べる。その際、認知方言学的アプローチによる調査方法を紹介する。その後、グロットグラムと方言認知地図という二つの手法に見られる関係を整理する。

2.1. 認知方言学とは

まず、方言認知地図を作成すること自体を扱う研究領域としての、認知方言学について述べる。この領域は日本・アメリカ・オランダなどの方言学で1950年代から研究が始まった領域といわれる（柴田1959、馬瀬1964、野元1963、Preston 1999、Long and Preston 2002など）。この領域は、方言をはじめとする言葉の専門家ではなく、一般住民が方言を中心とした言葉が持つ地理的な分布をどのように捉えるのかを明らかにすることを目的としている。日本の方言学的研究の多くは、方言学的調査から得られた等語線と一般住民による方言境界意識の関係に着目している。

それに対して、本稿が取り上げるのは、人文地理学で採用されたメンタルマップの手法を用いたアプローチである。このアプローチはDennis Prestonによって提唱されたものである（Preston 1989）。パソコンの普及とも連動し、Prestonのアプローチによって作成される方言認知地図作成は世界各地で広まった。日本でも、全国各地の方言認知を扱ったダニエル・ロング氏による研究（ロング1999、2001など）、ニュータウン居住者の方言認知を扱ったもの（朝日2001、2008：Asahi 2006など）がある。本稿は、これらのアプローチを採用する。

2.2. 方言認知地図を作成する

ここで、方言認知地図の作成方法を紹介したい。Preston（1989）に代表される認知方言学的研究で採用される調査には、調査対象となる地域が記された白地図を用いる。この白地図には行政区画が記されている。本調査で用いた白地図は図1の通りである。

調査では、次に挙げる3つの質問をした。

A）　　使っている言葉が違うと思うところを線で区切ってください

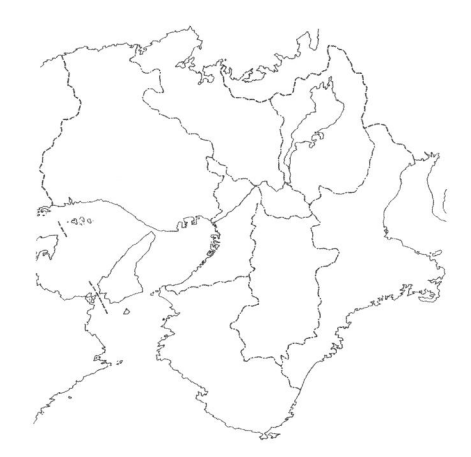

図1 本調査で用いた白地図

B) それぞれの地域で使われる言葉は、普段何と呼ばれていますか。その言葉の呼び名を地図に記入してください
C) あなたは、それぞれの地域の言葉を聞いた時、どう感じますか？もっとも「感じのいい」言葉を1として、「感じのいい」順に番号をつけてください。

それぞれに記入してもらったものを、ディジタイザーを用いて入力した（その詳細はロング1995を参照されたい）。地図の作成には、ダニエル・ロング氏らが開発したPDQ（Perceptual Dialectology Quantifier）を用いた。

2.3. グロットグラムと認知方言学

本節では、グロットグラム調査で得られたデータを認知方言学的に分析することの意義を述べる。Prestonによって提唱された認知方言学における調査研究は世界各地で盛んになされている。そこで得られた知見も大きい。その一方、これまでの当該分野の調査は特定の一地点に居住する話者を対象にしたものが多い。

グロットグラム（glottogram）はglotto-が「言語の」、-gramが「描写図」といった意味合いを持つもので、地理的な関係と年齢をクロスさせたグラ

フを指す。言語地図だけでは抽出できない言語変化に迫る方法論としてグロットグラムは確立された。それに対して、認知方言学は、その変化の只中にある対象地域住民の隣接地域をはじめとして、調査対象となる全地域における言葉の地理的分布に関する意識を探る領域である。

その意味で、グロットグラム調査で得られた語形・音声の分布と認知方言学的に収集された言語変種の地理的領域の関係を探るような試みは、前例がない。ただし、グロットグラム調査が持つ性質から認知方言学的な調査研究を進める上で踏まえなければならない点がある。グロットグラム調査は、一地点、3つか4つの年代の話者を1名ずつ選出するのが原則である。それに対して、認知方言学的調査では1地点多人数調査が原則である。

これを踏まえると、両者を連携させた分析を行うには、次の二つの設定が可能であろう。

A）　ある特定の地点からなる地域を設定し、分析を行う。ただし、年齢によるグループ化は行わない。

B）　4つの年齢層（老年層・壮年層・中年層・若年層）を設定し、分析を行う。ただし、地域によるグループ化は行わない。

本稿では、A）の立場を採用することにする。B）を採用することはもちろん可能であるが、本調査が対象とする「鳥羽―田辺」間は地理的にも広がりが大きい。地域差の方が年齢差よりも大きいことが予想されるためである。

3．分析の方法

本節では、分析を行う方法について述べる。前節で述べたように、本稿では年齢層に分けるのではなく、回答者の居住地域を区分して分析を行う。具体的には、表1のような4つに地域に分けることにした。なお、参考までにそれぞれの地域を図2に反映させた。

表1　グループ一覧

	グループ名	対象地域	人数
1	鳥羽-熊野	三重県鳥羽市～熊野市	14
2	御浜-鵜殿	三重県南牟婁郡御浜町～南牟婁郡鵜殿村	13
3	新宮-串本	和歌山県新宮市～西牟婁郡串本町	22
4	周参見-田辺	和歌山県西牟婁郡周参見町～田辺市	13

図2　各グループの対象地域

4．分析

　本節では、3節で示した枠組みに従い、分析を行う。以下では、4.1節で記入された言語変種名に見られる特徴、4.2節で、記入の多かった言語変種が認知される領域に見られる特徴、4.3節で、「もっと感じのいい」言葉「感じの悪い」言葉の領域に見られる特徴についてそれぞれ分析する。

4.1．記入された言語変種に見られる特徴

　まず、方言認知地図に記入された言語変種名に見られる特徴から分析を

試みる。それぞれのグループの結果を表2、表3、表4、表5にまとめた。なお、表には、(1)言語変種名(2)記入者数(3)グループ内での割合を記入した。

4つの表から読み取れることを、(1)全体的な傾向、(2)それぞれのグループに見られる傾向に分けて述べる。

4.1.1. 全体的な傾向

いずれのグループも記入された言語変種名のほとんどに「地名」が使われている。しかも、その「地名」も例えば「太地弁」「九鬼弁」など、特定の地域を指すものであることには目を引く。このように地名が言語変種名として与えられる傾向は、紀伊半島の海岸部で使われている方言差が大

表2　言語変種名【鳥羽―熊野】

言語変種名	人数	割合
尾鷲弁	9	64.3
関西弁	7	50.0
伊勢弁	5	35.7
熊野弁	5	35.7
京都弁	5	35.7
大阪弁	3	21.4
和歌山弁	2	14.3
相賀弁	1	7.1
飛鳥弁	1	7.1
九鬼弁	1	7.1
長島弁	1	7.1
志賀弁	1	7.1
志摩弁	1	7.1
新宮弁	1	7.1
津言葉	1	7.1
上地弁	1	7.1
標準語	1	7.1
自分の言葉	1	7.1
紀州弁	1	7.1
灘弁	1	7.1
奈良弁	1	7.1
漁師言葉	1	7.1

表3　言語変種名【御浜―鵜殿】

言語変種名	人数	割合
和歌山弁	9	69.2
関西弁	5	38.5
尾鷲弁	5	38.5
新宮弁	4	30.8
伊勢弁	4	30.8
紀宝弁	3	23.1
大阪弁	3	23.1
あらい	2	15.4
京都弁	2	15.4
田辺弁	2	15.4
やわらかい	1	7.7
早口言葉	1	7.7
分かんない	1	7.7
勝浦弁	1	7.7
紀州弁	1	7.7
際の言葉	1	7.7
串本弁	1	7.7
名古屋弁	1	7.7
志摩言葉	1	7.7
東海弁	1	7.7
大和の言葉	1	7.7

表4　言語変種名【新宮―串本】

言語変種名	人数	割合
新宮弁	9	40.9
大阪弁	6	27.3
太地弁	5	22.7
和歌山弁	5	22.7
京都弁	4	18.2
串本弁	3	13.6
関西弁	2	9.1
河内弁	2	9.1
古座弁	2	9.1
田辺弁	2	9.1
那智勝浦弁	1	4.5
粗い	1	4.5
あったかい	1	4.5
ひだか	1	4.5
方言	1	4.5
本宮弁	1	4.5
上品	1	4.5
紀中方言	1	4.5
紀南方言	1	4.5
紀州弁	1	4.5
神戸弁	1	4.5
音調遠い	1	4.5

表5　言語変種名【周参見―田辺】

言語変種名	人数	割合
和歌山弁	11	84.6
関西弁	8	61.5
大阪弁	7	53.8
京都弁	6	46.2
熊野弁	2	15.4
上富田弁	1	7.7
紀北弁	1	7.7
紀南弁	1	7.7
紀州弁	1	7.7
湖西方言	1	7.7
三重中部の言葉	1	7.7
三重北部の言葉	1	7.7
奈良弁	1	7.7
近江弁	1	7.7
高槻弁	1	7.7
丹波弁	1	7.7
丹後弁	1	7.7
大和言葉	1	7.7
やさしい言葉	1	7.7
吉野の言葉	1	7.7

きいことを示していると考えられる。

　このことは、「やわらかい」「やさしい」「粗い」「上品」というような「イメージ語」の記入が少ないことにも関係する。筆者の西神ニュータウンでの調査（朝日2008）においても、ダニエル・ロング氏の一連の調査結果（ロング1999等）でも「イメージ語」の使用頻度もバラエティも多いことは共通して示されている。周辺地域の言葉を、言葉の持つ「イメージ」ではなく、言葉が使われる「コミュニティ」を手掛かりとして認識している様子が窺える。

　次に、記入された言語変種名から指摘できるのは、グループごとで認識しやすい言語変種名に共通点があまり見いだせないということである。【周参見―田辺】グループで「和歌山弁」の使用率が84.6％である以外は、特

定の言語変種が使用率はそれほど高くない。【鳥羽―熊野】【御浜―鵜殿】グループでは、「尾鷲弁」「和歌山弁」が6割台、【新宮―串本】グループでは「新宮弁」の4割台になるのである。調査対象地域で使われると意識される言語変種名をめぐっては、意見が分かれている様子がうかがえる。

4.1.2. それぞれのグループに見られる特徴

では、それぞれのグループにみられる特徴を整理してみる。

【鳥羽―熊野】グループ

「尾鷲弁」がもっとも記入数が多く、それに「関西弁」「伊勢弁」「熊野弁」「京都弁」と続く。鳥羽市から熊野市にかけての言葉として「尾鷲弁」「熊野弁」をイメージする人が多いようである。また「相賀弁」「長島弁」など、特定の集落の言葉を記入する人もいた。集落によって方言が異なっていると意識している傾向が得られよう。

「関西弁」や「京都弁」、「大阪弁」など、関西地方の方言として意識されやすい言語変種名も記入されていることにも目を引く。「和歌山弁」「奈良弁」もわずかながらではあるが、挙げられている。なお、このグループには「三重弁」のような、全県を指す言語変種名は記入されていないのは興味深い。県内にある言葉の差異を敏感にとらえていることの裏付けとも解釈できよう。

【御浜―鵜殿】グループ

三重県と和歌山県の県境地域に近い三重県側の地域である。行政区画上「三重県」であるが、もっとも記入が多かったのは「和歌山弁」であるのは興味深い。近くに和歌山県新宮市があること、新宮市にアクセスしやすいことなどが「和歌山弁」をイメージさせる要因として挙げられよう。「新宮弁」の記入も確認できることも関連しているように考えられる。同様に、「田辺弁」が記入されているのも興味深い。この地域が和歌山県とのつながりが強いことを示唆していると言える。この他には、「尾鷲弁」「伊勢弁」など、三重県で使われていると考えられる言語変種名の記入も確認できる。

表3からは、「関西弁」「大阪弁」「京都弁」といった関西地方で使われる言語変種名が記入されていることにも目を引くものの、「三重弁」のよ

うな、三重県全体を指すような言語変種名が確認できない。これらは、【鳥羽―熊野】グループと共通する。その一方、このグループではイメージ語を記入する傾向が、記入数は少ないものの、認められる。「粗い」「やわらかい」などのイメージ語が該当する。これらは、【鳥羽―熊野】グループには見られなかった特徴である。

【新宮―串本】グループ

このグループでは「新宮弁」の割合が最も多い。ただし、もっとも記入数の多い言語変種が記入された割合は4割にとどまっている。4つのグループの中ではもっとも割合が低い。また、このグループが属する和歌山県全体を指すと考えられる「和歌山弁」の割合も2割と低い。

言いかえれば、地域によって使われると考えられている言語変種が異なるという意識が強いことを示している。「太地弁」をはじめとして「串本弁」「那智勝浦弁」「古座弁」など、この地域の集落の地名を言語変種名として採用する傾向が強い。同時に、「粗い」「あったかい」「上品」などのイメージ語を記入する傾向も認められる。これらはそれぞれ、【鳥羽―熊野】グループ、【御浜―鵜殿】グループと共通する傾向である。この他には、「田辺弁」のように和歌山県内部の地域の言語変種を意識する傾向が見られるのも特色である。

このグループでは「大阪弁」「京都弁」の割合が【鳥羽―熊野】グループ、【御浜―鵜殿】グループよりも高くなっていることも特徴的である。このように関西地方の方言に対する意識がより敏感になっていると言えそうである。同様のことは、「神戸弁」「河内弁」などの言語変種名にも認められる。

【周参見―田辺】グループ

三つのグループとは異なり、「和歌山弁」の記入が最も多いのが特徴である。その割合も8割台と高い。この地域の使用される言葉は「和歌山弁」であると意識する傾向が得られる。次に、表5からは、「関西弁」「大阪弁」「京都弁」の使用数も多いことがわかる。これに「奈良弁」も含めるとすれば、関西地方の主要方言の多くを意識していると言えそうである。同時に、このグループは、居住地域以外の地域の言葉を認識する傾向も見られ

る。たとえば、「近江弁」「高槻弁」「丹波弁」「湖西方言」などである。

　また、自らが居住する地域の言葉をあまり敏感にとらえていないようである。これらの地域の言葉として挙げられたのは、「上富田弁」の1件だけである。例えば、「紀州弁」「紀南方言」「吉野の言葉」のような言語変種名から判断すると、その認知領域が特定の地域・集落を指すようなことは想定することは困難である。自らが居住する地域で使われている言葉に対して、それほど、差異を認識していないようである。ちなみに、「田辺弁」はこのグループでは記入されなかった。

　この他には、たとえば新宮市や熊野市などの和歌山県東部・三重県南部の言葉の認識をほとんどしていないのも特徴的である。他の三つのグループとは対照的である。この地域は、その意味でもより関西中央部に住む人たちの方言認知の仕方に類似した傾向がうかがえる。

4.2. 言語変種の認知領域に見られる特徴

　本節では言語変種が認知される領域に見られる特徴を、4つのグループのそれぞれについて見る。具体的には、4つの言語変種（和歌山弁、新宮

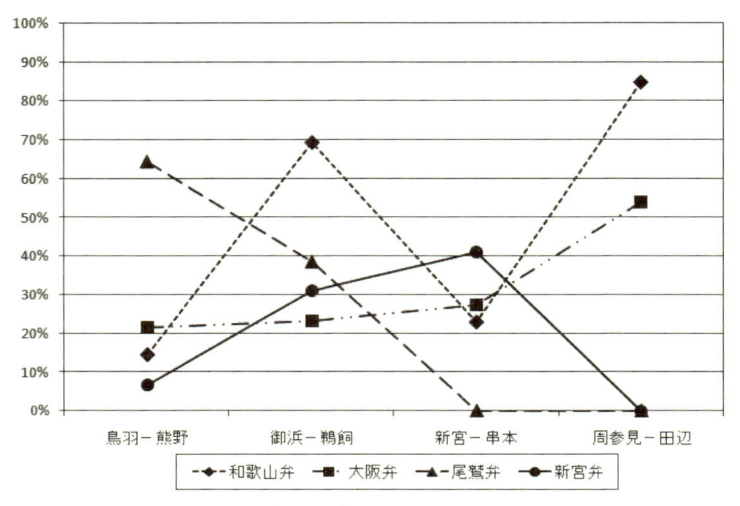

図3　各グループによる言語変種の割合

弁、大阪弁、尾鷲弁）の認知領域を取り上げる。これらの言語変種を取り上げるのは、（1）いずれかのグループでもっとも多く認識された言語変種名であること、（2）4グループに共通して記入された言語変種であること、がその理由である。

　方言認知地図そのものを見る前に、それぞれの言語変種が各グループで認知された割合を見ることにしたい。図3にその結果をまとめた。

　図3から、それぞれのグループで4つの言語変種に対する認識の仕方が異なることがわかる。その異なり方が認知領域にどのように反映されるのだろうか。以下では、それぞれの言語変種の認知領域に見られる特徴を見ていく。

4.2.1.「和歌山弁」の認知領域

　最初に「和歌山弁」の認知領域から見ることにする。「和歌山弁」はグループによってその記入者数の異なるものであった。それぞれのグループの認知領域にどのような特徴が見られるだろうか。

　図4、図5、図6、図7からまず指摘できるのは、「和歌山弁」の認知領域がグループによって異なる、ということである。それぞれのグループの居住との関係がありそうである。

　分布領域を見ると、【鳥羽―熊野】【御浜―鵜殿】【新宮―串本】グループのいずれにおいても、記入された率が80％以上である地域が確認できる。このような「核」が存在しているということは、居住地の回答者の意識が共通していることを意味する。「核」となっている領域を三つのグループで見ると、【鳥羽―熊野】グループでは認知領域が和歌山件の広域を指す言葉であるのが、【御浜―鵜殿】【新宮―串本】グループになると、和歌山市の言葉であると認識する傾向にあるようである。

　興味深いのは、図7の【周参見―田辺】グループである。このグループには和歌山市域の割合が高いことは確かであるが、「核」が存在していない。また、居住する地域の割合も20-40％にとどまっている。他グループと比べると、特定の地域を指す言葉として強く認識していないようである。

図4　「和歌山弁」認知領域【鳥羽―熊野】　図5　「和歌山弁」認知領域【御浜―鵜殿】

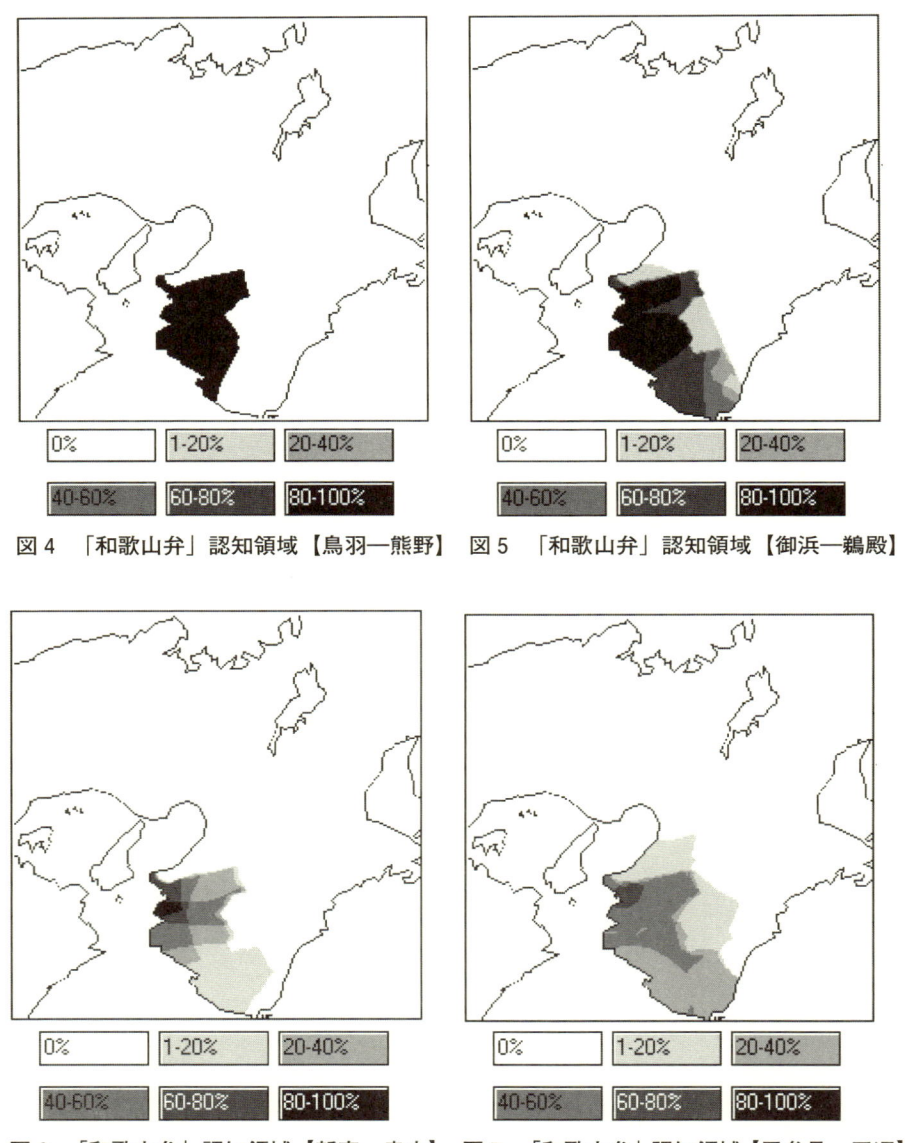

図6　「和歌山弁」認知領域【新宮―串本】　図7　「和歌山弁」認知領域【周参見―田辺】

4.2.2. 「尾鷲弁」「新宮弁」の認知領域

次に、「尾鷲弁」「新宮弁」の認知領域に見られる特徴を見る。「尾鷲弁」「新宮弁」は、記入が見られたグループの地図を提示する。なお、「新宮弁」については二人以上が記入したグループを図にしてある。

まず、「尾鷲弁」が認知される図8、図9の領域から見る。尾鷲市が含まれる【鳥羽―熊野】グループでは、尾鷲市域を広く「尾鷲弁」と捉えている傾向が抽出できる。三重県の高範囲を指す言語変種ではないと言い換えられる。それに対し、【御浜―鵜殿】グループになると、「尾鷲弁」を認知する割合が最も高い地域でも40-60％に留まる。その地域は尾鷲市を含んでいるものの、【鳥羽―熊野】グループよりも広い。

これに対して、「新宮弁」の認知領域をめぐるグループによる違いは、「尾鷲弁」よりは小さい。図10、図11から、【御浜―鵜殿】【新宮―串本】グループのいずれも、新宮市域を「新宮弁」として認識している。その割合も80-100％と高い。なお、【新宮―串本】グループの方が「新宮弁」の認知

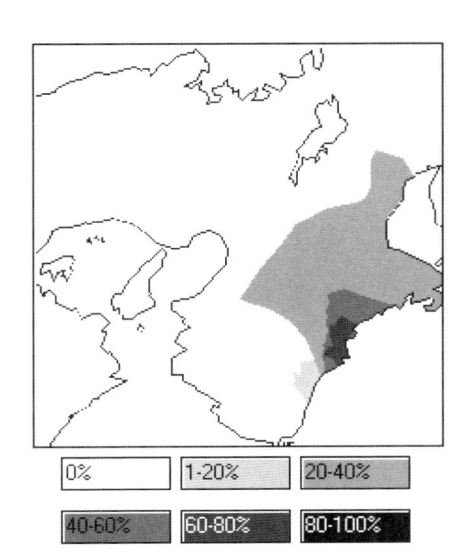

図8　「尾鷲弁」認知領域【鳥羽―熊野】 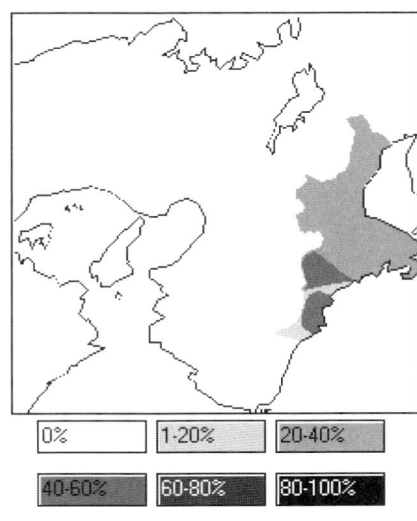　　図9　「尾鷲弁」認知領域【御浜―鵜殿】

図10 「新宮弁」認知領域【御浜―鵜殿】　　図11 「新宮弁」認知領域【新宮―串本】

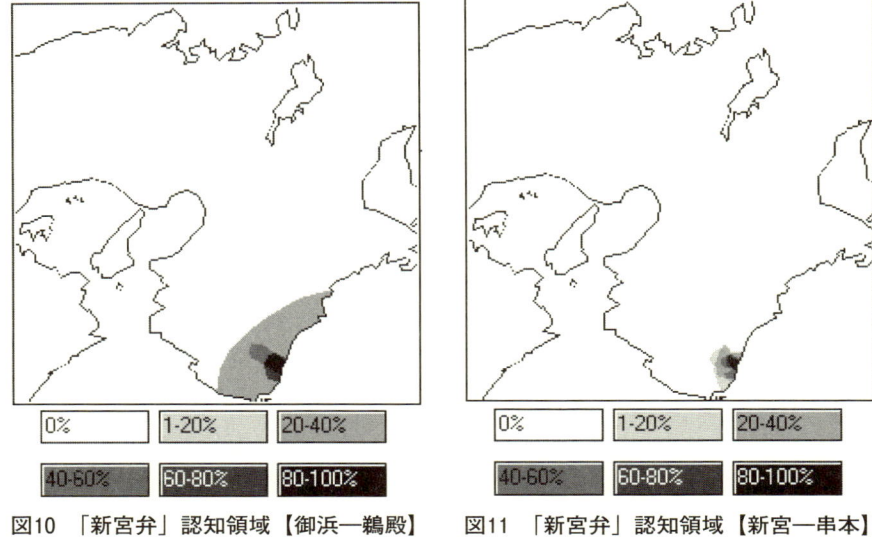

領域はより狭くなっている。このグループで認知された言語変種は、表4でみたとおり、集落ごとで異なる傾向がある。これが反映された結果であろう。

4.2.4. 「大阪弁」の認知領域

ここで「大阪弁」の認知領域に見られる特徴を見よう。「大阪弁」は図3に見たように、すべてのグループで記入された言語変種である。それが記入される割合も、田辺地域に近付くにつれて高くなる傾向が抽出できた。では、それぞれのグループが「大阪弁」として認識した領域には、どのような特徴が得られるのだろうか。

図12、図13、図14、図15から指摘できるのは、四つのグループに共通して、大阪府全体を指す言葉を「大阪弁」と認知しているということである。このような傾向は、「和歌山弁」の認知領域に見られる特徴とは異なる。

次に、認知領域に見られる特徴としては、【御浜―鵜殿】グループの地図（図13）に示すように、大阪からの距離が離れているグループでは「大

紀伊半島海岸部居住者の方言認知　349

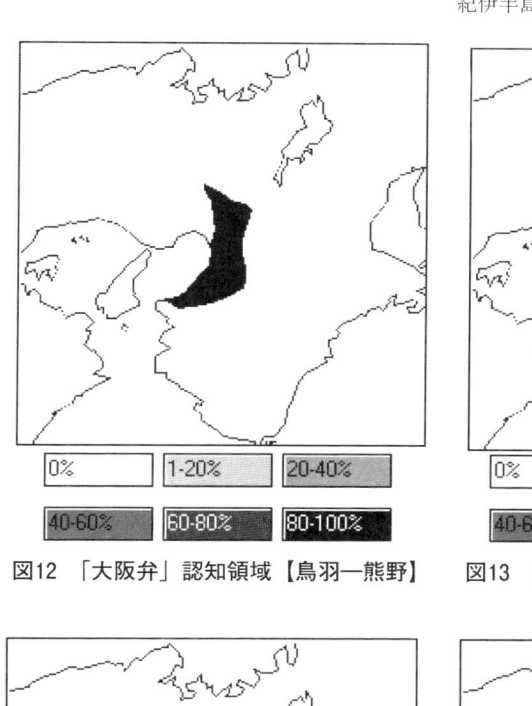

図12　「大阪弁」認知領域【鳥羽―熊野】

図13　「大阪弁」認知領域【御浜―鵜殿】

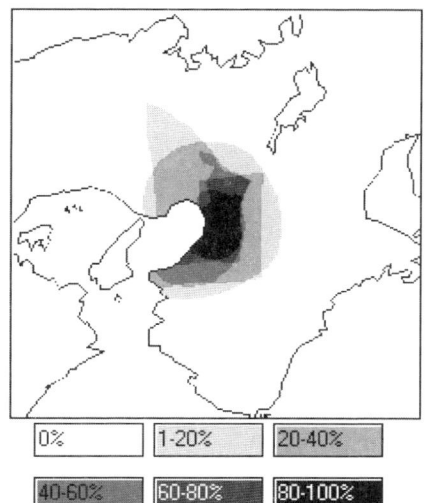

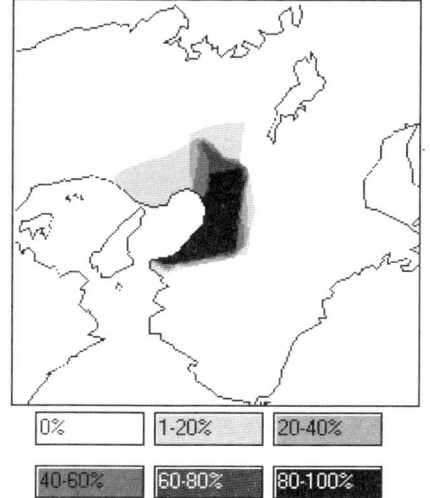

図14　「大阪弁」認知領域【新宮―串本】

図15　「大阪弁」認知領域【周参見―田辺】

阪弁」として認知される領域が広いことが見て取れる。この傾向は、大阪からの距離が小さくなればなるほど、小さくなる傾向も見てとれる。【新宮―串本】【周参見―田辺】グループの「大阪弁」の領域は、大阪府を指す傾向がより顕著になる結果となった。なお、【鳥羽―熊野】グループの「大阪弁」の認知領域は大阪府である。回答者が2人しかいないことも関係していると考えられる。

4.3.「感じのいい」言葉「感じの悪い」言葉

前節では、特定の言語変種名の認知領域に見られる特徴を、それぞれのグループについて見た。それに対して本節では、「感じのいい」言葉とされるもの「感じの悪い」言葉とされるものの認知領域の特徴を見る。前節とは異なり、それぞれのグループごとに「感じのいい」言葉と「感じの悪い」言葉の両方を見る。そこに見られる特徴をまとめていく。

【鳥羽―熊野】グループ

まず、【鳥羽―熊野】グループから見る。まず、図16から、「感じのいい」言葉が使用されている地域を見ると、三重県の南部と北部の一部の割合がもっとも高いことが見て取れる。このグループが居住する地域の言葉も、この割合がもっとも高い地域に含まれていることから、居住地の言葉を「感じのいい」言葉と感じる傾向が強いことが見て取れる。なお「尾鷲弁」の領域が「感じのいい」言葉として認知される領域に含まれていることも明らかである。「尾鷲弁＝感じのいい言葉」と見なす人が多いことが考えられよう。

一方、図17から「感じの悪い」言葉の認知領域を見ると、大阪府の一部を指していることがわかる。この地域の言葉は、図12から「大阪弁」が使われていると認知される地域であることから、「大阪弁＝感じの悪いことば」と捉えているようである。

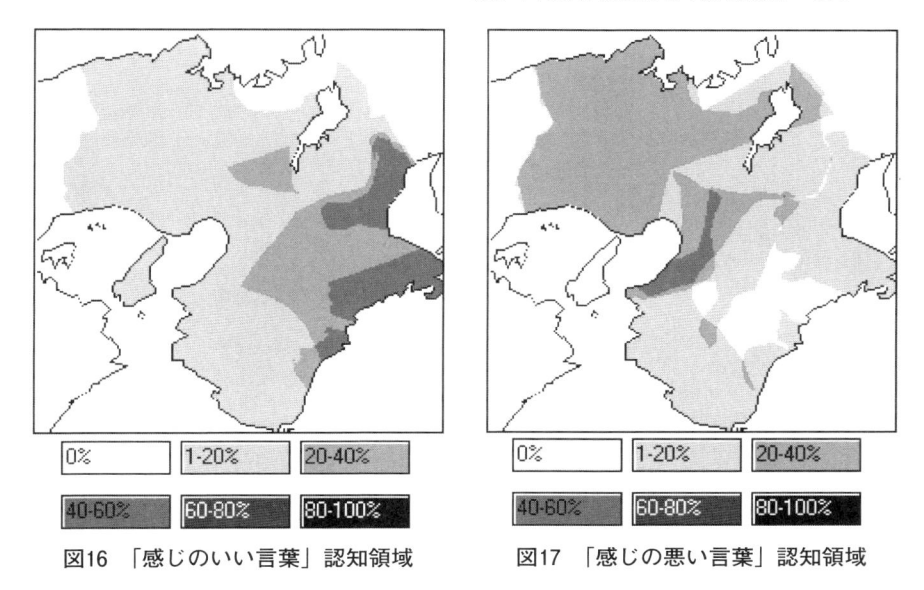

図16 「感じのいい言葉」認知領域　　図17 「感じの悪い言葉」認知領域

【御浜―鵜殿】グループ

　「感じのいい」言葉の認知領域は、このグループの回答者が居住する地域を指していることが図18から見てとれる。その割合も80-100％と高い。ただし、表３で示した言語変種名から判断すると、「感じのいい」言葉と判断した言語変種は該当しないようである。おそらく、彼らの地域の言葉を「感じがいい」と判断するが、言語変種名としては、具体的には意識していないようである。

　次に「感じの悪い」言葉と認知される領域を見ると、大阪府の一地域にその割合が高くなっている。自らの居住する地域の言葉を「感じがいい」とし、大阪府の言葉を「感じが悪い」とする傾向がこのグループにも確認できる。

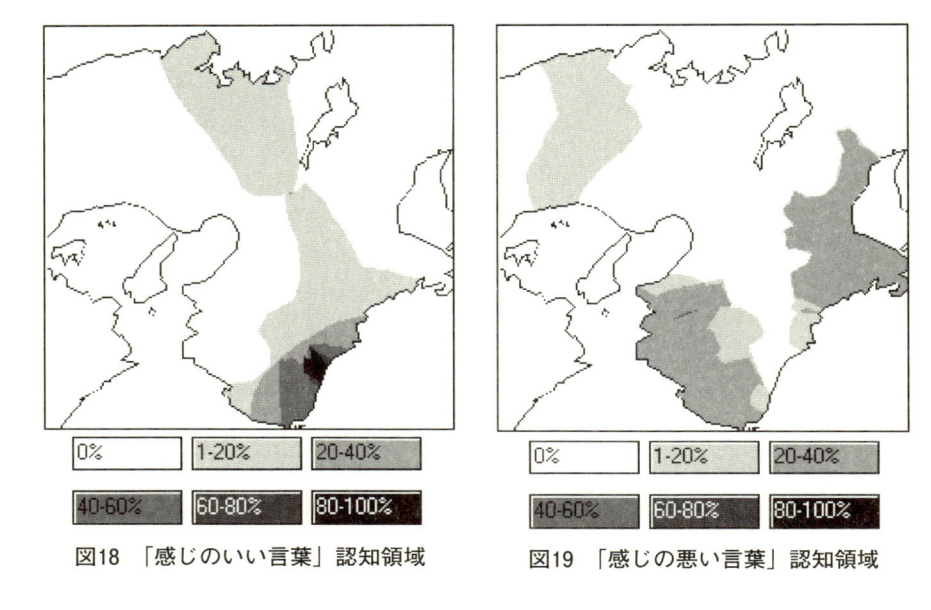

図18 「感じのいい言葉」認知領域　　図19 「感じの悪い言葉」認知領域

【新宮―串本】グループ

　次に【新宮―串本】グループである。「感じのいい」言葉の認知領域は、【鳥羽―熊野】（図18）【御浜―鵜殿】（図19）グループとは異なる結果が得られた。このグループの回答者が居住する地域の言葉に対して「感じのいい」言葉と感じる人は他地域よりも若干多いが、その割合は50％にも満たないのである。表4から言語変種名にも、この地域にある集落の名前が使われていたことが、このような結果につながったものと考えられる。つまり、集落によって使われる言葉が違うと意識されるために、「感じのいい」言葉についてもグループとして異なる意見が多かったように思われる。それもあってか、若干割合が高い地域を見ると、特定の集落を指している印象を図20から受ける。

　一方、「感じの悪い」言葉の認知領域も、【鳥羽―熊野】（図20）【御浜―鵜殿】（図21）グループと振る舞いが違うことがわかる。図21から「感じの悪い」言葉の認知領域を見ると、大阪府南部から和歌山市にかけての地域の割合が高い。このグループは和歌山県の東端にある地域である。「感

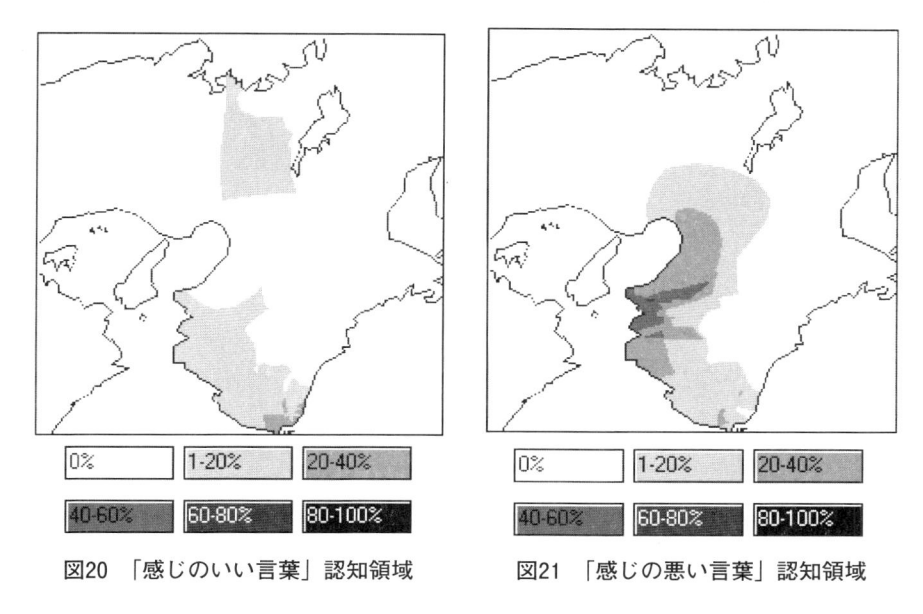

紀伊半島海岸部居住者の方言認知　353

|0%| |1-20%| |20-40%|
|40-60%| |60-80%| |80-100%|
図20　「感じのいい言葉」認知領域

|0%| |1-20%| |20-40%|
|40-60%| |60-80%| |80-100%|
図21　「感じの悪い言葉」認知領域

じの悪い」言葉として、これらの地域を指すのは、興味深い。図6から「和歌山弁」の認知領域がこの認知領域と重なる。「和歌山弁＝感じの悪い言葉」という意識が働いているようである。

【周参見―田辺】グループ

最後に【周参見―田辺】グループに見られる特徴を見る。【鳥羽―熊野】グループ、【御浜―鵜殿】グループと共通して、「感じのいい言葉」として認知する割合がもっとも高いのは、田辺市周辺であることが図22から見てとれる。「和歌山弁」の認知領域（図7）を見ると、和歌山市域の割合が高かった。また、表5から「田辺弁」の記入はなかった。そこから、「和歌山弁」「田辺弁」とは異なるものを「感じのいい」言葉と感じていると考えられる。

それに対し、図23から「感じの悪い」言葉の領域を見ると、他の三つのグループとは振る舞いが異なることがわかる。三つのグループでは、大阪府、または和歌山市域を「感じの悪い」言葉としてみなす傾向が強かった。

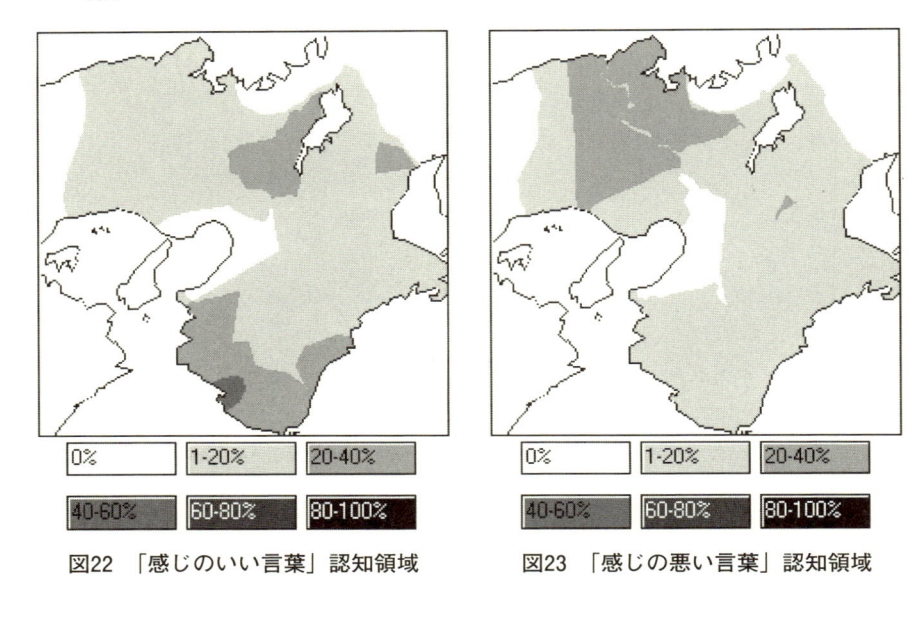

図22 「感じのいい言葉」認知領域　　図23 「感じの悪い言葉」認知領域

　それに対して、このグループでは、「感じの悪い言葉」を大阪府ではなく、兵庫県・京都府の一部の言葉を指していると判断できる。なお、図15から、大阪府の言葉は「大阪弁」と認識する人が多かった。その意味では「大阪弁＝感じの悪い言葉」とみなす人はないと考えられる。
　なお、全般的にこのグループでは特定の地域を「感じの悪い」言葉として認識する傾向が弱いといえる。というのも、もっとも割合が高い地域でも20-40％である。このグループの中で意見がわかれている可能性がある。

5．まとめ

　本稿では、鳥羽・田辺間のグロットグラム調査で行われた認知方言学的調査の結果を報告した。調査対象地域が広いことから、四つのグループに分け、それぞれのグループに見られる特徴を分析した。具体的には、認知方言学的調査データから作成された方言認知地図に記された言語変種名に見られる特徴、その認知領域を取り上げた。同時に、「感じのいい」言葉、「感

じの悪い」言葉の認知領域についても取り上げた。
　以下、それぞれの分析で明らかとなったことをまとめておく。
（１）　言語変種名に見られる特徴としては、方言の持つイメージから生まれるイメージ語を記入する件数は多くなかった。むしろ、言語変種名として、「地名」が使われることが特徴的であった。集落で使われる言葉の差異に非常に敏感であることが示された。
（２）　言語変種名に見られるもう一つの特徴は、三重県内のインフォーマントは県内の言葉の差異に敏感である。「三重弁」が記入されることはなかった。それに対して、和歌山県内のインフォーマントは、「新宮弁」など、県内にある特定の都市の言葉を指す場合もあるが、「和歌山弁」のように全県を指すような言語変種名が使われる傾向にある。
（３）　言語変種の認知領域について。言語変種名がある地域とそれぞれのグループの居住地域との距離が離れれば離れるほど、認知領域が広くなり、近くなればなるほど狭くなる傾向が得られた。
（４）　「感じのいい」言葉、「感じの悪い」言葉について。多くの場合、「感じのいい」言葉が居住地の言葉、「感じの悪い」言葉が大阪府（または和歌山市域）の言葉であった。「感じのいい」言葉が使われる地域に与える言語変種名もグループによって差異があることが認められた。
　以上が、本稿で明らかとなった事柄である。紀伊半島がフィールドである本調査では方言認知地図を使うことにより、そこに住む人たちの間においても、実に多くの言語変種の存在を認識していることが明らかとなったと言えよう。
　今後の課題は数多い。本稿で認知領域まで取り上げられなかった言語変種（例：田辺弁、関西弁、京都弁など）や複数の言語変種の認知領域に見られる関係は、今後分析を行う必要のあるものである。また、それぞれの地域の話者を増やした形でのデータ収集、分析をすることも課題である。グロットグラム調査の醍醐味は、地点情報を話者の年齢とクロスさせることにある。本稿では、年齢層別に見た認知領域に関する分析ができなかっ

た。また、言語項目の結果から得られるグロットグラムとの関係も分析すべきであった。いずれも、今後の課題としたい。

〔参考文献〕

朝日祥之（2001）「ニュータウン居住者の言語意識について―西神ニュータウンにおける調査から―」『地域言語』13号
朝日祥之（2008）『ニュータウン言葉の形成過程に関する社会言語学的研究』ひつじ書房
柴田武（1959）「方言境界の意識」『言語研究』36
野元菊雄（1963）「ことばの意識の境界と実際の境界」『人類科学』15
馬瀬良雄（1964）「方言意識と方言区画」『日本の方言区画』東京堂
ロング・ダニエル（1995）「方言認知地図」DB-West編『パソコン国語国文学』啓文社
ロング・ダニエル（1999）「方言認知地図に見られる地元方言のアイデンティティ」庄司博史（編）『ことばの20世紀』ドメス出版
ロング・ダニエル（2001）「方言認知地図を通して地元方言のアイデンティティを探る」『日本語研究』21
Asahi, Yoshiyuki (2006) "On the perception formation of language varieties in a dialect contact situation: the case of Japanese new town." *Proceedings of the Fourth International Congress of Dialectologists and Geolinguists.* 17-24, Riga: University of Latvia.
Long, Daniel and Preston, Dennis (2002) Handbook of perceptual dialectology, Vol.2, Amsterdam: John Benjamins.
Preston, Dennis. (1989) *Perceptual Dialectology: Nonlinguists' Views of Areal Linguistics.* Dordecht: Foris.
Preston, Dennis (1999) Handbook of perceptual dialectology, Vol.1, Amsterdam: John Benjamins.

あとがき

　本書は、冒頭にも記したが、平成16年～18年にかけて実施した鳥羽～田辺間方言グロットグラム調査の成果をもとに、この調査に参加した研究者および関係者によって執筆された研究論文集である。執筆者の多くは、40代前半から20代後半の次代の方言研究を担う若い研究者たちで、臨地面接調査においても積極的に話者に語りかけ、問題の所在を明確にするとともに、その解明に貢献した。

　紀伊半島周縁部、三重県と和歌山県にまたがる牟婁の地方は、古くから畿内の人間にとって、神聖な土地として信仰の対象となってきた。編者の私たちは、若い頃からこの地方の自然や風土、人々の暮らしに興味をもって、幾度となく方言のフィールドワークを実施してきた。

　岸江信介は、20代の頃より紀伊半島南部のアクセント研究のため、山口幸洋氏らとともに沿岸の九鬼や二木島、三木浦をくまなく調査してきた。太田有多子も20代の頃から、丹羽一彌氏らと語彙や語法の調査を長期間にわたって実施している。また、筆者や鳥谷善史は、徳川宗賢先生ならびに真田信治先生が主宰された大阪大学文学部の調査や田辺市教育委員会の中川貴氏との調査、また田辺市立近野中学校の谷口弘直氏との共同研究でこの地をたびたび訪れ、今では、その縁で古くからの顔なじみも多数いる。

　今更言うまでもないことかもしれないが、方言の研究は、調査以前の準備でその調査の成否がほぼきまり、いかにいい話者に出会い、密度の濃い時間を過ごすことができるか。調査は「質」こそが重要であり、「量」は重要でないことは、方言の研究者であれば誰もが感じているはずである。高い「質」は豊富なフィールドワークの経験とそれにともなう研鑽、そして人々との交流の蓄積によって実現する。私たちは、本書の執筆に際して、これまで方言研究に携わってこられた先輩研究者たちの地域との交流とその蓄積の恩恵をあらためて感じるとともに、これを引き継ぎ、若い研究者たちへの継承の重要性と責務のようなものを感じている。

三重県と和歌山県にまたがるこの牟婁の地方は、昨年被災した三陸地方沿岸同様ほとんどが入り組んだリアス式海岸の地形で、まもなく現実のものとなるかもしれない東海・東南海・南海地震では、津波によって壊滅的被害を受ける可能性がある。地域社会が変容し、その変容が著しい場合、もはや質の高い調査はできないし、聞き取り調査だけから変容以前の社会やことばの復元は不可能である。これまでの研究で近畿地方を中心に、広く西日本各地に少なからず縁ももつわれわれは、東北の震災に学び、被災前にその被害が想定される紀伊半島周縁部、徳島県から高知県の四国太平洋沿岸部、宮崎県や鹿児島の沿岸に出向く必要があるのではないか。本書をまとめるにおいて強くそのことを感じた。そしてその事業には、若い研究者や学生たちが積極的に参加できるような体制づくりとバックアップは、かつて先輩研究者がわれわれに引き継いでくださったように私たち世代がなすべき課題であると感じている。

平成24年6月　橿原神宮にて
中 井 精 一

執筆者一覧 (五十音順)

朝日祥之（あさひ よしゆき）
国立国語研究所准教授

市島佑起子（いちしま ゆきこ）
鹿児島大学専任講師

太田有多子（おおた うたこ）
椙山女学園大学助手

奥友里恵（おく ゆりえ）
徳島大学卒業生

岸江信介（きしえ しんすけ）
徳島大学大学院教授

峪口有香子（さこぐち ゆかこ）
徳島大学大学院生（日本学術振興会特別研究員（DC１））

清水勇吉（しみず ゆうきち）
徳島大学大学院生（日本学術振興会特別研究員（DC２））

高木千恵（たかぎ ちえ）
大阪大学大学院准教授

津田智史（つだ さとし）
国立国語研究所（日本学術振興会特別研究員（PD））

鳥谷善史（とりたに よしふみ）
天理大学非常勤講師

中井精一（なかい せいいち）
富山大学教授

西尾純二（にしお じゅんじ）
大阪府立大学准教授

松丸真大（まつまる みちお）
滋賀大学准教授

村田真実（むらた まみ）
大阪大学助教

余　健（よ けん）
三重大学准教授

■編者

岸江信介（きしえ しんすけ）1953年生　文学士
愛知大学文学部文学科国文学専攻卒
現職：徳島大学大学院ソシオ・アーツ・アンド・サイエンス研究部教授
主著・主論文：真田信治監修岸江信介・中井精一・鳥谷善史編著『大阪のことば地図』（共編著）（和泉書院 2009）、小林隆編『シリーズ　方言学　第4巻　方言学の技法』（共著）（岩波書店 2007）ほか。

太田有多子（おおた うたこ）1955年生　文学士
椙山女学園大学文学部国文学科卒
現職：椙山女学園大学国際コミュニケーション学部助手
主著・主論文：「名古屋方言を年代別に見る」陣内正隆・友定賢治編『関西方言の広がりとコミュニケーションの行方』（和泉書院 2005）、「名古屋方言話者の言葉の変化と変化に対する意識」山口幸洋博士の古希をお祝いする会編『山口幸洋博士古希記念論文集　方言研究の前衛』（桂書房 2008）ほか。

中井精一（なかい せいいち）1962年生　博士（文学）（大阪大学）
大阪外国語大学大学院日本語学専攻修了
現職：富山大学人文学部教授
主著・主論文：町田健編・中井精一著『社会言語学のしくみ』（単著）（研究社2005）、中井精一・ダニエル・ロング編著『世界の言語景観　日本の言語景観』（共編著）（桂書房 2011）、中井精一『都市言語の形成と地域社会』（単著）（和泉書院 2012）ほか。

鳥谷善史（とりたに よしふみ）1964年生　修士（言語文化学）
大阪外国語大学大学院言語社会研究科博士前期課程修了
現職：天理大学文学部国文学国語学科ほか　非常勤講師
主著・主論文：国立国語研究所編『全国方言談話データベース　日本のふるさとことば集成』全20巻（CD・CD-ROM編集協力（作製））（国書刊行会 2001-2008）、佐治圭三・真田信治監修川上郁雄・鳥谷善史著『日本語教師養成シリーズ6　異文化理解と情報』（共著）（東京法令出版 2004）ほか。

研　究　叢　書　434

都市と周縁のことば―紀伊半島沿岸グロットグラム―

2013年5月15日　初版第一刷発行

　　　　　編著者　　岸江信介　太田有多子
　　　　　　　　　　中井精一　鳥谷善史
　　　　　発行者　　廣橋研三
　　　　　　　　　〒543-0037　大阪市天王寺区上之宮町7-6
　　　　　発行所　　有限会社　和泉書院
　　　　　　　　　電話 06-6771-1467　振替 00970-8-15043
　　　　　　　　　　　　　　　　　印刷・製本 遊文舎

ⓒShinsuke Kishie, Utako Ōta, Seiichi Nakai, Yoshifumi Toritani 2013
Printed in Japan　　　　　　　　　ISBN978-4-7576-0666-1 C3381
本書の無断複製・転載・複写を禁じます。

研究叢書

書名	著者	番号	価格
方言数量副詞語彙の個人性と社会性	岩城 裕之 著	390	8925 円
生活語の原風景	神部 宏泰 著	405	8400 円
国語表記史と解釈音韻論	遠藤 邦基 著	406	10500 円
谷崎潤一郎の表現 作品に見る関西方言	安井 寿枝 著	407	8400 円
平安時代識字層の漢字・漢語の受容についての研究	浅野 敏彦 著	415	9450 円
文脈語彙の研究 平安時代を中心に	北村 英子 著	416	9450 円
平安文学の言語表現	中川 正美 著	417	8925 円
祭祀の言語	白江 恒夫 著	419	9450 円
日本語音韻史論考	小倉 肇 著	421	13650 円
都市言語の形成と地域特性	中井 精一 著	423	8400 円

（価格は5％税込）